饶宗颐集

饶宗颐 著 陈韩曦 编注

南方出版传媒

花城出版社

中国·广州

图书在版编目（ＣＩＰ）数据

饶宗颐集 / 饶宗颐著；陈韩曦编注. -- 广州：花城出版社，2011.12（2018.4重印）
　　ISBN 978-7-5360-6385-3

　　Ⅰ. ①饶… Ⅱ. ①饶… ②陈… Ⅲ. ①社会科学－文集 Ⅳ. ①C53

中国版本图书馆CIP数据核字(2011)第244696号

出　版　人：詹秀敏
责任编辑：黎　萍　夏显夫
技术编辑：薛伟民　凌春梅
装帧设计：王　越

封面摄影：张建设
照片来源：香港大学饶宗颐学术馆　陈韩曦　陈友群

书　　名	饶宗颐集 RAOZONGYI JI
出版发行	花城出版社 （广州市环市东路水荫路 11 号）
经　　销	全国新华书店
印　　刷	佛山市浩文彩色印刷有限公司 （广东省佛山市南海区狮山科技工业园 A 区）
开　　本	787 毫米×1092 毫米　16 开
印　　张	28.5　8 插页
字　　数	450,000 字
版　　次	2011 年 12 月第 1 版　2018 年 4 月第 2 次印刷
定　　价	68.00 元

如发现印装质量问题，请直接与印刷厂联系调换。
购书热线：020 - 37604658　37602954
花城出版社网站：http://www.fcph.com.cn

1

2

3

1. 2011年7月17日，国际天文联合会小行星命名委员会批准10017号星命名为"饶宗颐星"，此为"饶宗颐星"纪念座

2. 2009年8月29日，在澳洲荷伯特

3. 2010年8月9日，与敦煌研究院院长樊锦诗在一起

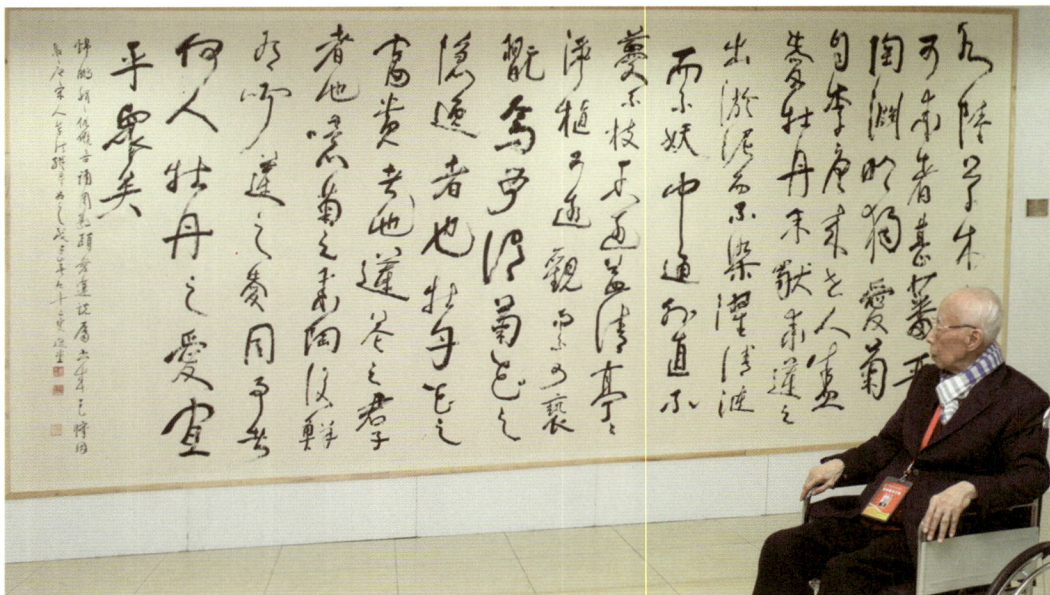

4

5

6

4.2010年8月31日，饶宗颐教授在观赏其九十二岁时创作的《爱莲说》巨幅作品

5.2011年4月23日，与二女儿饶清芬、女婿邓伟雄及孙女在潮州广济桥上合照

6.2011年4月23日，在潮州饶宗颐学术馆观赏庭园景色

7

8

9

7．2011年4月23日，在潮州广济桥上挥毫题写"广济"匾额

8．2011年5月5日，在家中试用陈白沙"茅龙笔"

9．2011年7月22日，与夫人陈若侬女士在一起

10

11

12

10、11．2011年11月17日，饶教授赠编者词一首

12．2011年4月23日，在韩山师范学院"饶宗颐研究所"成立揭牌仪式上

目录

书画通议

诗赋撷珠

散文馀馥

导　　言

　　饶宗颐字伯濂，又字伯子、固庵，号选堂，广东潮州人。选堂先生是蜚声国际的国学界百科全书式大学者，他在历史、文学、语言文字、宗教、哲学、艺术、中外文化关系等人文科学领域中，取得卓著的成就；他又是当代最著名的中国传统文学巨匠，古体、律、绝，无一不精，尤擅填词，又骚、赋、骈、散，无一不晓。先生更是一位杰出的艺术家，在书法和绘画上，师古师自然，自成一家；至于音乐，善操古琴，每每有新的发现和创造。从事学术研究及教学 70 多年来，选堂先生出版的著作 70 多部，论文 900 多篇，诗文创作集 20 多种，书画集约 50 种。先生擅长开风气，出奇兵，在陌生的领域开荒播种，在新鲜的风景中着人先鞭。他的学术研究 50 项第一列表如下：

1	在中国现代的地方学编纂史上，首开现代科学编纂体例（1949年）。
2	研究仰天虎楚简之第一人（1954 年）。
3	介绍、研究潮州瓷之第一人（1955 年）。
4	目录学上，率先编著词学目录、楚辞书录等（1956 年）。
5	研究敦煌本《老子想尔注》之第一人（1956 年）。
6	讲敦煌本《文选》五臣注之第一人（1956 年）。
7	讲巴黎所藏甲骨、日本所藏甲骨之第一人（1956—1957 年）。
8	治楚帛书之第一人（1958 年）。
9	率先编著殷代贞卜人物通考（1959 年）。

10	将殷礼与甲骨文联系起来研究之第一人（1959年）。
11	系统研究殷代贞卜人物之第一人（1959年）。
12	研究敦煌写卷书法之第一人（1959年）。
13	撰写宋金元琴史之第一人（1960年）。
14	首次研究陆机《文赋》与音乐之关系（1961年）。
15	首次从文献根据上提示韩愈诗歌受佛经文体影响（1963年）。
16	首次提出刘勰文艺思想受佛教影响（1963年）。
17	首次将敦煌写本《文心雕龙》公之于世，并撰作第一篇研究论文（1963年）。
18	首次据英伦敦煌卷子讲禅宗史上的摩诃衍入藏问题（1964年）。
19	首次考证《说郛》很早的一个本子，并译成法文（1966年）。
20	讲有关越南历史的《日南传》之第一人（1969年）。
21	首次编录新马华人碑刻，开海外金石学之先河（1969年）。
22	辨明新加坡古地名以及翻译译名之第一人（1970年）。
23	利用《太清金液神丹经》讲南海地理之第一人（1970年）。
24	首次提出"楚文化"（1970年）、"吴越文化"（1971年）作为学科名。
25	讲《太平经》与《说文解字》关系之第一人（1972年）。
26	讲词与画关系之第一人（1974年）。
27	首次提出"海上丝绸之路"一概念（1974年）。
28	讲中国艺术史上墨竹刻石之第一人（1974年）。
29	利用吴县玄妙观石磉，讲道教变文之第一人（1974年）。
30	讲金赵城藏本《法显传》之第一人（1974年）。
31	利用中国文献补缅甸史之第一人（1975年）。
32	在南国学人中，是第一位翻译、介绍、研究《近东开辟史诗》的学者（1976年）。
33	首次研究敦煌白画（1978年）。
34	利用一词牌《穆护歌》考见火祆教史实之第一人（1978年）。
35	讲敦煌批流年书之第一人（1979年）。
36	率先研究楚辞新资料唐勒赋，1980年首次发表于日本东京（1980年）。
37	首次利用日本石刻证明中日书法交流源自唐代（1980年）。

38	研究《日书》之第一人（1982 年）。
39	率先把印度河谷图形文字介绍到中国（1982 年）。
40	利用秦简首次证明"纳音"与"五行"之关系（1985 年）。
41	首次证明中国绘画史上吴韦发明指画在高氏之前（1985 年）。
42	首次将《盘古图》的年代推到东汉（1986 年）。
43	最早在国际学术会议上提出"礼经"的问题（1986 年）。
44	在日本东京出版《敦煌法书丛刊》，亦为首创（1983—1986 年）。
45	首次提出六祖出生地（新州）（1989 年）。
46	首次将陶文＋证明为"羊"的象征（1990 年）。
47	首次从牙璋提示古代中国通往东南亚之路的可能性（1994 年）。
48	首次辑《全明词》（2004 年）。
49	首论南诏禅灯系统（20 世纪 60 年代）。
50	首次在古代文论研究中揭出"势"的范畴（20 世纪 60 年代）。

选堂先生的研究成果获得了国际汉学界的高度评价，他对推动中外汉学研究和弘扬中华文化作出了巨大贡献。

2008 年 10 月，温总理致信选堂先生，赞扬他学贯中西，集学术与艺术于一身，对先生虽已耄耋之年仍心系国家、民族和世界的精神给予高度评价。已故季羡林教授说："近年来，国内出现各式各样的大师，而我季羡林心目中的大师就是饶宗颐。"2011 年 4 月 21 日，饶教授获澳洲塔斯曼尼亚大学颁授名誉文学博士学位。塔大校长 Peter Rathjen 称赞饶教授为"国宝级通儒"，他认为先生对中国文化作出两项重要贡献：一是帮助中国人增强对本国丰富文化和厚重历史的认同感；二是令生活在其他文化背景中的人们更深切地了解中国对世界文化发展所作的贡献。最后他认为选堂先生的学术成果在未来的更多岁月中，会对世界带来极大的且持续的影响。

《饶宗颐集》由五个部分组成，共收入文章 145 篇，另加诗词 50 首，分经史新论、文学综述、书画通议、诗赋撷珠、散文馀馥。集中了选堂的学艺历程精粹文笔。在这里，一位治学遍涉群经，旁参九流，提出问题之新颖，论证方法之严谨的当代学者，将跃然纸上。

这本小集，是从选堂 900 多篇论文中精选出来，限于篇幅，主要是多选短文，让读者在较短时间领会这些独到而且精深的著述。

经史新论部分，选录了 21 篇，时间跨度从 20 世纪 70 年代至 2007 年各个时期，有《海道之丝路》，《殷代的宗教》，再到《新经学的提出——预期的文艺复兴工作》，选堂考古史，通域内外，哲为一境，一位学富五车，著作等身的学者，你可感受其笔下浩瀚的世界。

文学综述部分，文学之于选堂，既是其擅长之所，又是其学问之根，收集的 44 篇，从《"楚辞学"建立的意义》、《〈龚定庵集〉书后》，又有序、题辞、跋，各文尽展，读者正可搭上选堂之一叶轻舟，乘风遨游于古典文学之海，去体验学者笔下生动的又一妙境。

书画通议作为第三部分，共选录 36 篇，选堂有自己的书画理论体系，又有一种纵贯古今，别开生面的广阔精神，使学艺双携，殊途而同归。从《敦煌白画之特色》、《〈天问〉与图画》、《论书十要》等诸文，可看出选堂学艺之精神即"万古不磨意、中流自在心"，"以禅通艺"的超越性大智慧追求尽释其中。

诗赋撷珠部分，除了选取 50 首诗词之外，也从《固庵文录》中选录 10 篇最具代表性的赋文，收入本部分。赋在近现代文学中，已几成绝响，选堂精熟《文选》、《文心雕龙》，又工于骈体，先生各文，更是精彩纷呈。

散文馀馥部分，安排在最后，共选择 33 篇，其中不乏令人称道的《金字塔外：死与蜜糖》，《皇门静室的"小学"》诸类散文外，也录取了反映中国文化、历史人物的《秭归：屈原故里》、《关圣与盐》诸文。这些通常被人们评为杂文的文章，更加直接，鲜明反映了选堂随事而变化，四维空间，由小中见大的另一精神世界。

经 史 新 论

新经学的提出[*]

—— 预期的文艺复兴工作

许校长，各位学术界前辈、专家，首先本人得衷心感谢北大教授委员会诸位先生的推荐，给我一个难得的机会，在北大百年纪念论坛发言。记得我在年前香港举行的炎黄学术会议上谈到郭店楚简中最后部分的《语丛》，可相当于庄子屡次郑重提及的"重言"（"重言"应当解释为 key-notes，"重"不是重复）。古代政治领袖，像禹之"拜昌言"，这说明先哲是如何尊重传统。若干年来，出土简册的丰富，我亦曾多次提到未来的 21 世纪应该是重新整理古籍的时代，现在已正式进入 2001 年，我充满信心地预期 21 世纪将是我们国家踏上一个"文艺复兴"的时代。

长期以来，人文科学与其他先进的科学接轨，近年三代断代工程的成就，正是重要的说明。我们的历史是世界上文化持续没有间断和转换的，在外人代我们操笔政所写的历史，认为我们的信史，只能从商代讲起，似乎很有问题。郭店楚简中显示的虞夏相继蝉联的史实，我们何能加以抹杀？所以，我们的古代史有由我们自己重写的必要。汉字的远源，从出土文物和各地陶器上刻画、书写的符号看来，正是文字的前身。北大现在正进行全国各地全面的普查，是很重要的工作。

在整理简帛经典的过程中，最令人困扰的是"异文"的复杂性。陆德明当杨隋统一南北，总结六朝人的训诂工作，编著《经典释文》一书。我

---

　　* 本文为北京大学百年纪念发言稿。刊于《21 世纪：人文与社会——首届"北大论坛"论文集》，北京：北京大学出版社，2002 年。收入《饶宗颐二十世纪学术文集》卷四经术、礼乐，北京：中国人民大学出版社，2009 年 9 月。（以下《饶宗颐二十世纪学术文集》同此版本）"新经学"的提出，有重要的时代意义。"预期的文艺复兴"，是饶宗颐对 21 世纪中国文艺复兴的高瞻远瞩。

曾建议我们应该利用简帛的新材料，参考清代学者对异文的研究成果，去重编一部新的《经典释文》。这不仅是语文方面的贡献，实际上也是某一语汇的探讨，是文化史重点问题来龙去脉的综合性研究的基础。这是一项很庞大的工程，以后可能引导出许多新的发现，对于了解某一观念的产生与形成，可取得更进一步的认识。这里有一个基本问题——是"新经学"的提出。

我们现在生活在充满进步、生机蓬勃的盛世，可以考虑重新塑造我们的新的经学。世界上没有一个国家没有他们的 bible（日本至今尚保存天皇的经筵讲座，像讲《尚书》之例）。我们的哲学史，由子学时代进入经学时代，经学几乎贯彻了汉以后的整部历史。五四以来，把经学纳入史学，只作史料来看待，不免可惜！现在许多出土的简帛记录，把经典原型在秦汉以前的本来面目，活现在我们眼前，上海博物馆购藏的楚简，《诗》、《礼》部分亦已正式公布了。过去自宋迄清的学人千方百计去求索梦想不到的东西，现在正如苏轼诗句"大千在掌握"之中，我们应该如何珍惜，再作一番整理工夫，重新制订我们新时代的 bible。什么是"经"？是否应考虑不限于《十三经》？问题相当复杂，我所预期的文艺复兴，不是一二人的事，而是整个民族的事，新材料引发古旧的问题，这是时代的赐予。我们不要辜负地下的宝物和考古家的恩惠。我的呼吁，可能不是我个人的想象，而是世界汉学家共同的期望。

经书是我们的文化精华的宝库，是国民思维模式、知识涵蕴的基础；亦是先哲道德关怀与睿智的核心精义，不废江河的论著。重新认识经书的价值，在当前是有重要意义的。

"经学"的重建，是一件繁重而具创辟性的文化事业，不仅局限文字上的校勘解释工作，更重要的是把过去经学的材料、经书构成的古代著作成员，重新作一次总检讨。何者才值得称为经，有资格厕于经书之林？我的不成熟看法有下面几点：

（1）训诂书像《尔雅》，不得列作经书。（龚定庵已讥讽"以经之舆台为经，《尔雅》是也"。）

（2）与《尚书》具有同等时代与历史价值、一些较长篇而重要的铜器铭辞，可选取二三十篇，作为弥补《尚书》的文献。《逸周书》可选部分入于此类，二者作为《尚书》的羽翼。

（3）古代史家记言与记事分开。记言的重要，保存许多古贤的微言大义，像《国语》一类著述可以入经。

（4）思想性重要的出土文献，可选一些，像马王堆的《经法》、《五行》等。

（5）儒、道二家是中国本有文化的二大宗教思想基础，儒、道不相抵触，可以互补，各有它的优越性，应予兼容并包。《老子》、《庄子》等书原已被前人确认为经，自当列入新的经书体系之内，作为一重要成员。（道藏的编纂已兼收《易》家及一些别类的子书，但嫌太广泛，不够严格。）

如果以后我的新经学观点，有人重视，认为有可取处的话，我这一点小意见不妨作为一点星星之火，引起大家的考虑。

希伯来《圣经》的文字，一向说是出于神的默感和启示（revelation），被认为是天主的圣言。吾国早期经书，像《诗》、《书》、《易》，亦离开不了神。《大雅·大明》记牧野之役，有"上帝临女，无贰尔心"的充满警惕的话言。《尚书·立政》述建官之制，亦兢兢地以"灼见三有焌（明）心，以敬事上帝"。在神道设教的时代，不能不倚靠神，做任何事情，要燃烧起宗教情绪，洁净心灵，加强意志，方能有高度辉煌的成就。汤恩比写了比较二十一个文明的《历史研究》的大书，最后归结到至高精神的实体（supreme spiritual reality），他相信这个实体便是神。评论家认为他了不起的贡献即在他提出这个精神实体给予人们最终形上疑惑的保证。"经"的重要性，由于讲的是常道，树立起真理标准，去衡量行事的正确与否，取古典的精华，用笃实的科学理解，使人的文化生活与自然相协调，人与人间的联系取得和谐的境界。经的内容，不讲空头支票式的人类学，而是实际受用有长远教育意义的人智学（anthroposophy）。

经书对现代推进精神文明的建设，有积极性的重大作用。汉人比《五经》为五常，《汉书·艺文志》说："六艺之文：《乐》以和神，仁之表也；《诗》以正言，义之用也；《礼》以明体，明者著见，故无训也；《书》以广听，知之术也；《春秋》以断事，信之符也。五者，盖五常之道，相须而备，而《易》为之原。"把《乐》列在前茅，《乐》以致和，所谓"保合太和"、"致中和，天地位，万物育"，"和"表现了中国文化的最高理想。五常是很平常的道理，是讲人与人之间，互相亲爱，互相敬重，团结群众，促进文明的总原则。在科技领先的时代下，更当发扬光大，以免把人沦为物质的俘虏。道家以老子为首，《道德经》所讲的道德是高一层次，使人不滞着于人与人之间的争执。"夫唯不争，故天下莫能与之争"。故儒家者流亦奉其书为圭臬，郭店楚简出土的儒家遗著，大家认为可能出于《子思子》、公孙尼子。同墓所出简册，亦有《道德经》的精选写本。刘向父亲刘德常持《老子》知足之计，向亦著讲《老子》四篇，惜已失传，可见前贤兼治孔、老，这是老氏书必列入经的主要理由。

希腊辩师（sophists）对古典的解释，认为历史是"修辞学"的一分支学科，似有他的道理。吾国人以"文"为"史"，历史作为文学中的一门类，《文心雕龙》所以特辟《史传》篇，所谓"言之无文，行之不远"。必懂得行文的义法，然后可了然前贤立言的要恉。换句话说，必懂得修辞的法则，然后可以言文。经学的重建，是我们推进精神文明建设的基础工作之一。

古经典旧本子的出现与整理，是弘扬我们的民族精神和先进文化的光辉，培养我们对过去知识的新的理解。我们对古先文献不是不加一字的不给以批判，而是要推陈出新，与现代接轨，把保留在历史记忆中前人生命点滴宝贵经历的膏腴，给以新的诠释。

西方的文艺复兴运动是对古典的新发掘与认识，从古代文明的研究，为人类知识引起极大的启迪，像对近东的楔形文和埃及象形文、俗体字的辨认，考古工作对人文主义发挥出决定性的作用，古文明研究的扩大，使人们对整个世界的看法有崭新的认知，添加了进一步对历史文化的洞察力。反观吾国近半世纪以来地下出土文物丰富的总和，比较西方文艺复兴以来考古所得的成绩，可相匹敌。令人感觉到有另外一个地下的中国——一个历史古文化充满新鲜感、富有刺激性的古国。事实上，中国已成为世界国家的一个环节，在全球性的总的考察之下，中国的考古、古文明研究的事业，亦和世界分不开，如果自己不做，亦有人家为之越俎代庖，所以我们不能不急起直追。近时北京大学出版社有《十三经注疏》新校点本的印行，集合多位专家，历时五载，进行了精密的校勘工作，撰写新的校勘记二十余万条，超过阮元的旧刻本。这正说明北大同人对经学的重视和关心，同时也对经学研究作出新的贡献。

欧洲文艺复兴是人文主义的产儿，过去学人，无不重视。蒋方震写有专著，请梁启超作序，梁氏奋笔为之，取清代经学，与之互相比较，一写就十几万字，成为另一部新书——《清代学术概论》。清代经学的成就，在方法与考证当然有它独到的成绩，但他们研究的对象，仍然是旧的材料，周仍旧邦，难以维新，和今天出土林林总总的文物，万万不能相比。

60年代，我的好友法国戴密微（Paul Demiéville）先生多次告诉我，他很后悔花去太多精力于佛学，他发觉中国文学资产的丰富，世界上罕有可与伦比，但中国人不一定知悉。当前是科技带头的时代，人文科学更增加它的重任，到底操纵物质的还是人，"人"的学问和"物"的学问是同样重要的。我们应该好好去认识自己，自大与自贬都是不必要的，我们的价值判断似乎应该建立于"自觉"、"自尊"、"自信"三者结成的互联网之上，而以"求是"、"求真"、"求正"三大广阔目标的追求，去完成我们的任务。

在座的季羡林先生，多年以来倡导他的天人合一观。以我的浅陋，很想为季老的学说增加一小小注脚。我认为，"天人合一"不妨说成"天人互益"，一切的事业，要从益人而不损人的原则出发并以此为归宿，《阴符经》说："天人合发，万变定机。"这是从消极的、不好的方面来讲。（"合发"是指"天发杀机，龙蛇起陆；人发杀机，天地反覆"。二者同时发生，天发是"公道"，人发是"私情"。）我讲互益，是从积极和好的方面来讲。马王堆《易》卦的排列，最后的巽宫，以益卦为结束全局，作为最后一卦。这与今本周《易》以既济、未济二卦作结不同，而异曲同工。以未济收场，表示保留"有余"，这是中国文化一大特色。"益"，是积极而富建设性的观念。益卦初九爻辞说："利用为大作，元吉，无咎。"上九的爻辞说："立心勿恒，凶。"我们如果要大展鸿猷，不是光说说而已，而是要展开"大作为"，这样或许可以达到像苏诗说的"天人争挽留"的境界，是天与人所要共同争取的。经书里面，许多精义对现代人还是有极大的启迪的！谢谢各位。

二〇〇一年十一月二日

殷代的宗教[*]

由法国远东学院与中文大学崇基学院宗教系和"宗教与中国社会研究中心"合办的大型"宗教与中国社会"研讨会，今天正式揭幕。我很荣幸被邀请作为 keynote speech 的主讲人。我的本行是研究古代文化，我谈一点我对殷代宗教的看法。

《礼记·表记》引孔子论三代制度之异，说道："夏道尊命。殷道尊神。周人尊礼。"礼已成为制度，周承于殷有所因革。在孔子眼中看来都是"文"的表现（Cultural），和虞、夏之"质"相比是一种进步。他说："殷人率民以事神，先鬼而后礼，先罚而后赏。"殷代祭祀的烦琐，用刑的残酷，证之甲骨文的记录，与《慎子》、《商君书》所说，都是事实。

《表记》又说："子言之：昔三代明王，皆事天地之神明，无非卜筮之用，不敢以其私，亵事上帝，是故不犯日月，不违卜筮。卜筮不相袭也。"三代所用的卜与筮，各有一套。今从河南贾湖墓葬出土的埋龟用八之制，可知远古占卜流行已有七八千年之久。三代各有它的易卦编排，形成《连山》、《归藏》、《周易》三易，互不相袭，自是可信。卜筮为神明的代言手续，是本着上帝的意旨来决定的。上帝高高在上。卜筮者绝对不敢用其私意而有亵渎神明之举。《洪范》所说的大同，即指神与人共同的决定，这一通过占卜的决定是神和人，上与下，大公无私的共同公意，所以称之为大同。墨子所说的天志、尚同，其精义亦即在此。

---

* 本文系饶宗颐 2000 年 5 月在由香港中文大学崇基学院宗教系、法国远东学院和"宗教与中国社会研究中心"合办的"宗教与中国社会"国际学术研讨会上的讲稿。收入《饶宗颐二十世纪学术文集》卷五宗教学。

殷代的最高神明是帝。帝是自然的宇宙主宰。甲骨文上帝作合文，特别在帝字上面增二（上）字，可惜只出现四次①，而帝的出现则无量次数。在文献上殷代对"帝"的重视，已成为一般习知的事实，试举文献一二例，如《论语·尧曰》引：汤说"余小子履，敢昭告于皇皇后帝"。

牧野之役，《大明》之诗云："上帝临女，无贰尔心。"谆谆警告士民，壹志抗敌。上帝一词，殷已有之。周人是袭用殷的语言来儆惕自己。②《大明》这首诗，屡屡被后人引用，亦见于郭店及马王堆的《五行》篇，后来成为祭祀的乐歌。

殷率民以事神，其实殷王亦承认自己是神。《逸周书·谥法解》第一名号是神，其次是圣，第三才是帝，有如下列：

（1）神：一人无名曰神
（2）圣：称善口简曰圣
（3）帝：德象天地曰帝
（4）皇：静民则法曰皇
（5）王：仁义所在曰王

一人之谓神，所以殷王每每自称曰"余一人"。依照谥法的理论，"一人"便是"神"。《文子》引《中黄子》，将人分为廿五等。上等之首为神人、圣人。神人即是"余一人"，可见殷王亦自比于神，自视为神的代言人。近东各地元首无不自视为神，中外同一道理。

周之克殷，取得胜利，主要是能上应天命，周景王时将铸钟，伶州鸠提出一套理论，说武王伐殷的时辰，正合于五纪、三所，所以能够取得胜利，这是一种占星学的解释，所谓"人、神以数合之，以声昭之"。

五纪是岁、月、日、星辰和历数。
三所是分野、族系、农星。

---

① 辞云："七月贞：帝上帝。"余详《殷代贞卜人物通考》。
② 《书》、《诗》屡言及上帝，《盘庚》下"肆上帝将复我高祖之德"。《周书·君奭》"格于上帝"，《诗·大雅·生民》"上帝不宁"、"上帝居歆"。下至《鲁颂·闷宫》歌颂鲁僖公能恢弘周公之字，亦追溯到"牧野之役，上帝临女，敦商之旅，克咸厥功"的祖先遗训。

五纪之说，已见诸《洪范》。伶州鸠从乐律立说，无非要申明神人之间互相符应的道理。东汉刘陶上书说："人非天地，无以为生；天地非人，无以为灵。是故帝非人不立，人非帝不宁。夫天之与帝，帝之与人，犹头之与足，相须而行也。"他指出帝与天、人三者的关系就像人的身体。帝是神，而人亦有灵（性），天是上皇，在人的头上，所以可解头顶为天。从殷代卜辞，证知晚期文武丁时，已称作文武帝。大型鹿角刻辞云："戊戌，王蒿……文武丁祢。"（屯甲三九四〇）蒿字可读为郊，是祭天之事。《中庸》说："郊、社之礼，所以事上帝也。"郊指祭天，社指祭地，卜辞每言燎土是祭地，与蒿之祭天，都是事上帝之礼。其时所谓上帝是最高级的宇宙神，实际包有天地而统摄之。

殷人只举出帝与上帝，周人则特别强调天，所以周的易卦改坤乾为乾坤，郊天是在冬至举行，以冬至为一阳之始。卜、筮不相袭，形成各自的制度。周人尊礼，更加制度化。殷、周异制，当以《表记》孔子之语为准则。而"率民以事神"一语，特别是殷文化的特征，证之卜辞，所谓"事神"，正符合事实。

殷既以帝为最上神，是不是可以说他们的信仰是一神论呢？可是，见于卜辞，祭祀的对象还有"五帝臣"、"帝五臣正"一类的主神以外的 assistants，同时亦兼祀山、川、贤、圣及同姓祖先，不是绝对只有一位上帝。周代彝铭上提到的"唯皇上帝百神"一语，百神的存在，分明是一神与多神，兼而有之，一直到后来的道教内容还是一样。所以应该说是 heno-theism，有点像印度吠陀时代的宗教，崇拜一神而不排斥他神，仍然具有 henotic（调和）的特征。

大会主持人劳格文博士，多年来在华南各省进行田野调查，收获极为丰富，以今证古，新的成果，今日在座各位可以共同享受。我在拜读诸家论文之后，得到许多启发，非常兴奋与愉快。谨祝大会一切成功，谢谢各位。

大同释义[*]

《礼运》别大同小康之异，天下为公谓之大同，天下为家谓之小康。

大同二字见金文《不娶簋铭》："戎不同，永追女，女及我大釐載。"同者，合也；谓大合其众。同有同天及同人二义，《尧典》"曰若稽古"，《魏志》引郑玄注："稽古同天，言尧同于天也。"《易卦》有《同人》，可见同之为用，可贯通天人。

墨子著《尚同篇》，发挥其义甚精。其篇上云："天子唯能一同天下之义，是以天下以治也。天下之百姓皆上同于天；一而不上同于天，则菑犹未去也。今若天飘风苦雨，凑凑而至者，此天之所以罚百姓之不上同于天者也。"又篇下云："唯能以尚同一义为政，然后可矣。何以知尚同一义之可而为政于天下也？然胡不审稽古之治为政之说乎！"此言能上同于天，又须审稽古之治，故知郑玄稽古同天一义，乃出于墨也。篇上云："明虖天下之所以乱者，生于无政长，是故选天下之贤者，立以为天子；天子立，以其力为未足，又选择天下之贤可者，置立之以为三公……"此非《礼运》所谓选贤与能者乎？

《尸子》云："墨子之兼，孔子之公，名异而实同。"故知《礼运》言大同，与《墨子》之尚同，正不无关联之处。

＊ 本文载于《固庵文录》，台北：新文丰出版公司，1989 年 9 月。收入《饶宗颐二十世纪学术文集》卷十四文录、诗词。

王弼老子注跋[*]

沈寐叟称"古人著书，无无为而作者。辅嗣注老，盖有慨于泰初、平叔、叔夜之事也。忧患之言，其归往往近于平实"。^① 余于王注尝反覆读之，知沈说似是而实非也。

何劭撰《传》谓："辅嗣先尝为裴徽、傅嘏所知。正始十年曹爽废，以公事免；其秋遇病历卒，年二十四。"平叔与爽于嘉平元年春（即正始十年）被诛，辅嗣亦于是秋卒，相去仅三数月事耳。若夏侯泰初被祸，乃在高贵乡公正元初（即嘉平六年），时辅嗣已前卒。叔夜之死，本传云以（元帝）景元中坐事诛，^② 亦在其后，不得谓辅嗣注老有慨于其事也。

初，弼以台郎觐爽，弼与论道，移时无所他及，爽颇嗤之。王黎病亡，爽以王沈代黎，弼遂不得在门下，何晏为之叹恨。辅嗣与晏二人均注老，晏注始成，见王注精奇，乃改其书为《道德论》。何劭评二人云："其论道傅会，文辞不如何晏。自然有所拔，得多晏也。"其优劣可见，此可于王氏《老子注》征之。寻王注精奇所在，无如第四章之论道冲，第二十五章之论法地、法天、法自然诸义。第三十八章论舍母用子、弃本适末之失，于魏世循名责实之苛，尤多所针砭，泂一时之谠言。要其知自然而克自拔，去尘垢而免于祸难，其识自非何晏可企及。

傅嘏论泰初能合虚声而无实才，讥平叔好辩而无诚。考辅嗣注老言虚

---

* 本文载于《固庵文录》，台北：新文丰出版公司，1989 年 9 月。收入《饶宗颐二十世纪学术文集》卷十四文录、诗词。

① 《海日楼题跋》一。

② 干宝、孙盛、习凿齿皆云正元二年，裴注以为非。

实云："心怀智而腹怀食，虚有智而实无知也。"又释乌狗晏云："万物各适其所用，则莫不赡矣。若慧由己树，未足任也。"明虚智而寡实，树慧以徇己，皆不足以任事施化；辅嗣早已见几及此，故不及曹爽之难。

王氏复论人与自然相资之道，谓："人不违地，乃得全安，法地也。地不违天，乃得全载，法天也。天不违道，乃得全覆，法道也。道不违自然，乃得其性。法自然者在方而法方，在圆而法圆，于自然无所违。……故转相法也。道顺自然，天故资焉；无法于道，地故则焉；地法于天，人故象焉；所以为主，其一之者，主也。"第二十五章又云："夫执一家之量者，不能全家；执一国之量者，不能成国；穷力举重，不能为用；故人虽知，万物治也。治而不以二仪之道，则不能赡也。地虽形魄，不法于天，则不能全其宁；天虽精象，不法于道，则不能保其精；冲而用之，用乃不能穷。"夫执家则不能全家，执国则不能成国，以其限于人事，而不协天、地与道也。诚如是，治者虽智，而不能致于至治。故治而能赡以自足者，必资二仪之道；二仪者，《易》言天地也。人法乎地，地法乎天，故地得全其宁，天得保其精；人与天地转相法焉，冲虚而用之，不以实自满，故不病于溢。久而不盈，形虽庞大，而大不为累；事虽辐辏，而多不至于满。以道主之，万物不离其宗，自厘然而有当矣。

域中有四大，王居其一焉。王者，"处人主之大者"也，故由自然而道，以至于天地人，皆循法以一贯之；其能一之者，唯人主而已。此王者南面所处之要也。正始之际，政在司马；二柄无主，畴能一之？此辅嗣所深慨，故云："仁义发于内，为之犹伪；况务外饰，而可久乎？"

魏自陈群定九品官人之制，刘劭作考课法，循名考实，纠励成规，傅嘏讥为治末，以为"本纲未举而造制未呈，国略不崇而考课是先，惧不足以料贤愚之分，精幽明之理也"。[①] 故辅嗣薄法治，任自然，盖将一矫当日之弊。正始之初，何晏为吏部，以道德相尚，其风稍变。晏甚奇弼，及见此注，叹之曰："可与言天人之际乎！"[②] 以辅嗣言治，不限于人，必兼二仪之道故也。傅嘏论才性同异，钟会集而论之。会所著书二十篇，名曰《道论》，实刑名家言。据何氏撰《传》，辅嗣注老，又著《道略论》，必当

---

① 《傅嘏传》。
② 《世说·文学》："何平叔注老子，始成，诣王辅嗣。见王注精奇，乃神伏曰：'若斯人，可与论天人之际矣。'因以所注为道德二论。"

12

日共同讨论之篇，故以"道"为名。正始谈玄，多与言政相关；辅嗣注老，实有为而发，岂苟作而已哉。

《郭店楚简老子柬释》序*

　　荆门市郭店墓简出土，为近年学术界一大事。今岁六月其报告终于在北京大学百年庆典汉学会议中发行面世。诸残简内容，除《老子》三组三十一章之外，复有儒书多篇，以《礼记·缁衣》最为完整，及近似格言文句，颇类《淮南子·说林》，整理者命曰《语丛》，共若干则。惜墓主名氏莫明，仅知其人为东宫之师。伴出又有七弦琴一具，可推知其能操缦，必娴习古乐者。

　　遗简以《语丛》为罕见，余疑殆庄生所谓"重言十七"之类。《天下》篇云"以重言为真"；《寓言》篇解"重言者所以已言也，是为耆艾"。成玄英疏："重，尊老也。"《淮南·修务训》谓"世俗之人多尊古"，前贤之格言，垂训方来，老、庄之所重。今观其语"凡勿（物）颬（由）望（亡）生"，前后两见，即老氏所云"万物生于有，有生于无"，又"多好者，亡好者也"，即老氏之"多藏必厚亡"之旨。他如"窃钩者戡（诛），窃邦者为者侯。者侯之门，义士之所麿（荐）"，即《庄子·胠箧》之"诸侯之门，而仁义存"，语亦见《史记·游侠列传》，盖古语有之。又"志于术"至"游于艺"、"亡意亡古（固）亡我亡必"之同于《论语》，具见其原出前古耆艾之重言，孔子、老、庄均有所沿袭也。此一新义为曩日之所未知。

　　郭店简既流行，学人无不重视，先后在美国及中国北京叠有讨论会举

---

　　* 本文载于《郭店楚简老子柬释》，台北：万卷楼图书出版公司，1999年。收入《饶宗颐二十世纪学术文集》卷三简帛学。

行，就中以儒家文献反成为扬榷之焦点，而《老子》则仅注重校勘方法，未受到深入揣意，至于全面整理，更谈不到。

本年十月，余来成都，十四日访问四川大学，与魏启鹏教授相值。魏君袖出《郭店本老子柬释》一书手稿，属为弁言。记前此马王堆汉墓帛书出土，其中逸书涉及思、孟思想者，君首先奋笔撰成《德行校释》，久已风行海内外。今复先人著鞭，为此新著。君精力过绝人，记诵浩博，所造深醇，非浅学可望其项背。此书余细读之，语多审谛，凡所理董，时见胜义，试举一例论之：

郭店本首章"三言以为㤹不足"句，整理者读㤹为弁（辨），君改读为使，引《逸周书·谥法》"治民克尽曰使"。余按此说是。简文㤹字频见，他处均释使。《语丛》二、二一云："善㤹（使）民者，若四时一遣一羌而民弗害也。"即《论语·学而》"节用而爱人，使民以时"之义。古之重言有此，而孔子因之。此章文字与各本大异，尤以"绝伪（伪）弃憨（作＝诈），民复孝子（慈）"句与马王堆甲、乙本今本之作"绝仁弃义"悬殊最甚。今从此简，老子乃反对诈伪，非弃绝仁义也。各本之作绝仁弃义，或后来取庄子之说而改易之。本章河上本列第十九，主旨在抱朴少私，岂抄写者以老氏郑重其义，故列于其首欤？下为第六十六章，及第四十六章："辠莫厚㤾（乎）甚欲，咎莫僭（憯）㤾谷（欲）得，化（即化＝祸）莫大㤾不知足。"此三句平列，均用莫字而欲字异形，欲用作名词，或写作㤹〔《语丛》"㤹生于眚（性）"〕，此章前三句《韩非子》之《喻老》、《解老》两篇皆引用其言，并举出事例以说明之，足见战国时人读老氏书之体会，所重不在玄言，而在实用。与郭店本抄写者用意相若。《韩诗外传》九亦引作"祸莫大于多欲"。诸碑及敦煌本均作"可欲"（王弼本缺此句，殊非），与马王堆本同，《韩非》两文亦作"可欲"。去私寡欲为儒、道、法三家所共遵行。所有"甚欲"、"可欲"、"多欲"，欲上一字为形容词或副词，文例正一致。魏君援《左传·文公十八年》"侵欲崇侈"读甚为侵，视为平列动词，似可不必。训诂不能纯取声音假借，于语法文例更不当忽视也。

郭店本《老子》虽非足本，但至今确为出土之第一本，比马王堆本之为汉文帝时物更前，去老子年代最近。虽不能视作柱下原本之旧观，其价值之高，迥非他本可比。今得魏君《柬释》，诚荜路蓝缕之作，为郭店此

15

本开出坦途，大有裨于老学。爰不辞谫陋，试为喤引，黄钟之响，无待寸莛；俾承学之士，有所津逮，则区区之微意云尔。

一九九八年十一月

孔门修辞学 *

在没有讨论到这个问题之先，我们应明白两点意义：

首先，我国古人极端重视修辞，但所指的修辞，是指"言"与"行"、"文"与"德"的一致性，和西方所说的"修辞学"（Rhetoric）是不相同的。所谓修辞学原是包括"言"、"文"两方面，所谓"言之无文，行之不远"。这说明了"言"、"文"二者的关联性。故孔门四科，言语是极重要的一科。修辞学在西洋是指讲话的技术，希腊语的 Oratory 本来是指话术（拉丁文是 Oratoria），后来才演变到作文章方面，专指文术，即指文辞的修饰和表现的种种技巧和形式。我国之有修辞学，乃是极近的事情。而且最初是洋化的，唐钺的《修辞格》，只是依纳氏的英文法格式如法炮制，只是从造语的形式和组织风格立论罢了。其实我国真正讲修辞的要算刘勰的《文心雕龙》，在《神思》篇以下便很详细地讲文术了。

日本人有许多修辞学的书，亦称"美辞学"，如高田早苗氏、岛村泷太郎的著作，都称做《美辞学》。这"美辞"二字是根据曹植《辩道论》"温颜以诱之，美辞以导之"一语而来，是侧重于积极修辞部分。但秦汉儒家所说的修辞，是指文德而不是指文术的，我现在所要讲的是孔门的修辞，是和现代所说的修辞学绝不相同的。

其次，孔门的修辞学和纵横家的修辞亦截然异趣。古代大行人小行人，即外交官无不注意言语应对。春秋战国时代，由于时代需要，对于辞令很为重视。诵诗三百亦为辞令之故，一言可以兴邦，可以丧邦，在聘问

---

* 本文刊于《人生杂志》，1957 年 9 月。收入《饶宗颐二十世纪学术文集》卷十一文学。

交际上是不能不对言语加以特别训练的。孔门四科：德行、言语、政事、文学。言语是其中之一。这种言语科的发展，有义理和权谋的两个分歧。前者是儒家言行相顾；后者是纵横家，专以巧辞炫人，充满揣摩利害的机诈，不出于诚心，不本于道义，正如《汉书·艺文志》所说的"邪人为之，则上诈谖而弃其信"。现在所讲的孔门的修辞学是以经传为主，《国策》、《韩非》、《鬼谷》一类是在摒弃之列。

一、修辞立诚是合内外之道

修辞二字见于《易·乾·文言》："君子进德修业，忠信所以进德也，修辞立其诚，所以居业也。"辞是属于外表的事情，能修辞是能有美的辞令，但必要出于"诚"。诚是内在的，必须内在充实，才能言之有物。美的辞令必须建筑在诚之上，修辞属于"美"，"诚"包括了"真"和"善"，有"真"和"善"才有"美"之可言，有真和善然后可以立诚。

说"诚"字最明白透切的莫如《中庸》，我们可以拿《易经》和《中庸》互相印证，诚字可以概括"真"、"善"。《中庸》说："诚身有道，不明乎善，不诚乎身矣。"又说："诚者，天之道也；诚之者，人之道也。""诚之者，择善而固执之者也。"由这些话看来，"诚"本身就有真和善。"诚"在己是诚意，把诚推而及于事物上面，彻头彻尾都是诚的表现。《中庸》又说："诚者，物之终始。不诚无物。是故君子诚之为贵。诚者，非自成己而已也，所以物也。① 成己，仁也；成物，知也。性之德，合内外之道也。故时措之宜也。"自己心中具备"诚"是仁，由此而推及一切事物是"知"。修辞是知，立诚是仁。从修辞以立诚，正是合内外之道了。

可是有些人只是能修辞而没有诚的，即《论语》所指的"巧言令色，鲜矣仁"。美的辞令必要内在诚笃始有价值。所谓"有德者必有言"，就是说立诚能兼修辞，做到了内外一致，仁知相兼的地步。反之，"有言者不必有德"，是谓修辞而不立诚，徒有诸外而无其内，有"知"而没有"仁"的。至诚的人，从大的方面可以尽物性，与天地参，这是致广大；小之则可以致曲，曲而有诚，则明且着，这是能尽精微的。由此可见修辞必要与

---

① 即格物，即随处体认天理。天理是诚，所谓"惟天下至诚，为能尽其性"。

立诚合一，必要做到内外一致，言行相符，然后才可成为"文质彬彬"的君子。

对于修辞立诚的道理，发挥得清楚的，还有《礼记·表记》。①《表记》说："是故君子服其服，则文以君子之容，有其容，则文以君子之辞，遂其辞，则实以君子之德。是故君子耻服其服而无其容，耻有其容而无其辞，耻有其辞而无其德，耻有其德而无其行。"从这段话里可见服、容、辞、德、行是一贯的，更可以看出修辞与德行的相倚性。《表记》又引孔子的话说："情欲信，辞欲巧。"情欲信就是立诚，辞欲巧就是修辞，这正与《文言》的说法相同。又引子曰："君子不以辞尽人，故天下有道则行有枝叶，天下无道则辞有枝叶。"辞有枝叶，则言行未必一致，所以"辞"比"行"是次要的。必先要诚，其辞才有价值。《论语》"行有余力，则以学文"，亦是这个意思。

二、由辞以观人

辞包括言语与文章，是人的思想反映于外面的东西。即所谓有诸内然后形诸外。故《易》云："圣人之情见乎辞。"扬雄云："言为心声。"我们可以从某种言辞去了解一个人的为人，了解一个人的内心与性格好坏。这便是知人。知人是我国古代专门的学问，是为政的要务。《书·皋陶谟》上说："在知人，在安民。""知人则哲，能官人；安民则惠，黎民怀之。"所以知人的问题在古代有专书讨论。《大戴礼》有《文王官人》篇，称文王官人的方法是观诚、考志、视声、观色、观隐、揆德（文亦见《逸周书》）。《易·系辞传》也有几句很重要的话："将叛者其辞惭，中心疑是其辞枝，吉人之辞寡，躁人之辞多，诬善之人其辞游，失其守者其辞屈。"这几句话是一切理论文最精密的批评，而又赅括而深入人心的。以后孟子论知言，似即从此脱胎出来。什么叫做知言？孟子说："诐辞知其所蔽，淫辞知其所陷，邪辞知其所离，遁辞知其所穷。"我们可以从一个人的说话，看出其人的心理，可以判断其人的好歹。

上面已经就理论方面说过了，现在举些实际的例子。关于知人知言的

---

① 郑注说：君子之德见于仪表者也。

实例，在《左传》和《国语》中可以找到不少的好资料。《国语·周语下》记单襄公告其子顷公，论晋孙谈之子周（即晋悼公名）说："其行也文，将得晋国。"他把"文"字来概括周的人格，特别说明"文"的道德综合性。他说："其行也文。能文，则是天地；天地所祚，小而复国。夫敬，文之恭；忠，文之实；孚，文之信；仁，文之爱；义，文之制；智，文之舆；勇，文之帅；教，文之施；孝，文之本；惠，文之慈；让，文之材。"他看到晋悼公具备这十一种德性，拿一"文"字来概括他。所以"文"字可说是一个典型的道德综合体，实在具有道德文化的全体意义。后来晋悼公果然是复国了，证明单襄很有知人之明，一点没有看错！

《左传·昭公二十年》记晏子对齐景公论"和"与"同"两个概念的差异。文云："齐侯至自田，晏子侍于遄台，子犹（即梁丘据）驰而造焉。公曰：惟据与我'和'乎？晏子对曰：据亦同也，焉得为和。公曰：'和'与'同'异乎？对曰：异。和如羹焉。水火醯醢盐梅，以烹鱼肉，燀之以薪。宰夫和之，齐之以味，济其不及，以泄其过。君子食之，以平其心。君臣亦然。君所谓可，而有否焉，臣献其否，以成其可；君所谓否，而有可焉，臣献其可，以去其否。是以政平而不干，民无争心。……今据不然。君所谓可，据亦曰可；君所谓否，据亦曰否。若以水济水，谁能食之？若琴瑟之专一，谁能听之？同之不可也如是。"这一段极精警的话言提出可与否相合叫做"和"，这说明要从矛盾中，求得统一。《易经·睽卦》象说："君子以同而异。"王注云："同于通理，异于职事。""异"、"同"不在事理上的区分，而是说与其一味苟同，不如从异去求同，庶几能集思广益。《论语》曰："君子和而不同，小人同而不和。"（何晏《集解》云："君子心和，然其所见各异，故曰不同。小人所嗜好者同，然各争其利，故曰不和也。"）亦指出所见能有不同的，才是君子；否则唯唯诺诺，一味苟同，不外小人而已。晏子似即发挥这个意义，他所说的"可"、"否"、"和"，有如现在辩论术中的"正"、"反"、"合"，与辩证法的原理非常相合，完全是一种语言辩证的逻辑，这是很有价值的。

三、修辞学与语意学

最后我再想指出孔门修辞学，与现在的语意学，意味颇相类似。语意

20

学最终目的是研究语言怎样运用到适当，不像修辞学只注意言辞的美化。儒家讲修辞立诚，所以居业，如是方能尽言语之用，与语意学的主旨颇为接近。

从上面所说，可以知道儒家的修辞学，内之在于立诚，外之在于知人知言，不是徒然讲"辞形"、"辞式"，而是讲文德的，所以和西洋的修辞学截然不同。孔门的修辞学，与其说是讲修辞，毋宁说是讲语意。至于说"辞达而已矣"，"出辞气，斯远鄙倍矣"（《论语》），"言不序"（《艮卦》），"不辞费"（《曲礼》）等等，这才与现代人所说的消极修辞，求其"意义明确"（达），伦次通顺（序），辞句平匀（不费），有美感能动人（远鄙倍）有点相似，但都不是孔门所谓修辞的目的和最终意义的。

不过孔门的修辞，和新近的语意学也有不同的地方。语意学是分析言语如何适当地运用和如何影响个人行为和思想，和语言的类别和功用，还只是从语言现象和使用方面着眼，至于语言使用的出发点与内在的正确性——内在的"真"、"善"要素，却还没有详细指示，是有"末"而无"本"的。儒家的知人知言是中国的语意学，但折衷于道义，以"立诚"为本，是"有本之学"，所以不是单纯的语意学，而是混合了道德哲学。

有些人以为中国人缺乏对于语言的思考，那是不对的。儒家谈修辞是建筑在道德基础上的语意学，这是值得现代语意学者探索和参考的。把它揭橥出来，希望能引起世界语意学者的注意。今天只是发表些个人意见，对不对还请各位赐教。（林均田笔记）

诗一名三训辨[*]

孔颖达《毛诗正义》于郑玄《诗谱》序下疏云：

> 诗一名而三训。名为诗者，《内则》说负子之礼云："诗负之。"
> 注云："诗之言承也。"《春秋说题辞》云："在事为诗，未发为谋，恬
> 淡为心，思虑为志。"诗之为言志也。《诗纬·含神雾》云："诗者，
> 持也。"然则诗有三训：承也，志也，持也。作者承君政之善恶，述
> 己志而作诗，为诗所以持人之行，使不失坠，故一名而三训也。

孔氏杂糅《春秋纬》、《礼记》郑注诸说，贯串而立论。细审之，承与
持二义，原无大分别。

《礼记·内则》云："三日，卜士负之吉者，宿齐，朝服寝门外，诗负
之。射人以桑弧蓬矢六，射天地四方。保受，乃负之。"郑玄注："诗之言
承也。"疏："《诗·含神雾》：'诗者，持也。'"以手维持则承奉之义，谓
以手承下而抱负之。郑氏训诗为承，疏引《诗纬》为说，是承与持，于义
实同。

《仪礼·特牲馈食礼》云："主人左手执角，再拜稽首，受，复位。诗
怀之，实于左袂，挂于季指。"郑注："诗，犹承也，谓奉纳之怀中。"此
处"诗怀"，郑注亦训诗为承。

———————————

* 本文载于《艺苑掇菁》，广州：广东高等教育出版社，1993 年 12 月。收入《饶宗颐二十世纪
学术文集》卷四经术、礼乐。

上举二例，均训诗为承，并出自郑玄《礼注》。诗可训承者，盖读诗为持。春秋以来，习见借诗字为持。金文诗字，从口从寺作峕。

楚王熊章钟："其永峕用亯"（薛氏《钟鼎款识》），永峕即永诗，宜读为"永持"。

湖北曾侯乙墓乐器铭辞有一句惯语，且施用于各种器物，其文云：

曾侯乙䏌峕用冬（终）。

䏌字从𣂼，言字内有小圆圈，盖即音字。《说文》解"音"从言，含一之状也，故知此字乃从音乍声。蔡侯盘："用𧩟大孟姬▨▨。"则借𧩟为作，从音与从言无别，䏌、𧩟皆借为作。曾侯器云"作峕"，犹言"作持"。峕，从口寺声，当是诗字。

以上金文二例皆以峕为持，与《礼》之以诗为持正同。《诗·含神雾》训诗为持，实为古义，从训诂学言，承之与持，自是一事。由是言之，孔氏提出一名三训，实仅有两训而已。

孔氏之旨，乃从义理加以引申，而训诗为持。寻孔氏之前，有刘勰《明诗》篇；孔氏之后，有成伯玙《毛诗指说》。兹举其说如次：

刘勰云："诗者，持也，持人情性，三百之蔽，义归无邪。持之为训，有符焉尔。"（《文心雕龙》）

成伯玙云："《诗·含神雾》：'诗者，持也。'在乎敦厚之教，自持其心，讽刺之道，可以扶持邦家者也。郑玄云：'诗者，承也。'政善，则下民承而赞咏之；政恶，则讽刺之。"（《通志堂经解》引）

刘云"持人情性"，孔云"持人之行"，是孔取之刘勰《文心》也。孔云"承君政之善恶而作诗"，成云"政善，则下民承而赞咏之；政恶，则讽刺之"，则又本之孔氏重为发挥者也。

诗　妖　说[*]

诗妖之说，或谓始于刘向。按当出伏生《洪范五行传》（《尚书大传》卷三），次二事曰言。"言之不从，是谓不艾（艾，治也）。厥咎僭，厥罚常阳，厥极忧，时则有诗妖。"班书于《五行志》为之解曰："君炕阳而暴虐，臣畏刑而柑（钳）口，则怨谤之气，发于歌谣，故有诗妖。"（中之上）诗妖与服妖、草妖、鼓妖、脂夜（液）之妖、射妖，合为五事六沴。《南齐书·五行志》"言"传曰："下既悲苦君上之行，又畏严刑而不敢正言，则必发于歌谣。歌谣，口事也。口气逆则恶言，或有怪谣焉。"故歌谣之兴，发于怨谤之气，古人所以目之为诗妖也。

赵武冠，见范文子（燮）。文子曰："可以戒矣！兴王，赏谏臣；逸王，罚之。古之王者，政德既成，又听于民。于是乎使工诵谏于朝，在列者献诗使勿讹（謷）。风听胪言于市，辨妖祥于谣。有邪而正之，尽戒之术也。"（《晋语》六）《诗》序："言之者无罪，闻之者足以戒。"于谣谚辨其善恶，亦王者尽戒之一端。《韩诗外传》三："人主之疾，十有二发。"最末三者为喘、痹、风。其言曰："无使下怨，则喘不作；无使贤人伏匿，则痹不作；无使百姓歌吟诽谤、则风不作。《诗》曰多将熇熇，不可救药，终亦必亡矣。"《诗》六义之风，正义以为"诗人之四始六义，救药也"，义盖本此。（参《管锥编》，58页）人主之病风，由于诗妖，怨谤之事为之也。

---

　　[*] 本文载于《固庵文录》，台北：新文丰出版公司，1989年9月。收入《饶宗颐二十世纪学术文集》卷四经术、礼乐。

自汉以后，史书《五行志》皆列有诗妖一项。《宋书》首举魏明帝太和中，京师歌《兜铃曹子》，其唱曰："其奈汝曹何！"此诗妖也。其后曹爽见诛，曹氏遂废。太康末，京师始为《折杨柳》之歌，其曲有兵革苦辛之词，应三杨之族灭。元康中，童谣歌："南风起，吹白沙。"应贾后为乱以危太子。贾后字南风，白为晋所行五德之运，沙则为太子小名沙门。《隋书》称：陈时，江南盛歌王献之《桃叶词》，应晋王伐陈，置营桃叶山下。齐武平末，谣曰："黄花势欲落，清樽但满酌。"应穆后干政，促齐之亡；穆后，小字黄花也。《新唐书》三十五：永徽后，民歌盛《媚娘曲》，应武氏之兴。垂拱后，东都有《契苾儿歌》，皆淫艳之词；契苾，张易之小字也。降及唐末，徐温不知其儿训在广陵作《朱蒜》，人谓之不及秋，后十三年六月训果为朱谨所杀焉。（《青箱杂记》七有诗妖专条。）佳诗美谣，不少保存于各史《五行志》，未可交臂失之。

凡刺诗皆诗妖之类，有国者所当审辨，而引为鉴戒者也。陈诗观风，意即在是。自此义不明，而"檿弧箕服，实亡周国"（《郑语》宣王时谣）遂流于迷信。杜文澜著《古谣谚》，网罗弘富，惜陈义尚寡，故为阐发如此。

谏书、谤书论[*]

范书《班固传》云："固感前世相如、吾丘寿王、东方之徒，造构文辞，终以讽劝，乃上《两都赋》，盛称洛邑制度之美，以折西宾淫侈之论。"李贤注："（吾丘）寿王作《士大夫论》及《骠骑将军颂》。（东方）朔作《客难》及《非有先王论》，其辞并以讽谕为主也。"汉以诗赋及论为讽谏之工具，在当时有其实用价值。范书《杜根传·论》云："礼有五谏，讽为上。若夫托物见情，因文载旨，使言之者无罪，闻之者足以自戒，贵在于意达言从，理归乎正。……夫未信而谏，则以为谤己。"李注云："五谏谓讽谏、顺谏、阙谏、指谏、陷谏也。讽谏者，知祸患之萌，而讽告也。顺谏者，出辞逊顺，不逆君心也。阙谏者，视人君颜色而谏也。指谏者，质指其事而谏也。陷谏者，言国之害，忘生为君也。见《大戴礼》。"按《保傅》篇云："于是有进善之旌，有诽谤之木，有取谏之鼓；鼓史诵诗，工诵正谏。"古之谏官，实出于瞽史乐工。后人分谏为五类，讽谏列居其首，谓知祸患之萌而讽告之也。《白虎通》因之有谏诤之专篇。西汉人以《诗》三百篇为谏书，如王式（见《儒林》本传）是也。讽谏每寓于颂美之中，观相如《封禅文》，既云"作《春秋》一艺，将袭旧亦为七，揣之无穷"，而篇末又云："依类证寓，喻以封峦（即指封禅）。披艺观之，天人之际已交，上下相发允答。圣王之事，竞竞翼翼。故曰于兴必虑衰，安必思危。"此即讽告之深旨。世但知相如作赋以讽，而不知其作《封禅

＊ 本文载于《饶宗颐史学论著选》，上海：上海古籍出版社，1993 年。收入《饶宗颐二十世纪学术文集》卷四经术、礼乐。

文》乃亦讽也。

　　至于谤者，《论语》云："事君信而后谏，其君未信则以为谤己。"故王允以司马迁《史》为谤书。谤书之说，见范书《蔡邕传》，云："方蔡邕之被收也，乞继成《汉史》。王允独曰：昔武帝不杀司马迁，使作谤书流于后世。"《魏志·王肃传》云："魏景初间，帝以问王肃：'司马迁以受刑之故，内怀隐切，著《史记》非贬孝武，令人切齿。'肃对以为隐切在孝武，而不在史迁。"《三国志·董卓传》裴注引谢承《后汉书》说已如此。裴松之谓此殆谢承之妄记，而云："迁为不隐孝武之失，直书其事耳，何谤之有？王允之忠正，岂可虑其谤己而枉戮善人哉！此皆诬罔不通之甚者。"说出谢承，而裴氏以为妄。裴与范氏同时，其取舍不同如此！则史公谤书一说，原未可轻信。然谤之与谏，正如唯之与阿。史公之直书，亦未始非谏草，盖讽谏固西汉以来文学之优良传统也。

格 物 论[*]

　　罗君香林,以侯国宏君《格物解》见示。且曰:是篇训格为假,发千载之秘,世且有剿其说者矣,子意去何? 予曰:格与假,两字通用,见诸古籍夥矣。假于物以为学,荀氏首发其旨,《大戴礼·劝学篇》同之,王符《潜夫论》亦衍其说。然郑氏不取者,以学之义有二:自内发者为觉,由外来者为斅。自格物而致知,而诚意,其义内通乎性,非仅谓自外物而得也,何待专假乎物。研经之法,莫如以本经证本经,或于古训较近,故格字不必取假借为解。且《大学》本子,从未见有作假物者,径以本文释之,有何不可。

　　《论语》:"道之以政,齐之以刑,民免而无耻;道之以德,齐之以礼,有耻且格。"《礼记·缁衣》引是语云:"夫民教之以德,齐之以礼,则民有格心;教之以政,齐之以刑,则民有遁心。"郑注:"格,来也;遁,逃也。"格心与遁心相反,格心犹言归往之心,谓能以德化人,于是乎近者悦,而远者来也。《学记》论为学程序,而殿以语云:"夫然后足以化民易俗,近者说服而远者怀之,此大学之道也。"注:"怀,来也。"是大学之道,其效不离齐之以德,使人心悦诚服而来归己耳,而其道莫重于格物。格物之义,盖即《哀公问》所谓"不过乎物",能格则不过,言物来而能顺应也。《哀公问》:

　　* 本文载于《固庵文录》,台北:新文丰出版公司,1989 年 9 月。收入《饶宗颐二十世纪学术文集》卷十四文录、诗词。

孔子言曰：古之为政者，爱人为大；不能爱人，不能有其身；不能有其身，不能安土；不能安土（按：《易》言安仁敦仁），不能乐天；不能乐天，不能成其身。（按：《易》言乐天知命，故不忧。）哀公曰：何谓成身？孔子对曰，不过乎物；又曰：仁人不过乎物，孝子不过乎物，是故仁人之事亲也，如事天；事天如视亲，是故孝子成身。

夫能事天，则能乐天，不过乎物，则无碍乎物，情中节，行中矩，无偏无颇，合乎天行，先天而不违，后天而奉天时，以天道帅人道，以人道尽天道。后儒所谓随处体认天理，佛氏所谓理事无碍，事事无碍，其理未有二致也。无碍于事，斯能格物矣。物格而后知至，此知之至者，即大智矣。《大学》八条目，自格物以至修身，胥成身之事；成身之道，莫切于"不过于物"一语，故首言格物。是格物之义，非斤斤著力于一事一物之际，而必有合于宇宙真理之原则性，故《哀公问》论成身之要，必贵乎天道。其言曰："贵其不已如日月，东西相从而不已也，是天道也；不闭其久，是天道也；无为而物成，是天道也；已成而明，是天道也。"夫相从不已，则行健不息；不闭其久，则变而能通；无为而成，则厚德载物；已成而明，则大人以继明照四方。天道如此，人能弘之，要在"不过乎物"而已，是《易》道也。故知格物之义，通乎《易》，贯乎天人，非仅假诸外物而能得者也。此据天人合一之义以言之者也。

再从人与物之际言之。格物者，谓成于物，而动不失其正也。《乐记》云：

人生而静，天之性也；感于物而动，性之欲也；物至知知，然后好恶形焉；好恶无节于内，知诱于外，不能反躬，天理灭矣。夫物之感人无穷，而人之好恶无节，则是物至而人化物也。人化物也者，灭天理而穷人欲者也。……是故先王之制礼乐，人为之节。乐者天地之和也，礼者天地之序也。和，故百物皆化；序，故群物皆别。

千古阐"格物"之义无如此段之深切。"格物"者，物来而应之以正。必也能化物而别物。化物者，乐之事；别物者，礼之事。是言格物而礼、乐赅其中矣。夫化物斯能和，别物斯能序。和，故百物不失节而合爱；序，故百物皆纳轨①而合敬。爱自中出，敬由外作，如是则物罔不格矣。《乐记》云："礼乐皆得谓之德。"德者，得也，斯即明明德矣。故曰教之以德，齐之以礼，则民有格心。以是立己，则物来无碍。② 以是化民，则民诚悦而有格心；是格物者，其事必先乎礼。《仲尼燕居》云："礼者，何也？即事之治也。君子有其事，必有其治。治国而无礼，譬犹瞽之无相与？伥伥乎其何之？"礼所以治事，物犹事也；事治则物格，物格固莫尚于礼矣。故曰格物必先齐之以礼，以《礼记》证《礼记》，则《大学》"格物"一义，可了然无滞碍矣。

古之道术者，其言应物之方，其涂多端：惠（施）曰历物，庄曰齐物，荀曰假物，而《易》曰开物。③ 惠义不免限物而滞于物，庄则外物矣，而以天灭人；荀主后天，有见于外，而无见于内。惟《易》之义具积极性，为能含弘光大，以合"格物"之义，则成天下之亹亹者，于是乎在。举《大学》之道，无非开物成务之事；格而能开，则立人成物，无所不济。④ 必以《易》义配《大学》，然后可以参天地、赞化育也。聊因侯君之论，粗陈所见，以质诸高明。客中无书，惧未尽当，或前人已先我而论者，还乞有以教之。

---

① 《左传》所谓纳民轨物。

② 格物之格之训来，犹庶民来子之来，谓不期而至，不期而会，不期而得。格物亦犹不期而有得于物，以本乎天道，循乎德性，故能如此。仁民爱物，物我之间，固一致也。益知郑注陈义之精。

③ 亦曰利物。

④ 前人释格为除，从消极立论，其义殊偏。

宋学的渊源[*]

——后周复古与宋初学术

当前新儒学的讨论成为热潮，国际学术界对于宋学特别重视，因此对于宋学如何形成应有重新认识之必要。法国 L. Vandermeersch 教授曾问我宋代儒学是怎样产生的，这一讲演即对他的发问提供一些个人的看法。

记得陈寅老在审查冯著《中国哲学史》的第三报告书中曾约略提出一点意见，他认为智圆提倡《中庸》，自号"中庸子"，均在司马光写《中庸广义》之前，似应为宋代"新儒学"的先觉。冯先生亦采用其说。宋代已有所谓"新儒学"，是寅老首先提出来的。他把宋代新儒学的先觉人物的美誉颁给智圆，然而智圆是否真的能担当得起呢？这还是有问题的。

我们仔细考察历史，宋代初年以"中庸子"为号的实际上最早是陈充。《宋史》卷四四一《文苑》三：

> 陈充字若虚，益州成都人。……唐牛僧孺著《善恶无馀论》，言尧舜之善、伯鲧之恶，俱不能庆殃及其子。充因作论以反之，文多不载。……自号中庸子。上颇熟其名，以疾故不登词职。临终自为墓志，有集二十卷。

牛文见《全唐文》卷六八二，充文反不传。《全宋文》卷一〇一据《藤县志》录陈充《子思赞》，有句云："忧道失传，乃作《中庸》。力扶坠绪，

* 本文载于《中国宗教思想史新页》，北京：北京大学出版社，2000 年 5 月。收入《饶宗颐二十世纪学术文集》卷十一文学。

述圣有功。"足见其楬橥《中庸》年代在智圆之前。[智圆卒于宋真宗乾兴元年（1022），陈充则卒于大中祥符六年（1013），年七十。充于太宗雍熙中登进士，乃智圆的前辈。]宋初儒者邢昺于景德间曾指壁间《尚书》、《礼记》图，指《中庸》篇而言（《宋史·儒林·邢昺传》），所以不能说重视《中庸》是出于释氏的提倡。

一、贬佛与崇儒

唐代三教平行，彼此之间并无轩轾，在朝廷上可以一起讲论。五代之季，周世宗最重要的措施是贬佛。

显德二年（959）敕天下寺院非敕额者悉废之。又禁私度僧，禁僧俗舍身，令两京及诸州每岁造僧账，是年天下寺院存者二六九四，废者三〇三三六〇（《通鉴》，9257页），是时统计僧数四二四四四，尼数一八七五六。世宗对佛寺予以种种限制，命民间铜器可销佛像为之，给释教以极大的打击。

周世宗是一位极端破除偶像的人物，他曾对群臣说道："勿以毁佛为疑。"他说："佛以善道化人，苟志于善，斯奉佛矣。彼铜像岂所谓佛耶？"唐代三教平行之局面遂被打破。他好像很信任王朴的规划，遂大举制礼作乐，有几件大事值得一述：

显德三年八月，端明殿学士王朴、司天临王处纳撰《显德钦天历》。

显德四年正月庚午，诏有司更造祭器、祭玉等，命国子博士聂崇义讨论制度，为之图。（9564页）

同年九月，中书舍人窦俨上疏，请令有司讨论古今礼仪，作《大周通礼》，考证钟律，作《大周正乐》。（9571页）

显德五年十一月，敕窦俨编集《通礼》、《正乐》二书。

显德六年正月，王朴疏称"陛下武功既著，垂意礼乐。以臣尝学律吕，宣示古今乐录，命臣讨论"。

广顺三年六月丁巳，《九经全书》刻版完成，共二百七十七卷，历时二十八载。

由上述诸事，可见世宗提倡儒学、注重礼乐的热忱，可惜他短祚，还没有完成这些工作就发生了陈桥兵变。紧接着太祖御宇，这些工作成果就都转为宋人所有，成为宋代的业绩。上述这些人物如聂崇义、窦俨等，都变为宋的臣子了。

二、儒学史上最重要的一件事
——九经刻版的完成

先是田敏于周广顺元年以尚书左丞之身份出使契丹（9457 页）。《通鉴·后周纪二》云：

> 自唐末以来，所在学校废绝，蜀毋昭裔出私财百万营学馆，且请刻版印九经，蜀主从之，由是蜀中文学复盛。初唐明宗之世，宰相冯道、李愚请令判国子监田敏校正九经，刻版印卖，朝廷从之。广顺三年六月丁巳版成，献之。

胡注云：

> 雕印九经，始二百七十七卷，唐明宗长兴三年，至是而成，凡涉二十八年。

按《通鉴》云：

> 长兴三年（932）春二月辛未初，令国子监敕定九经，雕印卖之。（9065 页）

由是可知，田敏负责此事历时凡二十八载。

自五代至宋初，九经有雕版刊行，并以九经施教、考试。乾德中，孙奭、孔维即以九经及第。

三、宋初之礼学

北宋礼学盛行，承后周未竟之业。《宋史·礼志》云："即位之明年，因太常博士聂崇义上书重集《三礼图》。"《宋史·儒林》："崇义于显德间，论禘袷之礼。宋初，张昭奏与聂氏讨论祭玉尺寸，引及隋牛弘之《四部书目》，内有《三礼图》十二卷，开皇中奉敕撰。"崇义此书盖显德四年正月庚午奉诏撰集。今新定《三礼图》前有序，末云："其新图凡二十卷，附于《古今通礼》之中。是书纂述之初，诏（窦）俨总领其事。"俨即于周时撰《大周通礼》者。

宋初礼学著作可记者有下列诸书：

《通礼义纂》一百卷

见《太平御览引用书目》，即此。

《开宝通礼》二百卷

建隆三年表上，有窦俨序，即依《大周通礼》增修。

以后陈祥作《礼书》，集其大成，书今尚存。

四、宋学渊源之地域性
——蜀学与南唐学术

五代之际，西蜀与南唐有一段时间略可休养生息，文风亦盛，人才辈出。宋有天下，众之所归——蜀士与唐儒相继仕为宋臣，如张镒、张洎及徐铉，其尤著者。

窦俨校正《三礼图序》称："博采三礼旧图，凡得六本。"据李至《三礼图记》，此六本者乃"张镒、洎诸家所撰，凡六本"。

张洎博览群书，长于考据，《宋史》记其读"亢龙有悔"，征引碑记传赞，以作证验，读之正如清人臧镛之著述，开汉碑征经之先例。

来自蜀者如句中正（益州人），孟昶时馆其相毋昭裔，昭裔奏授崇文馆校书郎。中正精字学，太平兴国二年，被诏详定《玉篇》、《广韵》，四年副张洎使高丽，与徐铉重校定《说文》，模印颁行（《文苑》卷三）。蜀人林罕注《说文》二十篇，目曰林氏小说，刻石蜀中。故知宋学中实包含有蜀学与南唐之学。

五、宋学中的汉学

初期之宋学不是全讲义理，反而注重文字、声韵、校勘之学，与清代乾嘉学风很是接近，而这方面的著作，在北宋的学术界却大放异彩。举例言之，太宗雍熙三年，徐铉奉敕与句中正、葛湍、王惟恭同校正《说文解字》，吴淑云："取《说文》有字义者千八百余条，撰《说文五义》三卷。"徐锴有《说文系传》、《说文解字韵谱》，铉为序（见《徐铉传》）。其后神宗与太原王子韶（圣美）论字学，留为资善堂修定说文官（《宋史》卷三二九《王子韶传》），可见北宋君主对《说文》之留心与提倡，影响所及，邻邦高丽亦有《说文正字》的刊行。该书有高丽国十四叶辛巳年号，即肃宗六年，相当于徽宗建中靖国元年（1101）。

以韵书论，宋重修《广韵》，凡二九一九四言，一九一六九二字（景德四年十一月敕）。景祐中，复诏为《集韵》，《太平御览引书》有《集韵》，似其书先成。

治平四年，司马光上《类篇》，其序云："字书之于天下，可以为多矣，然而从其有声也，而待之以《集韵》……从其有形也，而待之以《类篇》，天下之字，以声相从者无不得也；天下之字，以形相从者无不得也。"《类篇》即"以《说文》为本"，编制全仿许书。

六、四书学的发轫

最近学人每说唐代《五经正义》没有完成任务，宋儒用四书代替五经（任继愈说）。四书是否果真能够代替五经？是很有兴趣的问题。由于周之贬佛，佛门大德亦有不少攻习儒书，且有著作，像僧赞宁（《宋高僧传》作者）便有《论语陈说》一书（《经义考》卷五二），后来若智圆有《中庸子传》（《闲居篇》）、释嵩著《中庸解》（《镡津集》四），冯著《中国哲学史》已经提及，认为是四书学的先导。我个人则以为《学》、《庸》二书的独立研究，似乎由司马光开始倡导，光著《大学》及《中庸广义》二书，朱彝尊云："取《大学》于《戴记》讲说，而专行之，自温公始。"（《经义考》卷一五六，参拙作《固庵文录》156 页）我觉得北宋人似乎对《小戴记》特别发生兴趣。可以宋庠一故事证之。庠的母亲钟氏梦一道士授以一书，并说以遗尔子。这本书便是《小戴记》，道士即是许真君（或即许逊）（见《宋史》卷二八四《宋庠传》）。其实把《礼记》里面的某一篇取出来单行的，始作俑者是宋太宗，他曾令以《儒行》篇刻于版，即赐近臣及新第举人，张洎得之上表称谢，此事见《宋史》卷二六七《张洎传》。

七、余论　官学与私学之分合

宋太宗对经学的提倡，详见《李至传》。太宗本人是一个大学者，他贯通三教，著有《朱邸集》、《御集》等。现存日本弘教书院重经刊《大藏经》保存有他的《逍遥咏》十一卷、《缘识》五卷，俱见他的思想之含弘广大、融儒合道；他又有《莲花心轮》回文偈颂，远播及于边郡敦煌（见S·四六四四、P·三一三〇）。自著《注语》，具大悲愿，合归善道。此类长篇巨制，已收入《全宋诗》首册卷二二一三八。又有《佛第赞》一律。他本人虽兼通三教，而朝廷欲仍然是注重儒术的。

谈学术史的人们，每每注意的是某一个重要的人物，而忽略了他周遭的种种关系，重视个人的某种成就，好像朱子在生前被目为伪学，直到理宗以后才给予平反，他的学术逐渐为若干时代的政府所采用，历元、明、清三个朝代而不衰，成为官学，因而才会对后代产生如此重大的影响。

周濂溪的学问也是经过朱子的肯定才确定下来，以至位居宋五子的首领地位，事实上他在当时并没有什么影响（参邓广铭说）。

我们再看宋初儒术的形成。在建隆与太平兴国已成为官学，九经列入考试题目，为士人必修的科目，《礼记》自五代以来，即有"礼记博士"之设，《中庸》、《儒行》在太宗时已出单行本（《大学》篇早已出现于敦煌写经卷中）。因此我们不能认为《中庸》是出于释氏的提倡。《礼记》列入官学，是北宋尊重礼学的表现。官学的影响自然要比私学更为重大，可见私学如果没有官学的推动，那是很难得到什么巨大的影响力的。

朱子以前《大学》论[*]

程明道云："或以格物为正物。"初未知何所指。按司马温公曾撰《致知在格物论》，其文载于本集卷七十一，主旨在论是非，其言云：

> 惟好学君子为不然，己之道诚，善也，是也。于是依仁以为宅，遵义以为路，诚意以行之，正心以处之，修身以帅之，则天下国家何为而不治哉？《大学》曰："致知在格物。"格，犹扞也，御也；能扞御外物，然后能知至道矣。郑氏以格为来，或者犹未尽古人之意乎？

唐时李习之《复性书解》云："物者，万物也；格者，来也，至也。"仍沿郑义。温公以为不然，故改训格物为扞物，如大人能格君心之格。明道所云"正物"者，或指温公说而不明言之。如温公之说能扞外物，乃能知至道，是由逆生顺，以反求正，分成二橛，不免二本之病。《宋史》光传列其著述有《大学中庸义》一卷，陈第《一斋书目》著录有光《大学广义》一卷。朱彝尊谓："取《大学》于《戴记》讲说，而专行之，自温公始。"（《经义考》卷一百五十六）说殆可信，虽明道订正其说，而宋人椠椠《大学》之旨，温公应首居其功。韩公于《原道》文中已引"古之欲明明德于天下"一段，其徒李翱遂亦援引《大学》语句。真西山《大学衍义》序云："唐韩愈、李翱尝举其说……盖自秦汉以后，尊信此书者惟愈

---

* 本文刊于《香港大学中文学会刊》，香港：香港大学中文学会，1987 年。收入《饶宗颐二十世纪学术文集》卷四经术、礼乐。

及翱，惟未知其为圣学之渊源，治道之根柢也。"自温公后，《大学》遂为二程所重视，列为入德之书。

温公又有《中和论》一篇，摘句如次：

> 君子从学贵于博，求道贵于要；道之要，在治方寸之地而已。
> 盖言礼者中和之法，仁者中和之行，故得礼斯得仁矣。
> 君子守中和之心，养中和之气；既得其乐，又得其寿。

温公集中有与范景仁两书（卷六十二），《与范景仁书》云：

> 光启：范朝散来，领二月二十三日及晦日两书，所云递中书朱尝得，盖二十三日书即是也。夫治心以"中"，此舜、禹所以相戒也。治气以"和"，此孟子所以养浩然者也。孔子曰："寿禄可辞也，白刃可蹈也，中庸不可能也。"然则中和者，圣贤之所难。……（光）于圣贤之道曾不能望其藩篱，然亦知中和之美，可以为养生作乐之本。

又《答景仁书》云：

> 至于中和为养生作乐之本，此皆见于经传。……彼仁与德，舍中和能为之乎？……罗者所蒙教诲，何敢忘之？但承其意不承其术，谨当熟读《中庸》，以代《素问》。

温公当日与范氏讨论中和问题，反复不止一次。伊川与苏季明论中和，似亦受其启发。至朱子益致力于中和之探讨，其契入之深，自非温公可比。然温公宽绰，朱子深醇；温公之用心和平，而朱子之用心危苦。朱子曾自言："旧时用心甚苦，思量这个道理，如过危木桥子，相去只在毫发之间，才失脚便跌下去。"可见危苦二字非妄言。此其异也。

二程于涑水为讲友，伊川又温公所荐士。温公之说，二程必曾与讲论无疑，故明道所指之"或以格物为正物"，必指温公。全谢山《宋元学案》序谓小程子称司马公为不杂，故朱子有六先生之目，然于涑水微嫌其格物之未精，殆亦指此。温公格物致知论不见今本《宋元学案》。据王梓村按语，《涑水学案》原本已逸，谢山补定分为二卷，稿亦无存。兹乃杂采《迂书》及《疑孟》、《潜虚》以充数，而此文及中和论反致阙如，此王氏之无识，故知《宋元学案》有待董订者尚多也。

曾谓宋学初兴，只是提出问题，讲论未能深至，如胡安定门人徐仲车，说《中庸》"强载矫"为"能矫而为正，岂不强乎"？亦如温公训格物为扞物，黄百家谓其辩荀而不免仍蹈荀之涂辙。盖是时讲论未精，言"用"而不能证"体"；温公格物说虽无可取，然其提出《大学》"格物"之重要，下开伊川，导先路之功，不容抹杀，宜亟表彰者也。

又大程亦主张读《大学》者，所谓子程子曰"《大学》孔氏之遗书，而初学入德之门"等语，即出于颢。而二程各有定本，黄东发云："《大学》自二程先生更定，至晦翁章句益精矣。"又云：

> 明道以康诰曰以后释明字、新字、止字者，联于首章，明德、新民、止至善三语之下……伊川移古之欲明明德一章于前，然后及康诰曰一章。

二程改本不一致，《朱子章句》即依二程，非仅承伊川一人之学。时贤或分别《大学》为渐学，又强调明德一本之义以为圆顿之教，遂判二程为殊途。从二人造诣及修养而论，自异型态。唯欲以《大学》一书为标准，判别二程不同之系统，区划如是显豁，将何以解"入德之门"一语耶？又龟山事二程为入室高弟，亦屡屡言格物义，如云：

> 学始于致知，终于知至而止焉。致知在格物，物因不可胜穷也，反身而诚则举天下之物在我矣。……古之圣人，自诚意正心至于平天下，其理一而已，所以合内外之道也。世儒之论以高明处己，中庸处人，离内外，判心迹，其失是矣。故余窃谓《大学》者，其学者之门乎？不由其门而欲望其堂奥，非余所知也。(《题萧欲仁〈大学篇〉后》)

以《大学》为学者之门，即入德之门一说之引申，又云：

> 致知必先于格物，物格而后知至，知至斯知止矣，此其序也。盖

格物所以致知，格物而至于物格，则知之者至矣。……《大学》所论诚意正心修身治天下国家之道，其原乃在乎物格推之而已。若谓意诚便足以平天下，则先王之典章法物皆虚器也，故明道先生尝谓有《关雎》、《麟趾》之意，乃可以行周官之法度，正谓此尔。

文中引及明道之语，则明道非不重格物，证以所引明道语，"格，至也；穷理而至于物，则物理尽"（《宋元学案》入明道），与龟山"格物而至于物格则知之者至"，可互相证发，故龟山之说，可谓本诸明道者。由是以言，明道之学，不能谓与《大学》无关。

兹列朱子以前有关《大学》重要人物及论著如下：

唐 韩　愈　引《大学》古之明明德等句于《原道》篇。
　　 李　翱　《复性书》论格物义。
宋 司马光　作《致知在格物论》，又著《大学广义》（未见）。
　　 程　颢　谓《大学》为初学入德之门，有《大学》改本。
　　 程　颐　有《大学》改本。
　　 吕大临　作《大学解》。吕氏论"以悟为则即致知格物"，以非伊川之说，朱子为之申辨。朱子云："吕氏之先与二程夫子游，故其家学最为近正，然未能不惑于浮屠、老子之说。"引其说四条加以辨正，在何镐所刻《杂学辨》中（《朱文公集》七十二）。
　　 杨　时　著《题〈大学〉篇后》，言"萧君（欲仁）录云：《大学》一篇，求余言以题其后。"
　　 廖　刚　著《大学讲义》。朱彝尊云"文在《高峰集》"，查《四库全书珍本》十二卷本之《高峰集》无之。

上列各家论著俱在，似宜详加抉发，以见《大学》之学在朱子以前发展经过。盖《大学》自唐韩、李引述其语，至司马光著《致知在格物论》，又作《大学广义》，于是《大学》之重要性弥见提高。二程为改定其本，修正温公之说，而"格物致知"一义遂为基本论题。吕大临、杨龟山复加推阐，至朱子集其大成，更将重点移于《大学》，而《大学》之地位遂告奠定。

感应篇书后[*]

刘子健先生寄示《感应篇》序，余受而读之，其文盖真西山所作，见其文集卷二十七自注云："代外舅作。"又有一跋云："世谓感应之言，独出老佛，非也。《书》有作善降祥之训，《易》有积善余庆之言，皆此理也。"又云："仙游居士杨公刻《感应篇》以施人……故书之篇末，以告观者，庶不失杨公之本恉。"^① 西山为《感应篇》撰文，序跋各一。

《感应篇》即《太上感应篇》，《宋史·艺文志》始著录之；今《道藏》所收，列于太清部者，题"李昌龄传，郑清之赞"，共三十卷。^② 盖理宗在潜邸，国子学录郑清之缮以进呈者。清之以绍定六年端平元年为宰相，著有《安晚堂诗集》，^③ 前有绍定六年太一宫胡莹微上表。昌龄，北宋人，官御史中丞，《宋史》二八七有传。《宋人轶事汇编》，李参政昌龄家女多得贵婿。参政范仲淹、枢副郑戬，皆自小官布衣选配为连袂，是昌龄辈分固高于范文正也。今观其《感应篇传》，多征述北宋人臣事迹，作为果报之应验，且涉道释经典与地狱，偶及南宋时事，谅多出道徒所增益，非李书之旧矣。

宋时，此书刊板于武林东太一宫，大儒真西山、丞相郑安晚皆为之序，故风行一时。^④ 元泰定间，钱塘陈坚君实举是篇劝善者二十六事，征

---

  * 本文载于《固庵文录》，台北：新文丰出版公司，1989 年 9 月。收入《饶宗颐二十世纪学术文集》卷十四文录、诗词。

  ① 卷三十五。

  ② 义字号上至退字号下。

  ③ 《四明丛书》第八集，又《南宋六十家集》。

  ④ 见《道藏》本卷首，绍定、端平诸序。

恶者一百七十事,撰成《图说》,仇山村(远)为序。至正壬辰,君实嗣子恕斋从仁摹以上石,《图说》则清末丁丙刊入《武林往哲后编》。顺治十三年朝廷刊行《感应篇》以赐群臣,故惠栋为注,朱珪为序;[①] 德清俞樾既为《金刚经注》,以为《感应篇》宜与儒书相表里,复赞翊惠氏附以经义,证以秦汉古书,撰《太上感应篇缵义》。[②] 此书流传于士大夫,不仅民间。朝野盛行已久,既非纯为善书,亦非尽属道家言也。

其开卷"太上曰:祸福无门,唯人自召"。此二句实出《左传》所载闵子骞之言,《后汉书·杨秉传》引之。李贤曰:"《左传》闵之骞之词,是则出于孔门;其言太上曰,分明出后人假托。"又云:"善恶之报,如影随形。"即言感应之理。《孝经》已有《感应章》。《汉书·郊祀志》刘向上封事"皆有神祇感应"。《文选·应璩与岑文瑜书》:"善否之应,甚于影响。"只言应而不言感应。神祇感应之义,西汉已有此说,至释氏而益盛。南朝刘宋时,太原王廷秀撰《感应传》八卷,[③] 隋何妥与沈重等撰《三十六科鬼神感应》等大义九卷,[④] 王劭著《舍利感应记》,[⑤] 唐释道宣有《住持感应记》,[⑥] 并以感应名书。《法苑珠林》书中每有"感应缘"一项,略举人物以为佐验。唐人《雕玉集》有《感应类》。《感应篇》本为格言之鸠集,未知成于何代,以"太上感应"题名,则显出自道教徒之手,故宋人以列入《道藏》。李氏撰传,录故事以示感应,与佛家感应缘正出一辙;其为道家摹仿释氏"感应缘"一类书,以为劝戒,故后来复演变而为善书。为作注者复多儒家者流,三教杂糅,由来久矣。

① 有粤雅堂丛书本。
② 有春在堂丛书本。
③ 《隋志》史部及子部著录。
④ 《隋书·经籍志补》,《隋书》七十五。
⑤ 《法苑珠林·舍利篇》。
⑥ 《法苑珠林·鸣钟部》引。

《中国史籍类选》序[*]

盈天地间之一切资料，无非史也。古者纪言与纪事并重。《舜典》云："书用识哉！"所以记时事，其言辞总为《尚书》。《尚书》之为体，主言者也。言亦事之一端，循其实则谓之事，叩其论则谓之言。

书有七观，大义斯举，要皆折衷于理。史之敷理者，莫精粹乎经。经术既兴，史亦遂附丽焉。太史公云："学者载籍极博，犹考信于六艺。"故其所作，复自比于《春秋》，是时无所谓史学也。《史记》、《七略》系在《春秋》家。荀勖《四部》，始以丙部为史，乙部为古诸子及近世子家。子之为体，自写性真，重在思想，于经为近，故子居史之前。刘彦和《论史传》谓："立义选言，宜依经以树则。"明史之附于经，而义始有所归。故古之史学，犹经学也。

作史者，必能文之士。《论语》云："文胜质则史。"知质木无文者，难与于史之列。《孟子》亦云："其事则齐桓晋文，其文则史。"懿事成史，精理为文。是史之要，尤贵乎取舍，细事琐闻，无关弘旨者，胥从捐弃。孔子之于诗书，删述而已。"述"以明其旨要，而"删"则有所不取者矣。删述亦史家之务也。质有其文，始谓之史，明史必倚于文而后立，故古之史学，亦犹夫文学也。

文笔为史之华，经史相为表里（李氏《焚书》已言之）。明儒著论，至为剀切，华夏旧史之传统，即在于是。近世史学之发达，迈越前古。章

  * 本文载于《中国史籍类选》，香港：友联出版社，1977年。收入《饶宗颐二十世纪学术文集》卷十四文录、诗词。

学诚六经皆史之说，拾宋明人之余唾，自其说大行，治史者斤斤于讨论史迹，而文与义皆弃而莫问，于是视六经诸史，只一堆材料而已。删述之旨不明，而剪裁镕铸以成一家言若太史公书，犹嫌于剽袭，是以不免见讥于沙畹矣。友人白乐日君，近代治史之巨擘也，闻其讲述隋、唐史事，于骈体必抵案而詈。不知唐人习惯，散行之文，非所宗尚；即边陲寺院，亦多以俪体为之，风气如此，又乌足怪！

　　窃曾谓近日汉学之弊，在于经学之根柢未深，文学之修养不足而遽以言史。治史者，为撰写论文之需要，专研问题之方便，乃务为割裂饾饤以自炫，虽其所钻研，间有胜义，舍此而外则懵无所知，譬如耳目鼻口，皆有所明而不能相通。庄生所讥，天下多得一察焉以自好，不该不偏，未有如今日之甚者也。李田意教授有见及此，辑《中国史籍类选》以为课本，凡所甄录，皆前史精华所在，义据坚深，符采相胜。以此设教，良足通文史之邮，使读者进而窥古人立言之大旨，观其会通。于以了解旧史之传统，庶可减少误会，衔华佩实，由此植基，其有功于史学，岂浅鲜哉！李君来书，属序其端，因为推论史与经学及文学关联之义，以质于君，谅不以予言为河汉也。

饶宗颐拜序

《中国史学上之正统论》结语*

中国史学上之正统说，其理论之主要根据有二：一为采用邹衍之五德运转说，计其年次，以定正闰；唐人自王勃以后，《五行应运历》、《正闰位历》等书，以至宋初宋庠之《纪元通谱》，皆属此一系统。宋儒则深辟其谬，惟《唐书·王勃传》但存其端倪而已。另一为依据《公羊传》加以推衍，皇甫湜揭"大一统所以正天下之位，一天下之心"。欧公继之，标"居正"、"一统"二义。由是统之意义，由时间转为空间，渐离公羊之本旨。然对后来影响至大。温公谓"苟不能使九州合为一统，皆有天子之名而无其实也"。东坡谓"正统云者，犹曰有天下云尔"（明徐一夔引此说）。皆从空间立论。此一义后来且影响及于实际行动。元世祖之灭宋，即由此一观念所策动。《元史·刘整传》云：

> 至元四年十一月，（整）入朝，劝伐宋，曰："自古帝王非四海一家不为正统。圣朝有天下十七八，何置一隅不问，而自弃正统耶？"世祖曰："朕意决矣！"

故元之有宋，即为争取正统，此正统即大一统之意也。

宋代《春秋》之学，北宋重尊王（孙复著《春秋尊王发微》十二篇可见之）；南宋重攘夷〔胡安国著《春秋传》可见之。《宋史·儒林传》云：

———————————

* 本文载于《中国史学上之正统论》，香港：龙门书店，1977 年。收入《饶宗颐二十世纪学术文集》卷六史学（上）。

"自王安石废《春秋》，学士不得相传习，乱伦灭理，用夏变夷，殆由乎此，故（安国）潜心是书二十余年。"］尊王，故张大大一统之说，此欧公正统论之得于《春秋》者在此也。元世以夷狄入主中国，其言正统者，亦只能援大一统一说以立论。至明方孝孺始置夷狄之统于变统，则庶几攘夷之义，与皇甫湜之不帝元魏（亦如昌黎之辟佛，基于夷夏观念）之说相呼应，此亦取之《春秋》以立义者也。胡翰《正纪》至责唐太宗以夷狄自处，汩地之纪，莫若刘渊。胡氏为明初始倡夷夏内外之辨者，方氏之重视夷狄问题，显受其启发耳。

依《春秋》褒贬之例以论史，则发生史实与道德关联问题，正统说诸家立场各有不同。其重实而轻名，但以史实为鉴戒，不惜减轻道德观念者，欧阳修、司马光是也。其兼顾名实，而决不肯放弃道德观念，以致建立二元说者，章望之（分正统与霸统）、方孝孺（分正统与变统）是也。其纯以《春秋》书法为褒贬者，则朱子一人而已。

《春秋》言"统"之义，原本于时间，即继承以前之系绪之谓。为正闰之说者，其争论焦点，即在于承接之间是否为正与不正之问题。故保持正统，可以放弃若干被认为闰位，而遥接远代，为"超代"之论，皇甫湜即主此一说也。或以为统之承受，应加抉择，杨维桢主张元统宜接宋，而不可接辽、金，此又一说也。凡此种种，皆"正统论"所执不同之立场与原则，略为疏说，以见其概焉。

自汉以来，史家致力于正统问题之探讨；表面观之，似是重床叠屋，细察则精义纷披，理而董之，正可窥见中国史学精神之所在。正统理论之精髓，在于阐释如何始可以承统，又如何方可谓之"正"之真理。持此论者，皆凛然有不可侵犯之态度。欧公、温公所以不为人谅解，由于仍屈服于史局之下。故向来官修之史，不能令人满意，而私家之史，所以不断述作，不惜重撰，且亦为人所重视，职是故也。私家史书所以可贵，其故有三：一、不受史局之约束；二、不为当前史学风气及政治立场之所囿；三、有超时空限制之精神，对于史事可作重新评价。质言之，即有超历史（Super-History）之立脚点也。

章学诚《文德篇》主张"论古必恕"，谓作史者须为古人设身处地（《文史通义·内篇》）。然史家之尚论史事，贵能据德以衡史，决不可徇史以迁德。史家眼中对于帝王（统治者）仅视作历史人物看待，其是非得失，均得加以衡量判断。记叙史事而无是非之辨，则何贵乎有史？此义郑思肖于《心史·古今正统大论》中已有淋漓尽致之发挥；实斋之说，婉而未当。

近东古史，其记录多为胜利者之自我表扬，如波斯最高王者，动辄自称为万王之王，如是之历史记录，仅为胜利者服务。中国则不然，"惟圣哲以茂行兮，乃得用此下土"（《离骚》）。"皇天集命，惟何戒之？受礼天下，又使至代之"（《天问》）。此屈原之历史观也。楚先王公卿祠庙，图绘天地贤圣怪物行事，所以存鉴戒。此事渊源甚远，伊尹从汤言素王及九主之事。刘向《别录》云："九主者，有法君、专君、授君、劳君、等君、寄君、破君、国君、三岁社君，凡九品，图画其形。"（见《殷本纪集解》引）以人主分为九等，自授君以下，均致贬词，且图绘其形以丑之。《广州画跋》有《九主图》。《九主》此书残帙，近日在马王堆三号墓发现（参《文物》，1974〔11〕），见于《老子甲本》佚书中。伊尹论过在主者四，罪在臣者三，臣主同罪者二，又陈夏桀氏之失。足见对君主行为可作严厉而正义之道德评判，其由来甚远，实为中国史家之优良传统，不容忽视者也。

晚近之言史者，有不惜去统而弃正者矣，有不惜以自己之文化接他人之统者矣。"有抱国之图籍而降者矣；无籍其道而降者，道不可以籍也。"（《古史钩沉论》四）此龚定庵所以嗟叹唏嘘不能自已者也。反观过去郑思肖、方孝孺辈，其所争取者，一本乎正义之真是非，而非一时相对之是非，不特不屈服于某种政治之下，且不屈服于已成历史之前，其见识伟矣，其人格夐矣，此诚"贯天地而无终敝，故不得以彼之暂，夺此之常"（姚鼐《方正学祠重修建记》）。历史之真是非，正在其常，而非一时之是非所可夺也。

又龚定庵论大一统为太平世事，以为"宋明山林偏僻士多言夷夏之防比附《春秋》，不知《春秋》至所见世，吴楚近矣，伐我不言鄙，我已无外矣。故诗曰：无此疆尔界，陈常于时夏。圣无外，天亦无外者也"（《五经大义终始答问》七）。是在太平世，混一车书，王者无外，夷夏之防，已消弭于无形矣。历来持正统论者，每局于夷夏之辨；此在偏安之世则然，若大一统局面下，则地既无疆，天亦无外，《公羊》以当太平世，《大学》以论平天下，可谓涵盖乾坤气象。Arnold J. Toynbee 谓中国向来就是世界国家，今尚存于世。盖中国自周秦以后，即本天下观念以看历史，视历史为一整体，与希腊史家 Polybius 见解颇相似。以世界眼光来看历史，从过去人事觅得共同规律以为行动之借鉴。故中国史家自来即富有为天地立心、为万世开太平之豁达心胸。Toynbee 晚年定论始确论史家须从历史成败获得猛省，历史如仅为描述而缺乏道德批评，则不成为史学。顾此义在中国早成为家常便饭，历代正统论即贯彻此一主张之史学观点者也。

自韩愈《原道》称尧是以传之舜，舜是以传之禹，再传至汤、文、武、周公、孔、孟，儒家道统承传之说于焉确立。陈寅恪氏以为韩氏建立道统，表面虽由孟子卒章之言所启发，实际乃受新禅宗教外传灯说所造成（《论韩愈》），惟证据未充。（颐按：寅老此说未妥。余于序郭伟川《儒家礼治与中国学术》一文中已有辨正。）朱子《中庸章句序》屡言："盖自上古圣神，继天立极，而道统之传有自来矣。"而以允厥执中为尧、舜、禹之所传授，以子思上接道统之传，彼于道统再三致意，故宋人喜言之。宋季文及翁（字时举，绵竹人，理宗时进士）著《道统图后跋》，称"有作《道统图》上彻宸览者，以艺祖皇帝续伏羲尧舜禹汤文武之传，以濂溪周元公续周孔曾思孟之传"（《宋代蜀文辑存》卷九十四）。是宋人之《道统图》且以艺祖接伏羲之统，此乃出于政治上之渲染，殊属无谓。明杨维桢始以道统配合治统，道统观念弥为人所重视。清初刁包著《斯文正统》，其书为纂文总集，此则以正统观念侵入于文学之领域矣。惟袁枚颇非道统，其言曰："夫道无统也，若大路然。……后儒沾沾于道外增一统字……交付若有形，收藏若有物，道甚公而忽私之，道甚广而忽狭之，陋矣！"（文集卷十七《代潘学士答雷翠庭祭酒书》）梁廷枏以为天下有正统而无道统。平情而论，宋儒道统之说只限于极少数人之传授，有时不免标榜，未见为大公之论，难怪简斋之非议也。

太史公《自序》云："《春秋》明是非，故长于治人。"此说实本之董生（见《繁露俞序》）。历史之作，正所以明人事之真是非，而折衷于正（Justice），故史家秉笔必据正立论，《易·家人》正位于内，《大学》言正心，《春秋》主拨乱反正，均从正字出发。《春秋》书元年，所以慎始。《大戴礼·保傅》引《易》云："正其本万事理。失之毫厘，差以千里。"正其本实为史之首务。贾子《胎教篇》申言"《春秋》之元，《诗》之《关雎》，《礼》之《冠》、《昏》，《易》之乾坤，皆慎始敬终云尔"。前此魏武侯问元于吴子（起），吴子对曰："言国君必慎始也；慎始奈何？曰：正之。正之奈何？曰：明智。智不明何以见正？多闻而择焉，所以明智也。"（《说苑·建本》）章太炎因谓："人君始立，人必观其始政，其贤者则于改元之始，悉取前人秕政，下诏构除。"即以慎始说元之义者也（《春秋左氏疑义答问》二上）。慎始盖所以正之，以正统而论，正之为义尤重于统，自古以来已视为天经地义。故史家任务，要必折衷于正。Reinhold Niebuhr 从神学观点以论史学，而提出 Moral Judgment are Excuted in History 一意，且云必须 gives meaning to history，此即孔子所云："其义则丘穷取之矣。"盖历史于事与文之外，大有事在，即〔义〕是矣。（或谓此所谓义，即《史记》所谓"制义法"，非也。按义法重在作史法例，取义浅狭，不足以语此。）历史上之裁判，既为史家应有之责任。所谓 moral judgment 者，西方或决于神断，稽之往史，古埃及倚神力为裁断，凡人之终，必受秤衡量，以定其功罪。吾谓神断之秤，不如历史之秤。历史之秤是谓之正。正者亦犹埃及人之 maat，于义同符；正统之"正"，其时义诚大矣哉！

论神统、帝统与道统*

去岁十月，余赴河南孟县，谒韩公祠墓，当地耆宿，盛情款待。余为讲原道中之道统，祖述尧舜，宪章文武，具见于礼经，非窃自禅宗灯统。近时余撰《古史之二分说》，推论远古炎黄二帝之定位，初得秦灵公作吴阳上下畤，其上畤祭黄帝，下畤祭炎帝，乃获政治上之支持。惟秦人祀典，五色方帝仅有其四，汉之崛兴，高祖乃祀黑帝以足成之。五帝理论，由神统而进入史统；至于道统，又史统之引申也。故欲申论道统，必先明神统与史统，否则犹缘木以求鱼，安能得其统绪？

余素主张史学出于礼家。史公著《五帝本纪》，取之《大戴礼》，斯其明征。郭君伟川颇韪余说，扩大其论及于全史。顷读其新著《儒家礼治与中国学术》，张皇幽渺，大有助于史学。用更贡愚见，以备扬榷。

三代以前，邈哉邈矣！尚论不易。太史公书，首列《五帝本纪》，据《五帝德》取黄帝、颛顼、帝喾、尧、舜合为五帝。余按汉初贾生著《修政语》，列次上古诸帝训典，首黄帝，次颛顼，次帝喾，然后尧、舜、禹、汤、文、武、成王及成王时之鬻子，而周公不与焉，但载武王问于王子且数言而已。其前之五帝，与史公合。秦皇泰山刻石云："陁及五帝，莫能禁止"，秦时已具五帝之名，未悉所指何君。观近时出土郭店楚简中《唐吴（虞）之道》篇云："六帝兴于古"，其残文但举虞事帝尧为臣。又《尊德性》篇则记"墉以人道治民，汤不易桀而后治之"。文中只见尧舜禹汤

＊ 本文原为郭伟川所著《儒家礼治与中国学术》一书撰序，载于郭伟川《儒家礼治与中国学术》，北京：北京图书馆出版社，2002 年。收入《饶宗颐二十世纪学术文集》卷六史学（上）。

四帝，而举六帝之名，不曰五帝，其时五帝之帝统尚未确立也。寻上海博物馆楚简《武王践阼》文称"师上（尚）父曰：不知黄帝颛顼尧舜之道"，少去帝喾一世。《武王践阼》收入《大戴礼》，固礼家之书，是先秦已有之。故知五帝之形成甚晚。而力道尧舜禹汤之盛德则为战国以来儒家习见之恒言。定帝统之数为五，已见于秦人语，而人君之选，则礼家之事，直至《五帝德》而后论定。

道统之产生，初依附于帝统。韩公《原道》云：

> 斯道亦何道也？曰：斯吾所谓道也，非向所谓老与佛之道也，尧以是传之舜，舜以是传之禹，禹以是传之汤，汤以是传之文武周公，文武周公以是传之孔子，孔子以是传之孟轲，轲之死，不得其传也。

以验诸楚简，如上所陈，尧舜禹汤相承之统，盖出自仲尼之徒之说，为战国时之公言，非愈一人所自创之私言，明矣。朱子《中庸章句序》谓：

> 上古圣神，继天立极，道统之传，有自来矣。尧之所以授舜，舜之所以授禹，自是圣圣相承，若成汤、文、武之为君，皋陶、伊、傅、周、召之为臣，既皆以此而接夫道统之传。

此在郭店简，固已备言尧舜之相承受，与夫禹之治水、胁之治火、后稷之治土，先后若合符节。恨紫阳之不及见此残简也。

由是观之，尧舜禹汤道统相传之说，远有所自。若夫称道韩公建立道统，为受禅灯所影响。是说盖曾披靡一时，远且及于域外；今得新出资料以厘正之，殊足令人称快。伟川书既刊成，属弁一言，因书此以示之，望更有以起予也。

答朱维铮先生二事[*]

朱维铮先生对拙著《国史上之正统论》推重备至，光宠有加，至深感纫。序文中提到二个问题，一是拙著不收胡翰的《衡运论》，不能不说是一个缺憾；一是对我所说道德批评要怎样的批评准则才能成为历史之秤的秤星。关于这二点，趁本书作第三次印行之际，谨陈愚见如次：

（一）拙作页一五○，已收胡翰的《正纪》

曾检读《胡仲子集》，《衡运论》举出十二运、合六十四卦，讨论一万年以来宇宙世运之升降，从皇极经世而来加以扩充，乃属于宇宙论性质之文字，与正统全不相干。《宋元学案》卷八十二《北山四先生学案》，曾加以论列，可以参考。黄梨洲颇推崇之。文中着眼于阴阳消息，未涉及五德终始之历史观。本书限于体例，故不采撷。

（二）至于历史之秤，实际操在史家之手

太史公书、纪、表、志外，还有列传。他在《伯夷列传》指出："孔子序列古之仁圣贤人，如吴太伯、伯夷之伦。"他何以把伯夷、叔齐置于所有列传之首，因为他从孟子的意见，伯夷、叔齐让国是"圣"之清者，史公尊重人格，所收录序列的人物，有他自己的标准。伟大的人物，往往是历史的核心，有永恒的感化力量，不以成败论，不以显晦论。其真价值

---

　*　本文选自《饶宗颐二十世纪学术文集》卷六史学（上）。朱维铮为饶宗颐《中国史学上之正统论》作序，里面提到两个问题，该文系饶宗颐对他的答复。朱维铮，1936 年生，江苏无锡人，复旦大学历史系教授兼中国思想文化史研究室主任。

有待史家去论定。许多对历史影响最大的人物，每每是悲剧式的，生前有种种限制与不同看法，无真正的是非，要到盖棺而后论定，死后才能得到恰当的评价，得到史家公正无私的"序列"与褒贬，这就是历史之秤。历史之秤正操在史家的手里。

一九九九年　饶宗颐

海道之丝路 [*]

近年西北新疆地带，考古发见之资料甚伙，对于丝路在汉唐以来交通情形，已有丰富实物可为证明，世所共悉。如高昌县残纸有"在弓月举取二百七十五匹绢向龟（兹）"之语，（《文物》1972 年 3 月）尤觉有趣。

沙畹于《西突厥史料中》云："丝路有陆、海二道：北道出康居，南道为通印度诸港之海道，以婆庐羯泚（Broach，据冯承钧译本采用义净《大孔雀咒王经》译名）为要港。又称罗马 Justin Ⅱ 谋与印度诸港通市，而不经由波斯，曾于 531 年（梁中大通三年）遣使至阿剌伯西南 Yémen 与 Himyarites 人约，命其往印度购丝，而转售之于罗马人，缘其地常有舟航至印度（冯译本一六七页，据注云：见 Procope 著 de bello Persico，Ⅰ）。"从波斯的史料，可看出六朝时候，罗马与中东国家，对中国丝织品贸易的竞争，而且特别开辟海道作为丝路运输的航线。

《南齐书·南蛮传》赞说："商舶远届，委输南州，故交、广富实，牣积王府。"只言及商舶自远而至的事。自三国以后，海路交通发达，王室及官吏，掌握特殊的权利，喜欢从事这种厚利的海外贸易，像东晋义阳成王司马望的孙奇，"遣三部使，到交、广商货"（《晋书》卷三十七宗室）。即是较早的例子。《南齐书》广陵人荀伯玉《传》云：

> 世祖（齐武帝萧赜）在东宫，（伯玉）任左右。张景真使领东宫，

　　* 本文刊于《历史语言研究所集刊》四十五本，1974 年 6 月。收入《饶宗颐二十世纪学术文集》卷七中外关系史。

主衣食官谷帛，赏赐什物，皆御所服用。……又度丝锦与崑崙舶营货，辄使令防送南州津。

这条极重要。费瑯（Gabriel Ferrand）所作《崑崙及南海古代航行考》征引汉籍四十二条，未尝及此（冯承钧译及近年陆峻岭《补注本》）。崑崙舶一名，向来止采用唐代的记载，像武后时的《王綝传》："迁广州都督，南海岁有崑崙舶，市外区琛琲。"（《新唐书》卷一一六《王綝传》）又《王方庆传》："广州每岁有崑崙乘舶。以珍物与国交市。"（《旧唐书》卷八十九）这二事屡见称引。但从《荀伯玉传》，可知南齐时已有崑崙舶在海上行走，且以丝锦为主要商品，由皇室的亲信兼营这种海上贸易。《梁书·王僧孺传》：

> 天监初，……出为南海太守。郡常有高凉生口及海舶，每岁数至，外国贾人以通贸易。旧时州郡以半价就市，又买而即卖，其利数倍。僧孺乃叹曰："昔人为蜀郡长史，终身无蜀物；吾欲遗子孙者，不在越装。"

可见当日海舶与外国贾人交易情形，及蜀货向来为人垂涎的程度。越装之与蜀物，都是与外国互市的物品，才有这样厚利可图。越装的装，后来亦用作船只的名称，如琼州人的货船，都叫做装（参拙作《说艖及海船的相关问题》）。南齐时候，崑崙舶载丝锦出口，这和罗马人于531年由海路输入丝物，年代完全符合。中西史事，正可以互相印证。

一九七四年

55

风胡子论玉器时代[*]

考古学家区分人类文化的层次，大抵沿袭西方理论，划分为旧石器、新石器、铜器、铁器等时代。但在吾国文献，特别突出"玉兵"一个时期，为西方学者想像所未及，证诸近年东北之红山、西南之广汉、东南之良渚及上海、杭州附近一带玉器出土之夥，大家都认为在中国历史上应该有一玉器时代[①]紧接在石器时代之后，这样的看法大家已渐趋于一致。

提出"黄帝之时以玉为兵"一说出自楚国的风胡子，其事载于《越绝书·第十一记宝剑》，备述楚王召风胡子相与论剑的问答，《吴越春秋》卷四《阖闾内传》亦记楚昭王得吴王湛卢之剑，召风湖子而问之。风胡作"风湖"，北齐刘昼的《刘子》在《命相章》云"犹风胡之别剑"。以作风胡为是。风胡乃是昭王时人。

《汉书·艺文志》兵家阴阳有《封胡》五篇，原注云："黄帝臣，依托也。"又《古今人表》列封胡于第二等上中仁人之列。传说黄帝之佐七人皆懂兵法，若风后、力牧、常先、封胡之辈。是封胡为黄帝臣，与风胡不是一人，《通典》引《李卫公兵法·守城篇》言："其后韦孝宽守晋州，羊侃守台城，皆约封胡子伎巧之术。"似唐时《封胡》五篇尚存，故人得传其伎。

《越绝书》卷十一引风胡子曰："夫玉亦神物也，又遇圣主使然，死而龙藏。"视玉为神物。龙藏谓如龙之潜藏。古人祭玉之制，见于《山海经》

---

   * 本文选自《饶宗颐二十世纪学术文集》卷一史溯。

   ① 黄宣佩：《略论我国新石器时代玉器》，载于《上海博物馆集刊》4。

者计有：瘗、沉、庪悬之异。又有曰："婴者"，郭璞注谓"陈之以环祭，是则不入土"。瘗或用百瑜（《西山经》），婴则百珪百璧。其不埋者或谓之投（《北次二经》、《中次二经》）。当祭礼用婴玉、投玉置于地面者后代均无存焉。风胡子所谓龙藏，殆即指瘗之礼。《诗·云汉》："上下奠瘗。"《周礼·司巫》："守瘗。若薶诸地下，何守为？"《尔雅·释言》："瘗，幽也。"赖埋之于幽，故玉器得以不断出土。其所以为神物者，观夫余杭瑶山之祭坛，琢兽面纹之琮或管，便有 38 件之多，其神重瞳四眼，戴羽冠之胜。古代司玉有神，《山海经·中山经》："和山三十八……其中多苍玉，吉神泰逢司之。"此即司玉之吉神也。

《尚书·顾命》："越王五重：陈宝、赤刀、大训、弘璧、琬琰在西序。"马融注："越地所献之玉。"周成王时，"越玉"已成为古物宝器。自 1936 年初发现杭县良渚之遗物，继之 1986 年良渚墓葬出土玉器七百余件，年代推至公元前 3200 至前 2200 年。此外江苏吴县草鞋山、余杭大反山、上海青浦福泉山各地大量玉器出土，太湖区域古文化灿然大明，正以美玉为表识，"越玉"之嘉名，得以肯定证实。我在美国 Freer 美术馆看到大批玉器为 1917 年购入者，多属良渚遗物，其环璧镌刻日月记号与图形，与山东大汶口文化实互相衔接。

中国古代称玉为石之美者，许慎《说文》玉部所记玉之专名以外，有石之次玉者，石之似玉者；以玉隶于石之品属，玉器归纳于石器之中，说亦可通。风胡子特标出以玉为兵，我人观殷代（妇好墓即其一例）出土之玉戚，刃有钼牙，瑰玮崇皇，而玉戈尤夥，可证其说之非妄。卜辞所载，用玉、𢀜玉称珏，不一而足，又言取玉于龠（和）于甘，产玉之地，尚有可考；而地名之字从玉旁者，如，瑆（瑶）、玻、璠，惜其字犹不能辨认，莫悉其地望所在。殷人对玉智识之丰富，更非今人所能想像。

古时玉有专籍，《离骚》"岂珵美之能富"。王逸注引《相玉书》言："珵大六寸，其耀自照。"戴震云："珵，玉笏之首，郑康成注《礼》引相玉，珽玉六寸，明自炤，是也。"则以为珽，然《类篇》"珽为大圭长尺二寸"。珽为珵之或体。《相玉书》汉人每援引之，惜已久佚，风胡子论剑而涉及玉，古玉遗说，存十一于千百，其可宝贵又岂在玙璠之下也哉！

从法门寺论韩愈之排佛事件[*]

法门寺位于陕西岐山县凤泉乡，原名为阿育王寺，唐高祖武德中，始改今名。自贞观、显庆、至德、贞元以来，朝廷屡次奉请法门寺宝藏的佛顶骨、指骨或舍利入宫。只有会昌灭佛时一度禁绝供奉。

历史上最有名的有两次迎佛骨入宫，一是宪宗时，一是懿宗时，兹分述其事如下：

宪宗元和十三年（818）功德使上言：凤翔法门寺有佛指骨。相传三十年一开，开则岁丰人安，来年应开，请迎之。十二月庚戌朔，宪宗遣中使率僧众迎之。十四年春，中使迎佛骨至京师，留禁中三日，乃历送诸寺，王公士庶瞻奉施舍，唯恐不及。刑部侍郎韩愈上表切谏。表中大意有下面诸要点：

其一，所谓佛不过是夷狄之一法，不知君臣之义，父子之恩。

其二，各朝事佛者享年皆短促，梁武求佛反得祸，可为鉴戒。

其三，佛身死已久，骸骨为朽秽之物，宜付有司，投诸水火。其措辞偏激，宪宗震怒，赖裴度、崔群之劝，乃贬愈为潮州刺史。

这是唐代最有名的一次迎佛骨的事情。元和十五年正月庚子，宪宗暴崩于中和殿，由于事前服金丹过多，变成躁怒，有人说是内常侍陈弘志所弑，得年仅四十三。距离迎佛骨不过一载而丧命。后此五十五年，懿宗咸通十四年（873）春三月癸巳，帝遣敕使诣法门寺迎佛骨，群臣多谏，有

---

* 本文载于《潮学研究·4》，汕头：汕头大学出版社，1995 年 12 月。收入《饶宗颐二十世纪学术文集》卷五宗教学。

引宪宗故事规劝。这次迎佛骨规模更大，自京城至寺三百里，车马不绝。夏四月壬寅佛骨至京师，迎入禁中三日，出置安国崇化寺。是年七月戊寅，帝疾大渐，癸巳崩于咸宁殿，年四十一。自四月迎佛骨至七月驾崩，不满三个月，比宪宗死得更快。

唐代诸帝对佛态度，初期高祖曾下诏沙汰僧尼。太宗贞观十一年诏，先道后佛，道教的排位在前，高宗以后，祀佛愈隆重，除会昌一朝灭佛之外，显庆、至德、贞元诸朝都不断奉请法门寺佛顶骨、指骨及舍利入宫。懿宗崩后，僖宗即位，同年（咸通十四）十二月己亥诏送佛骨还法门寺，佛骨从此遂埋于地宫之下，即近年掘出的塔基。地宫既经发掘，其隧道保存有《大唐咸通启送岐阳真身志文》及《监送真身使随身供养道具及金银宝器衣物帐》两石刻碑文，题记年月为咸通十五年正月四日，因是时仍用咸通年号，僖宗至十一月方才改元曰乾符。物帐单胪列各物，自武后绣裙以下，宝器名目和出土的东西，大致不差，现均保存于博物馆内。

韩愈在宪宗时谏迎佛骨，他似乎不大理会唐代皇室供奉佛骨本来已成为一种传统习惯，在他的前面，傅奕亦反对佛教，这样排佛，本来没有新的意义。他从夷夏的狭隘民族观点出发，只证明佛不过是夷狄之一法。他在早年所撰《原道》文中已经指出，人性好怪，乃至举夷狄之法而加之先王之教之上，这样一来，臣可不君其君，子亦不父其父，安得不沦胥而为夷狄？中国却胡化了。他引用《大学》的文句，特别指出，先王相承之教，从尧舜禹汤传至文武周孔，无形中建立道统，道统既立，则异端自然可以消弭。他的想法，当时事实上并没可能做到，但对后来的影响极大。宋代理学家采取他的道统说，并发扬光大。而夷夏观点，下至清初黄宗羲的《明夷待访录》初稿的《留书》，里面谈到《史》，便加以推演，提倡史学上的民族主义。

韩愈对于佛陀的生活，似乎很早就有一番了解。他写过有名的长篇五古《南山诗》，其中一段运用五十个"或"字前无古人的创举中。我尝指出这一新奇的修辞手法是取自北凉昙无谶翻译马鸣（As'vaghosa）的《佛所行赞》（Buddhacarita）。他平生和僧人来往甚多，但始终没有正面写出诠释佛教的文字。在他周围的同僚与朋友当中，醉心佛法者大有其人，他的前任潮州刺史常衮，便曾经和鱼朝恩、不空和尚及沙门良贲等十四人主持新译的《仁王般若经》、《陀罗尼念诵仪轨》诸工作（见《大正藏》十九册，513页），他所佩服的柳宗元，在元和八年马總出任岭南节度使，为六祖上书请求赐谥曰大鉴禅师，宗元即为执笔撰写碑文，东坡大加赞赏，说它"绝妙古今，兼通儒释"，是一篇"通亮简正"之作。他的学生李翱，因为很得梁肃的赏识，著《复性书》，欧阳修跋其文称"此中庸之义疏尔"。与修同时的僧人智圆自称"中庸子"，事实是受李翱的影响。韩愈贬潮州以后，与大颠禅师相处甚为投契，他在《答孟简书》再三强调，未尝信奉其法，以求福田利益。这位孟简，还兼通一点印度语文，且从事翻译工作。只有韩愈一意孤行，力辟异端，毫无妥协的余地，他向孟简辩白重申佛法之不足信，佛不但不能与人以福，亦不能与人为祸，即令有之，亦非信道笃的君子之所惧。他的排佛立场非常坚定，和他的《原道》、《谏佛骨表》所陈述的道理前后是一贯的！

近时国内外谈思想史的人们，很留心这个问题。友人余英时教授在他讨论唐宋时代对传统思想的突破一文之中，指出韩愈原道思想的形成，可能受到禅宗的影响。他套用 Max Weber 的理论，用他的由他世界转向此世界的术语（from "other worldly" to "this worldly"）来分析晚唐的禅家思想。他以为韩愈早年有一度被贬为阳山令，所居与六祖在韶州的曹溪很相近，不无得到禅家的浸润。他支持陈寅恪意见，认为韩愈的道统说乃借用禅宗灯统，英时提出新证，认为韩愈《师说》所提及的"传道解惑"句中"惑"字（delusion）乃出自禅门习语（余氏说见《文德》，158—171页）。

我的看法则有点不同："惑"字在儒书出现甚多，《论语》孔子说"四十而不惑"。《荀子·解蔽》篇言人之患，蔽于一曲，"两疑则惑"。他又在《正名》篇分析惑的类别，举出乱名的三惑（即惑于用名以乱名，惑于用意以乱名，惑于用名以乱实）。名实混淆，终至大惑不解。儒家对解惑一事的重视，由来已久，韩愈尊荀，谅必有取于是，与禅家似乎没有甚么关系。

至于儒、释之间，持论往往互相为用，英时举智圆与契嵩二例，此为一般所熟悉。其实自六朝以来，儒释交融已久，宋代理学家阳儒阴佛，乃司空见惯之事，必欲说理学家所言之天理依傍禅门而生，则殊非公允之论。我始终认为"理"一字的来历，分明远出于礼家，荀子在《礼论》篇说道：

贵本之谓文，亲用之谓理，两者合而成文，以归太一，夫是之谓大隆。

文理繁，情用省，是礼之隆也。文理省，情用繁，是礼之杀也，文理、情用相为内外表里。

他区分文理和情用两大因素来说礼，理是其中一大环节，而归宿于太一。《礼记·礼运》亦说：夫礼必本于太一。

战国秦汉人讲太一，宋人讲太极，这说明"人理"必本于"天理"。"天理"自有它的本原，和禅家无涉，问题复杂，当另行讨论。

韩愈用"清净寂灭"四字来概括释氏宗旨，又引用《大学》古之明明德一段话，带起宋代理学家尊重《大学》一篇，列为四书之一，朱熹在他的《大学章句序》中指出："异端虚无寂灭之教，其高过于大学而无实。"他承认佛氏之教之"高"，但不切于实际。先王之教注重修己治人，化民成俗，是非常切近的日用伦常之事。佛家追求涅槃，在务实的中国人看来是不可能和不近人情之事。这是中、印民族思想不能相容的地方。禅门教训从寂灭落实到当前生活上的砍柴挑水，好像是从他世界转入此世界，但他们于禅定时候仍旧不忘他世界的追求，禅家根本对他世界没有加以否定，仅是融合而非排斥，与理学还是两回事。

韩公《与孟简书》末云："籍、湜辈虽屡指教，不知果能不叛去否。"没有提到李翱，是韩的心目中李翱已叛去了。黄宗羲曾说："儒释之学……自来佛法之盛，必有儒者开其沟浍，如李习之之于药山。"已正式给予道破。黄氏又说学佛者可分两路：知佛之后分为两界，有知之而允蹈之者，有知之而返求之六经者（见《黄宗羲全集·张仁庵先生墓志铭》）。前者为真正之佛信徒，后者是利用佛以立说，可谓谲者，理学家不少属这一类人物。

韩愈极尊崇孟子，谓其能拒杨墨，功不在禹下。他说"释老之害过于杨墨"，又说"使其（先王）道由愈而粗传虽灭万万无恨"，绝无自毁其道以从邪之理，这是他的大无畏精神，有孟子"虽千万人吾往矣"的气概。他处处师法孟子，作《伯夷颂》，无异孟学的注脚。范仲淹曾作黄素小字《伯夷颂》，富弼题诗于后，杜衍因之有"希文健笔钞韩文"、"欲教万古劝忠臣"之句（《全宋诗》，1598 页）。他标举君子儒应有的独立特行的崇高人格，可见他的排佛，完全从人的实际生活的角度，来纠正六代隋唐以降祀佛以求福田利益的虚妄和庞大的浪费。他指出佞佛者所得到的是享祚的短促，宪、懿二宗的后果，真不出他的预料。他的极谏，没有收效，是失败的，他明知迎佛骨入禁中是唐室的传统，但他仍不顾一切提出抗议，贯彻他在《原道》所说的排除异端的主张，他那种伟大的实践精神，一致受到后来理学家共同的隆重崇敬，这一成就是应该加以肯定的。

智圆《闲居编》有《读韩文诗》云："叱伪俾归真，鞭今使复古。力扶姬孔道，手持文章权。"又有《述韩柳诗》云："一斥一以赞，俱令儒道伸。""去就亦已异，其旨由来均。"智圆兼综儒释，其《自挽歌词》称"平生宗释复宗儒"，自是实情。这正是北宋初儒、释交融的一例。

后记

1994 年 10 月 11 日余在北京，受故宫博物院招待，居和平宾馆。法门寺馆长韩金科来访，赠该寺多次学佛教学术讨论会论文集。首届有韩国磐君《论佛骨表小议》。文中指出韩公谏佛之说乃沿用前人傅奕、辛替否之说，按傅、辛之反对佛教，各有其立场，详《唐会要·议释教上》传说奉佛必短祚，法琳已有反驳（见《广弘明集·辨惑》篇）。可参贡新亚《说中唐政局与迎奉佛骨的关系》，《法门寺历史文化论文选集》；陈慧剑《唐代王朝迎佛骨考》（《人文杂志》1993 年增刊）。

天人互益[*]

——在香港中文大学庆祝饶宗颐九十华诞晚宴上的讲话

郑主席、刘校长：

我谢谢刘校长刚才对我的誉扬，我是不敢当的。

我今天要再念念我自己在庆祝北京大学一百周年时候说的一句话。我再请大家看看我的那篇演讲，是在北大一百周年学术讲坛上讲的。^① 我最后提到《易经》的一个卦，为什么要提到它呢？因为在《易经》的排列中，最后一卦就是顺那个系统的。马王堆出土的最新《易经》，它的排列同过去不一样。通行的《易经》，最后是"既济"同"未济"，表示这世界"做完了"和"还没做完"，以后还有未来。但是马王堆的排列很有意思，最后的卦是三位卦，收益的二位。这个排列，过去不是这样子的，因为没有出土的东西，我们不可能想到。为什么"益卦"在最后这么重要呢？我当时在北大因为季老（季羡林）先讲，讲完后又推出我讲，我就讲到季老常常提到"天人合一"的事情，因为他受到钱穆先生的影响，我们中文大学不是也有一个"天人合一"的池吗？我说我今天大胆了，我也有一个讲法，这就是"天人合一"是精神境界，不是行动境界。我们闭上眼睛，自己就成一个"天地"，入定时候可以有"天人合一"，因为在行动上，天是天，您是您，依我说，倒不如讲"天人互益"，天同人互相补足。这个观点是我利用《易经》这个排列，以"益卦"作为理论根据的（大家鼓掌

＊ 本文原载于 2007 年 3 月《新亚生活》34 卷第七期。收入《东洲鸿儒·饶宗颐九十寿庆集锦》，广州：广东高等教育出版社，2007 年 9 月。

① 饶宗颐：预期的文艺复兴工作，载于"北大论坛"论文集编委会：《21 世纪：人文与社会——首届"北大论坛"论文集》，北京：北京大学出版社，2002 年，第 25—30 页。

了）。这个"互益"的意思就是说，大家都互惠，不管阶层，您有什么好处，他有什么好处，一起"互益"，各有各的成效，就构成融和，达到我们国家提倡的和谐境界。用"音乐的道理"来治国，是争取人的合契。

对于这个讲法，我每天都在做"天人合一"的事情，因为我每天要打坐，我闭了眼，就能到另一个世界，自己就可以达到冯友兰所谓的"天地境界"，实现庄子所谓精神与"天地相往来"。每一个艺术家都应该有这么一个心态，就是"天人合一"的境界。

香港中文大学给了我很多成长的机会，我体会到这个"互益"的内涵，所以我觉得艺术与学问是可以"互益"的。我在这里大胆讲，学同艺两方面都很重要，这是一个理想，但是要达到这个理想，我需要向各位请教，因为这不是我自己的讲法，我有根据的。我的得益来自于元代最大的画家黄公望，是他讲出来的。我为什么名字号"选堂"呢？我说说原因，第一个原因是我提倡读《文选》、研究"文选学"；第二个原因，"选堂"就是我讲这个"天人互益"的问题。现在介绍我的见解，所有的艺术史家都讲元代的画是由赵孟頫带出来，但我说不是，是钱选，钱选这个人比较冷僻。黄公望有一个题跋，在题跋中，他就讲赵孟頫是学钱选的，不单学他的画，还学他的学问。

这有一个证明，赵孟頫也讲琴学的，那个琴就不得了，赵孟頫也有一篇《琴源》，谈琴学的来源。黄公望说赵孟頫学钱选，还学他的"学"学问。明代另一位画家还有句话，讲"不懂诗人，不能写画"，因为中国的艺术理论很多都从他们那来的。很多画图的人不晓得诗是带着画的，写画就要题注，怎么题呢？现在的人乱题一通。所以不懂画史的人，就不能写画。这就是我今天要介绍"互益"这个观点。

我今天要谢谢两间大学培养我的人，我是一个最不忘本的人。我有这个理由，是怎样来的，都要追溯这个来源，因为我喜欢追，追到底。我同世界发生关系，能到外国去开会，到外国去学习；也有人向我学习，外国人也向我学习。我这个成绩是香港大学栽培出来的，得益于 Frederick（Frederick Sequier Drake，林仰山教授）当年对我的支持，这是港大对我的影响。我的后期能够学、艺两个都做，那是香港中文大学培养我这么做的。

我退休后，法国人马上请我去他们最高学府，去首都巴黎教书，教了一年，他们还不让我走，我说我要回去了。因为中大也回聘，而且把我聘在艺术系，所以我今天能够学、艺两样都做，一部是学问的，一部是艺术的。我要感谢中大，也感谢港大。港大把我带到国际上，发生关系，现在我讲这个"互益"的事情，就是个证明，我个人的实践也可以证明。这次活动，两所大学都支持了我，这不就是彼此互惠吗？

"互益"的理论，我们知道今天国家做的都是，我觉得非常对。我今晚是不能说得太多的，我就向两所大学一起感谢。今天仍有中大艺术系的学生与我讨论问题，我也向学生学习，感谢他们帮助我，我还没有发表的文章，中大已经先帮我整理好。最近，我的甲骨文研究同伴沈建华小姐帮我出了一本小书。① 这本书有了一定的影响，刚刚在第九届古籍优秀图书评奖中得了一个奖。我还要谢谢郑会欣先生，因为他最近帮我编了一部《选堂序跋集》，② 大家可以看 103 页，其中讲到学艺相涉的道理，我引用了黄公望的话，请大家看一看。

我今天再次感谢两间大学栽培我，谢谢各位。

---

① 沈建华编：《饶宗颐新出土文献论证》，上海：上海古籍出版社，2005 年。
② 郑会欣编：《选堂序跋集》，北京：中华书局，2006 年。

文学综述

"楚辞学"建立的意义[*]

中文大学文学院和新亚书院为我的退休特别举办这一次演讲会，我非常感激他们的安排。

《楚辞》与《诗经》同是古代中国文学作品的宝库；尤以南方文学作品，到了《楚辞》即成为第一部总集。《汉书·艺文志·诗赋略》诗与赋并列，赋大部分即是楚辞。《隋书·经籍志》以来，集部以《楚辞》为首，自成一类，后此相承不替。《诗经》既厕于经之列，汉代《楚辞》的首篇《离骚》亦被人称为《离骚经》。它在文学和历史上，跟《诗经》有着同样重要的地位。

过去研究《楚辞》的专书和论文，到 1958 年为止，计有专书二二八种，论文四四七篇；就中以朱子的《楚辞集注》而论，最早刊本印于南宋宁宗嘉定四年（1211）而非（如姜亮夫所说）庆元四年。自刊布以后，几乎成为一部极流行的教科书。它的翻刻次数最多。计宋有四次，元有四次，明有十次，清有四次，在日本刊印了一次，朝鲜四次，总共合计二十七次。《楚辞》的外文译本，到 David Hawkes 的英译可说成为之一个总结。该书出版于 1959 年。由于近年三楚地区考古成绩的卓著，新资料层出不穷，对于《楚辞》的了解，有许多需要推进一步的研究。

中国文学重要总集，如《诗经》与《文选》，都已有人著书成为专门之学，像《诗经》学，《文选》学之类，《楚辞》尚属阙如。本人认为今日

---

　　* 本文节选自《骚言志说》一文，刊于法国《远东学院院报》戴密微教授纪念号，1978 年讲稿。收入《饶宗颐二十世纪学术文集》卷十一文学。

治学方法的进步，如果配合新材料和新观念，《楚辞》的研究，比较《诗经》更有它的重要性。由于研究领域的开拓，"楚辞学"的建立，成为一种独立的学问，是极其重要而有意义的。

一九七八年

《楚辞》的作者及时代、地理*

关于《楚辞》各篇的作者，《楚辞》学史上存在着相当有趣的问题，因为向来有不少的人认为《楚辞》的作者，并不是屈原。亦有人以为连《九辩》、《二招》亦是屈原所作，像乾隆时山东栖霞人牟廷相，他著《楚辞述芳》便是持这样的主张。他说《楚辞》被王逸误注，考其时地，重定《九辩》、《招魂》、《大招》的作者，都应是屈原。结果招来李慈铭的讪笑，说他是"心劳日拙"（《越缦堂读书记》页一一六六）。清廖季平作《楚辞讲义》，更为大放厥词，主张《大招》、《招魂》为道家神游说，与屈子无涉。《楚辞》即秦时的仙真人诗，其书序略云："《秦本纪》始皇三十六年，使博士为仙真人诗，即《楚辞》也。楚辞即《九章》、《远游》、《卜居》、《渔父》、《大招》诸篇。著录多人，故词意重复，工拙不一，知非屈子一人所作。当日始皇有博士七十人，命题之后，各有呈撰，年湮岁远，遗佚姓氏。及史公立传，后人附会改挩，多不可通。""著书讳名，文人恒事，使为屈子一人拟撰，自当整齐故事，扫涤陈言，不至旨意缠复，词语参差若此。"他竟然大胆到要把《楚辞》变成秦代的仙诗，实在是毫无根据。

胡适读《楚辞》曾怀疑屈原并无其人，后来更有人主张《楚辞》作于汉代之说（如何天行、朱东润等，因《九歌》、《封禅书》同出现"寿宫"一名）。最近日本学者曾把这一桩事重新提出讨论。

关于《楚辞》地理方面，过去钱宾四先生在《先秦诸子系年》，论过

---

* 本文节选自《骚言志说》一文，刊于法国《远东学院院报》戴密微教授纪念号，1978 年讲稿。收入《饶宗颐二十世纪学术文集》卷十一文学。

《楚辞》所说洞庭、沅、澧诸水，皆指江北地名；又写过一篇《楚辞地名考》，根据地名相同，可能由于人民迁徙的缘故，又以为湘域在两汉时尚为蛮陬荒区，岂得先秦之世已有此美妙典则之民歌：基于这两个理由，因而推论屈原放居宜在汉北，不惜把《楚辞》中所见的江、湘等地，北移于汉水流域。当然，长江、汉水两区域可以有相同的地名，但地名尽管相同，屈原书中所记的"上洞庭而下江"等句，如果放在汉北，是很难解说得通的。四十年前，我在中山大学广东通志馆，利用馆藏的地方志写成《楚辞地理考》一书（商务出版）和钱先生讨论（该书最近有人翻印）。我想如果现在看到安徽六安所得的鄂君启舟、车两节，具体地说明楚怀王时楚国通行证经过的路线，和《九歌》所说完全一致。至于长沙马王堆出土的《相马经》，虽不知出自谁氏之手，而词藻文采，比之荀卿赋篇，尚有过之，不必怀疑汉初湘境文化程度之低了。新资料可以帮助我们解决不必要的疑难。关于《楚辞》中作者、时、地的考证，虽是无关宏旨，但在《楚辞》学史上仍应占一页之地位。

一九七八年

《楚辞》是否受到域外文化影响[*]

　　《楚辞》中《天问》体裁是否受过域外文化的影响？苏雪林认为它是有蓝本的；但她只引用《赞诵明论》（即《梨俱吠陀》）一段话，及《旧约·约伯传》第三十八章两处，作为佐证；其实，在印度经典中，这类句式甚多。《吠陀》是和《火教经》最有密切的关系。苏氏认为："或者《圣经·约伯传》先传入印度，印度学人拟其体作《吠陀颂》，《吠陀颂》又传入我国，乃启发了屈原写《天问》的动机。"这一说法，证据似乎未够充足。《吠陀》各篇的年代，本来就很难确定。尤其《吠陀》卷十、一二九的《创造歌》，固为其中表现着极浓厚的高度一元论思想（monism），如tad ekam（that one）观念的出现，正如我们的"太一"。此歌开头便说："太初无无，亦复无有。"有点像老子一派主张："建之以常无、有，主之太一。"（《庄子·天下篇》）太一观念，在战国以后已经神化了。而《吠陀》中的 tad ekam 是纯理的，抽象的，所以被认为是很晚出的。

　　屈原的《天问》，文体很奇怪；光是这个题目，过去学人就有许多聚讼。英国 Arthur Waley 在他编选的 *The Temple and Other Poems*，竟说《天问》好像是一些试题，不知何以渗入屈原的作品。这引起苏雪林带着讥嘲的口吻，说他"强把《升学南针》的《考题汇刊》一类书来看《天问》，未免太可笑了"。其实，从比较文学的观点来考察，这种"发问型态"的文学作品，自有它的源远流长的历史。印度最古经典的《吠陀经》

　　* 本文节选自《骚言志说》一文，刊于法国《远东学院院报》戴密微教授纪念号，1978 年讲稿。收入《饶宗颐二十世纪学术文集》卷十一文学。

和《伊兰火教经》中的《祀歌》，都出现同样的句型；《圣经·旧约·约伯传》亦有类似的问句。中国在战国以来，随着天文学的发展，"天"的观念有很大的转变。有些学者对一切事物，抱着怀疑态度，对宇宙现象的形成，尽量提出问题，和惠施同时的楚人黄缭，便是这样一个著名的人物。屈原的《天问》，是在这种风气下茁长起来。《天问》文体确立以后，晋六朝以来，便有不少摹仿他的作品，在中国文学史上，且成为一条支流，可参看拙作《天问文体的源流》一文。

《天问》中注意到"东西南北，其修孰多？南北顺椭，其衍几何"等问题，在《山海经》的《中山经》，管子《地数篇》及《河图括地象》都已举出宇宙广袤的一些数字，恐怕《天问》作者，尝接触过这类记载，所以会提出质问。屈原到过齐国。（有人说屈子到过燕国，但细查《说苑》八云："苏子屈景，以周楚至。"原文是屈景非屈原。）当时喜欢谈天的邹衍，他的议论，也许对屈子不无影响。屈子所获得的世界地理知识，有无取自域外，这是极有趣而值得研究的问题，但一时尚难解决。然而，《天问》本身却是先秦神话资料的渊薮，这是不能否认的。我们对于神话的追寻（quest myth），这当然是非常重要的文学史上的工作。如果我们放开视野，把世界古代文学上的具有发问句型的材料，列出来作为比较，以及从同样文体推寻它的成长，孳生的经过，来作深入的探讨，这种研究的方向，亦可以说几乎接近 Northrop Firye 所说的"文学的人类学"的范围，而《楚辞》正为这一科学提供东方古代最重要的资料。

一九七八年

《楚辞》对后代文学之沾溉[*]

　　《楚辞》和《诗经》是中国自汉代以后文学作品的泉源。历代的文人，很少没有受到诗骚的影响而能够卓然成家的。沈约说："自汉至魏四百余年，辞人才子，各相慕习，原其飚流所始，莫不同祖风骚。"其实这一段话的时间性并不局限于梁朝，时至今日喜欢研究旧文学的人，同样也接受《诗经》和《楚辞》的沾溉。

　　历朝的韵文固然是从诗骚取法，但散文亦一样从那里吸取精华。柳宗元说过"参之《离骚》，以致其幽"。更指出幽字，是他得力于骚的地方。唐宋八家当中，韩愈和苏轼的文章气势，一向被推誉为韩潮苏海，他俩亦自称尝向屈子学习。韩云："上规姚姒，下逮庄骚。"（《进学解》）苏轼对屈子更景慕不已，他说："终身企慕，不能及于万一，惟屈子一人。"后来明蒋翚也有这一番话："诗文有不从《楚辞》出者，纵传弗贵；能于《楚辞》出者，愈玩愈佳。如太史公文，李太白，李长吉诗是也。"因此，《楚辞》在中国文学的地位，有如昆仑溟渤，为百川所汇归，万派所朝宗，可见历来文人对它景仰的程度。

　　萧统在《文选》中特立"骚"一类，刘勰《辨骚篇》，用"骚"来统摄全部《楚辞》。后代文集中往往有骚体。晁无咎且谓：诗亡春秋微而后有骚，其后复变为赋，他的《鸡肋集》收有《离骚新序》、《续楚辞序》、《变离骚序》数篇，畅论此义，十分有意思。历代拟骚作品甚繁，自庄

　　* 本文节选自《骚言志说》一文，刊于法国《远东学院院报》戴密微教授纪念号，1978 年讲稿。收入《饶宗颐二十世纪学术文集》卷十一文学。

（严）忌《哀时命》，扬雄《反离骚》以来，遽数之不能终其物，大抵有二类，一为出于有意的摹仿，只具形式之类似，有其文而无其情，一为幽愁忧思同于屈子，环境相似，故摹仿之以表达抑郁之思，则每每文情兼备。

东坡说："熟读《国风》、《离骚》，诗之曲折尽在是。"是不特治散文须读骚，即诗歌韵文，亦须根柢于骚，六朝以来，名篇不少脱胎于《楚辞》，梁简文帝有《生别离》（即取《九歌》之"悲莫悲兮生别离"句），李白有《远别离》，余如杜牧的《杜秋娘篇》末数句，即模仿《天问》，李长吉、李商隐诗皆得力于骚，而所体会到的又各有其独到之处。

《楚辞》对于后代文学沾溉之深，已如上述，不特骚人墨客为然，即遁入空门的和尚缁流，亦未能忘情，隋释道骞作《楚辞音》，唐初法琳作《悼屈原篇》，更是哀感动人，如果能够从文集中作进一步的搜讨，把历代拟骚的作品，详细加以论列，这亦应该是"楚辞学"的重要项目。

一九七八年

《天问》：战国人的怀疑论*

问答文体在战国末期很是盛行。洪迈说："自屈原词赋假为渔父日者问答之后，后人作者悉相规仿。"举《子虚》《上林》等为例（《容斋五笔》卷七），他的意思是指《卜居》（詹尹）和《渔父》两篇。这两篇的作者问题，由于《荀子·不苟篇》有"新浴者振其衣，新沐者弹其冠"句，是抄袭《渔父》的，而贾谊《吊屈文》中"吁嗟默默，生之无故"，和《卜居》"吁嗟默默兮"语亦相同，足见两篇在荀卿、贾谊之前已存在，故王逸定为屈原所自作。至于《卜居》叠用反诘句的方法，可以追溯到《管子·心术》："能专乎？能一乎？能毋卜筮而知吉凶乎？能止乎？能已乎？能无向人而自得于己乎？"《内业》及《十大经》亦有相同的语句，叠用若干"乎"字句式同于《老子》之"卫生之经能抱一乎"一段，而《庄子·杂篇·庚桑楚》亦见之。后来魏晋间人的作品，若曹植的《髑髅说》，嵇康的《卜疑》，都是摹仿《卜居》的叠用反问句式，这是战国以来散文发展的成果。至于佚书中假托黄帝对天地、政体的发问，在这时候对天道的看法已相当确定，所以力黑（牧）的对答有"天制固然"、"天地已定"等语。而屈原在《天问》中则仍存着"天命反侧，何罚何佑"及"皇天集命，惟何戒之？受礼天下，又使至代之"等等疑难，因为他作《天问》时的心情是十分苦恼，所以对宇宙、历史、人生都抱着怀疑的态度。屈原作《天问》的动机，是受了一切委屈而无处申诉，故把心中一切抑郁，通过向天叩问来发泄的。这样逆境在他人或者可以忍受过去，在感情奔放和富于正义感的屈原便忍受不住的。以正道直行、竭忠尽智的人，反而没有好

＊ 本文节选自《〈天问〉文体的源流——"发问"文学之探讨》一文，载于《选堂集林·史林》，香港：中华书局，1982 年。收入《饶宗颐二十世纪学术文集》卷十一文学。

结果，可见天道真是无凭的了。他终于忍不住要发问。《史记·屈原贾生列传》云："夫天者，人之始也；父母者，人之本也。人穷则反本，故劳苦倦极，未尝不呼天也；疾痛惨怛，未尝不呼父母也。"太史公清楚地指出屈原作《天问》的动机了。

《天问》文章之体裁，无论其内容与形式方面，比较其他文学作品，总是别创一格，尤其有问而无答，和其他问答文体判然有别，是十分奇傥的。《天问》全篇共三百七十四句（其中至少有脱简六句不算）一千五百五十三个字，是屈原作品中的第二首长诗。最特色的，是一遇到不合理的事情，便加以诘问，因而形成了一百七十多个组合的疑问语句。

它的形式，除了少数句子外，基本上以四言为主。通篇四句为一节；每节为一韵，亦有两句为一韵者，其例很少。通体全用问语，用参差历落，错综变化，不但不单调、不板滞，而且非常奇傥。《天问》在文学上的价值，于《楚辞》中向来被认为最低，但它却有最特出的一面，为他篇所不及。其句式虽以四言为主，但最短的有三言，最长的有七言，又有五言及六言。那些句子长短不很规律，但兔起鹘落，给予人以多姿多彩的感觉。此外，篇中所用的疑问代名词及疑问副词、形容词等，亦极复杂，神明变化，不可方物。《天问》唯一的好处便在这一点。所以孙鑛评它道："或长言，或短言，或错综，或对偶，或一事而累累反复，或数事而熔成一片；其文或峭险，或淡宕，或佶屈，或流利，诸法备尽，可谓极文章之变态。"这真能了解他写作的艺术手腕。

文学作品是人类精神的产物。人类学领域中的奇葩异卉，当然可以包括文学作品在内的。在古代神话与文学糅合之下，愈觉资料缺乏，所以更当加以重视。屈原的《天问》，不特是卓绝的文学产品，亦是无可忽视的人类学上的素材。本文特别注意《天问》在文体上的特色，从这一点去探究，撷拾东方各处相同的有发问句式的文学资料，加以比较，以说明人类写作的共同心理。而《天问》全文充分使用发问句式，为古今各处所未见，实在是一最崭新的创作，而后人的模仿，亦止有点滴片段的类似，没有屈原的魄力，从开天辟地，呵问到底，可见一位伟大作家自有他的万万不可及的地方。

一九七六年

战国时文学观念之演变[*]

战国时期，由于政治上斗争的剧烈，各国君主，网罗人才，有时招集宾客著书，对于文学的提倡，不遗余力。齐稷下而外，燕昭王筑台于碣石宫，赵有丛台、野台（武灵王十七年），楚前期有章华台，后期有兰台，许多文学作品，由是产生。西汉以来，淮南王、梁孝王都是继承这一老办法，把文学家集中在一起，观摩砥砺，因之作者辈出。汉赋的蓬勃，正和此有密切的关系。

可是，战国有些国家，在法家思想控制下，其施政策略，对于"文学"之事，则深恶痛绝。自秦孝公时商鞅变法以后，整个社会风气有重大的改变，由于法家思想的抬头，文学地位遂骤为之降低。三晋地区对于文学的鄙弃，在商鞅、韩非书中，可以见之。黄河流域的文学领导地位，反为江、汉、沅、湘流域的楚人取而代之，非偶然也。齐鲁一带则尚为文学昌盛的地方。《史记·儒林传序》云："夫齐、鲁之间于大学，自古以来，其天性也。"法家反文学的理论，像《韩非·五蠹》云："儒以文乱法，侠以武犯禁，而人主兼礼之，此取以乱也。夫离法者罪，而诸先生以文学取犯禁者诛。……工文学者非所用，用之则乱法。"（太史公正引用此语）在"法"的推行下，"文学"必遭受禁止的，因为它是"法"的障碍物。《五蠹》又云："然则为匹夫计者，莫如修行义而习文学。行义修则见信，见信则受事；文学习则为明师，为明师则显荣，此匹夫之美也；然则无功而

---

* 本文节选自《论战国文学》一文，刊于《史语所集刊》第48本第1册，1977年。收入《饶宗颐二十世纪学术文集》卷十一文学。

受事，无爵而显荣，有政如此则国必乱，主必危矣。故不相容之事，不两立也。"照这样说来，文学对个人有益，但对国家则极为有害。韩非反对私学，反对无功之爵（应即孟子所谓"仁义忠信，乐善不倦为天爵"）。在《六反篇》中说："学道立方，离法之民也，而世尊之曰'文学'之士。"又说："息文学而明法度，塞私便而一功劳，此公私也。"他特别反对那些"学道立方"的文学之士，学道则自己有特出的主张，立方则自己有独立的行动，文学是私便，而非公利，他站在公的立场来反对文学之"私见"、"私说"，所以谓之"乱法"。《秦策》上说："文士并饰，诸侯乱惑。……辩言伟服，战攻不息，繁称文辞，天下不治。"法家反对文学，是从施政公利上来做出发点。这样只有跟随着政治走的文学，文学只是政治的应声虫。至是，文学的地位，已被贬抑到了极点。

相反地，儒家、墨家皆倡言文学。《论语·先进》所记孔门四科，第四即是"文学子游、子夏"。汉武班碑云："数游夏之文学。"唐人《正义》说指"文章博学"，邢昺疏引范宁云："善先生典文。"儒家所谓"文学"，是包括前代典章礼文而言的。《荀子·非相篇》描写各人的怪相之后，接着说："从者将论志意，比类文学耶？"同篇又云："有圣人之辩者，……发之而当，成文而类。"又云："文而致实，博而党正，是士君子之辩者也。"杨倞注："文谓辩说之词。"这里的文，是指"辩说"。又大略篇云："人之于文学，犹玉之于琢磨也。"则以为文学是不可缺少的教育工具。

墨子亦提出"文学"一词。《墨子·非命》中云："凡出言谈，由（犹）文学之为道也，则不可而不先立义法（按即法仪）；若言而无义，譬犹立朝夕于员均之上也；则虽有巧工，必不能得正焉。"这里的"文学"，是指"立言"的文辞。

文学都为儒与墨所注重，故汉时任为"文学"的儒官，他们论学的宗旨，往往兼及儒墨，《盐铁论·相刺篇》云："今文学言治则尧舜，道行则称孔墨。"是其明证。

文学一名，从春秋战国至汉，其含义实在经过广狭多次的变更，略加说明如次：

（一）文指"文化"（Culture）的总体，这是"文"的宇宙义。

《国语·周语》下："单襄公有疾，召（其子）顷公而告之曰：……其行也文，能文则天地……此十一者，夫子皆有焉……文之象也。"按此义出自《尧典》"钦明文思"，注："经天纬地谓之文。"《白虎通·三教篇》，周教尚文和夏教尚忠，殷教尚敬不同，孔子云："郁郁乎文哉！吾从周。"这可说是极高度的人文观点。

（二）文学指辩说、文辞（Literary work）。

如上引墨子、荀子等家说。

（三）文学指学术（Scholarship）。

《史记·儒林传序》云："延文学儒者数百人……以文学礼义为官。……自此以来……斌斌多文学之士矣。"汉武举方正贤良文学之士，即是此类。

（四）文学为官名（Official name），指方士或儒生。

秦人薄"文"，此为商鞅以来之传统观念，自无足怪。惟秦时有狱吏典文学者，如《史记·蒙恬传》："恬尝书狱典文学。"索隐："谓恬尝学狱法，遂作狱官典文学。"中井积德曰："谓作狱辞文书。"秦世教育以吏为师，此"文学"二字见于秦人史传，文学且配合法律，亦一有趣之事。

《秦始皇纪》："悉召文学方术士甚众，欲以兴太平，方士欲谏，以求奇药。"秦所坑儒生之方术士，亦称文学诸生。汉代学官及师儒都称曰文学（见刘宝楠《愈愚录》卷五汉学官条，又卷六汉学师条）。武威汉简："诸文学弟子出谷。"（河平〔B. C. 25〕月忌简）西汉地方郡国"文学"之官，始于景帝末年（见《汉书·文翁传》），如匡衡为平原文学。及曹丕为五官将，亦置文学之官。汉以后，文学往往偏指"经学"（Classics）及礼乐，见崔瑗《南阳文学颂》。以后才指纯文学（Belles-lettres）。文学一名，秦汉前后之演变如此。战国时代，诸子书中所谓文学，大抵是指辩说及文辞而言，涵义不如前后之为广义的和偏称的一样。

一九七七年

80

释　主　客*

——论文学与兵家言

临沂银雀山汉墓所出孙膑《兵法》有《客主人分》一篇云："兵有客之分，有主人之分。客之分众，主人之分少。客负（倍），主人半，然可敌也。……客者，后定者也，主人按地抚势以胥。"（图见《考古》，1974年6月；文见《文物》，1975年1月。）兵家区别主客之分，主少而客众，以少敌众，要在把握道机。故孙膑曰："以决胜败安危者，道也。敌人众，能使之分离而不相救也。"以寡胜众，在妙用之法而已。按《老子》书云："不敢为主而为客。"伪《李陵答苏武书》亦言："客主之形，既不相如，步马之势，又自悬绝。"皆以"客主"名词用于兵法者，必以孙膑书说之，其义乃明。

古之能文者，善擒纵捭阖之术，优为之赋出于纵横家，尤为的证。《文心雕龙·诠赋》云："遂客主以引首，极声貌以穷文，斯盖别诗之原始，命赋之厥初也。"《汉书·艺文志》有主客赋。赋之为体，肇基于此，惜其文不可睹。然以意揣之，必立主客之分而为对问之体，以曼衍其辞。战国时人著书，惯用对话，近出马王堆佚书，若伊尹、九主、十大经，无不如此，自是一时风气使然。至于"客主"之名，原出兵家，继乃演而为赋体。向非孙膑兵书，则此理殆不可晓。此出土文书，所以有裨于考证也。

兵家主要观念，后世施之文学，莫切要于气与势二者。李德裕《穷愁

---

* 本文刊于《史语所集刊》第48本第1册，1977年。收入《饶宗颐二十世纪学术文集》卷十一文学。

志·文章论》谓"气不可以不贯，势不可以不息"是也。孙膑《兵法》有《延气篇》，谓："合军聚众，〔务在激气〕；复徙合军，务在治兵利气；临竟（境）近敌，务在疠（厉）气；战日有期，务在断气；今日将战，务在泟（延）气。"以气驭军旅，所以激之，利之，厉之，断（正）之，延之。是气者，兵之帅也。后世曹丕论文"以气为主"，舒缓者为齐气，奔猛者为逸气，蔚彼风力，以立骨鲠。此则言其气质，文之体貌见焉。至于散体之篇，必全以气领挈之，于以驰骤、顿挫，无不中节。姚鼐所谓为文者八，其精者曰神、理、气、味。韩愈谓气盛则言之短长与声之高下者皆宜。以水喻气，以浮物比言，则气所以载言者也。余谓如是之气，乃为文之帅，正如其为兵之帅，学为文者，又可不激厉磨砻养根而俟实乎哉！

势者，孙膑有势备之章，论兵之道四：曰阵，曰势，曰变，曰权，而云："羿作弓弩，以势象之。""何以知弓弩之为势也？发于肩膺之间，杀人百步之外，不识其所道至。故曰：弓弩，势也。"刘公干始于文中论势，谓："使其辞已尽而势有余。"《文心雕龙》有《定势篇》，以为："势者乘利而为制，如机发矢直，涧曲湍回。"亦以弓弩为喻。又云："圆者知体，其势也自转；方者矩形，其势也自安。文章体势，如是而已。"复云："渊乎文者，并总群势。奇正虽反，兼解俱通。""文之任势，势有刚柔，不必壮言慷慨，乃称势也。"则以势合正反，理兼刚柔，不以偏胜论势，其义得于兵家者尤深。孙膑书亦言奇正〔所谓"刑（形）以应刑（形），正也；无刑（形）而裁（制）刑（形），奇也。奇正无穷，分也"〕，尤不可不察也。

包世臣《文谱》云："文势之振，在于用逆；文气之厚，在于用顺。顺逆之于文，如阴阳之于五行，奇正之于攻守也。"又陈行文之法有集散："或以振纲领，或以争关纽。"而"集有集势、集事之异，散有纵散、横散之殊"（《艺舟双楫》）。辨析弥精，文章钤键，于是乎在，盖深有体于纵横家言，而其术正与兵家互为表里者也。

集部与子部*

汉代以诗赋领头，其时还是以某种流行的文体，作为文学的代表。

六朝以来，才有概括性的名称。“文翰”一名之外，亦盛称为“文章”，这似乎和宋时文学独立价值的提高，很有密切关系。宋文帝时，立四学，文学与儒学、玄学、史学分立，这是一桩极重要的事情。至于文章一名施用以总称文学作品，《隋志》晋荀勖的《新录文章家集五卷》（《旧唐书·经籍志》列史部书目类）已开其端。挚虞因之作《文章流别》及《文章志》四卷。是时其他著作，如：

宋明帝《江左文章志》

沈约《宋世文章志》

顾恺之《晋文章纪》

丘渊之《文章录》（《世说》刘孝标注引）

传亮《续文章志》

都是以“文章”为书名，可说是早期的断代或地域性的文学史，可惜各书都没有流传下来。这时文和笔的观念，已有明显的分界，纯文学的地位，至此已经奠定。梁世集类的盛行，这一风气的成长，和文章独立价值的提高，似乎不能说是没有关联的。

集部确立以后，自梁至清，一成不变。别集的观念，过于侧重个人，所谓某人的集，即是某人作品的纂录，这和先秦诸子的著作，以某一领导

---

* 本文节选自《中国文学在目录学上之地位》一文，刊于《新加坡大学中文学会会刊》。收入《饶宗颐二十世纪学术文集》卷十一文学。

人或某一学派的代表为主而称为某子，本质上实无二致。所以六朝的"集"，可以说是先秦的"子"的变相。同时，这种以作家为主，不以文体为主，每一作家往往兼擅各体，每一集中，各体都有之。这与其说是某一个人的别集，无宁说是某一个人的总集。上举两端，前者可谓个人主义，算是"集不异子"；后者可谓兼通主义，等于"别不离总"。这样看来，别仍是总，虽则某些作家的成就，有的在诗，有的在文，但精力却不能集中在某一项，由于集的观念，太侧重个人的地位和各体的兼通，对于文体的发展，似乎反成为一种阻力，中国文学的早熟，在某些地方，反变为停滞，集部的重视，对于文学观念的影响，恐怕是其中一重要原因，故为指出，附带在这儿加以讨论。

一九七一年

《报任安书》书后[*]

司马迁《报任安书》，每以刑余之人自贬，时迁正任中书令，颇与宦官为偶，故引以为耻。《后汉书·宦者传》云："文帝时有赵谈，北宫伯子，颇见亲幸。至于孝武，亦爱李延年。帝数宴后庭，或潜游离馆，故请奏机事，多以宦人主之。"《汉书·佞幸传》言："延年坐法腐刑，给事狗监中。"李延年盖宦者也。李贤注引仲长统《昌言》云："至于武皇游宴后庭，置中书之官，领受军事。"迁宫刑而后出任中书令，与宦竖无异，故深自诟秽。其后成帝时之石显、元帝时之弘恭，皆为中书令。（《佞幸传》："石、弘皆少坐法腐刑，为中黄门，以选为中尚书。"）萧望之建白云："武帝游宴后庭，故用宦者，非古制也。宜罢中书宦官，应古不近刑人。"师古曰："礼，刑人不在君侧，故曰应古。"此刑余之人，向为士大夫所轻。迁以腐刑而任中书令，察其言云："诟莫大于宫刑，刑余之人，无所比数，非一世也，所从来远矣。"非无故而然也。其言"同子参乘，袁丝变色"。同子指赵谈，避亲讳，故曰同子。《佞幸传》"赵谈者，以星气幸"者也。

包世臣《复石赣州书》（《艺舟双楫》），论《报任安书》，二千年无能通者。谓"书中推贤进士，非少卿来书中本语，史公讳之。少卿求援，故以四字约来书之意"。盖是时任安以戾太子案系狱，终与田仁腰斩东市。太子之变，安为护北军使者，受太子节而不敢出；田仁则守东南门。太子既败，由其逃出，武帝均责以极刑。任安以史迁为中书令，得亲主上，乞

---

     * 本文载于《固庵文录》，台北：新文丰出版公司，1989 年 9 月。收入《饶宗颐二十世纪学术文集》卷十四文录、诗词。

其讼冤。以李陵之事在前，而《史记》又未成书，故迁不敢有所触犯，不愿为少卿而再罹祸。此书所以阙然久不报，而又恐卒然不可讳（言安死也），故终不得不舒愤懑，以免他日安死之后，魂魄私恨于无穷者，为此故耳。慎伯之说，甚有可取，故乐为引申如此。

一九八二年

非常之人与非常之文[*]

文学家能够承先启后，非有过人的才智不办。司马相如的文学作品既能上承《楚辞》的余绪，下辟汉赋的新路，自足以当上"非常"的称号而无愧。法国吴德明曾经写过一本研究司马相如生平时代与作品的书，并附译有《史记·司马相如列传》一文。在日本时，我跟吉川幸次郎先生谈过这本书。吉川先生以为司马相如不大容易研究，而且他的赋很难翻译，我也有同感。

《文选》卷四十四檄文类收有司马相如《喻巴蜀檄》与《难蜀父老书》二文。《史记》本传说：

> 相如为郎数岁，会唐蒙使略通夜郎西僰中，发巴蜀吏卒千人，郡又多为发转漕万余人，用兴法诛其渠帅，巴蜀民大惊恐。上闻之，乃使相如责唐蒙，因喻告巴蜀民以非上意。

汉武帝好大喜功，为了开拓边境，招西南夷人来归，于是派唐蒙打通到夜郎西僰的道路。唐蒙杀了巴蜀人的领袖，当地的百姓感到震恐。相如本来是蜀郡成都人，所以武帝派他到巴蜀去安抚百姓。《喻巴蜀檄》一文就是在这种情况之下写出来的。但是当时朝中大臣如公孙弘辈和蜀中长老都以为通西南夷的工作是徒劳无功的，都想请武帝撤销原意。相如恐怕武帝信心动摇，于是以私人身份写了一封《难蜀父老书》，"借以蜀父老为

---

   * 本文节选自《司马相如小论——非常之人与非常之事》一文，刊于《学报》创刊号，澳门：澳门社会科学学会，1986年。收入《饶宗颐二十世纪学术文集》卷十一文学。

辞，而已诘难之，以风天子，且因宣其使指，令百姓知天子之意"（本传）。其实他写这篇文章，目的是给武帝看，坚定他的信心的。文中有几句：

> 盖世必有非常之人，然后有非常之事；有非常之事，然后有非常之功。非常者，固常人之所异也。故曰非常之原，黎民惧焉。……

"非常之人"、"非常之事"这两句奉承话，适足以稳定汉武帝的信心。于是公孙弘等人的反对，也就对武帝起不了什么作用了。

"非常之人"、"非常之事"二句话，后来变成汉代的习语，时常被人征引或仿作。如《后汉书·班彪列传》，说班固奏记东平王苍书时，亦引用这两句话：

> ……传曰："必有非常之人，然后有非常之事；有非常之事，然后有非常之功。"……

可见这两句话在当时流行的情形。《文选》卷三十五收有汉武帝两篇诏令。第一首说：

> 诏曰：盖有非常之功，必待非常之人。故马或奔踶而致千里，士或有负俗之累而立功名。夫泛驾之马，跅弛之士，亦在御之而已。其令州县察吏民有茂才异等，可为将相及使绝国者。

武帝诏令颁于元封四年，而相如《难蜀父老书》，《文选》注未有说明写成的年份；大抵在元封四年之前。所以武帝"非常之功，非常之人"的讲法，说不定是模仿《难蜀父老书》"非常之人"、"非常之事"两句，而变化出来的。

只有非常人才能说出非常之话。相如本身是非常人，才有这种非常话，但非常人的司马相如，只有遇到非常人的汉武帝才能发挥他非常人的才华，显露他非常人的潜力。如果司马相如不是遇到非常人的武帝，他的非常人的才干，大概就要与草木而同腐，沦泥淖以湮灭，我们再不能读到他的作品了。《史记》说相如初事孝景帝时，为散骑常侍，"会景帝不好辞

88

赋"，所以他的才华不能伸展；后来他到梁孝王处作客，"梁孝王令与诸生同舍，相如得与诸生游士居数岁"，亦得不到非常人的赏识，梁孝王只令他与诸生同舍。这时虽然他著有《子虚赋》，但亦不能改变梁孝王对他的待遇。直到梁孝王死后，武帝读到他的《子虚赋》，才惊叹于他的才华。经过他的同乡狗监杨得意的推引，始得出任郎官。从此展现出他非常人的才具来，写出非常人的作品。而他琴挑卓文君，"亡奔成都"之事，世人都以之为耻：他们都以道德标准来衡量他的学问。但只有不拘小节的汉武帝才能提拔他这个非常人，相如才能"负俗之累而立功名"。能够不拘小节，着眼于大体，武帝自然是个非常人。"夫泛驾之马，跅弛之士，亦在御之而已"两句，正是武帝自道之语。

司马相如早年的生平很值得研究——因为这个时期的生活，对他以后的行事有很大影响。《史记》和《汉书》的司马相如本传都只能提供司马相如早年生活的概略情形，未足以作深入的探讨。相如四川成都人，在相如之前，除了文翁以外，四川并没有突出的文学家，学术风气不浓厚。当时文学气氛最浓厚的地方是梁地。相如之所以游梁，大概是文翁所指使的。相如之后，蜀地的文风渐渐兴盛，先后有王褒、扬雄、李尤等人，为蜀文学放出异彩。相如初游梁，不为孝王所见重。梁孝王是汉文帝的幼子，很得窦太后钟爱，时常厚赐给他。"得赐天子旌旗，出从千乘万骑"（《梁孝王世家》）。排场与天子无异。又孝王好"招延四方豪杰，自山以东游说之士，莫不毕至，齐人羊胜、公孙诡、邹阳之属"。而其中"公孙诡多奇邪计"，舌辩多端。窦太后本想立孝王为帝，但为袁盎等人所阻挠。孝王后来指使羊胜、公孙诡等人"刺杀袁盎及他议臣十余人"，景帝由是怨恨孝王，与他疏远。景帝三十五年，孝王"北猎良山，有献牛，足出背上，孝王恶之"。明年六月病死。从此文学集团解体，相如便返蜀。相如虽然做梁孝王幕客，却与这次政治暗杀无关，所以并没有多大牵连。相如游梁，正是这个文学集团最全盛的时期。他能够与当时负盛名的文士相往来，这对他以后的创作有直接的影响。当时的赋体仍留于篇幅短小的阶段，相如学到写赋的方法，演成长篇。梁孝王曾经在山东东部建造东苑，"方三百余里。广雎阳城七十里，大治宫室。为复道，自宫连属于平台三十余里"。相如作《子虚赋》以为规劝，目的令孝王归于节俭；但梁孝王却未加理会。《子虚赋》《文选》列入畋猎类，人物有子虚、乌有先生、无是公三人，借三人的讨论畋猎事情，以通于讽谏。排比铺陈，堆垛夸饰。文章最后说："然在诸侯之位，不敢言游戏之乐、苑囿之大。"这是反对梁孝王拟于天子的畋猎行为而作的。

《子虚赋》不能打动梁孝王的心，正因为梁孝王并不是非常人，所以非常人的司马相如也就藉藉无名，不能露出头角。后来得到得意的荐引，才遇到非常人的名主——汉武帝，从此扶摇直上，平步青云，为武帝写下了《上林赋》，极尽夸张之能事。《上林赋》与《子虚赋》写作方法相同，其实不写也罢。

相如文思缓慢，属于"迟才"一类。《文心雕龙·神思篇》说："相如含笔而腐毫。"范文澜注引《西京杂记》：

> 司马相如为《上林》、《子虚》赋，意思萧散，不复与外事相关。控引天地，错综古今，忽然如睡，焕然而兴，几百日而后成。

汉武帝却是一个文思敏捷的人。《太平御览》八十八，引《汉武故事》说：

> 上好词赋，每行幸及奇兽异物，辄命相如等赋之。上亦自作诗赋数百篇。下笔而成，初不留思。相如造文，弥时而后成。上每叹其工妙。谓相如曰："以吾之速，易子之迟，可乎？"相如曰："于臣则可，未知陛下何如耳。"上大笑而不责。

《西京杂记》所说的，大抵是《子虚》、《上林》二赋。我以为文章只讲求工拙，不在于迟速之分；迟速并不影响文学的价值。

司马相如在汉朝文学上的建树有两点：第一是相如的文章常有新意。如《难蜀父老书》的"非常之人"与"非常之事"，就是司马相如深思熟虑得出来的创获。第二是 hyperbole（hyper 是超越的意思）夸饰法。在相如之前，赋的作品都是短篇的，直到司马相如才有长赋出现；而且前人的作品在描写铺排方面，都不及相如的尽情表现。他的夸张手法，灵感得自枚乘《七发》，从而开拓赋体，增长篇幅。《七发》中间写波涛部分，枚乘极写水之形态，这大概是相如赋铺张宏丽之所本。《七发》由《楚辞》衍伸而来，仍属《楚辞》系统。《楚辞》中的《招魂》亦多用夸张手法。《招魂》的夸张，是衬托宇宙之大，与枚乘、司马相如的夸张描述小事物方面，方向不同；但所用心思则一样。《文心雕龙》有很多篇都提到司马相如的作品，值得抄下来互相比较参照。如《铨赋篇》说："相如《上林》，繁类以成艳。"类指事类，艳即"诗赋欲丽"之丽的特质。但文学作品只以丽为本质，并未足以成就其不朽的价值，所以后来扬雄论赋有"丽以淫"、"丽以则"的说法。扬雄《法言·君子篇》批评司马相如作品说："文丽用寡，长卿也。"认为他单重华彩，说理成分不足，只有"丽"的部分而已。扬雄看得不对，相如赋也说理，只不过以讽谕方法表现，属于内在的，不拘形于赋的外在表现方式。由于扬雄只看作品的外表，难怪他以"文丽用寡"的话来批评司马相如了。真正能体会到相如的用意的，只有太史公一人。《司马相如传赞》说：

> 《春秋》推见至隐，《易》本隐以之显，《大雅》言王公大人，而德逮黎庶，《小雅》讥小己之得失，其流及上，所以言虽外殊，其合德一也。相如虽多虚辞滥说，然其要归引之节俭，此与诗之风谏何异？扬雄以为靡丽之赋，劝百讽一，犹驰骋郑、卫之声。终曲而奏雅，不已亏乎？

其中"扬雄以为靡丽"句以下数语属衍文，出自《汉书》本传赞文，今本《法言》并没有这几句话。司马迁将相如的作品来和《春秋》、《易经》，大、小雅相比，说相如作品"虽多虚辞滥说，然其要归引之节俭，此与诗之风谏何异"？以为适于诗之讽谏，不属于"丽淫"一类，反归于"丽则"之属。至于《文心雕龙》也附和扬雄之说。《才略篇》：

> 相如好书，师范屈、宋。洞入夸艳，致名辞宗。然覆取精意，理不胜辞。故扬子以为"文丽用寡者长卿"，诚哉是言也！

这更加不足道了。

一九八六年

大人赋书后[*]

或疑《大人赋》出于《远游》，细诵两篇，铸辞陈义，颇相径庭。《远游》言夜气，《大人》讥升遐；《远游》仍沿《离骚》句法，《大人》则蔓衍至九字、十字句，其为踵事增华，自出后起，无烦深论。汉武好神仙，西至回中，南陟衡岳，过彭蠡，东极泰岱，车尘马迹，几与周穆比伦。

自张骞通西域以来，《禹本纪》所谓昆仑，《大戴礼》言西王母，^①并可作实地考察，非复神话地名矣。^②《大人赋》言："世有人居于中州。"大人者，《易》称其与天地合德，与日月齐明，非天子不足以当之。为天子者，欲望无尽，既得天下，思一统；一统矣，又思升仙。驰逐乎四荒，尝无一日之满足。则所得果为何耶？观《大人赋》言："吾乃今目睹西王母皬然白首戴胜而穴处兮，亦幸有三足乌为之使；必长生若此而不死兮，虽济万世不足以喜。"列仙之俦，居山泽间，形貌清癯，非天子之所宜也；纵能长生不死，超无友而独存至于亿万世，如石室之王母，又何足羡乎？其讽深矣。汉武徒赏其文辞之美，以为飘飘有凌云之气，非真知相如者也。凡相如所摅陈，咸有深意存焉。哀二世失行亡国，所以儆武帝也。其卒后献封禅，则以兢兢翼翼之心，力陈兴必虑衰，安必思危之戒；推见至隐，要其归止于德义。史公赞之引申其旨，渊乎其可深长思也已。

---

  * 本文载于《固庵文录》，台北：新文丰出版公司，1989 年 9 月。收入《饶宗颐二十世纪学术文集》卷十四文录、诗词。

  ① 《少闲篇》云："西王母来献白琯。"

  ② 《汉书·地理志》第八下："金城郡临羌有西王母石室。"后世沮渠蒙逊亦至其地，酒泉太守马岌具言之。

又记

　　褚少孙补《史记·孝武纪》："乾封四年，上郊雍，过回中道巡之。春至鸣泽，从西河归。"《封禅书》文同。汉《铙歌》十八章，其一即"上之回"，云："游石阙，望诸国。月支臣，匈奴服。"汉武北巡朔方，至回中，今甘肃泾川县，其地有西王母宫石窟，屹立于宫山，宫山原名回中山。石窟中有宋天圣三年陶毂撰《重修回山王母宫颂》碑（篆书）云："汉武之祷灵境也，祀雍畤，幸朝那，立飞廉之馆，以望玄圃，故乐章有上之回曲。"汉武所睹西王母石室，当在回中。陶碑拓本见《陇东石窟》一书。①

---

① 全文载《陇右金石录》。

《文心雕龙字义通释》序[*]

刘彦和基本观点，主正、主圆、主和、主兼，可谓折衷主义之调和派。① 以其精湛内典，持论辄以"正道"为依归，余曩者尝畅论之。② 其"三准"言：设情以位体，酌事以取类，撮辞以举要；"六观"言：先位体，而继之以置辞，终之以宫商，正犹谢赫论画六法之"经营位置"、"应物象形"与"随类赋形"。至于崇尚风骨，同乎《诗品》之风力，亦如画中之有气韵、骨法。齐梁之际，谈艺者每假释氏之事数，③ 以立方便之门，风会所趋，有同然也。

彦和论"文"之内涵，盖有取极广义之杂文学，合经、史、子、纬书以至章奏、书记，尽纳诸文学之领域，与当时之严文、笔之辨，与非"沉思翰藻"不得与于文之行列等主张，旨趣迥殊。凡文章诸不同体式，彦和已囊括而有之，欲"兼解而俱通"，自非易事，既乏宾主之昐分，但作同等之综合，依违于情采、事义之间。揆以挚虞论赋，即有四过之议，④ 而《文心》于诸文体，未能轩轾高下，铨别品题，使成有机之系列，如是所谓"方"者，不啻为一大杂烩。以此之故，与文家之见，不免步骤分途，可能被认为未惬于辨章流别之方，其说历来不为文家所重视，非无故也。

---

* 本文载于《文心雕龙字义通释》，香港：香港文法文化事业有限公司，1997 年。收入《饶宗颐二十世纪学术文集》卷十一文学。

① 参王连熙论《刘勰文学理论的折衷倾向》（《荟萃》，194 页）。周振甫《刘勰以"和"论文的辩证法》（《同雕集》，52 页）。王更生《刘勰文学批评的理论与实际》（同上，242 页）。

② 详拙作《文心与阿毗昙心》（《梵学集》，179 页）。

③ 拙作《文心雕龙声律篇与鸠摩罗什通韵》结尾（《梵学集》，119 页）。

④ 挚虞《文章流别论》："赋以情义为主，事类为佐。"（见《御览》五八七文部）

卢照邻至谓"近日刘勰《文心》、钟嵘《诗品》，异议蜂起，高谈不息"，招来空论无用之讥。虽唐初其书屡为学人所援引，[①] 而文家则罕所齿及，若黄（鲁直）、晁（公武）则力致贬辞，诋其疏略。[②] 宋时《文章流别》、《翰林论》诸书尚存，优劣易见，宜矣。元世始有刊本，明人复古，乃稍事评点校理。今时风气侧重文学理论，学者摭西以就东，新说飙起，肩随者众，遂乃蔚为大观。书之显晦有时，系乎运会，而审美角度之差异有以致之。

彦和既弥纶众家，自铸伟词，前后各篇，其重要关系词（Keyword）往往反复使用，参互证释，意蕴以究宣。其书索引既有多家，为人省却无限日力。惟同一词每有歧兼，不可一概而论，比而观之，疏通条析，尚有待乎贤者。余在上庠以《文心》设教，近二十年，居恒思效戴东原《孟子字义疏证》之例，敷陈其大要，奈兴趣多方，未遑从事。门人吴纬君乃穷数年之力，理董综辑，以成是篇。君昔曾从伍叔傥教授问业，熟讽舍人原书，于兹，比类，合谊，自成条贯，足为辅车，诚有助于读者。近世古典文学各体已乏作手，而文论纷咴，以无写作经验之人，懵然著论，有时不免扣槃扪烛之苦。此幽忧子所以有"化鲁为鱼"之叹，可不引以为戒？君疏通碍滞，参酌中外，分理别囿，导人以正，故于其梓行也，喜而为之序。

丙子中秋后三日，饶宗颐

---

① 参冈村繁《文心雕龙在唐初钞本文选某氏注残篇中的投影》（《荟萃》，98 页）。
② 拙作《文心雕龙探原》结论注二一。

范蔚宗耻作文士[*]

唯蔚宗耻作文士。观其《文苑传赞》云：

> 情志既动，篇辞为贵。抽心呈貌，非雕非蔚。殊状共体，同声异气。言观丽则，水监淫费。

亦主诗人丽则之旨，以淫滥辞费为戒。《后汉书集解校补》称："文苑传甄录所及，皆有关系文字。章华一赋，亦谓终之以正。仅乃存之，非是必不著。"颇能抉发范氏之旨。《史通序例》云："若乃后妃、列女、文苑、儒林，凡此之流，范氏莫不列序。"是范书文苑传原有序论，今本无之，殆缺佚耶？

由是观之，范书文苑甄录之文，以"旨义"为依归，其论赞亦有微意寓于其间。举例论之：《左雄周举黄琼瑗传论》述贡士选举制度，乃综论东京之人才。《蔡邕传论》谓："意气之感，士所不能忘也；流极之运，有生所共深悲也。"文章极美，笔端有情。《孔融传论》称其"高志直情，足以动义概而忤雄心。故使移鼎之迹，事隔于人存；代终之规，启机于身后"。令人读之，声泪俱下。《儒林传论》陈当时学弊，"繁其章条，穿求崖穴，以合一家之说"，足为今日之戒。《诸夷传论》为蔚宗最得意之作。狱书中云："至于循吏以下及六夷诸序论，笔势纵放，实天下奇作。其中

---

    * 本文节选自《〈后汉书〉论赞之价值》一文，载于《饶宗颐史学论著选》，上海：上海古籍出版社，1993年。收入《饶宗颐二十世纪学术文集》卷十一文学。

合者，往往不减《过秦篇》。"夫子自道，谅非溢美！《南匈奴传论》辞句锤炼，仿燕然山铭。《西域传论》言释氏"清心释累，空有兼遣，然好大不经，奇谲无已"，颇中彼土夸诞之病。蔚宗之父泰有佛赞，言："舍事就理，即朗祛蒙。惟此灵觉，因心则崇。"（《弘明集》十六）直能明心见性。蔚宗之于释氏，亦家学也。

唐宋以降，于蔚宗之文轻肆讥弹。容斋谓其序论了无可取（《随笔》十五），直斋则讥其赘；翟公巽谓其冗陋，至欲别作东汉通史；宋神宗恶范氏之名，欲改修其书。此皆未明范氏立言之要，但以文士目之。清代学者于范氏认识较深，若王西庄《十七史商榷》，陈兰甫申范，皆辩明范氏行迹。李越缦《读书记》评述范书序论，列举其佳篇，说俱允当。

一九六五年

连珠与逻辑*

连珠是文体的一种，刘勰列于杂文类。其文体制，辞句要对比，而隽永含蓄，上下对句，互相引伸，不是指说事情（not a statement），而是借喻以达旨（used as a simile or maptaphor）。试举二例：

吾闻 ⎰ 道行则五福俱臻，⎰ 是以 ⎰ 麟出而悲，岂唯孔子？
　　⎱ 运闭则六极所钟； ⎱ 　　⎱ 途穷则恸，宁止嗣宗！

　　（梁简文帝被幽禁时所作连珠）

　　希世之宝，违时必贱，　　　　⎰ 明玉黜于楚岫。
　　　　　　　　　　　　是以 ⎱
　　伟俗之器，无圣则沦；　　　　　 章甫穷于越人。

　　（宋书刘祥连珠十五首之一）

它是很特殊的表现方式：一、上下二联必是偶名，上联可以相反或者相成。二、中间必用"是以"（therefore）一语词来衔接下面的偶句。三、上下联意思必有相互关系。往往是由一般（同然）推到特殊（独然），从虚理推出事例。当然，"连珠"亦是采用推理的形式来表达的，但它没有"中词"来作媒介，中间用"是以"仅是一个 conjunction，所以严格言之，它应该只有二段论法，没有三段。

逻辑的 syllogism，因为由大、小前提（major premiss，minor prem-

＊　本文系 1989 年饶宗颐在捷克布拉格召开的"纪念五四七十周年国际学术研讨会"上宣讲的论文。收入《饶宗颐二十世纪学术文集》卷十一文学。

iss)，得到结论，重要是作为媒介的中词（middle term），故日人译称为"三段论法"（严译称大前提为例词，小前提为案词，结论为判词）。可是，严复深讥日译三断论法的不妥，他在翻译 John Stuart Mill 的 A System of Logic 的导论时，却把 Syllogism 译作"连珠"。他在《穆勒名学部首》上说道："连珠者，持论证理最要之器也。"用典雅的汉土旧有名词来翻译，是"格义"的老套，是可以的，但必须准确。以连珠译 Syllogism，很有问题，故引起人们的非难。1909 年，章士钊撰文曰《论翻译名义》，加以指摘，讥其出于傅会。1919 年，即五四运动之年，章士钊讲授逻辑于北京大学（他原是 1907 年在苏格兰大学学过逻辑的）。在五四前后，国内学者接受西方思想，从事中外逻辑的比较工作尚有多人。章氏在《甲寅杂志》中发表不少论文，可以反映当时人物对西方思维术了解的一般情况。章氏又提出《墨子·大取篇》中"三物必具"一语，与逻辑三段合符。以是他说三段论法，亦可称为"三物语经"（说见他后来在 1943 年另著成的《逻辑指要》专书，页一五一）。按"三物"一词与亚氏所论 three figures 颇相应。惟墨子三物的内容，没有亚氏《前分析篇》那样具体，亦不宜轻易比附。

其实 Syllogism 一名，在明末崇祯四年（1631）由耶稣会士葡萄牙的傅泛际译义，李之藻达辞的《名理探》之中，音译为"细录世斯模"（即拉丁文的 Syllogisme）。有自注云："推论一规式也。"把它意译作"推论"是不错的。《名理探》译自 16 世纪葡萄牙 Coimbra 耶稣会士学院的逻辑讲义。该院在 Pyrenee 半岛，当时有逻辑名师 Fonseca，傅泛际即是他的学生。李之藻通过傅氏之助，从拉丁文本译出是很可靠的。

"推"字在《墨子·小取篇》已出现。"推也者，以其所'不取'之同于'所取'者，予之也。""不取"是指媒介的中词。

不取＝媒词

所取＝其他二词

墨子所言的"推"，含义与三段论法很接近。故以"推理"译 Syllogisme，比较"连珠"为合适。杂文类连珠的写作，是以比兴暗示为其手段，与逻辑之讲究推论方式，毫不相干。用连珠一名来译 Syllogism，完全出乎格义的旧套，拟不于伦，欲求典雅而反失真，章氏纠正之，是也。

自从中西思想接触以来，外来名词许多径从日本吸收，国人无条件接受而不加以仔细探讨。至今"三段论法"一名，人人皆知，明末及清季的译名反无人知道。究竟何者为恰当，还须好好切磋。今试举"连珠"一例，以见五四运动前后，学人对逻辑了解和商讨的情况。前事不忘，后事之师，本文之作，或者有一点的参考价值吧。

一九七四年

阮嗣宗生活与作品题辞[*]

侯思孟君著《阮嗣宗生活与作品》既杀青，是岁三月初，予抵巴黎，得先睹其校样，喜而为之序曰：侯君谓"史家月旦嗣宗，殊不多觏"。余见李贽《藏书》列阮于《诸隐传》中，别具卓见。独孤及为阮公《啸台颂》，称"公以全德，生于衰世，而逃礼逃用，晦德忘己"。^①向读《通易论》，知阮公固湛于《易》，其说大人之义，以为"寂寞者德之主"，"明夫天道者不欲，审乎人德者不忧"。夫是之谓全德。故曰"潜身者易以为活，离本者难与永存"。"作智造巧者害于物，明是考非者危其身。"^②虽曰逃礼逃用，实正"显诸仁而藏诸用"；此大人之至德，非于《易》旨深有体会兼能实践之，曷能臻此！岂辅嗣之辞才逸辩，士季之偏讥互体，其出处语默，不识物情；枢机之发，泥夫大道者，可同日而语哉？《魏志》载李秉《家诫》引《易》："括囊无咎，藉用白茅，慎之至也。"称："天下之至慎，其惟嗣宗乎！每与之言，言及玄远，而未尝臧否人物，真可谓至慎者矣。"嗣宗之慎，终身凛薄冰之戒，非得于《易》而何耶？《世说·赏誉》："王戎目阮文业（武）清伦有鉴识。"注引杜笃《新书》及《陈留志》："武族子籍，武见而伟之。著书十八篇，谓之《阮子》。"^③卢毓曾举武与孙邕。武语杜恕曰："相观才性，可以由公道而持之不厉，器可以处大官而求之

---

　　* 本文载于《固庵文录》，台北：新文丰出版公司，1989 年 9 月。收入《饶宗颐二十世纪学术文集》卷十四文录、诗词。

　　① 《毗陵集》。

　　② 《达庄论》。

　　③ 武书今无存，严《辑》其正论数条。

不顺，才学可以述古今而志之不一。此所谓有其才而无其用。今向间暇，可试潜思，成一家之言。"杜在贬所著书，即受武之启迪。阮武此说，殆魏时才性论之发轫。钟会之撰《四本》，与傅嘏、王广①辈所论，有离合之异，皆武导其先路也。武为嗣宗从父，其人喜论才性，而嗣宗父瑀，著文质论，亦以品人，而非评文藻，② 一时播为美篇。今览嗣宗之言，若云"繁称是非、背质追文者，迷罔之伦也"。"故至人清其质，而浊其文。"夫其抑扬文质，盖本其家学焉。武与元瑜品藻人物，仍是东汉以来清议鉴识之旧学，至刘劭而得其总结。嗣宗与荀粲皆尚玄远③，绝口不臧否人物，自与陈玄伯、夏侯太初异轨殊奔，无意于立功立事。是以《答伏羲书》谓"人之立节，何暇毁质以通检？良运未协，神机无准，则将抗志遐世；摅节九垓之间，寄情八荒之表"。盖于名教深有所不屑也。侯君书中，于阮诗"鉴"字再三致意。夫阮公所欲鉴者，非鉴于人伦，而鉴乎明月，可谓离人事之拘挛，极宇宙之冥漠，去人而入天；由曹魏所重之名教实际问题，而入于另一自然之真际境界。于事不用名教，而道以神理独超，正始以来，玄学之转捩，其在兹乎！其在兹乎！阮公著《乐论》，乃应刘子之问。向不知刘子为谁氏？考《刘劭传》云："著《乐论》十四篇，事成未上。"则刘子者，非劭莫属。又《独孤氏颂》云："哀莫大于矫时死名，于是有《吊比干文》。"此篇严《辑》且无其目，唐时为人传诵，知阮文之不存者尚多也。凡此琐琐，君书未及抉发，故略为彰其剩义。君书疏理邃密，而援譬引类，言之务尽，将见不胫而走；抑阮公心事，千载之下，难以情测者，得君此书，将如阴霾之毕扫，阮公有灵，自当惊知己于千古也已。

一九七六年三月十日　饶宗颐时客巴黎

---

① 王凌子。

② 见《艺文类聚》：唐高祖命欧阳询等辑，一百卷。根据一千四百多种古籍，分门别类，摘录汇编，分岁时、治政、产业等四十八部。事实居前，诗文列后，其中征引的古代典籍，现多散佚，赖此书保存了不少珍贵资料。

③ 见《荀勖传》裴注：荀勖（？－289），字公曾，东汉司空荀爽的曾孙。出身名门士族，幼年十分聪慧，博学多才，入晋后曾和贾充一起修订法令，掌管乐事，生前封济北公，后人称之为荀济北。又因善识音律号称暗解。裴即裴松之，南朝人，东晋史学家，为《三国志注》作者。

陶渊明集校笺序[*]

古今之论渊明者多矣，皆欲以其所知，以明人之所不知；以其深解，而求胜于前人之解。此岂渊明之意耶？渊明喜读书，不求甚解。夫惟泛览，故无往而不乐；流观，则何幽而不烛。欲辩已忘言，故谢周续之之讲礼；躬耕而赢卧，故绝檀道济之论仕。乐无弦之琴，则聊为弦歌，而不必其琴之有弦也。辞而无诠次，则敛襟闲谣，非果有意于诗，而必求其工也。

荀子曰：善为诗者不说，善为易者不占，善为礼者不相，其心同也。此可以逆渊明之志矣。道丧千载，缅焉深情，其萧机玄尚，深有契于《考槃》、《北门》之作；虽处玄风披靡之际，而丝毫不染于时习，於其却慧远之招，可以知之。不以贫贱而戚戚于心，夏月北窗之下，如羲皇上人，此孔颜乐处，又庶几近之。故赵家以来，渊明之人德，弥为理学诸儒所轸发，乐称道之而不间，岂非暗然而日章，久而其道弥著耶？盖真隐不必于山林，抱道不离于方寸，大音莫贵乎希声，至味自出乎玄酒；亭林赏其真，余则爱其淳。顾世之诂陶者，滞于事义，往往未尽识渊明之趣；读其书而不知其人可乎！呜呼！何其难也！杨君东波潜心陶集有年，於其年世交游，既一一为之疏理；复通释全集，平亭众说，究其旨归，要而不芜，简而不凿，津津乎有以会渊明之趣。义风未隔，渊明素襟，或可于此旦暮求之；陶澍以来，斯为极挚。余既获先睹为快，於其刊行也，谨拈渊明读

　＊　本文载于《陶渊明集校笺》，香港：吴兴记书局，1971 年。收入《饶宗颐二十世纪学术文集》卷十四文录、诗词。

书不求甚解之义，坿为天下读陶者告。世之过求深解者，涉君此书，其亦可以知返乎。

一九七一年元旦饶宗颐序，时在美国榆城

大谢诗跋[*]

刘彦和云："庄老告退，山水方滋。"[①] 至沈寐叟遂有三元之论，以为元嘉以来，盛山水诗，谢客乃其不祧之祖。然支遁高唱，何曾不模山范水，非在谢之前乎？寻谢诗屡言成贷，义出苦县，缮性昭旷，皆本漆园；乃谓庄老告退，非实情也。

《易·大象》之言君子也，曰："君子以盛德辟难，不可荣以禄。"曰："君子以立不易方。"曰："君子以致命遂志。"谢诗云："恨我君子志。"又曰："忠义感君子。"诗所以道志，夫其君子之志，岂易为人知也哉。虽自言"贵不屈所志"，然在当日，已有"吾志谁与亮"、"拥志谁与宣"之叹。况千载之下，难以情测；然察其句，如云："寸心若不亮，微命察如丝。"又曰："守道自不携。"曰："天鉴傥不孤，来验兹微诚。"忠义之悃，早置身度外，逍遥山水，非同高蹈；张天如谓其隐遁非陶潜是也。子房、鲁连、龚胜、李业，皆当易代之际，有其自处之道；谢客于此辈，三致意焉，其志亦可窥矣。终以反叛论罪！沈休文撰《传》，特揭其语，非无因也。谢既湛玄言，又耽内典，情之与理，每交战于胸，虽借山水慰情，以理自适。若云"理来情无存"，似能以理制情者；然其含禀至情，实出天性。今观其语曰，"爱深忧在情"，"含情易为盈，遇物难可歇"，《庐陵王墓下》直云"理感深情恸，定非识所将"。则情深之顷，难以理克，通人之蔽，固所不免也。阮嗣宗每屈情于理，故能口不臧否人物，以全其生；

---

　　[*] 本文载于《固庵文录》，台北：新文丰出版公司，1989 年 9 月。收入《饶宗颐二十世纪学术文集》卷十四文录、诗词。
　　[①] 《文心·明诗篇》。

105

谢客则有所不能，屡申情于理之外，无以自抑，终以丧元。斯两贤之异轨，有足令人低徊深味。谢既诵佛书，沈照终始。临终诗云："送心正觉前，斯痛久已忍。"以正觉自许。波罗蜜之安忍，早备于方寸，而乃怨亲同心；又悟众生平等之旨，《净土咏》言"弘誓拯群生"，含大悲愿，其语足与临终诗相表里，此则出庄入释，非上智孰可与此乎！抑其诗中每露自咎之意，如"违志似如昨，疲苶惭贞坚"，"负心二十载"，薄霄愧云，栖川怍渊，亦佛家惭愧之念。故知谢于山水，乃非本怀，直龙蠖之外物已耳。夫尺蠖之屈，所以求伸，龙蛇之蛰，所以存身；谢以山水为理窟，特蛰以存身，亦屈以求伸。然上神乘光，与形灭亡，是曰昭旷；谢之怀抱，深契于兹，山水仅其外形，随影幻灭，至人之所乘者，固别有在。故曰："浮欢昧眼前，虚舟有超越。"见道者深，其为神趣，岂山水而已耶？自来山中，行箧惟携大谢诗，既和其句，念其志湮霾千载。戴密微先生于谢诗，寝馈至深，故略陈固陋，乞有以教之。"匪为众人说，冀与智者论"，亦谢客之意也。

饶宗颐识于法国之白山

106

两晋诗论序[*]

　　王武子（济）曾谓"文生于情"，然而情非文也。摅性情以为诗，而性情非诗也；诗者，艺也。析以陆士衡之论"诗缘情而绮靡"，则主于情而为诗，是缘情也；而艺其致绮靡之术乎？后人不解缘情之义，同于托兴，猥以诗为陈事之辞，或深讳绮靡，快意直写，质实无华，去诗之道弥远矣。

　　盖情者文之经，而艺者辞之纬。刘彦和综为情采，此立文之大原，诗之道固未外是也。《诗大序》云："吟咏情性，以讽其上。"钟仲伟云："摇荡性情，形诸舞咏。"情性为讴吟之本，人尽知之。细为厘析，则性之与情，原非一物。汉人区情性为阴阳二面，以为性者阳之施，而情者阴之化（《白虎通德论》）。建安以来，为诗皆毗于阴；工于言情，叙志必哀，以悲为主。三祖陈王，咸蓄盛藻，甫乃以情纬文，以文被质。晋氏以降，承其余响。张华之儿女情多，士衡之悲情触感，论古诗则曰意悲而远，评越石则曰辞多感恨。即景纯《游仙》，仍是《九辨》坎壈不平之遗，无不巧于叙悲，以情为极挚。故西晋诗风，缘情绮靡一语，足以尽之，而述情怊怅，终未越建安风力之藩篱，是其大较也。然自正始明道，诗杂仙心，逮于过江，妙理弥盛，孙许有作，平典似《道德论》，玄风所被，渐欲由情入性，诗与玄会。或理虽充周，而语同填砌；或淡乎无味，而理染于辞。纵曰"因谈余气，流成文体"，而转邻偈诵，难以讽咏矣。斯道之弘，至

　　* 本文载于《两晋诗论》，香港：香港中文大学出版社，1972 年。收入《饶宗颐二十世纪学术文集》卷十四文录、诗词。

于陶公，乃为极轨。故约而论之，西晋主情，实深于风；东晋体性，渐偏于理；性情之说，至是判为二途。固知诗之为物，与术业未曾乖离，而学风与诗，正互为表里者也。

原夫诗之内在要素，盖有四焉：曰情曰性曰景曰事，情尽于悲，性适乎理，景穷于物色，事达乎史鉴；建安蔚其风骨，志深笔长，其成就在情。至若晋诗所以度越前轨，厥为情以外之三者。玄趣以结其清，山水以流其韵，今所共悉；而言事之制，关乎识力，表见于咏史一路；左思而后，袁虎尤为高唱，彦和美其赋既梗概，情韵不匮，于诗谅有同然；斯则晋诗之别裁，有待扬榷者也。

邓君仕梁撰《两晋诗论》，依据《文心》、《诗品》评语，辨析入微。曩曾审查君篇，已讶其观澜索源，足以摛神性而包会通；惟是缛理有余，实体难该。承命为序，爰檃括其大旨，论厥演变之由，为君张目，或亦可为读君书之一助欤。

辛亥重阳饶宗颐

赋话六种序[*]

赋学之衰，无如近代；文学史家直以塚中枯骨目之，非持平之论也。古之为赋者，在德音九能之列。传曰："升高能赋，可以为大夫。"言堂庑之上，揖让之间，以微言相感，自有其实用之价值也。

刘彦和云："登高之旨，睹物兴情。"宋龚鼎臣《东原录》云："赋者，缘物以成文，必辞理称则彬彬可观。"夫缘物有作，荀况《蚕》、《云》之类也，往往折衷于理，故文有其质。若乃兴情之制，则犹诗之缘情，而日趋绮靡，六朝俪赋，斯其极挚，《芜城》、《小园》，靡亦甚焉。降而下之，以赋为科举之习作，间且成散体之尾闾，《文苑英华》所收，读之殊难终卷，肤受不精，寖失旧观。现存论赋较早之书，有日本流传失名之《赋谱》，作于太和以后，分述句式之壮、紧、长、隔、漫、发、送等法门，唐人律赋作法，可窥一斑。五代赋集多至二百卷。见唐圭璋《南唐·艺文志》，^①《永乐大典》赋字，只存二卷^②征引《大全赋会》，多为有明考试有关性理之作，亦赋之别格^③也。然明人拟古，鸿篇屡出，于以制割大理，羽翼风骚，亦甚有可观者，而世多忽视之。^④ 其时小学虽亡，赋仍间作，岂至皋文修补黄山，始成绝业也哉！^⑤ 何君沛雄，向从余问，特致力于赋。

＊ 本文载于《赋话六种》，香港：香港万有图书公司，1975 年。收入《饶宗颐二十世纪学术文集》卷十四文录、诗词。

① 江文蔚"《唐吴英秀赋》七十二卷"，见《宋志》；徐锴编《赋苑》二百卷，见《崇文总目》。
② 即卷一四八三七及一四八三八。
③ 如盱江邹子益之《圣人拟天地参诸身赋》。
④ 明陈山毓有《赋略》一书。
⑤ 此反章太炎《辨诗说》。

既有志乎《全汉赋》之辑，复裒集诸家赋论，都为一帙，以便来学，而征及下走。余愧无诠次，偶有著笔，祇同目论，稽考史事，辄及赋篇，拉杂言之，馈贫而已；若云欲师斲轮，言其甘苦，则吾岂敢。

乙卯仲春饶宗颐叙

老杜终古立忠义[*]

山谷云："（杜）诗曰：九钻巴鬼火，三蛰楚祠雷。则往来两川九年，在夔府三年，可知也。"（《与王观复书》）考杜甫于代宗大历元年（西元766，时年五十五岁）夏初，从云安迁居夔州，当时夔州州治，在鱼复浦与西陵峡中瞿塘峡附近，与白帝城相接，在今四川奉节县城东十余里之地。先是杜公于上年（765）九月至云安暂住养病，居半年，至是年春晚乃移夔州。仇兆鳌《杜集详注》卷十五开始为"移居夔州作"五律，句云"伏枕云安县，迁居白帝城，春知催柳别，江与放船清"是也。居夔二年。迄大历三年春，始出峡适江陵，集中卷二十一有《大历三年春白帝城放船出瞿塘峡久居夔州将适江陵漂泊有诗凡四十韵》排律，即初离夔州之作。计自卷十五至卷二十一之一半，皆居夔时作，正当所谓"飘泊西南天地间"之际，数量之多，几占全集四分之一。此二年间为平生作诗最多之时期。杜公多年病肺，当自忠州买舟东下，至云安而疾加剧，益以风痹，遂寓于云安县严明府之水阁，其地"两边山木合，终日子规啼"，冥冥春雨，萧萧夜色，客愁衰病，易起怅触，在云安本为养病，及来夔州，病已渐减，静中观物多自得之趣，故作诗特多。大凡诗思之源泉有二，非生于至动，即生于至静。至动者，流离转徙之际，如秦州之作，此得于外界动荡之助力者也；至静者，独居深念之中，如夔州之作，此得于内在自我之体会者也。杜公对诗之见解，五十一岁已臻成熟，自信力既增加，于诗益视

＊ 本文节选自《论杜甫夔州诗》一文，刊于日本京都大学《中国文学报》，第17册，1962年。收入《饶宗颐二十世纪学术文集》卷十二诗词学。

为一生之事业，造次既于是，颠沛亦于是。其句云：

> 诗是吾家事，人传世上情。（《宗武生日诗》）
> 诗名惟我共，世事与谁论。（《寄高适》）
> 尚怜诗警策，犹记酒颠狂。（《汉中王瑀》）

其在射洪吊陈子昂诗句云："有才继骚雅"，"终古立忠义"，不啻夫子自道。而《戏为六绝句》，亦是时所作，所云"或看翡翠兰苕上，未掣鲸鱼碧海中"，此新境之开拓，惟自己足以当之。故有"凡今谁是出群雄"之语。自出机杼，以成一家之风骨。居夔以后，于诗为之益勤且专，自云：

> 登临多物色，陶冶赖诗篇。（《夔府咏怀》）
> 他乡阅迟暮，不敢废诗篇。（《归》）

> "废灭余篇翰"，"赋诗分气象"。（《寄题郑监湖上亭》）
> 病减诗仍拙，吟多意有余。（《复愁》）

"不废江河万古流"，乾坤可毁，而诗则永不可毁。宇宙一切气象，应由诗担当之，视诗为己分内事。诗，充塞于宇宙之间，舍诗之外别无趋向，别无行业，别无商量。此时此际万物森然于方寸之间，充心而发，充塞宇宙者，无非诗材。故老杜在夔州，几乎无物不可入诗，无题不可为诗，此其所以开拓千古未有之诗境也。其极萧闲之句，往往深契至道，如：

> 山风犹满把，野露及新尝。（《竖子至》）

此人称其带仙灵气者也。

> 林中才有地，峡外绝无天。（《归》）

山林皋壤，心远自适，何妨地之偏耶？

> 老去闻悲角，人扶报夕阳。（《上白帝城》）

则低徊不尽，令人兴世短意多之感。

> 天意存倾覆，神功接混茫。（《滟滪堆》）

是能窥见广大，以元气行之。上句意存鉴戒，下句汪洋自得。意虽描绘天工之巧，不啻自道其诗功之臻于化境也。

> 四更山吐月，残夜水明楼。（《月》）

比兴之深，未经人道，东坡亦为之拜倒，其称才力富健，非司空表圣所能望其项背矣。

> 秉心识本源，于事少凝滞。……行诸直如笔，用意崎岖外。（《信行远修水筒》）
> 不昧风雨晨，乱离减忧戚，其流则凡鸟，其气心匪石。（《催宗文树鸡栅》）

修水筒树鸡栅乃家常琐事，老杜则别有会心，用意崎岖之外，则万事须自苦中体会到，学脉正在于是（参陆象山语）。不昧风雨，其气匪石，则鸡鸣柏舟之意存焉。《鸡栅诗》："明明领处分，一一当剖析。"卢元昌谓此诗"有义中之仁，仁中之义，直抉至理"。大谢诗间涉理窟，乃玄学耳。若杜公所体察者，往往直凑心术之微，则诗中之理学也。《园官送菜》一首，其序云：

> 伤小人妬害君子，菜不足道也，比而作诗。

直是《诗经》比兴之遗，序之铸词亦如小序。《课伐木》之序言："镆

113

墙实竹，以示式遏。"与虎为邻，宜去害马，谋国之臧，要不外是。亦以家常之琐事，寓庙谟之深算，非细心读之，不能见其真恳之意，倘如晦翁以郑重繁絮目之则疏矣。晦翁跋同谷七歌称其"豪宕奇崛"，而惜其卒章叹老嗟卑，为未闻道。（《文集》卷八十四）然杜公入湘之作，有句云：

斯文忧患余，圣哲垂象系。

隐然以圣自况。作易者其有忧患乎？诗三百篇大抵贤圣发奋之所为作也；老杜毕生为诗，亦其忧患发愤之作。晦翁讥其太忙，则夫子之栖栖一代，毋亦太忙乎？晦翁又云："有人乐作诗，若移以讲学，多少有益。"（《语类》卷一百四）以诗垂训，曷曾在讲学之下哉？晦翁似未窥杜之用心。其书"尹和靖任讲官，谏高宗曰：黄山谷诗有何好处？看他作甚么"？（《语类》卷一百一）盖斥山谷此正其一证。

一九八〇年

114

杜诗以理义高妙见胜[*]

日本广濑淡窗于汉诗工力甚深，其弟子所记论诗要语曰《淡窗诗话》，颇为人传诵。其中论及老杜夔州之作，持论甚允。试译出如次：

> 今诗有二弊，淫风与理屈是也。诗人之诗，易流于淫风，文人之诗，易陷于理屈。（按疑当作"理窟"）始可云陷。《易系辞》云"失其守者其辞屈"，于此处义不甚合。二者虽殊，其害则一。李杜昭昭乎日月之明，篇篇有巧拙，而偏倚于道。李之乐府诗题，艳丽柔婉，而不流于淫风；杜之诸将，议论峥嵘，而不陷于理屈。善学之者，可免二弊。

又言：

> 少陵律句，前后半截每不相关，若以两绝句相续而成篇，但极觉其高雅。……白帝城中云出门一诗，前半叙暴雨，后半写乱世之感，总不相关。他作类此者多，今人强欲求前后之照应，非知古法也。

淡窗所谓"理屈"，其意以为"凡专务说言，或主于叙事，或偏于议论，是以文为诗，皆理屈也"。虽昌黎东坡其犹病诸，而杜则不然。杜夔

---

* 本文节选自《论杜甫夔州诗》一文，刊于日本京都大学《中国文学报》，第17册，1962年。收入《饶宗颐二十世纪学术文集》卷十二诗词学。

州诸作，多含理趣，余于上文已论之，称为诗中之理学。然此与"理学诗"又复不同，有须再行申明者：诗不宜通首说理，邵尧夫《击壤集》所以坠入理障者，正缘通篇言天地性命之理，故为"理学诗"，令人读之生厌，不如寒山拾得之为愈也。杜则篇中偶有数句涉及理趣，谓其诗中含有理学则可，谓其诗为理学诗则不可。杜公于大谢浸淫至深，此法实自大谢诗得来。"大谢之诗合诗易聃周骚辩仙释而成之，其所寄怀，每寓本事，说山水则苞名理。"（黄节《谢康乐诗注序》）杜不特说山水苞名理，即叙节候记生活亦时时有理焉寓乎其中。惟所苞之理非玄理而为义理，余谓其为诗之理学，职是故耳。山谷之有得于杜者，亦在于理，故云"但当以理为主，理得则辞顺，文章自然出群拔萃，可谓深得其窍妙"。姜白石于诗曾三薰三沐，师法山谷。其诗说论诗，有四高妙，曰："理高妙，意高妙，想高妙，自然高妙。"亦以"理"为先。凡此四妙，老杜夔州之诗，无不有之。唐人之诗，以兴象、秀句为主，其失则有句者无篇，有篇者无理与意，有理与意者或落想不高，落想高又或非出于自然，杜则不烦绳削而自合，而理趣往往非人所能想到，此其所以度越众流也。古今治杜者，多从杜之外观着眼，以律句论，慕其雄阔高深，实大声宏一路，世谓之"杜样"。然杜体实繁，非一格所能尽（参钱锺书《谈艺录》）。其高绝者，不在句法，而在于文字以外之"深际"。善乎方东树之言，曰："杜、韩之真气脉，在读圣贤古人诗，义理志气胸襟源头本领上，……徒向纸上求之，……奚足辨其涂辙，窥其'深际'？"此"深际"正宜涵泳其里，不能于外观求之。此谛义山能知，故其学杜佳句，如"人生有通塞，公等系安危"（《酬别令狐补阙》），"天意怜幽章，人间重晚晴"（《晚晴》），除壮阔气象外，亦以理意高妙见胜。于老杜之诗，非三折肱不能致此也。

一九八〇年

《南山》诗与马鸣《佛所行赞》[*]

诗至唐代，益极其变。或以文为诗，或以议论入诗。宋人多有非之者。叶梦得《石林诗话》云：

> 晋、魏以前诗，无过十韵。常使人以意逆志，初不以叙事倾倒为工。于杜公之诗，犹病其过于烦絮也。陈师道《后山居士诗话》："退之以文为诗，子瞻以诗为词，如教坊雷大使之舞，虽极天下之工，要非本色。"亦不以韩诗之浩瀚奥衍为然。昌黎五言诗，以《南山》一首为最长最奇，论者每取与老杜《北征》相提并论。亦有病其冗蔓者。明蒋之翘云：
>
> （《南山》）连用"或"字五十余，既恐为赋若文者，亦无此法。极其铺张山形峻险，叠叠数百言，岂不能一两语道尽？试问《北征》有此蔓冗否？

实则退之乃以赋之法为诗。朱彝尊云："以赋为诗，铺张宏丽，然是才作。"言极中肯。惟此诗中间连用五十"或"字，光怪陆离，雄奇纵恣，为诗家独辟蚕丛。此法，《诗·小雅·北山》已开其端。"或燕燕居息"，"或尽瘁事国"，同叠用十二"或"字。而陆机《文赋》，于前后不同诸段

* 本文刊于日本京都大学《中国文学报》，第 19 册，1963 年。收入《饶宗颐二十世纪学术文集》卷十二诗词学。该文抉发了韩愈的《南山》诗句式学马鸣的《佛所行赞》，这是饶宗颐的独到发现。

之间，共用二十六个"或"字。① 然《南山》诗"或"字乃于若干句连续使用，此种过度之夸饰铺张手法，似与佛书不无关系。佛经中连用或字之例颇夥。开周时实叉难陀译之《华严经》，其卷十四《贤首品》及卷六十一《入法界品》并叠用或字，次数极多。② 昌黎是否讽诵《华严》，未可得知。然考佛传于释尊行迹，多事铺张。若马鸣（Aśvaghosa）之《佛赞》（Buddha-Carita），尤为文学名著。唐世文士，疑多曾读其书。昌黎亦其中之一人也。

佛传译本颇多，举其要者，有：（1）北凉昙无谶所译，称《佛所行赞》。③ （2）刘宋时法云所译者，称《佛本行经》。④ （3）隋阇那崛多译者，称《佛本行集经》。⑤ 以后者卷帙最繁，且以《大事经》 （Mahāvastu Avadāna）为主，多有增益。

凡此三种，汉文译本，体制各异：

（一）分二八品。自首至终，皆为五言句式，最为齐整。

（二）全三一品。数品之中，五言、四言、七言句式每杂用之。如第四、五、八诸品，全用四言，与前后体裁不一。

（三）分六十品。用散文体，间渗以五言七言偈语，与一般佛经体制相同。

上列以昙无谶译本，特具文学意味，可谓一极长篇之五言叙事诗。其中连用"或"字之例，不止一见，《离欲品》⑥ 与《破魔品》⑦ 尤为特出。兹举《破魔品》与《南山》诗比较如次：

佛所行赞破魔品	南山诗
或一身多头　或面各一目	或连若相从　或蹙若相斗
或复众多眼　或大腹长身	或妥若弭伏　或竦若惊雏
或羸瘦无腹　或长脚大膝	或散若瓦解　或赴若辐凑

① 此点 E. Von. Zach 译韩诗全集 Han Yu's Poetische Werke Haard，1952。
② 《大正藏》一〇，74，330 页。
③ 《大正藏》四，1 页。
④ 《大正藏》四，54 页。
⑤ 《大正藏》三，655 页。
⑥ 《大正藏》四，6 页。
⑦ 《大正藏》四，25 页。

或大脱肥蹲	或长牙利爪	或翩若船游	或决若马骤
或无头目面	或两足多身	或背若相恶	或向若相佑
或大面傍面	或作灰土色	或乱若抽笋	或嶻若注灸
或似明星光	或身放烟火	或错若绘画	或缭若篆籀
或象耳负山	或被发裸身	或罗若星离	或翕若云逗
或被服皮革	面色半赤白	或浮若波涛	或碎若锄耨
或著虎皮衣	或复著蛇皮	或如贲育伦	……
或腰带大铃	或萦发螺髻	或如帝王尊	……
或散发被身	或吸人精气	或如临食案	肴核纷钉饾
或夺人生命	或超掷大呼	又如游九原	坟墓包椁柩
或奔走相逐	迭自相打害	或累若盆罂	或揭若甀桓
或空中旋转	或飞腾树间	或覆若曝鳖	或颓若寝兽
或呼叫吼唤	恶声震天地	或蜿若藏龙	或翼若搏鹫
如是诸恶类	围绕菩提树	或齐若友朋	或随若先后
或欲擘裂身	或复欲吞啖	或进若流落	或顾若宿留
……		若戾若仇雠	或密若婚媾
（《大正藏》四，25页）		（以下尚有十八句用"或"字）	

是品描写魔军之异形，以叠句方法，连用"或"字至三十余次，乃恍然于昌黎《南山》诗用"或"字一段，殆由此脱胎而得。原本"或"字梵语为 Kācit, Kaścit，可以覆勘。至 Zach 德文本于"或"字则兼用 Bald 及 Oder 二字译出，尚未能一致。昌黎固不谙梵文，然彼因辟佛，对昙无谶所译之马鸣《佛所行赞》必曾经眼。一方面于思想上反对佛教，另一方面乃从佛书中吸收其修辞之技巧，用于诗篇，可谓间接受到马鸣之影响。印度大诗人 Kālidāsa 其诗句多因袭马鸣，所作 Raghuvaṃśa 中亦有叠用 Kācit 之例，与昌黎不谋而合。昌黎用"或"字竟至五十一次之多，比马鸣原作，变本加厉。才气之大，精采旁魄，足以辟易万夫。陈寅恪《论韩愈》文中曾谓佛经文体乃混合"长行"（散文）与偈颂（诗体）而成。长行可谓以诗为文，而偈颂可谓以文为诗。取此以解释昌黎之以文为诗，颇受释典之启发。近日学者颇有非难之者。观于《南山》诗用"或"之与《佛所行赞》不无因袭之迹，亦可为陈先生之说提供新证。我人又试观阇那崛多

之《佛本行集经》，于兹数句改用散文写出，[①] 文字之美，不逮昙无谶远甚，然正是改诗为文之显例。《南山》诗之冗长，在五言诗中罕见畴匹。此种作法，似与昙无谶译马鸣《佛所行赞》之为五言长篇，在文体上不无关涉之处。疑昌黎作《南山》诗时，曾受此赞之暗示。

唐代中印文学之相互关系，自敦煌变文出见以后，引起多方面之讨论。然在古典诗中如《长恨歌》之与《目连变》为人所悉知外，若卢仝之《月蚀》诗，其铺张之处，似参用佛经中之描写地狱，以描写天上的魔鬼，为其夸饰之手法，此与《南山》诗之用"或"字乃仿自昙无谶之译文，同一涂辙。文学作品之取资释氏，亦文人技巧之一端。爰为提出，为治文学史者进一解。友人清水茂教授湛深昌黎文学，以此奉质，乞有以教之。

一九六三年，本文作者由港大中文系接受哈佛燕京社资助，至印度考察。本篇即研究成果之一。特此致谢。作者附识。

---

① 《大正藏》三，786页。

山谷诗研究题辞[*]

"诗到江西别是禅"，此金刘迎《题吴彦高》诗句也。^① 涪翁耽禅，以禅旁通于诗，故论诗最重诗眼，于书亦然。夫其点窜舜典句，自铸琼琚词；诗复如书，工用逆笔，韧而弥健，而着力在眼。

当时隽句，传播人口，且远及漠北。长春真人西游，叩耶律湛然以《播芳文粹》中《涪翁赞》："通身是眼，不见自己，欲识自己，频掣驴耳。是何等语？"长春暗而未明，颇为湛然所轻。盖山谷所悟得者，通身是眼，故于句中之眼，笔中之眼，触处皆通，会心妙契，未尝不同出一轨也。向见嘉靖本《蜀刻黄诗内篇》，豫章张鳌为跋云："说者谓宋诗谈理，自山谷成之。或曰：世代使然。曰：非也。诗以教也，舆理而卫之以词，理余则忠，词余则靡，与其靡也宁忠。"揆以文质相救之义，文如不胜，则惟以质救之。涪翁盖以质救文者也。故其诗，理余于藻；抑其融理入藻，博依广譬，点铁成金，破壁斩关，胥是偈语翻案之方，彼固自云"翻著袜法"是也。故欲窥涪翁为诗之旨，舍扣其禅关，安有不二法门哉？门人张君秉权，好涪翁诗，曩从余问，余不敢造次语之以禅，但谓盍溯其师友渊源，庶几了然识其成学所自。期年而论文成，斐然可观。余更语君，观人必于其微；再考其搜闻佚事，亦足为知人论世之助。明陈之伸辑《豫章外纪》，

---

   * 本文载于《黄山谷的交游及其作品》，香港：香港中文大学出版社，1978 年。收入《饶宗颐二十世纪学术文集》卷十四文录、诗词。

   ① 《中州集》。

颇可稽览。昔彦和论文，标以六观，[①] 公且知人，昭著五示。[②] 继此有作，张君倘亦有意乎！

一九七六年十月饶宗颐

---

① 《文心雕龙·知音篇》。
② 《逸周书·成开解》。

姜白石词管窥[*]

姜白石名夔，字尧章，江西鄱阳人，白石其号也。一生未登仕籍，品行清高。清初的浙西词家奉白石为宗匠，有家白石而户玉田的说法。但清人拟作的白石小传，很多疏误。清代词人喜称他为"石帚"，乃误会梦窗词中之姜石帚，应是另为一人。祠堂本《白石道人歌曲》附有年谱，但很简略。近人陈思重撰，资料尚充实。至夏瞿禅先生撰《姜白石词编年笺校》，考辨精谛，突过前人。比方用韩涧泉诗自注"潘（德久）姜（尧章）已下世三年矣"的证据，知白石之卒，在韩涧泉卒于嘉定十七年之前，便是很好的例子。

《白石道人歌曲》六卷，共词八十三首，内十七首旁列音谱，这是唯一现存具有旁谱的词集，乃陶宗仪钞校。至清初为分纂《康熙钦定词谱》的楼敬思（俨）所得，传钞于张弈枢、陆钟辉等。乾隆年间分别雕刊，遂有各种版本。[①]

白石的生平和词学，友人夏瞿翁所作论考已极详尽，可说是"蔑以加矣"。现在再作探究，很难越其雷池一步。惟文艺之为物，各人的会心不同，兹不揣固陋，略举数端为夏氏所未及者，引申如次。

白石的艺事方面甚多，诗词而外，书法及琴律，致力尤精。书法盖深有得于沅陵单炜（炳文）。单氏的字法本杨少师凝式，而微加婉丽。单论书曾言："尧章得吾骨。"（见《东南纪闻》）白石书法脱去脂粉，一洗尘

---

[*] 本文选自《饶宗颐二十世纪学术文集》卷十二诗词学。该文为饶宗颐研究姜白石词的心得，其中拈出"风骨"二字来评白石词，尤具灼见。

① 姜词版本，陈柱、丘琼荪及夏君论述已详。

俗，主要在"骨"。他撰《续书谱》，提出"风神"二字，主张要有风神"须人品高"，"须险劲"，"须高明"，"须时出新意"。又论："书以疏为风神，密为老气。""必须下笔劲净，疏密停匀为佳。"（俱《续书谱》语）这是他的书法理论，其实他的诗词亦同样本着这一原则去创作的。他对书法浸淫最久，自言："学书三十年，晚得笔法于单炳文，世无知者。"[①] 他和单氏相识很早，他有别单诗称其"挥洒照八极"，"犹带龙虎笔"。这是淳熙十三年丙午去沔鄂时所作，时年三十二岁。他和单炳文论交，当在此之前。元陆友《砚北杂志》记：海昌人家有古琴，相传是单炳文遗姜尧章。背有铭曰："深山长谷，云入我屋。单伯解衣，作葛天氏之曲。怀我白石，东望黄鹄。"是白石琴律之事，很可能亦和单氏有关。可见单炳文对白石影响之深了。

白石的词风，宋季以来，权威的词评家，有的称他"清劲知音"；[②] 有的说他"清空"，"古雅峭拔"；[③] 有的说他"骚雅"。[④] "雅"是从他的人品和书品、词品来作总评。白石自述范成大称赞他"翰墨人品皆似晋宋之'雅士'"。这是评他的书法，别人亦以"雅"字论他的词，看法是一致的。我以为白石词的胜处，正在于骨力和风神。刘勰说："练于骨者，析辞必精。"白石的书法要下笔劲净，正在练骨上着力，于词亦有同然。他论书主风神，以疏为贵，又要时出新意；他作词亦循着这条路径。由前之说即玉田所谓"要清空，不要质实"；由后之说，即玉田所谓"以意趣为主，不蹈袭前人语意"。白石于书道，悟入者深，以其法治词，自易契合。他的词所以能够在美成之后，稼轩之外，独创一面目，正由于他另觅途径，向"风力道"与"骨髓峻"方面发展，所以我欲拈出"风骨"二字，来评白石的词，较之"清空"似更接近。这个固然出于他的高超绝俗的性格，而书法的陶写，此中甘苦，似乎不无会通的地方。

沈寐叟谓："白石词略如诗之有江西派，诗与词几乎合同而化。"[⑤] 其实白石不特以诗为词，亦复以词为诗。温飞卿《杨柳枝》八首，白石绝

---

① 　嘉泰癸亥跋《保母志》。

② 　沈义父《乐府指迷》。

③ 　张炎《词源》。

④ 　陆辅之《词旨》。按此本玉田说。其后朱彝尊《词综》亦云："填词最雅，无过石帚（应作白石）。"

⑤ 　《海日楼札丛》。

句，即力追此境。他的《除夜自石湖归苕溪》十首，诚斋称为"有裁云缝雾之妙思，敲金戛玉之奇声"，无他谬巧，只是以刘梦得、温庭筠的作词法，运用高骞的骨气，来调遣温丽的文藻，故能戛戛独造。

《扬州慢》作于孝宗淳熙三年丙申。白石词之明著甲子者，始见于此。据夏氏考证，时白石二十余岁。此词用杜牧诗句凡五处，不厌其多。北宋词人裁红剪翠，喜欢驱使二李[①]的辞汇。白石到后来，多自铸新辞。而这一首是少作，同一首中，用小杜语句的，举出如下：

> 竹西佳处——小杜《题禅智寺》诗："谁知竹西路。"
> 过春风十里——小杜《赠别》："春风十里扬州路。"
> 豆蔻辞工——同上："豆蔻梢头二月初。"
> 青楼梦好——《遣恨》："十年一觉扬州梦，赢得青楼薄幸名。"
> 二十四桥仍在——《寄扬州韩绰判官》："二十四桥明月夜。"

可见他早年对杜牧诗的倾倒。小杜有雄姿英发的气概，[②] 俊爽的风格，能以峭健之笔，写风华流美之致，和白石的情趣很相近。从这《扬州慢》一词，可见出他对晚唐的致力。另有一半可为佐证的，他曾指点姚合选的《极玄集》。毛晋跋汲古阁刊本《极玄集》云："向传姜白石点本最善，竟不行于世。"《爱日精庐藏书续志》四："《唐诗极元》二卷，姚合纂，白石先生姜夔点。版心有'又玄斋'三字。今藏常熟瞿良士家。"夏瞿禅君曾指出，白石诗词里时常提出陆天随，说他的行径好像有意学陆龟蒙。不过陆天随学问的根底在经学，[③] 毕生在黄巢震撼的乱世中，故古语特多；白石专于艺事，所处时代较为安定，只是低徊于金人摧残后的废池乔木间，流露出晋、宋间人的雅韵逸致。[④] 这又是两家不同之处。

白石早岁学诗，由江西入手。他的诗集自序云："三熏三沐师黄太史（山谷）。居数年，一语噤不敢吐，始悟'学'即是病。"这说明他对山谷诗法曾下过功夫。《白石诗说》自言："意格欲高，句法欲响。"但如何才

---

① 李贺、李商隐。
② 《艺概》卷二。
③ 见《甫里集》十八《复友生论文书》。
④ 参上引范石湖称赞白石语。

能做到呢？山谷曾提出夺胎换骨法，以为"不易其意，而造其语，谓之换骨；规模其意，形容之，谓之夺胎"。① 即是取资前人的名篇，点化其句语，加以活用。这个法子，白石在写词时常运用它。最显著的如白石《侧犯》（咏芍药）：

> 恨春易去。甚春却向扬州住。微雨。正茧栗梢头，弄诗句。红桥二十四，总是行云处。无语。渐半脱宫衣，笑相顾。金壶细叶，千朵围歌舞。谁念我，鬓成丝，来此共樽俎。后日西园，绿阴无数。寂寞刘郎，自修花谱。②

山谷诗云：

> 往岁过广陵，值早春，尝作诗云："春风十里珠帘卷，仿佛三生杜牧之。红药梢头初茧栗，扬州风物鬓成丝。"今春有来自淮南者，道扬州事，戏以前韵寄王定国二首："淮南二十四桥月，马上时时梦见之。想得扬州醉年少，正围红袖写乌丝。"③

白石上词中许多句，像"茧栗梢头"、"红桥二十四"、"围歌舞"、"鬓成丝"等，都是袭自山谷此诗及序，《琵琶仙》的"十里扬州，三生杜牧"，亦用山谷此诗，正是夺胎法之一证。《扬州慢》结句"念桥边红药"，可能与此《侧犯》为同时之作。夏氏以为词中有"鬓成丝"三字，定为四十余岁后之作。按此但撼山谷成句，未必贴合事实。又如《探春慢》作于淳熙丙午，时白石止三十二岁，乃有"老去不堪游冶"之句。词人叹老，乃成惯例，似不必拘执。

又白石《惜红衣》：

> 簟枕邀凉，琴书换日，睡余无力。细洒冰泉，并刀破甘碧。墙头唤酒，谁问讯城南诗客。岑寂。高柳晚蝉，说西风消息。（上阕）

---

① 详《冷斋夜话》。
② 句韵依《康熙词谱》，"我"字用古韵。
③ 二首录一，见《山谷内集》卷七。

此为自度曲，记其丁未夏在吴兴，数往来红香中因作是歌。审其情趣，乃自杜甫《夏日李公见访》一诗"水花晚色静"之意境，间并酌用杜句。如杜云："僻近城南楼。""隔屋唤西家，借问有酒不？墙头过浊醪。"白石镕铸作："墙头唤酒，谁问讯城南诗客。"杜云"叶密鸣蝉稠"，白石则改作"高柳晚蝉"。这何曾不是"不易其意而造其语"的换骨法呢？

他如《暗香》、《疏影》、《汉宫春》之活用杜句"何逊而今渐老"，取自"东阁官梅动诗兴，还如何逊在扬州"；"自倚修竹"，用《佳人》之"日暮倚修竹"；"想佩环月夜归来"，用《咏怀古迹》之"环佩空归月夜魂"；《汉宫春·次稼轩韵》换头"知公爱山入剡，若南寻李白，问讯何如"，则袭自李，杜成句。《长亭怨慢》之剪裁庾赋，用《枯树赋》末段入序。词中歇拍数句，"树若有情时，不会得青青如此"，反用其意，尤翻腾得妙。都是活泼泼地运用陈言，变成己意。而转折层深，好像自出机杼。他在《诗说》云："僻事实用，熟事虚用。"又说："乍叙事而间以理言，得'活法'者也。"把熟事虚用得妙，是为活法。俞成在《萤雪丛说》（卷上）"文章活法"条有很详细的说明。[①] 他说纸上之活法，得自吴处厚、吕居仁、杨万里，这正是江西诗派的拿手把戏。

白石少年为诗，深受黄山谷的熏沐。他的诗巉削无闲字，可为证明。他以山谷诗法移用于填词，开出冷涩的词境。沈伯时说白石清劲，未免有生硬处。所谓生硬，正是山谷诗笔的特色。白石诗自序记其学诗，初见重于萧千岩。后识杨诚斋、范石湖、尤延之，与之上下其论。这些诗坛老辈都有舍江西而趋晚唐的议论。同时永嘉学派叶水心亦极力反对江西派，而其推崇潘德久，[②] 谓永嘉言诗皆本德久。[③] 德久名柽，常和白石唱酬，即号尧章为白石道人的诗友。[④] 这里可见白石交友中，也舍江西而致力于晚唐。他在这气氛下，自然亦转入晚唐。这样一来，对于词的写作，就有莫大的帮助了。

北宋晏安已久，侧艳词风，盛极当衰。北宋末年的词家，如万俟咏，

①　见《稗海》本。
②　见《水心集》十二《周会卿诗序》。
③　据元韦居安《梅涧诗话》卷中。
④　见《白石诗集》七古。

已经把词集分为"侧艳"与"雅词"二体，将侧艳分出，认为不是词的正体。到了白石时代，词非另创风格不可了。据年纪较大曾与白石唱和的王炎①在他的《双溪诗余》的自序中说道：

> 今之为长短句者，字字言闺阃事，故语懦意卑；或者欲为豪壮语以矫之。夫古律诗且不以豪壮语为贵，长短句命名曰曲，取其曲尽人情，惟婉转妩媚为善，豪壮语何贵焉！不溺于情欲，不荡而无法，可以言曲矣。

这说明白石的朋友中，也有想于周、柳、苏、辛之外，别创一格的意见。王炎谓长短句命名曰曲，取其曲尽人情，和《白石诗说》中之"委曲尽情曰曲"，正可参证。可见时代的要求，诗和词到了南宋，都要转变。在白石交游中，都有共同意见的。因为白石用力精专，于乐律上又有深入的素养，能自度曲，故成就能高人一等。从此以后，宋词风格，大约如鼎三足：一为柳、周的侧媚秾艳；一为苏、辛的驰骋古今；而白石却以格高韵响，别树一帜。他在《诗说》中论诗"一篇全在尾句"，要"辞意俱不尽"，故填词亦特注重结响。略举数例：

> 数峰清苦，商略黄昏雨。——《点绛唇》
>
> 正凝想、明珰素袜。如今安在？唯有阑干，伴人一霎。——《庆宫春》
>
> 算空有并刀，难剪离愁千缕。——《长亭怨慢》
>
> 送客重寻西去路，问水面琵琶谁拨。最可惜一片江山，总付与啼鴂。——《八归》
>
> 嫣然摇动，冷香飞上诗句。——《念奴娇》
>
> 淮南皓月冷千山，冥冥归去无人管。——《踏莎行》
>
> 高树晚蝉，说西风消息。——《惜红衣》

以上都是大家所称道的白石韵高意新的名句。沈祥龙《论词随笔》

---

① 年八十余岁。

云："白石诗之自制新词韵最娇。娇者，如出水芙蓉，亭亭可爱也。徒以嫣媚为娇，则其韵近俗。试观白石词，何曾有一语涉于嫣媚?"故刘融斋《艺概》拟白石老仙为藐姑冰雪。

海绡翁论词，谓："白石别开家法，白石立而词之国土蹙矣。"盖本周济玉田过尊白石，但主清人，未审梦窗绵密曲折之论。一般以为玉田主疏而梦窗主密。寻白石论书，以疏为风神，密为老气，则疏密兼用。余谓以疏密论，姜意密而笔疏，吴则意疏而笔密。姜之笔疏，兴会标举，故往往说得远；吴之笔密，极钩转顺逆之致，故靠得紧。譬诸作画，白石如大痴，梦窗则如黄鹤山樵。此其异也。各擅其胜，不用轩轾。周介存谓白石以诗法入词，门径浅狭，似非笃论。海绡云："朱竹垞至谓梦窗亦宗白石，尤言之无理者。"按梦窗学白石有痕迹可寻者，如《满江红》平韵之淀山湖，即用其体，起结又皆效之。姜词"正一望千顷翠澜"，吴则云："分一派沧浪翠蓬开。"姜词："又怎知，人在小红楼，帘影间。"吴则云："又一声，欸乃过前岩，移钓蓬。"姜词："向夜深，风定悄无人，闻佩环。"吴则云："明月佩，响丁东。"则朱之说，亦非无据。

其次谈到白石词的影响。直接传授白石衣钵的，是及门弟子张辑。辑字东泽，著有《白石小传》，已佚。其词名《东泽绮语债》，凡四十余首。词皆以篇末三数字别立新名，与贺方回《东山寓声乐府》同例。周草窗《绝妙好词》录存五首，其字面似白石的，如：

系船高柳，晚蝉嘶破愁寂。——《念奴娇》

其取境似白石的，如：

最苦子规啼处，一片月，当窗白。——《霜天晓角》

其变驰骤为疏宕似白石的，如：

塞草连天，何处是神州?——《乌夜啼》

其音节似白石的，如：

129

飞鸿又作秋空字，凄凄旧游湘浦。凉思带愁深，渺苍茫何许。岁华知几度，奈双鬓、不禁吟苦。独倚危楼，叶声摇暮。玉阑无语。——《征招》

其《疏帘淡月》（即《桂枝香》）上半云：

梧桐细雨。渐滴作秋声，被风惊碎。涧遍衣篝，线袅蕙炉沉水。悠悠岁月天涯醉。一分秋一分憔悴。紫箫吹断，素笺恨切，讹讶寒鸿起。（下半从略）

这是极脍炙人口的作品。

宋季有柴望，著《凉州鼓吹》（今传本作《秋堂词》，只十三首），其自序云：

夫词起于唐而盛宋，宋作尤美盛于宣（和）靖（康）间。美成（周邦彦）、伯可（康与之），各自堂奥，俱号称作者。近世姜白石一洗而更之，《暗香》、《疏影》等作，当别家数也。大抵词以隽永委婉为尚，组织涂泽次之，呼噪叫啸，抑末也。惟白石词，登高眺远，慨然感今悼往之趣，悠然托物寄兴之思，殆与《古西河》、《桂枝香》同风致，胜青楼歌《红窗曲》万万矣。故余不望靖康家数（指康伯可），白石衣钵，或仿佛焉（《古西河》指周邦彦《赋石头城》，《桂枝香》指王介甫《金陵怀古》）。

这篇文里"组织涂泽"，是指梦窗一派；"呼噪叫啸"，是指宋末大多数词风；[1] 所标举的"隽永委婉"，即指白石风格。他更指出"感今悼往"、"托物寄兴"为白石言中有物的词心。这无疑地自认为可以继承白石的衣

---

① 如陈经国《龟峰词》之类。

130

钵。① 自玉田以后，元人若仇山村、张翥皆宗姜张，成为词派一主要力量。

  《乐府指迷》与《词源》二书：前者主梦窗之丽密，故以白石为生硬；后者颇厌梦窗之过密，故标揭清空，誉白石词为"野云孤飞，去留无迹"，这正针对梦窗一路而发。清初朱彝尊及其友生辈论词，以姜张为宗主，以清空之笔，写雅正之思，② 成立了浙西词之中坚主张，把明季马澜浩之类的淫词，一扫而空，在有清中叶以前，是填词家的一股洪流。但其末造，只把握"清空"二字，忘记了白石的高雅，更忘记了"言有物"的词心，因之流于浮滑，或为饾饤，引出常州派的改进。到清末民间，又盛行沈伯时主张的梦窗一路。这是白石开创新路后六七百年间词坛受他影响的梗概。

---

  ① 柴望十二世孙刊《秋堂集》，有跋云："诗余诸稿，可与美成伯仲比肩；顾自谓仿佛白石衣钵者，谦语耳。"是以为康伯可词高于白石。大概白石词集尚不甚流通，所见者少，故有此门外汉之语。

  ② 玉田《词源》云："词要雅正。"

唐宋八家朱熹占一席论[*]

"文章千古事，得失寸心知"。文章的欣赏，各人有不同的口味，遴选标准，自来没有绝对的尺度，人各执其一是。能够平情立论，不要意气用事，一秉于正，更是不容易做到的。唐宋两代，作者翁郁如林，而选文者，仅取八家，其不合理，不待评量便知其非为笃论。

《四库提要》称："明初朱右已采录韩、柳、欧阳、曾、王、三苏之作，为八先生文集，实远在（茅）坤前，然后书今不传，惟坤此集为世所传习。"（卷三八，茅坤《唐宋八大家文钞》，共一六四卷）当时说者谓："其书本出唐顺之，坤据其稿本，攘为己作。"但坤书序例，明言以顺之及王慎中评语标入，实未讳所自来。其书总序云："之八君子者，不敢遽谓尽得古六艺之旨，而余所批评，亦不敢自以得八君子之深。要之，大义所揭，指次点缀，或于道不相螯已。"《四库提要》谓："是集大抵亦为举业而设，其所评语，疏舛尤不可枚举。"又谓："刊所选录，尚得烦简之中，集中评语，虽所见未深，亦足为初学之门径。一二百年以来，家弦户诵，固亦有由矣。"此书盛行闾里，影响及于扶桑，观《内阁文库书目》，所列明、清及日本刊刻《唐宋八家文钞》版本之繁杂，可知其流传之广。

八家之选，向来为人所诟病。程廷祚以为欧苏以下，力量不足，则有腔调蹊径，一学而能，面目令人可憎，尤不足法（程绵庄《复家鱼门论古文书》）。李安溪以为古文韩公之后，惟介甫得其法。袁枚谓："曾文平钝，如大轩骈骨，连缀不得断，实开南宋理学一门，安得与半山、六一较伯仲

---

    * 本文选自《饶宗颐二十世纪学术文集》卷十一文学。

也？"又言："学八家不善，必至于村媪呶呶，顷刻万语，而斯又滥焉。"（《书茅氏八家文选》）他若恽子居论："侯方域文之失在锐，其疾征于三苏氏，汪尧峰文之失在弱，其疾征于欧阳文忠。"而刘开则云：

> 韩退之之才上追扬子云，自班固以下皆不及，而乃与苏子由同列于八家，异矣。韩子之文，冠于八家之前而犹屈；子由之文，即次于八家之末而犹惭。使后人不足于八家者，苏子由为之也；使八家不远于古人者，韩退之为之也。（《刘孟涂集·孟涂文集》，卷四《与阮芸台宫保论文书》）

袁之轻南丰，刘之抑颍滨，均有其理，而子由厕于八家，未免惭色。愚意八家而苏氏一家居其三，斯诚逾分，不若去子由，而别取他家。朱右开其端而未详其故，荆川意主论文，偏于阖顺逆笔法，若茅坤所标榜者，在"不戾于道"，则宜第朱子为首选，以朱代之，庶几可塞悠悠之口乎！

> 所谓洒落，只是开窍一个不疑所行，清明高远之意；若有一毫私吝心，则何处更有此等气象耶！只如此看有道者胸怀表里亦可自见。（《文采》卷三一）
>
> 《通书》跋语甚精，然愚意犹恐其太侈，更能饮退以就质约为佳。

又云：

> 大率议论要得气象宽宏，而其中自精密透漏不得处，方有余味。……又所谓言虽近而索之无穷，指虽远而操之有要。自谓此言颇有含蓄，不审高明以为如何？（同上）

朱子颇憎三苏，病其新巧，《与张敬夫书》谈范醇夫一生"将圣贤之言都只忙中草草看过，不曾仔细玩味"。又称：

> 渠又为留意科举文字之久，出入苏氏父子波澜新巧之外，更求新巧，坏了心路，遂一向不以苏学为非，左遮右拦，阳挤阴助，此尤使

人不满意。

醇夫不以苏学为非是，但是追求文字功夫，在波澜技巧上翻筋斗，此但可语以科场文术，技之浅者，殊非文章之极挚。朱子所以看不起苏氏文意，道理正在于此，以为对苏学习染过深，足以"坏了心路"。

宋孝宗淳熙丁酉，周必大推荐秘书郎吕祖谦编选《圣宋文海》，后命名曰《文监》，张南轩以其书与朱晦翁，以为编次《文监》，无补治道，何益于后学。但朱子晚年尝语学者，以为此书编次，篇篇有意。每卷卷首人取一大文字作压卷，如赋则取《五凤楼赋》之类，其所载奏议，皆系一代政治之大节。（《宋文监》（吕）乔年序）从此地方可看朱子选文，着重"大文字"——有关政体之大者，吕祖谦之见解，与彼大抵相同。

文有刚柔之分，与作者之气质相关。朱子主中庸，其《答吕伯恭书》云：

> 大抵伯恭天资温厚，故其论平恕委曲之意多，而熹之质失之暴悍，故凡所论皆有奋发直前之气。窃以天理揆之，二者恐皆非中道。但熹之发，足以自挠而伤物，尤为可恶。

被自剖个性与祖谦之不同，各有所偏，均非中道，故其论屈原之行径，过乎中庸，亦从此一角度出发。朱子论文薄巧思，再三致意。《答吕伯恭书》云：

> 向见所与诸生论说左氏之书，极为详博，然遣词命意亦颇伤巧矣，恐后生传习益以浇漓，重为心术之害，愿亟思所以反之，则学者之幸也。

吾人读《东来博议》，每叹其遣词命意之新，朱子则深患其有害于心术，盖与苏氏之文同病。朱子论"文理密察"四字云：

> 盖密乃细密之密，察乃著察之察，正谓毫厘之间——有分别耳。……大抵圣贤之心，正大光明，洞然四达，故能春生秋杀，过化存

134

神，而莫知为之者，学者须识得此气象而求之，庶无差失。

从精微处下手，由高明处显示，密即尽精微，察即极高明，如是方有正大光明之气象，此文章之崇高境界，赖文理之"密察"有以表现之。读朱子文章宜在此方面着眼。

文有纪述之文，有考订之文，有阐义说理之文。说理之文逻辑性最强者，以朱子为最。《四书集注》，朱子用力特深，覃思最久，自言"添一字不得，减一字不得"，"如枰上称来无异，不高些，不低些"（《语类》，卷十九）。是书以洗练之文字，述渊深之哲理，多次改订更定。今《大学·诚意章》，为其未易箦前一夕所改。其闻道夕死之精神，最为后人师法。他著如《诗集传》，原本为《诗集解》，《吕氏家塾读诗记》所引朱说，为其传序，《诗集解》于乾道九年二次修订本，于淳熙二年寄吕祖谦者。今朱氏《诗集传》则为淳熙四年三次修订本的序（参看束景南《朱熹佚文辑考》，341 页）。一文之成，千锤百炼，几经更定，自古作家，罕有如此认真者！故说理之文当以朱子为典范，以之列入八家，谁曰不宜！

奇士与奇文[*]

——记屈大均及其《华岳》诗

　　龚定庵《读番禺集卷尾》云："奇士不可杀，奇文不可读。"王佩诤校记："屈集触忌，故作廋词。"定庵眼中，屈翁山是一位奇士。他的奇是在于与人不同的行径。屈氏于丁亥三役，在业师陈邦彦军中独领一队，已崭露头角。及广州再陷，他遂削发，礼天然和尚函昰之门，榜所居曰"死庵"，时年才二十一岁，真令人咄咄称奇。他由此正式入于缁流的行列，到了康熙元年，他三十三岁，忽然大悟还俗，而且写了一篇《归儒说》，陈明理由。他一生大概分成二截，半释半儒，十分有趣。

　　由于早期遁入空门，结织许多遗老，明季名宦、才士、诗客，有机缘多所交往，因而建立了他在诗坛上的地位。顺治十四年龚鼎孳持钱谦益书来广东，访求遗逸，欲抄录憨山大师的《梦游全集》，由曹秋岳聚众缮写，屈氏担任校勘。后来他复及江南高僧觉浪道盛之门。他持觉浪的介绍信，往谒钱谦益于吴门。先是他和朱彝尊很熟稔，游孔林时，又识得王渔洋，渔洋极加赏誉，替他选诗百篇。钱谦益为他的诗集作《罗浮种（今种）上人诗序》，把他和大埔木陈志山翁合称，曰"两山翁"。以翁山配山翁，这时他才三十岁。他的诗名从此遂告奠定。

　　顺治末年（十七年），他游江南，许多名士喜欢和他往来，他客山阴大藏书家祁氏的寓山园，足不下楼者五月，饱览群书，诗体为之一变。他曾有诗说道："南楚好词宗屈子，学诗昔自《离骚》始。含风吐雅数千篇，义例乃得《春秋》旨。"足见他学诗原本祖述风骚。到后来他复潜心于

　　* 本文选自《饶宗颐二十世纪学术文集》卷十二诗词学。

《易》，运用《易》的变化道理以入诗，自信："余以《易》为诗，颠倒日月，鼓舞风雷，使天下万物皆听命于吾笔端。……与造化游于不测。"[①] 又谓："予尝谓不善《易》者不能善诗。《易》以变化为道，诗亦然。故曰知变化之道者，其知神之所为乎？诗以神行，……在唐有太白一人，盖非摩诘、龙标之所及。"[②] 用《周易》来入诗，这一观点，非常新鲜，人之所未及，正是他能够表现诗的奇情壮采的原动力。

他的论诗见解，是高度评价唐人之诗。而很轻视宋诗，力评宋诗之"丑"。这和他所处的时代与往来朋友所影响有点关系。这是怎样讲呢？

他有一个时期旅居代北，使他的诗词渗入一点幽并之气。他在三十六岁时北游金陵，至嘉兴结识钟广汉，广汉与朱彝尊是浙江同乡，曾帮助朱氏撰抄《五代史辑注》一书，现存有稿本在香港大学，[③] 后来屈氏在杭州，又与曾辑《十五家词》的孙默（字无言）论交，他对于倚声的爱好与投入，或发轫于此诗。随后他跟同杜恒灿远游至陕西，一路历览山川之胜，写成《宗周游记》一文，可谓壮游万里。翌年二月至泾阳，遇王弘撰（山史），同游华山，写出《登华》长律，李因笃见之十分惊服，遂与订交。沈荃见《华岳》诗，叹为旷代奇男子。翁山之奇，在这首诗充分表现出来。翁山因而至富平韩家村李因笃家中小住，得识顾炎武，顾作《屈山人自关中至》一诗，有"弱冠诗名动九州"之句。他复客雁门，其有名的词句《长亭怨·与李天生冬夜宿雁门关作》"那能使口北关南，更重作并州门户"，作于是时，天生即李因笃也。天生论诗宗旨，主盛唐，[④] 与翁山正相投契。翁山在山西的一段生活，可说是他的诗词境界大开拓的关键时期，江南哀怨与塞上风光结合放出奇思异彩。

康熙十三年，吴三桂改国号曰周，举兵湖广，翁山出任监军于桂林，至十五年二月方始谢去监军，归隐佛山，以后从事著述，遂不复出。在甲寅、乙卯之际，他往来桂东、湘南，文有《浮湘记》、《灵渠铭》，诗有《从军行》，词有零陵所作的《潇湘神》。《禁书总目》中有他的《甲寅军中集》，当时曾编成一集流行于世。这是他一生反清活动最后的一个节目，

---

① 《文外·方莹堂诗集序》。
② 《粤游杂咏序》。
③ 见拙作《固庵文录》，210 页，《朱彝尊五代史辑注钞本跋》。
④ 参赵俪生《顾亭林与王山史》，227 页。

应该有人加以特别研究。

《岭南三大家诗》的编选出自王隼，事在康熙三十一年，翁山六十三岁，在他殁前四年。他与另外陈（独漉）、梁（佩菊）二位才华与性格很不一样，人际活动亦没有他那样广阔和影响之大。翁山以一个出身海幢寺的侍者，跻身于明末清初士林之行列，足迹踏遍江南塞北，与时流名辈上下相颉颃，真是一位魁奇特出豪杰之士。用一个"奇"字来概括他的生平，人奇、诗文亦奇，我很同意定庵的说法，他的《华岳》诗五言排律长篇，可与杜、韩匹敌，[①] 所以在当日获得旷代奇男子的美誉，真很值得后人去仔细咀嚼玩味的！

---

① 诗见《道援堂诗集》卷九。

顾亭林之深心苦志[*]

谈到他的性格，有人说他"孤僻负气，讥诃古今"，"以是吴人訾之"（李文贞撰《顾宁人小传》）。他的博雅淹洽，《清史·儒林传》列以为首，但他实在要算是独行传游侠传中的人物。他的老友归庄（玄恭），对他了解最深，曾给他的信说道："友人颇传兄论音韵，必宗上古，谓孔子未免有误。此语大骇人听，因此度兄学益博，而僻益甚，将不独音韵为然，其它议论，倘或类此，不亦迂怪之甚者乎。却子语迂，单子知其不免，况又加之以怪乎？此平生故人所以切切忧之。愿兄抑贤知之过，以就中庸也。"这信是写于康熙七年。时亭林方脱济南府诗案狱。事后亭林作《赴东诗》六首，中有句云："禀性特刚方，临难讵可改。""所秉独周礼，颠沛犹在斯。""永言矢一心，不变同山河。"犹可看出他的贫贱不移、威武不屈的大丈夫气概。

这六诗曾寄与归庄，归有和韵，并附来这信，他觉得亭林过于怪僻，欲折以中庸之道。归庄和亭林同里巷，自少时即有"归奇顾怪"之称。但归的诗名，在当日似乎是驾于亭林之上。归和钱谦益交往甚密，钱在八十一岁的时候，作有一首很长的五古共八十二韵，赠归玄恭，并云戏效玄恭体。其中有云："子有诗百篇，稿本度五甂，元气含从衡，冥涨失津涘。"又说他"摇笔断修蛇，垂芒射青児"（诗见《有学集》卷十二）。篇终自伤己与玄恭两人的廓落而无所底，且以昌黎叹双鸟以相比况。可见钱对玄恭

* 本文节选自《论顾亭林诗》一文，载于《学海书楼讲学录》，1953年，后载于《文辙·文学史论集》。收入《饶宗颐二十世纪学术文集》卷十二诗词学。

推许的程度，以及归在清初诗坛上地位之高。

济南诗案的冤狱，是由陈济生（皇士）的《天启崇祯两朝遗诗》一书引起的。（济生是陈仁锡之子，亭林的姊夫。）此书共十卷，选辑目的，系补钱谦益的《列朝诗集》所未备，所选"以人为重，人以节义为主"（见济所述凡例）。近年已有翻印本。其前有归庄的序文。照理归庄应有所牵连的，幸得黄元冲所看此书，无序无目无诗，止有传一百余页。（详《亭林手札》，见年谱卷二），故免于难。其实亭林亦是受人所累，归庄信里说他能"自诣狱，不惟举动光明，揆之事理，亦自宜尔"。又言他在济上所经营，为人所卖，劝他作南归之想。据亭林族子顾衍生的案语，谓是狱之兴，系因谢长吉主唆。先是康熙四年，章丘人谢长吉，负欠亭林债务不偿，乃以大桑家庄田产作抵押品，七年九月，亭林与长吉对簿，始获开释。是时友人朱彝尊客山东巡抚刘芳躅幕中，亭林之脱于患难，朱有很大的帮忙。（朱在《静志居诗话》，谓亭林兵后尽鬻其产，寄居章邱，别治田舍，久而为士人攘夺，即指谢长吉此事。）

亭林始终不肯南归，旅游四方，有人说他"先性兀傲，不谐于世，身本南人，好居北土"（江藩《汉学师承记》），尚未能道出他的心坎。据章太炎撰《书顾亭林轶事》云：

> 亭林先生四十五岁往山东，七十岁殁于山西曲沃。中间游历北方诸部，岁无三月之淹，而所至未尝匮乏。世多谓其垦田致富，近闻山西人言：亭林尝得李自成窖金，因设票号，属傅青主主之。……按先生五十一岁至太原，始与青主相识，章丘雁门营田之事，乃在其后二三岁，则或发金在前，后乃以余赀兴农耳。至其行迹所到，舆马辎重，焜耀道上，而终无寇盗之害。世传先生始创会党规模，盖亦实事。全绍衣谓先生遍观四方，其心耿耿未下，是则先生外以儒名，内有朱家剧孟之行，非多财亦不能然也。（《太炎文录续编》卷六上）

如果所述属确实的话，则亭林在当日兼营秘密社会工作。他目的在图谋恢复，但终告失望。到了后来，又怕清廷招致，受其笼络，致有亏大节。他与潘次耕书说："此时情事，不得不以逆旅为家。"（此数语见蒋山佣《残稿》卷三，刻本文集删缺）正是实情。他在六十八岁庚申元旦自作一联云："六十年前，二圣升遐之日。三千里外，孤忠未死之人。"（按二圣指明神宗与光宗，俱崩于万历庚申。）这才是夫子自道。

关于山东诗狱，据亭林手迹引姜元衡控告的南北通逆一禀有云：

> 据各刻本，山左有文石诗社，江南有吟社有遗清等社，皆系故明废臣，与招群怀贰之辈，南北通信书中确载有隐叛与中兴等情。……北人之书，削我庙号，仍存明号，且感愤乎鸥张，虎豹乎王侯。南人之书，以我朝为东国为虎穴……北人之书，有《含章馆诗集》、《友晋轩诗集》、《夕霏亭诗》、郭汾阳《王考传》，南人之书有《启祯集》即《忠节录》、《岁寒诗》、《东山诗史》、《傲文信国集子美句百八十章》……

这可见当日遗老们怎样组织诗社，和怎样写诗去发泄他们的忠悃，与从事消极地对清人的反抗活动。陈皇士编选的《启祯两朝遗诗》，即所谓《忠节录》。这书流传的经过，陈乃乾已有详细考证，于此不必多论。现所欲指出的，是亭林本人亦有同样的选诗工作。亭林门人李云霑（即顾衍生之师，诗集卷五有《寄李生云霑》诗）与人论亭林遗书笺称："先师当日著作甚富，即以晚所见而言，尚有《岱岳记》四卷、《熹宗谅阴记事》一卷、《昭夏遗声》二卷（自注："昭夏者，中夏也。选明季殉节诸公诗，每人有小序一篇，系霑手录。"）（此文载《国粹学报》第一年第七期）是亭林选辑的《昭夏遗声》，他的用意岂不与陈皇士沆瀣一气吗？《熹宗谅阴记事》，附在蒋山佣《残稿》，大阪尚有其书，可惜《昭夏遗声》已失传，莫由查考它的内容。张穆所撰《亭林年谱》，胪列他的著作有关于诗的，只有《诗律蒙告》一卷，没有著录这书；仅记他和陈皇士诗案的关联。这一部《昭夏遗声》，是值得叙述的。

一九五三年

顾亭林诗格之高[*]

朱彝尊《静志居诗话》，论亭林诗，谓其"诗无长语，事必精当，词必古雅"。老实说，他的诗应该属于学人的诗，他的哥哥方是才人的诗。他的诗长于隶事，尔雅典重，拿古人的文章来比拟，有如任昉的"载笔"。刘彦和论文之体性有八，一曰典雅，典雅是义归正直，辞取雅驯，雅的反面是"奇"，奇是危侧趣诡一路。归庄有时是奇，亭林却无不雅。亭林诗每附注语，据钱唐袁氏说，是他的自注。注中泛滥经史百家，有时发为微言大义。如感事"尚录文侯命，深虞雒邑东"引《春秋传》曰："厉王之祸，诸侯释位以间王政，宣王有志而后效官，读文侯之命，知平王之无志也。"先妣忌日"一经犹得备人师"，注引《颜氏家训》："荒乱以来，虽寒畯之子，能读《孝经》《论语》者，尚为人师。"都是很好的例子。

《日知录》卷二十八评论古书注语失当之处。对于《文选》阮籍《咏怀诗》的颜注，陶渊明、李太白、杜子美、韩文公诸家诗注，多所驳正。可见他对这几家的诗，用力很深。他据《晋书·苻坚传》记，说明李白"海动山倾古月摧"，古月是"胡"的析字法。他指出杜甫用典一时之误，如"诸生老伏虔"，应是伏胜，都很有趣。这些地方，可以看出他用字遣辞，不敢有一字无来历。他对于典据的注意，正是他的诗所以典雅的重要因素。

《诗大序》说："国风发乎情，止乎礼义。"亭林写诗是完全循着这一

———————————

　＊　本文节选自《论顾亭林诗》一文，载于《学海书楼讲学录》，1953 年，后载于《文辙·文学史论集》。收入《饶宗颐二十世纪学术文集》卷十二诗词学。

道路的。他说：

> 黍离之大夫，始而摇摇，中而如噎，既而如醉，无可奈何，而付
> 之苍天者，真也。汨罗之忠言，言之重，辞之复，心烦意乱，而其词
> 不能以次者，真也。栗里之征士，淡然若忘于世，而感愤之怀，有时
> 不能自止，而微见其情者，真也。（《日知录》卷二十一《文辞欺人》
> 条）

不诚无物，诚即是真。亭林深得性情之真，所以他的诗不是言之无物
的诗。而且他博古多闻，故诗中没有一句是空虚之语。他在《日知录》中
论"诗题"说：

> 古人之诗，有诗而后有题，今人之诗，有题而后有诗。有诗而后
> 有题者，其诗本乎情，有题而后有诗者，其诗徇乎物。

我们看他的诗，很多是先成诗而后定题。因题而写诗，是为文而造
情，其情便不真；因诗而定题，是为情而造文，这样的情，自是真情。以
真为文为诗，这样的诗文，自然是天地间的至文，否则直是"文冢"
而已。

亭林足迹遍天下，九州历其七，五岳登其四。诗中行役之作特多。他
周览山川，考古今治乱之迹，这一类的诗，正和他的名著《天下郡国利病
书》、《肇域志》可以互相表里。他的留心地形兵法民生疾苦等实际问题，
是承受他的祖父和他的大哥的启示，还是有家学作其渊源，这点应该注意
的。他的咏怀古迹的诗，都是用意甚深。像《乾陵诗》是怀慕狄仁杰，
《王官谷》是赞美司空图。《后土祠》，表面是说汉武，骨子里却是思雄才
与猛士。《楼桑庙》述昭烈重振汉室，即惓惓于中兴之事。《邢州》言卢象
升。"事往溯悲风，芒然吹尘沙"，尤有无穷的感喟。这样的诗，集中触处
皆是，不遑备举。

他的诗，踵美杜少陵，最特别处是没有一首无益的诗。都是纪政事，
哀民生，乐道人善之作，为的是贯彻他的主张，这样可以说是能立诗之
本，明诗之用，而尽诗之情。我们读他的诗，应该于诗外求诗，明其诗旨

之所在。若徒以诗论诗，则不足以知亭林了。他的诗，论才气似不及归庄，论诗名在当时恐不如他的大哥顾遐篆；但后人越觉得他的学问和人格的伟大，对他的诗更加发生兴趣，越觉得他的诗中有极了不起之处。所谓"兰畹剩馥，桑海大哀，凄迷填海之心，寥落王佐之学"（《荀粜跋语》），山阳徐嘉不惜耗了十年的精力，作成《顾诗笺注》，来替他发微阐幽。诚如冯鲁川说：

> 牧斋梅村之沈厚，渔洋竹垞之博雅，宋元以来，亦所谓卓然大家者也，然皆诗人之诗也。若继体风骚，扶持名教，言当时不容已之言，作后世不可少之作，当以顾亭林先生为第一。（路坯《顾亭林先生诗笺注序》）

这种批评，自然是很中肯，但不是专从诗的本身来评论他的诗，而是从他的整个学问人格来估计他的诗，冯氏说他不是诗人之诗，那么他当然是学人之诗了。其实亭林并不有意为诗。他说："吾行天下，见诗与语录之刻，堆几积案，殆于瓦釜雷鸣。"他又说："诗不必人人皆作。""必欲人人以诗鸣，而芜累之言，始多于世。"（《日知录》卷二十二）满街塞巷都自命诗人，实在令人生厌。亭林本不愿以诗鸣，反给后人加以诗人的头衔，最近竟被遴为祖国十二诗人之一，他在九原下有知，宁不发笑。从风格上来论，因为他性喜食麦跨鞍，驰驱塞上，故诗中多幽并之气。五古胜处，慨当以慷，有时可以方驾高达夫。七律沉郁苍凉，可追踪元遗山。而五言排律，尤是他的擅长。他完全走杜甫一路，有些简直是杜诗的翻版。在清初的诗林中，他并没有什么突出的作风。平心而论，他的价值，不在于独到的诗力，或创新的诗样，而是在他的纯正的"诗旨"。换句话说，他保持着传统的诗的精神加以发挥和实践。从他的正确理论，我们可以判别"徇乎物"的诗和"本乎情"的诗二者间严格的分野，得以认识诗的真正意义，这一点是不能忽视的。

一九五三年

王渔洋神韵说探讨序[*]

诗有夷险二途，而仁智以判，夷者乐水，而险者乐山。尚夷者如李如白，好险者如杜如韩，无不资山川之助。夫其窥情于景象之中，钻貌乎草木之上，诗之物色存焉，此诗之形文也。诗不能徒引心于物色，长言依咏，须臾不离乎章律，此又诗之声文也。

诗与文异，而声之为物，尤诗与文之所以异，能酌蠡水于大海，莫坡老若，时或不免为句读不葺之词，其所以见诮于易安居士者以此。渔洋之于诗，范水模山，已尽物色之能事，而于声调之渊微，纤意曲变，如调钟吕于唇吻，殆有意踵武易安者。余往岁尝跋《谈龙录》，门人李锐清见而悦之，于渔洋之说寝馈既深，多所抉发，亦尝撰为专篇。余论诗之见屡变，于渔洋诗说解悟亦屡有不同。自有巴蜀之行，南至维扬，遍历渔洋之所经，恍然于其纳声情于宫商，寄滋味于神韵，仁智双修，化险为夷，故能独绝千古。修龄有见于唐而无见于宋，秋谷知诗中有我而不知诗中之无我，比如辟支独觉，何足以损渔洋之圆融无碍也哉！余过济南，其地幽泉汩汩，到处泠然清响；访易安遗迹于柳絮泉下，垂杨拂地，风华独远，了然于神韵之旨，于是求之，庶几不远。益知山川荐灵，其有助于诗者无乎不在，在人能悟入否耳，质诸锐清以为如何？

庚申冬至后选堂

---

　　* 本文载于《王渔洋神韵说探讨》，香港中文大学文学硕士论文，1974年，1980年出版。收入《饶宗颐二十世纪学术文集》卷十四文录、诗词。

洪北江怀人诗跋[*]

《洪北江集》中言及章实斋之诗文有三篇：其一《与章氏论地志统部书》，实斋与朱少白尝辩之，有"不必回拳，彼已跌倒"之语，时实斋年六十矣。其一《入都偶占怀五友五古》，^①胡姚合著年谱尝引述之。北江句云："君于文体严，汪于文体真；笔力或不如，识趣固各臻。"不为左右祖，而于容甫至为服膺也。又一《黔中作岁暮怀人二十四首》中，有《寄进士章学诚》七律，则为谱所未及者。其诗曰："鼻窒居然耳复聋，头衔应署老龙钟，未妨障麓留残癖，竟欲持刀抵舌锋。独识每钦王仲任，多容颇置郭林宗。安昌门下三年住，一事何尝肯曲从（卷十五）。"似是乾隆六十年间事，在洪氏刻文集之前。^②

实斋貌丑，鼻窒耳聋，句极写实。曾燠赠诗："君貌颇不扬，往往遭俗弄；王氏鼻独齇，许丞听何重。"谢启昆赠人诗亦有耳聋鼻垩句，可以合证。此首自注云："君与汪明经中议论不合，几至挥刃。"观实斋撰《述学》驳文，可见二人交恶之深。诗注又云："君性刚鲠，居梁文定相公寓邸三年，最为相公所严惮。"文定即梁国治。据谱：实斋自乾隆四十四年秋后，馆座师梁国治家，课其子仲将读，至翌年冬辞馆。其《上梁相公书》云："求一饱之无时，混四民而有愧。"其艰窘可知。以实斋性格，与文定恐亦不能相处愉快也。实斋性刚好辩，周震荣尝驳其《诗教》，于同

＊　本文载于《固庵文录》，台北：新文丰出版公司，1989 年 9 月。收入《饶宗颐二十世纪学术文集》卷十四文录、诗词。
①　《卷施阁诗》八。
②　《卷施阁文集》刻于嘉庆二年，北江自伊犁放回之后。

时人往往讥弹逾分，至欲持刀以抵舌锋，褊浅之量，不免招北江之讥。使其屯蹇半生，未始不由性刚与貌丑。曾宾谷称其遭俗弄，殆记实也。

蒋春霖评传序[*]

    鹿潭为道咸词家巨擘，世无间语，谭仲修推挹尤至。惟朱彊翁稍嫌其"气格驳而未纯"，谓"正惟其才仅足为词"而已；虽溯写风流，时极温深怨慕，而词外无物，要其器识度量，有以限之也。余少诵《水云楼词》而悲之，惜其能为抚时感事叹老嗟卑之词，而不能抗志高旷，为他人莫能追蹑之词，盖徒沈溺于词之中，而不能自拔于词之外，靡有会于坡老所指向上一路，宜其侘傺早死，词有以促之。盖才人而力仅足为词，其遇之蹇，为害有如此者！复翁特许之为词人之词，余则怜其仍未脱才人窠臼，去婉约遥深之高境尚远，犹有待于衡量也。嫣梨於《水云》诸作，浸淫者久，考其行事，与僚友往还，事迹甚详悉，足为读其词者之助，诚鹿潭之功臣。其书既付剞劂，属为一言，因略抒所见，为论治词必求于词之外，庶几可造乎高夐，嫣梨倘亦以为然乎？

癸酉上元饶宗颐

---

    * 本文选自《选堂序跋集》，北京：中华书局，2006 年 11 月。饶宗颐对蒋鹿潭词评价不高，认为其溺于词之中而不能自拔，不能走出向上一路。

《龚定庵集》书后*

定庵文于道咸间，异军苍头突起，比物错辞，自成馨逸。不特刳挹百子，亦复涵泳诸经。如《武进庄公神道碑铭》，"大禹谟废，人心道心之言，杀不辜宁失不经之诫亡矣"一段，即拟《诗序》鹿鸣废则和乐缺矣。攀袭之迹，尤为显然。定庵喜奇诡，故与王仲瞿友善。集中描述仲瞿行迹，不啻自道，亦性相近故尔。

定庵承二王段氏之后，治经但揭橥大义，不屑为襞积委琐之学。所撰《阮尚书年谱》第一序，可谓乾嘉学术之总结。其论古文《尚书》之不可废，谓辨古籍真伪为术浅且近，尤足为近世好言辨伪者之针砭也。

定庵之学，于江浙沾溉甚广。道咸以来，治西北地理风气，定庵有以启之。沈乙庵既为定庵撰传，又为其集书后（《海日楼文集》）。若夫粤士于定庵则颇致訾议，《五经大义终始论》（文集下），兰甫评之曰妄。梁鼎芬于惠州丰湖书藏，禁龚著永远不得收藏，以示嫉恶屏邪，著之书目卷端（《广东藏书纪事诗》页六十七）。此固浙、粤学风之异，亦无乃有过甚欤。（梁讥龚心术至坏，似无据。）光绪十一年乙庵拟广东公试笔问，问及蒙古事，场中无能对者（《康有为自编年谱》），而李文田自粤反京，与乙庵善。粤人治西北地理，乃自李仲约始。《圣武亲征录》，盖文田与沈氏合为注者。

定庵治域外史地，殆始于二十九岁官内阁中书时，与和硕礼亲王昭梿

　　* 本文载于《固庵文录》，台北：新文丰出版公司，1989年9月。收入《饶宗颐二十世纪学术文集》卷十四文录、诗词。

149

（即撰《啸亭杂录》者）往来，多习当代典制，始撰西域置行省议。翌年，桐乡程春庐同文修《会典》，其理藩院一门及青海西藏各图，皆定庵为之校定。遂自撰《蒙古图志》，订定义例，为图二十八，为书十八，为志十二，凡三十篇（龚谱页二十一）。自程氏殁，孤学无助，书终不成。其诗集《祭程同文于城西古寺》三首："借书不与上天去，天上定省千缥缃。"自注："予与公辛壬间相借书无虚日。"《己亥杂诗》一首云："手校斜方百叶图，官书似此古今无。祇今绝学真成绝，册府苍凉六幕孤。"自注即如上述，自云："是为天地东西南北之学之始。"足见定庵治边疆之学，程氏有此启之，此则读定庵书所不可不知也。

一九七〇年

150

书《清史稿·文苑传》后[*]

览钱默存《旧文四篇》，于林纾翻译之书，颇多纠摘。夫林氏作画、译书，皆资生之具，非其志业所在。南海以"译才"许之，无异调侃，故彼深为不怿。《清史稿·文苑传》，以闽人三贤为殿军，锡畏庐以"清处士"之号，但云："所传译欧西说部至百数十种。然纾故不习欧文，皆待人口达而笔述之。"轻描淡写，而所言至公且当。林译著之确数，门人马君泰来胪列至备，均是笔述，其文其事，不得以一般翻译条例绳之；与原作纰缪之处，口达者自任之，非畏庐之咎也。畏庐非译家，何来译才之称，南海可谓失言！责之誉之，均太过矣。

又《史稿·严复传》云："世谓纾以中文沟通西文，复以西文沟通中文，并称林严。"沟通也者，以指"意"则可，倘以指"辞"则有未安，纾不懂西文，何从而沟通耶？又引《天演论》序，以牛顿力学三律比附易系，以隐显之义论内外籀，史迁称"春秋推见至隐，易本隐以之显"二语，实出《相如传赞》。《索隐》引虞喜《志林》称："春秋以人事通天道，是推见以至隐也，易以天道接人事，是本隐以之明显也。"此与逻辑何与？又陵治古书，不涉训诂，不免皮傅。然以语译事，又陵自是导先路之人，不能以一眚而掩大德也。

一九七二年

　＊　本文载于《固庵文录》，台北：新文丰出版公司，1989 年 9 月。收入《饶宗颐二十世纪学术文集》卷十四文录、诗词。

人间词话平议*

　　王观堂《人间词话》，脍炙人口；世无老幼，咸能讽诵。予独谓其取境界论词，虽有得易简之趣，而不免伤于质直，与意内言外之旨，辄复相乖。间与朋侪谈艺，评骘及之，扬榷有待，撰次未遑。长夏无俚，爰就管见，笔之于篇，得如干则。非敢唐突近贤，亦聊识一时之兴会。掴掌见痕，鞭皮出血，仍冀通人之有以匡我也。

癸巳夏饶宗颐识

　　境界本佛语，① 高人雅士，借以谈艺。司空图《诗品》已有"实境"一目，余若苦瓜和尚用之论画，② 鹿乾岳、王渔洋、袁随园持以说诗③皆其著例。至于词中提出境界者，似以刘公勇为最先。《七颂堂词绎》云："词中境界，有非诗之所能至者，体限之也。"又云："文长论诗，如冷水浇背，陡然一惊，便是兴观群怨，应是为佣言借貌一流人说法。温柔敦厚，诗教也。陡然一惊，正是词中妙境。"④ 夫以文学度人，何异棒喝？离合悲

---

　　* 本文载于《人间词话平议》，（线装本）1955年。收入《饶宗颐二十世纪学术文集》卷十二诗词学。该文为饶宗颐对王国维《人间词话》的批评，其中论及"隔"与"不隔"问题，及对"境界"说的讨论，尤为精彩。

　　① 《翻译名义集》："尔馣，又云境界。由此能知之智，照开所知之境，是则名为过尔馣海。"

　　② 《画语录》有境界章。

　　③ 鹿氏《俭持堂诗序》云："神智才情，诗所探之内境也；山川草木，诗所借之外境也。"分别诗境有内、外。王渔洋《香祖笔记》举《诗品》"采采流水，蓬蓬远春"二语，谓其形容诗境亦绝妙。"诗境"二字，由其拈出。《随园诗话》八："严沧浪借禅喻诗，所谓羚羊挂角，香象渡河，诗不必首首如是，亦不可不知此境界。"

　　④ 徐渭见《青藤书屋文集》十七《答许北口书》。

欢，均可使人进另一境地，恍若有所惊悟也。冷水浇背，自是妙喻。观堂标境界之说以论词，阐发精至；惟自道"境界"二字由其拈出，恐未然耳。①

庾子山云："不无危苦之词，惟以悲哀为主。"穷愁之语易工，古今词人皆莫能外。王氏亦谓其平生最爱如尼采所言以血书者，举后主之词为例。余意以血书者，结沉痛于中肠，哀极而至于伤矣。词则贵轻婉，哀而不伤，其表现哀感顽艳，以"泪"而不以"血"；故"泪"一字，最为词人所惯用。② 间曾试论："人远泪阑干，燕飞春又残。""旧时衣袂，犹有东风泪。"此伤春之泪也。"残月出门时，美人和泪辞。""为问世间离别泪，何日是滴休时？"此伤别之泪也。"故国梦重归，觉来双泪垂。"此亡国之泪也。"酒入愁肠，化作相思泪。""愁肠已断无由醉，酒未到，先成泪。"此怀旧思乡之泪也。"泪眼问花花不语，乱红飞过秋千去。"此无可告语之泪也。"红烛自怜无好计，夜寒空替人垂泪。"此徒唤奈何之泪也。"细看来不是杨花，点点是，离人泪。""倩何人，唤取红巾翠袖，揾英雄泪。"此泪之可以回肠荡气者也。"男儿西北有神州，莫滴水西桥畔泪！""白发书生神州泪，尽凄凉，不向牛山滴。"此泪之可以起顽立懦者也。③ 故泪虽一绪，事乃万族。词中佳句，盖无不以泪书者，已足感人心脾，一唱三叹，特不至于"泪尽而继之以血"耳。

王氏论词，标隔与不隔，以定词之优劣，屡讥白石之词有"隔雾看花"之恨。又云："梅溪、梦窗诸家写景之病，皆在一隔字。"予谓"美人如花隔云端"，不特未损其美，反益彰其美，故"隔"不足为词之病。宋玉《神女赋》："时容与以微动兮，志未可乎得原；意似近而既远兮，若将来而复旋。"词之言近旨远，缠绵跌宕，感人之深，正复类此。《文心雕龙·隐秀篇》："文之英蕤，有秀有隐。隐者，文外之重旨；秀者，篇中之独拔。隐以复志为工，秀以卓绝为巧。"移以论词，最为切当。词者，意内而言外，以隐胜，不以显胜。寓意于景，而非见意于景。盖词义有双

---

① 清江顺诒《词学集成》卷七，即专论词境。如引蔡小石《拜石词序》："意以曲而善托，调以杳而弥深。"并列词中三境而加以分析，谓："始境，情胜也；又境，气胜也；终境，格胜也。"又陈廷焯《白雨斋词话》，亦屡论及词境，俱在观堂之前。

② 且常用于结句警策之处。

③ 用杨升庵说。

重，有表义，有蕴义。表义，即字面之所指；蕴义，即寄托之所在，所谓重旨复意者是也。"高树晚蝉，说西风消息。""波心荡，冷月无声。"言外别有许多意思，读者不从体味其凄苦之词境，尤当默会其所以构此凄苦之境之词心。此其妙处，正在于隔。彦和云："情立词外曰隐，状溢目前曰秀。"① 王氏论词，有见于秀，② 而无见于隐，故反以隔为病，非笃论也。词之性质，"深文隐蔚，秘响傍通"，故以曲为妙，以复见长，不能单凭直觉，以景证境。吾故谓王氏之说，殊伤质直，有乖意内言外之旨。若夫"晦塞为深，虽奥非隐"，如斯方为词之疵累。质言之，词之病，不在于隔而在于晦。③

附说一

《蕙风词话》云："意内言外，词家之恒言也。《韵会举要》引《说文》作'音内言外'，当是所见宋本如是。以训诗词之词，于谊殊优。凡物在内者恒先，在外者恒后。词必先有调，而后以词填之。调即音也。"按况说殊迂。《玉篇》、《易》系辞《释文》、《一切经音义》及《广韵》，引许书俱作"意内而言外"，其作"音内"者，尚有小徐《系传通论》。严铁桥《说文校议》："作音者，盖烂文。"则非宋本如是也。段氏注取意内之说，以为"意即文字之义，言即文字之声。词者，意主于内，而言发于外，故从司言"。王菉友云："意内言外者，谓不直说其意，而于词露之也。"徐灏讥段氏未解意内之旨，谓："意在语词之内，而于言外得之。"考《说文》所谓词者，本指语助词，意内言外谓之词，初不过谓藉语助以传神，可得言外之意耳。其朔义本如是。惟倚声之词，义分表里，必如郭象注《秋水》所谓"求之言意之表者"乃能得之。昔庾子嵩作《意赋》成，从子文康见而问曰："若有意耶，非赋之所尽；若无意耶，复何所赋？"答

① 《岁寒堂诗话》引刘氏语，为《文心雕龙》佚文。
② 《人间词话》云："飞卿之词，句秀也；端己之词，骨秀也；重光之词，神秀也。"
③ 与观堂同时之况蕙风，亦论词境。其说云："词有穆之一境，静而兼厚重大也。"又云："词境以深静为至。此中有人，如隔蓬山，思之思之，遂由浅而见深。盖写景与言情，非二事也。善言情者，但写景而情在其中。此等境界，唯北宋人词往往有之。"此诚深造自得之言。我心写兮，言不尽意，而百世之下，读者之于我心，或契或否，如人饮水，冷暖自知。见浅见深，未始不以"隔"为妙。

曰："正在有意无意之间。"① 词之妙处，烟水迷离，非雾非花，盖言外别有意在。许君"意内"之说，虽本指语助词传神之妙，取以释倚声之词，正自恰当，不必如况氏附会音律腔调耳。

王氏以张皋文评飞卿词"深美闳约"四字许冯正中，又称其堂庑特大。予诵正中词，觉有一股莽苍苍之气，《鹊踏枝》数首，尤极沉郁顿挫。词云"不辞镜里朱颜瘦"，鞠躬尽瘁，具见开济老臣襟抱。"为问新愁，何事年年有？"则进退亦忧之义。"独立小桥"二句，岂当群飞刺天之时，而能自保其贞固，其初罢相后之作乎？另一首"惊残好梦"，似悔讨闽兵败之役（保大五年事）。"谁把钿筝移玉柱"，则叹旋转乾坤之无人矣。语中无非寄托遥深，非冯公身份不能道出。如此等词，安可仅就字面欣赏耶？②

王氏颇讥白石词，盖受周止庵说影响，而沾沾于南北宋优劣，似先有一成见横梗胸中。其云："暗香疏影，格调虽高，然无一语道著。"不知此两阕佳处，在于行间运用杜句，而神明变化，直以古诗开阖之法为词，惝悦迷离，自然高妙，③ 为作词开一门。北宋词家，喜隐括诗话，特见创格。有就原句略改者，如："寒鸦千万点，流水绕孤村；斜阳欲落处，一望暗销魂。"此隋炀帝《野望》诗，而淮海改作小词。④ 然此尚为其易，若白石则为其难。《暗香》、《疏影》二首全以虚字传神，转折翻腾。比之于文，如由骈入散，又进一境。论词似当于此处着眼，不宜于区区一二秀句絮长

① 《世说新语·文学》。

② 张皋文谓"延巳为人，专蔽固嫉，故敢为大言"，于其词颇致讥议；陈廷焯亦然。独冯蒿庵谓："周师南侵，国势岌岌，翁负才略，不能有所匡救，危苦烦乱之中，郁不自达者，一于词发之。"（四印斋刊本序）而张孟劬亦谓："正中身仕偏朝，知时不可为。所作《蝶恋花》诸阕，幽咽惝悦，如醉如迷。此皆贤人君子，不得志发愤之所为作也。"《曼陀罗寱词序》窃以为冯张之说可信。惜《阳春词》之本事年代无可考，兹所发微，未必尽符事实，诸君可取夏承焘所撰《冯正中年谱》参照之。

③ 白石论诗有理、意、想、自然四种高妙。云："写出幽微，如清潭见底，曰'想高妙'；非奇非怪，剥落文采，知其妙而不知所以妙，曰'自然高妙。'"此二境界，其所作词正自复尔也。

④ 见《珊瑚纲》引莫云卿《笔麈》。杨升庵《词品》引《铁围山丛谈》但举"寒鸦"、"流水"二句，云全篇不传，无名氏《词评》及彭孙遹《词统源流》所引俱断句。按汤衡序《于湖词》，谓："元祐诸公，嬉弄乐府，寓以诗人句法，发自坡公。"夏承焘云："此殆指《水调歌头》之隐括韩诗，《定风波》之裁成杜句。"淮海出自苏门，亦东坡之法乳也。他如美成，亦多用唐人诗句入律。陈氏《直斋书录解题》论之已详。

155

量短也。①

　　欧阳永叔《浣溪沙》词"绿杨楼外出秋千"，《能改斋漫录》引晁无咎云："只一出字，自是后人道不到。"观堂谓此本于冯正中《上行杯》词"柳外秋千出画墙"。按王维诗"秋千竞出垂杨里"，冯、欧二公词意出此，彭孙遹《词藻》（卷三）已发之，王氏殆未之见耶？

　　王氏论境，有造境及写境，即理想与写实二派之别，其说颇韪。试以画喻。写境如写生画，造境如文人画。夫人固有藉于外境，境随心生，同一外境，各人之心不同，所得之境亦因之有异。又诸心生之境，已非曩境，且超实境，故山川万物，荐灵于我，而操在我心，一若山川万物使我代其言也。我脱胎于山川万物，又不糟粕山川万物，以我有我之灵感存也。② 必也，如石涛之言画，搜尽造化打我草稿，不如是不能深入，不能出奇。故造境写境之外，又贵能创境。创境者，谓空所倚傍，别开生面。耆卿、美成，阐变于声情；东坡、稼轩，肆奇于议论。若斯之伦，并其翘楚。然此一代不过数人，非大家不能辨到矣！

　　王氏区有我之境与无我之境为二，意以无我之境为高。予谓无我之境，惟作者静观吸取万物以悟解他人之我，他人之我亦无以投入有我之我也，此之谓物我合一。惟物我合一之为时极暂，寝假而自我之我已浮现。此时之我，已非前此之我，亦非刚才物我合一之我，而为一新我——此新我即自得之境。一切文学哲学之根苗和生机，胥由是出。苟乏此新我，我之灵魂已为外物之所夺矣，为他人之所剽矣，则我将何恃而为文哉？故接物时可以无我，为文之际，必须有我。寻王氏所谓无我者，殆指我相之冲淡，而非我相之绝灭。以我观物，则凡物皆著我相，以物观我，则浑我相

　　① 止庵谓："白石以诗法入词，门径浅狭。"论实未允。至《暗香》二词，从当前景物造端，借梅花兴咏，以寓家国之思。杜诗："东阁官梅动诗兴，还如何逊在扬州。"同是江南偏安之局，故词中人自比何逊，乃垂垂渐老，其何以堪！不管清寒，欲与攀摘，而寄与路遥，可胜浩叹！本思折梅，聊寄一枝，以传春消息，奈江国寂寂，无人瞅睬何！则翠樽共对，但有悲泣，红萼无言，徒相忆而已耳。是则至于不可言说，亦不忍复言说矣。伤匡复之无望，怀忠悃而难忘，其间可谓既哀以思。《疏影》剪裁《咏怀古迹》句，或疑昭君与梅无关。郑大鹤曾举王建《塞上咏梅》诗以证之。慨南渡之宴安，发二帝之悲愤。方道君在北，闻番人吹笛笛，口占《眼儿媚》，有云："春梦绕胡沙。家山何处？忍听羌笛，吹彻梅花。"（见《南烬纪闻》）是词中用胡沙及玉龙哀曲诸字眼，似即暗指其事。篱角黄昏，有半壁河山意。一片随波去，则叹护花之无人，不胜今昔盛衰之感矣！极吞吐难言之苦，全赖若干虚字，传神入妙。
　　② 《蕙风词话》："吾听风雨，吾览江山，常觉风雨江山外，有万不得已者在。此万不得已，即词心也，此万不得已者，由吾心酝酿而出，即吾词之真也。"其说至精，可以参照。

于物之中。实则一现而一浑。现者，假物以现我；浑者，借物以忘我。王氏所谓"无我"，亦犹庄周之物化，特以遣我而遗我于物之中，何曾真能无我耶？惟此乃哲学形上学之态度，而非文学之态度。邵康节曾论圣人反观之道，谓："反观者，不以我观物，而以物观物。"① 王氏之说，乃由此出。② 惟"以物观物，性之事也；以我观物，情之事也"。③ 文学之务，所以道志，所以摅情，而非所以率性。依道家说，率性则喜怒哀乐一任于物，吹万不同，咸使其自已也。凡能了然于此者，庄周谓之真人，邵氏谓之圣人。此为人之超凡境界。其所契合者，性也，天道也，而非志也，情也。文学则不然，非以超凡，而以入凡；非以出凡入圣，而以出圣入凡。惟其入凡，则我之一字一句皆与众人之心共鸣，或思鸣而不能鸣，与夫鸣而不能善其鸣者。庄周有言："无以人灭天。"此语于道也。吾则反其语曰：文学之道，宁以人入天，或以天入人。邵氏云："任我则情，因物则性。"文者，苟为天地之至情之所发，固未尝悖于性，若乃离情而言性，则文乎何有？此文学之极挚，而一理学哲学科也。是故道贵直④而文贵曲。道可无我而任物，而文则须任我以入物。矢人函人，厥旨斯异。权而论之：大抵忘我之文，其长处在极高明；现我之文，其长处在通人情。及其所至，皆天地之至文也，又安有胜负于其间哉？⑤

观堂论词，颇伸北宋而诎南宋。⑥ 夫五代、北宋词，多本自然，时有真趣；南宋词则间出镂刻，具见精思。即北宋末叶，过于求工者，已多斧凿痕迹，渐开南宋之先路。一切文学之进化，先真朴而后趋工巧。观汉魏诗之高浑，不逮宋齐，则以雕镂为美，斯其比也。⑦ 故南北宋词，初无畛域之限。其由自然而臻于巧练，由清泚而入于秾挚，乃文学演化必然之势，毋庸强为轩轾。论诗而伸唐诎宋，清叶燮已深加非议。⑧ 持以质王氏，

---

① 《皇极经世》。

② 王氏摭康节以论词，人多不知其所本。

③ 略用《观物外篇》语。

④ 邵氏云："由直道，任至诚，则无所不通。天地之道，直而已。"

⑤ 为文之际，必有我者。清吴修龄曾云："诗之中，须有其人在。"赵执信最服膺是言，载之《谈龙录》。袁随园《续诗品》、江顺诒《续词品》中俱有"著我"一目，可为鄙说佐证。

⑥ 如云："北宋风流，渡江遂绝。""南宋词虽不隔处，比之前人，自有浅深厚薄之别。"

⑦ 德人论诗区为 Volkpoesie 与 Kunstpoesie 二者，以见古今风格有真朴与工巧之殊，所论正相似。

⑧ 见《原诗》。

157

宁不哑然失笑？周止庵于两宋词颇有优劣之论，[①] 语尚宏通，王氏殆受其暗示，而变本加厉，益为激矣。

附说二

观堂与沈乙庵交稔，其论古声韵及治西北史地，皆受沈之启迪。虽论词之见解不类，然为词之微意则有同然。沈之言云："夫其不可正言者，犹将可微言之；不言庄语者，犹将以谲语之；不可以显譬者，犹将隐譬之。微以合，谲以文，隐以辨，莫词若矣。"所作《彊村词》，对旧君之眷恋，哀民生之多艰，一篇中而三致意，时若蒙庄之洸洋以自恣。又时若诗之主文而谲谏，要以归于"微而显""志而晦"之旨。托兴于一事一物之微，而烛照数计，乃在千里之外，厥意若欲以词之小道以通于《春秋》之大义焉。晚清词人，其祈向大都类此，自一时之运会使然。故词之为用，至是又一变矣。[②] 观堂揭境界论词，独标一义，然其所作，如"君似朝阳，妾似倾阳藋"，"苑柳宫槐浑一片，长门西去昭阳殿"，拳拳忠悃，寄意正与乙庵相近。故其长短句，古微并收入《沧海遗音》。晚清之词，于词史上有其不可磨灭者，正在其深文隐辨之词旨。使诸公生乾嘉盛世，所造必不有同于是。故为揭出，备他日谈文学史者，有知人论世之一助云。

---

① 如谓："南宋则下不犯北宋拙率之病，高不到北宋浑涵之诣。""南宋有门径，似深而转浅；北宋无门径，似易而实难。"

② 不特词如此，于诗亦然。海藏序散原诗云："《诗》亡而后《春秋》作，盖《诗》之义婉，而《春秋》之义严，此难以强通者也，使天下议散原之诗，非诗而类于《春秋》，乃予之所乐闻。"其宗旨可见。

158

词学评论史序[*]

　　门人江君润勋，以其硕士论文曰《词学评论史》者付刊，既葳事，索序于余。余方归自扶桑，卒卒未有以应也。向者君文忝户牖导启迪之责，而赵君叔雍又为审定；今赵君遽作古人，未获见是篇之刊布；为加墨识，以定去取，尤可悲矣。

　　词盛于宋，晁无咎始为乐府歌词之论曰骫骳说者，朱弁续之，著于胡仔《丛话》。至直斋时，书已亡失。杨元素《时贤本事曲子集》、曼倩所著《古今词话》，亦复薶没人间，词论之滥觞，靡得而详也。至清，众说蜂起，家握隋珠，人怀荆璧，近贤乃有《词话丛编》之辑。江君取材于兹，泛议词心，往往间出；顾耳目所限，涉览未周，于彊村但摭其《望江南》诸阕，而其戏作《清代词坛点将录》，品第高下，亦足玩味，则尚付缺如。以韵语论词者，厉太鸿而外，又有沈（初）、江（昱）、孙（尔准）、张（鸿卓）、周（之琦）、朱（依真）、陈（澧）、谭（莹）、王（僧保）、杨（恩寿）、冯（煦）、潘（飞声）十数家。虽汗漫如黄茅白苇，然絜长量短，亦不庸以废。

　　词至清，堂庑弥辟，足与汴宋相敌。其兴也，词论有以助长之。浙西常州，人所共知，实导源于云间、山左。陈卧子、宋尚木为云间巨擘。卧子之论词也，撢源花间，自馀不少措意。尚木《宋七家词选》，开后来词选揭橥家数之先河。又论柳屯田哀感顽艳而少"寄托"（彭孙遹《词藻》

---

　　* 本文载于《词学评论史稿》，香港：龙门书店，1966 年。收入《饶宗颐二十世纪学术文集》卷十四文录、诗词。

卷四引），田同之、周止庵因之，寄托之说遂起。渔洋常云："词至姜吴，有秦李所未到处，犹晚唐绝句，以刘宾客杜紫微为神诣。"借诗以论词，弥见妙解。又喜称道体物之作，凡此固与浙西气味相通。虽于豪放宗稼轩，婉约推清照，以为皆吾济南人，难乎为继。其意若曰山左斯为词之极至，江南非我仇也。然其刻《倚声初集》，实在司理扬州之时，故所作纯乎南音。浙西之兴，欲与云间骖靳，竹垞体物诸制，王壬秋所讥为浙词之"木"者也，抛心力以求专诣，自是当日词风所渐，而渔洋之论，不无沾溉之功焉。

古今词说，率多一时兴到之言，各照隅隙，断璧零玑，环络非易。江君是篇，以人为经，擘肌分理，尚得条贯。学者苟循是观澜而溯源，其于倚声之道，或不无少补欤。因并论清初词派与词论相倚之故，以谂知者，共商榷之。

乙巳冬饶宗颐

谈中国诗的情景与理趣[*]

  《沧浪诗话》谈诗，认为诗法有五个要点："曰体制，曰格力，曰气象，曰兴趣，曰音节。"[①] 而诗的极致是入神。五法之中，以音节为最重要。因为诗如果没有音节，便不成诗。体制是诗的形式问题。格力、气象、兴趣几点很抽象，不易了解。清人王渔洋以"典"、"远"、"谐"、"则"四字论诗："典"是典故、事实；"则"是法则，雅正的意思。扬雄论赋就有"丽以则"、"丽以淫"的说法。王渔洋论诗提倡神韵，主张不要讲得太近，要意在言外，所以拈出"远"字。而其中"谐"本指谐声律，就是承袭严沧浪"音节"这一点而发挥的。[②]

  我认为中国诗大概不离事、景、情、理四个要素。离此四者固然不可以成诗，四者之中，中国诗特别重视写"景"。历来的诗词大都朝着这个方向发展，不离风、花、雪、月。

  至于抒"情"诗，古人是归入言志一类的，故先有言志一类的诗，[③]其后再由言志诗分出抒情诗。往后发展，就出现了咏怀诗。[④] 到了初唐时候，陈子昂继承这个传统写出了感兴诗。汉人诗"言志"，一以道德立场为本。他们解说："诗者，持也。"所谓"持"者，在持人情性，使不失坠。汉人把情和性分开，以性来控制情，使情来就理。"发乎情，止乎礼

---

  * 本文选自《饶宗颐二十世纪学术文集》卷十二诗词学。该文重点论述了"理趣"应如何入诗方能成功，饶宗颐擅长写说理诗，此篇是其金针度人之作。

  ① 《诗辨》。

  ② 渔洋论诗，多宗严羽之说。

  ③ 后人解《诗经》就有诗言志的说法。参看朱自清《诗言志辨》。

  ④ 魏晋时的阮籍有《咏怀诗》八一首。

义",就是这个意思。直至建安时期,情性问题才没有这样严格分别。这是由于建安政治动荡,诗人大都有人生无常的感觉;连格调豪雄的曹操,诗中亦带有悲凉的意味,这使得诗人情感能够尽量得到发挥。所以自建安以降,才有正式的抒情诗。沈约《宋书·谢灵运传论》说:"至于建安,曹氏基命;三祖陈王,咸蓄盛藻。甫乃以情纬文,以文被质。""以情纬文,以文被质"正说出建安文学以情入文,使文章更易动人。齐、梁时的《文心雕龙》就有《情采篇》,把情、采分辨得很清楚,指出形文、声文、情文三者之别,强调了情文在文学上的地位。

诗的表现方法有很多种。长期以来,在传统中最多用的方法是以景造端。所谓"触景生情"便是了。《诗经》中的兴诗多属此类。如"杨柳依依"、"杲杲出日"等句子,数不胜数。这都是由外在环境引出内在感情。《楚辞》继承《诗经》的传统,大量采用写景手法,因物起兴。所取材的景色,古人给予一个名称叫"物色"。《文选》赋的部分就有一类叫"物色",把描写自然界,如风、花、雪、月等景物,列为一类。"色"字,李善注谓"有物有文为色"。宇宙最好的文无如风与水。《诗经》有说到河水之漪,《易经》涣卦,①都是取象于风行水面的形态。刘勰说的"物色",即自然界之"文"。《文心雕龙》第四十六篇即发挥"物色"之义:"吟咏所发,志惟深远。"王渔洋所提出的"远",正是以物色、风景来表现深远的心志。所以自楚辞、汉赋以下,一路发展到唐诗宋词,都很重视"物色"一路。

传统重视写景诗,到刘宋时便有山水诗的崛起。谢灵运是个中翘楚,擅写山水。有人以为山水诗是受老、庄道家思想的反动而兴起的。《文心雕龙·明诗篇》谓:"庄老告退,而山水方滋。"其实描写物色,这是中国诗的传统,不是道家的反动,所以不妨将这两句改为"庄老未退,而山水已滋",因为山水诗更能发挥物色的特点。

由于老庄玄言诗与山水诗有它的关系,我们可进而谈谈情理消长的问题。大谢以前诗多言理;但呆板而乏变化。汉代班固的说理诗已为后人所

---

① 《文选》卷一三"物色"一目,李善注:"有物有文曰色。"引诗注云:"风行水上曰漪。"尤刻《文选》按《诗·伐檀》"河水清且涟猗",《释文》本亦作漪。《毛传》:"风行水成文曰涟。"则应作"涟"为是。

诟病。如他的《明堂诗》，① 明人陆时雍便讥它为"质而鬼矣"（《诗镜》）。钟嵘《诗品》称班固诗"质木无文"，所谓"质"是"质实"的意思，质木则指诗无余味，已经不客气了，陆时雍更称质而鬼，鬼的对面是神，神指有生气，鬼指无生气，可谓贬斥得相当厉害。事实上，晋、宋时的玄言诗，正好像是为老庄作注解，没有情，也没有景，淡而无味。而谢灵运的诗既写景，也言情、理；在组织上，情、景分开。他的诗开始时说景，后转说情说理。这种机械式的安排，在元嘉以后不甚受欢迎。可见正面说理的办法行不通。谢朓比谢灵运进步，能融情入景，达到情景交融的境界。此种手法下开唐风。唐诗受小谢影响，似乎较大谢为多。王渔洋的神韵说即是融情入景法，以景为主体（因为物色更能引起人的情感，产生感应），再加上和谐的音律就成了。至于王渔洋的神韵说，实已源于明人。薛蕙（西原）很早就提出"神韵"字眼的说法。② 神韵实是写景，利用物色以激发起人的情感。

接着谈谈理趣的问题。说理诗的失败是因为正面说理成为障碍。诗障有两种：一是理障；二是事障。玄言诗是理障；与大谢同时的颜延年诗则獭祭事类太多，属于事障。欲救此病，则可将理融入情、景之中；或写理于景（物色），或以物色拟理，或独言"物"而不讲理，将理消融在物色里面的几种手法。末一种手法也就高明的了。

六朝人讲神趣。《庐山道人诗序》称："其为神趣，岂山水而已哉？"即说山水物色之外，更有令人细味回环之处。这是"理趣"。"理趣"是山水诗的提升，能供人细细玩味。

所以诗在说理时还得有趣味。纯理则质木，得趣则有韵致；否则不受人欢迎。理上加趣，成为最节省的艺术手法。举一个例来说：八大山人自题山水有云："方语河水，一担直三文。《三辅决录》安陵郝廉，饮马投钱，谐声援会意。所云郝者，曷也；曷其廉也！予所画山水图，每每得少

---

① 《明堂诗》："于昭明堂，明堂孔阳。圣皇宗祀，穆穆煌煌。上帝宴飨，五位时序。谁其配之？世祖光武。普天率土，各以其职。猗与辑熙，允怀多福。"

② 《池北偶谈》卷一八："汾阳孔文谷（天允）云：'诗以达理，然须清远为尚。'薛西原论诗独取谢康乐、王摩诘、孟浩然、韦应物，云：'白云抱幽石，绿筱媚清涟。'清也。'表灵物莫赏，蕴真谁能传。'远也。'何必丝与竹，山水有清音。''景昃鸣禽集，水木湛清华。'清远兼之也。总其妙，在神韵矣。"

163

而足，更如东方生所云，又何廉也。八大山人记。"① 按此用《汉书·东方朔传》："朔来！朔来！受赐不待诏，何无礼也！拔剑割肉，壹何壮也！割之不多，又何廉也！归遗细君，又何仁也！""又何廉也"一语出此。由此可知典故能增加趣味。胡适提倡白话文，主张不用典故。但是如果诗完全不使用典故，则不易生动，因典故可以增加趣味。中国人不爱正面讲理，凡见正面讲理的诗便觉讨厌，就是因为说理诗缺乏理趣的缘故。《文镜秘府论》提出诗有十七势，其中有理入景势和景入理势二项，指出"诗不可一向把理，皆须入景语，始清味"，"事须景与意相兼始好"。可见理宜入景中，然后始有情味。这个道理，前人早已说得很透彻，是不用多讲便可了然的。

李锐清、陈金凤整理

---

① 见拙著《至乐楼藏八大山人山水画及其相关问题》，载于《中国文化研究所学报》，第八卷，第二期。

泛论禅与艺术*

有人问：什么是禅？我不作答。姑且举前代两位大德的话，代我作答：

（一）问：如何是禅？（柘溪从实师）曰："不与白云连。"

（二）问：如何是禅？（新罗百岩师）曰："古冢不为家。"曰：如何是道？师曰："徒劳车马迹。"曰：如何是教？曰："贝叶收不尽。"

这些答案与问题，从表面结构着来，好像沾不着边。但细察它的深层，却蕴藏着无穷的意义。这种用类比、曲喻的语言，返观古来的传统文学里面，有点像诗的比兴。这样的语言技巧本身已具有极高度的艺术性。"不与白云连"，读起来很像谢灵运的诗句"白云抱幽石"；"徒劳车马迹"，有点像陶公的句子"而无车马喧"，分明是诗家的警句。禅家采用诗句型的语言来说明深奥的本体问题，摆脱去名理上纠缠不清的逻辑性的语言，单刀直入地用文学上"立片言之警策"的方法来启发人们心理上的睿智，是人类祛除无明获得醒悟的不二法门。这种办法可说是"致知"上的一种艺术手段。禅家本来不立文字，但仍保存许多语录，那些传下来的禅偈，大部分可说是诗，表现于偶然拈花微笑的谈吐之间，禅的世界，几乎亦是诗的世界。

禅是积极的，马祖曾说："一日不作，一日不食。"又是严肃的，我人稍一检看《百丈清规》，便可明白禅僧基本要受到严格的拘束，并不如后来的狂禅那样放纵与随便。禅的产生、传播地区，主要在湖南、江西、粤

---

* 本文选自《澄心论萃》，上海：上海文艺出版社，1996 年 7 月。

北一带的山地，禅僧与山民共同生活，所体会到的大自然是空阔、无垠和自在，他们生活在大化之中，精神已得到无上的解放。从"禅"得到的宁静，本身已是一种生活中艺术的享受了。南岳石头禅师答道悟问："如何是佛法大意？"说道："不得不知。"悟曰："向上更有转处也无？"师曰："长空不碍白云飞。"道悟问："什么是禅？"石头曰："碌砖。"问："如何是道？"曰："木头。"在他们四周围所接触到的事物，一草一木，一山一石，未尝不可以悟道。一弹指，一扬眉，一呵欠，一咳嗽，无非佛性，"一悟便至佛地"。任何场合，可以吟诌几句禅偈。饮水、挑柴，都是妙理，把他们的精神实体——佛性，融会于日常实验生活之中，随时随处，得到领会，使用艺术的语言——诗偈，作为传道的媒介。禅僧，可说生活在艺术里面，处处可以体会到诗的意境。比方，有人问：

"如何是和尚利人处？"曰："一雨普滋，千山秀色。"

"如何是西来意？"曰："白猿抱子来青嶂，蜂蝶御花绿叶间。"

这种诗样的语言艺术，便成为禅僧的口头禅。整部《传灯录》，其中禅偈充斥，几乎成为诗的渊薮了。

"禅"的梵言原是禅那，我在印度参观许多禅窟，禅僧都要枯坐寂灭，在深林古洞里，去习苦行。在华则可活活泼泼地运用于日常生活，行动上都可从禅机取得亲证。六祖已指示：禅不是光静坐，而是要培养心中湛然一片光明海。中国的禅，已与印度的禅那大异其趣。加上禅偈的发达，中国的禅僧和诗几乎是分不开的。

宋代的诗人，不少从禅家取得灵感。黄山谷写的诗，有的简直是禅偈。例如："罗侯（罗茂衡）相见无杂语，苦问沩山有、无句。春草肥牛脱鼻绳，菰蒲野鸭还飞去。"第三句的肥牛，在禅宗语录中是常用的"牯牛"典故（《五灯会元》卷五，页二六〇）。末句则用百丈怀海禅师侍马祖行次见一群野鸭飞过的故事（《五灯会元》卷三，标点本页一三一）。禅家破除分别相，道"有"道"无"都是谤！所谓"沩山"（灵祐禅师）的有、无句（《五灯会元》卷九，页五二三），有与无均要打破，禅是不重比量而用现量的。

我的好友已故戴密微教授（Paul Demiéville）尝注译临济语录，又选译中、日一些名人死前的诗，以禅僧占最多数。第一首为僧肇（374—414）的诗，名句有："将头临白刃，犹似斩春风。"他译成法文：

Lorsque ma fête approchera la lame nue,

Ce sera comme pour décapiter le vent de primtemps.

（见 *Poèmes chinois d'avant la mort* p. 15）

这是多么美丽的句子！这样看来，死，亦可被理解为生活上一种艺术的形态。

他指出中国思想的特质，在紧握现实，返回即时的直觉。在中国，"抽象"与"系统"几乎全为具体的直觉所代替。又云："此种思想使吾人（欧洲）感觉困惑。他认为：但假如有一人加以品尝，便完全觉得抽象理论之无味。"（*Les Entretiens de Lin-tsi* P. 80）哲理与诗的密切联系形成禅家吸引人的特殊力量，这种神秘的象征的由直觉所演出的诗样语言，隐藏着深度思想，与其说是宗教的，不如说是艺术的，更为合适。

生死问题在佛家看来是人间一大事。死是解脱。

禅学家认为禅不是用分别识的智慧可以了解的（如铃木大拙），他们太着重禅的公案，其实，如果对诗的语言艺术没有深透的理解，死抱"公案"，不免亦隔一尘。禅的"顿悟"，主要教育目的在使人开窍，读许多书的人，未必真能开窍。黄龙（寺）晦堂师对山谷引论语"吾无隐乎尔"一句请其解说。山谷诠释再三，他都不满意。时秋香满院，晦堂点出：汝闻到木樨香否？山谷至此方才了悟，因为得到了亲证，有切实的感受。禅还是要亲证的。由比兴得到的初步了悟，与诗的伎俩何异！明代许多理学家每每借用禅家"当下即是"的老套来显示日用的道理。禅的意识更深入民间，由于历代的禅师把道理与生活打成一片，许多"口头禅"便习用于一般的俗语里面，宋以后的社会浸润于禅的教化愈深而不自觉，许多日用俗语往往出于禅门，久而不自知，从语言学上有需要重新去省察的。画家有时亦可运用禅理去建立他的构图方案。禅的语言上的"取譬"所具备的艺术技巧，只写景而不必说理，玄理自在其中。这样，禅已成为一把美丽的切玉刀，而可以得到因人不同的充分利用；它和各种艺术结下良好姻缘，越来越是分不开的。

一九九一年

诗词与禅悟[*]

    时贤论诗与禅之关系，辄溯源于达摩。然慧皎创立《高僧传》，凡分十科。其四曰习禅，为之论曰："禅也者，妙万物而为言。……以禅定力，服智慧药……先是世高、法护译出禅经，僧光、昙猷并依教修心，终成胜业。"禅经虽短篇（宇井伯寿《译经史の研究》），传入已自汉末。禅定为实践之本，东来诸僧"或传度经法，或教授禅道"，其由来远矣。（法京伯希和目藏文一二二八《为南天竺国菩提达摩禅师观门》云："何名禅定？答：禅为乱心不起，无动无念为禅定。何名为禅观？答：心神澄净名之为禅定，照理分明，名之为观。因有七种观门。"玄奘于显庆二年请入少林寺习禅，奏称："定慧相资，如车二轮，缺一不可。""少得专精教义，惟于四禅九定，未暇安心。"奘师于定学，自觉仍有慊然。禅道重理入行入，尤贵实践。赞宁宋僧传习禅论，述其流变，言最扼要，兹不多赘。）

    谢灵运已用"禅"字入诗，言："禅室栖空观，讲宇析妙理。"（《石壁立招提精舍诗》）晋简文前后，有若耶山帛道猷者，与僧竺道壹书云："始得优游山林之下，纵心孔释之书，触兴为诗，陵峰采药，服饵蠲疴，乐有余也。"因有诗曰：

      连峰数千里，修林带平津。云过远山翳，风至梗荒榛。茅茨隐不见，鸡鸣知有人。闲步践其径，处处见遗薪。始知百代下，故有上皇

    [*] 本文节选自《中国古代文学之比较研究》一文，刊于《清华学报》，台北："故宫博物院"，1968 年 1 月。收入《饶宗颐二十世纪学术文集》卷十一文学。

民。(《高僧传》卷五《竺道壹传》)

此更在大谢之前。杜甫《秦州积草岭》诗起句"连峰积长阴",结云"茅茨眼中见",实暗用此篇"茅茨隐不见"句。仇注不知也。其书札云:"触兴为诗。"直是唐人兴象之说。此诗乃王孟之前导,可入唐贤三昧集。

僧徒能文事者甚伙。隋时释真观(俗姓范氏),八岁通诗、礼,和庾尚书林檎之作。时人语曰:"钱唐有真观,当天下一半。"开皇十一年,江南叛反,王师临吊,江南儒士多被系。真观以名声满江表,谓其造檄,为元师杨素拘问。素曰:"道人不愁自死,乃更愁他。"令作《愁赋》其辞略云:

……愁之为状也,言非物而是物,谓无象而有象。虽则小而为大,亦自狭而成广。……雾结铜柱之南,云起燕山之北;箭既尽于晋阳,水复干于疏勒。(《续高僧传》三十)

惜道宣不全录其文。姜夔称"庾郎先自吟《愁赋》"(《齐天乐》)。不知同时尚有因事命题而非无病呻吟之《愁赋》,出于高僧之手也。南朝僧人之能诗者称惠休,经沈约品藻,钟嵘入于《诗品》,谓其"淫靡,情过其才"。宋武帝命还俗。唐僧人诗篇,大致见于宋宝祐间菏泽李龏编之《唐僧弘秀集》十卷。起皎然,讫智暹。余曾见南宋书棚本。其自序云:"诗教湮微,取以为缁流砥柱。"后之步武者有毛晋辑《明僧弘秀集》十三卷(崇祯十六年刊、藏北京图书馆)。宋陈状元应行辑《吟窗杂录》,卷三十二,为古今诗僧,摘取佳句。如"一剑霜寒十四州"(贯休句,检元禄八年本禅月集,未见),"大海从鱼跃,长空任鸟飞"(元览句),为后人传诵者,皆与禅理无关。今观晚唐僧人所著诗议、诗格一类著作,皆从诗之体制、技巧、修辞着眼,未尝摭禅理以入诗也。

惟自六祖开宗以后,诗偈流行。诸大师于示法、开悟、颂古,动喜吟哦,为付法之用。禅宗本破除文字,至是乃反立文字,诗遂为禅客添花锦之翰藻矣。孟郊诗有《教坊歌儿》云:"十岁小小儿,能歌得闻(一作朝)天。六十孤老人,能诗独临川。去年西京寺,众伶集讲筵。能嘶竹枝词,供养绳床禅。能诗不如歌,怅望三百篇。"(《东野集》三)似即对文溆

"和尚教坊"一流之讽刺。（北宋遵式撰《往生西方略传》，记"唐德宗迎法照入内，用刘球绳床，教宫人五会念佛"。塚木教授引此为说。然《续高僧传》二十五《道仙传》，称其"薤草止容绳床"，盖僧人坐禅之具。）若夫棒喝之篇，去竹枝不远，以"嘶"字贬之，已近戏谑。祖师之禅诗，具见祖堂、传灯、会元、尊宿语录等书，今不具论。曹山本寂，文辞遒丽，尝注"对寒山子诗，流行宇内"（《宋高僧传》十三）。宗门尊宿好为偈诗，久成风气。至于"绕路说禅"之作，其言往往如咬铁棱镯，其义如重溟浩漾（《碧岩种电钞》中语），不无佳制。〔五山诗僧，诗学诗功皆极深。所辑选之禅诗总集，如义堂周信之《祖苑联芳集》，蔚为巨观。又室町流行之（宋）松坡《江湖风云全集》可以见其别裁所在。至如崇祯时刊永觉和尚《禅余内外集》，檇李曹谷序称其"机辩自在，或痛快，或绵密，或高古，或平实，如摩尼圆映，五色不定，如巨海波澜，涌没何常"。兹揭其示圆常上人四首之一云："屴崱山高鸟绝踪，石门天险孰能通。苦非铁额铜晴溪，只在青烟翠霭中。"铁额四字可见禅家口吻。〕大都随缘而发，深入理窟。偶有意外之意，思外之思，去怊怅述情甚远，以之警世牖俗则可，谓为真诗，则恐非诗人之所许也。（王渔洋尝举白杨顺禅师偈"落林黄叶水流去，出谷白云风卷回"，则不易觏。）

诗僧之真能诗者，若唐之皎然，其句云：

> 白云供诗用，清吹生座右。（《答裴集阳》）
>
> 花满不污地，云多从触衣。（《酬秦山人》）
>
> 永夜出禅吟，清猿自相应。（《送清凉上人》）

时谚谓"雪之昼，能清秀"，不愧谢康乐之后也。（皎然名昼，湖州人，谢康乐十世孙。）贯休句云：

> 荷缘冥目尽，一句不言深。野火烧禅石，残霞照栗林。（《寄山中伉禅师》）
>
> 真风含素发，秋色入灵台。（《诗》）
>
> 唯宜高处著，将寄谢宣城。（《上王使君》）

落想至高。故徐琰云："味其语，正宜高处着眼，不当以诗僧看也。"（孙光宪亦云："唐末诗僧，惟贯休骨气混成，境意倬异，殆难俦敌。"见天福三年《白莲集》序。）宋江西洪觉范，与东坡山谷游，著《石门文字禅》。其句云：

> 诗如画好马，落笔得神骏。（《同庆长游草堂》）

真所谓"律仪通外学，诗思入禅关"。外学之诗，与内学之禅，殊途而渐趋合一。故释达观（万历间人）为《石门文学禅》撰序云：

> 禅如春也，文字则花也。春在于花，全花是春；花在于春，全春是花。而曰禅与文字有二乎哉？故德山临济，棒喝交驰，未尝非文字也；清凉天台，疏经造论，未尝非禅也。而曰禅与文字有二乎哉？名其所著曰文字禅。

言谲而理圆。禅弃文字，而复合于文字。僧人以禅定力服智慧药，定能生慧。诗即慧之表现，诗为定后所生，则定与慧，根本已是一而非二矣。（赞宁于习禅篇论曰："经云不著文字，不离文字，非无文字。云不立文字，乃反权合道。"可明禅家不著文字之义。）

至若诗家之得力于禅者，非仅以禅为其切玉刀而已。盖以妙悟孕育其诗心，以活句培养其诗法，以最上乘致其诗品之高，以透澈玲珑构其诗境之夐。自司空图至于王渔洋，皆善用禅而不泥于禅，得活用之效。若严沧浪则依禅造论，得其契机，沾溉他人，而未能自食其果者也。

司空表圣之《赞香严长老》，曰："大师之旨，吾久得之。"又曰："一尘不飘，见大师力。"香严即邓州香严山智闲禅师，尝礼大沩山灵祐。祐召对，茫然，乃将诸方语要，尽焚之。曰："画饼弗可充饥也。"泣辞沩山去。于南阳忠国师遗迹，芟草木击瓦砾自立，遂冥有所证。（此事见《宋高僧传》四十三、《景德传灯录》十一、《五灯会元》卷九，极著名。后代艺人每引用此典故。如董其昌是。）禅宗贵自辟户牖，沩山亦于夐无人烟比为兽窟处开创山门，求道之精神亦是如此。沩山论"道人之心……譬如秋水澄渟，澹泞无碍。唤他作道人，亦名无事人"（《沩山灵祐禅师语录》)。仰山慧寂禅师于沩山处，因作○此相而顿悟。圆相之作，相传起于南阳忠国师。（道泰及知境编《禅林类聚》七云："南阳忠国师见僧来，以手作圆相。"）即香严住处。故"圆相"代表沩、仰之禅学。又有所谓三照者，谓本来照、寂照、常照。香严为沩山法嗣，著有《三照颂》。其颂寂照之境界云："不动如山万事休，澄潭澈底未曾流。箇中正念常相续，月皎天心云雾收。"形容已破初关证入空寂之心境。以上即香严之宗旨及功力。表圣自言得之，则其参禅必有所得。观其《二十四诗品》，以雄浑居首。曰："超以象外，得其环中。"虽用庄子之言，而环中即圆相之○也。又其句云："不似香山白居士，晚将心境著禅魔。"其不缚于禅，信能深知禅者。故以之论诗，则曰："辨于味而后可以言诗。""王右丞、韦苏州澄澹精致，格在其中。"又云："近而不浮，远而不尽，然后可以言韵外之致。"（《与李生论诗书》）此与沩山论道心之必如秋水澄渟，澹泞无碍，境界原自相应。谓其以参得之禅境，比拟诗境，无不可也。王昌龄《诗格》有象外语体及象外比体。表圣云"超以象外"，又进一步。昌龄论诗有五趣向：曰高格，曰古雅，曰闲逸，曰幽深，曰神仙。而僧齐己《风骚旨格》论诗有十体，一曰高古，二曰清奇，即合昌龄之高格与古雅为一。表圣《二十四诗品》中高古与清奇并同于齐己，似亦有取于同时缁流之论。（考齐己白莲三有《寄华山司空图》诗"天门艰难险，全家入华山"，"瀑布寒吹梦，莲峰翠湿间"，可见原为交好。齐己入梁尚存。）故知表圣论诗，字面不及禅，而实有得于禅。

若严羽则不然，熟读禅灯之文，捋扯其语汇，正面借禅以喻诗。诗辨部分，其语最精，大都出自禅语。

严氏主旨在揭橥当以盛唐为法，不可步武江西，持论颇近包恢《敝帚稿》，惜其本人非名诗家，不足以服人。自明迄今，非议者众。惟王渔洋则笃信之。谓"沧浪借禅喻诗，归于妙悟。如谓盛唐家诗如镜中之花，水中之月，如羚羊挂角无迹可寻，乃不易之论"。而钱牧斋驳之，冯班《钝吟杂录》因极排诋，皆非也。（《池北偶谈》十七，《分甘余话》二续责冯班之诋諆为风雅中罗织经；又《香祖笔记》屡及之；不具引。）纪昀云：

> 沧浪标妙悟，无迹可寻，有明惟徐昌毅高叔嗣传其衣钵。虞山二冯诋沧浪为呓语，不免挑之太过，叩寂寞以求音。陆平原之"思君如

172

流水"，刘舍人之"情往似赠，兴来如答"，则此论不倡自仪卿也。饴山（赵执信）坚执冯说，渔洋独笃信不移，亦有由欤。（《纪文达集·田侯松岩诗序》）

可谓平情之论。纪氏深疾山谷诗，谓其五古有腐、率、杂、涩四病（《书山谷集后》）。故以渔洋之说为正。渔洋论诗宗旨，见于《唐诗三昧集》，实祖沧浪之说，揭神韵二字，其内涵即承沧浪一脉。宜兴谢芳连著《诗庸》，渔洋序云："王、裴辋川绝句，字字入禅。如雨中山果落，以及太白却下水精帘，常建松际露微月，刘昚虚时有落花至，远随流水香，妙谛微言，与世尊拈花，迦叶微笑无别。通其解者，可语上乘。"如此类语，渔洋著述中层见叠出。盖其晚年之定论。

伊应鼎编述之《渔洋精华录》，即师说之结晶，有云："五言绝以古澹闲远为上乘。言景当如温伯雪子之目击而道存，信手拈来，不假思议也；言情则当如嵇叔夜之手挥目送，意在个中，神游象外也。故禅宗以可说为粗，以不可说为妙，是不可说亦不可说为妙中之妙。"诗家以诗通禅之说，至是得到一个归宿。渔洋有《黄龙晦堂禅师》一诗云："山谷大辩才，妙义皆糠秕，满院木樨香，吾无隐乎尔。"黄龙晦堂为山谷所从游。语次，问山谷，"吾无隐乎尔"作何解。山谷诠释极精，晦堂皆不谓然，山谷不服。时秋香满院，晦堂乃曰："闻木樨香否？"山谷曰："闻"。晦堂乃曰："吾无隐乎尔。"山谷乃服。曾见五山诗僧漆桶万里毕生抄集山谷诗注，共二十一册，书名《帐中香》（天理图书馆藏善本）。其题句云："香为江西诗祖焚，黄龙涎上起清芬。"即用此典故。古今笺黄之作，此最为繁富矣。《精华录》注云："妙道只在当下，当面错过，但从故纸寻求，都无是处。当前花香，是现现成成，活活泼泼的一个。"禅只宜默照，而不宜辨析。近贤说诗禅者，至欲以曹洞正偏五位以说成诗之历程，不知作诗只是要触兴。"兴会神到，不可刻舟缘木求之。"（《池北偶谈》十八）"诗而待于做，必无好诗。"况析之以五位，必无如此齐整。如是，复为诗披上一副禅学桎梏，何异以禅缚之？

吴兴董说，明亡为僧，著有《禅乐府》。以禅林故事制为乐府，大率三字为题。如《风旛动》云：

不是幡，不是风，蟭螟眼里击金钟。不是风，不是幡，一片征帆两岸猿。非幡动，非风动，梅花堕井泥牛痛。风动非，幡动非，柳絮悠扬信口吹。

纸上机锋，充满禅趣。饶州荐福退庵休禅师上堂："风动耶？幡动耶？风鸣耶？铃鸣耶？非风铃鸣，非风幡动，此天与西天，一队黑漆桶。"（《五灯会元》）理亦如是。清初聂先与曾王孙合编《百名家词》，先自署那罗延窟学人，为之序曰：

余不知词而知禅，请以禅喻。五祖举示佛果云："频呼小玉元无事，只要檀郎认得声。"果入室云："少年一段风流事，只许佳人独自知。"此绝妙好词也，近于丽纤。政黄牛云：解空不解离声色，似听孤猿月下啼。此绝妙好词也，近于清寒。端师子云：我本潇湘一钓客，自东自西自南北。此绝妙好词也，近于豪宕。洪觉范云："秋阴未破雪满山，笑指千峰欲归去。"此绝妙好词也，近于淡冶。《首楞严》曰："佛谓阿难，辟如琴瑟箜篌琵琶，虽有妙音，若非妙手，亦不能发。"今诸公之词，各以妙指而发妙音。……尽使摸象之盲人，扣钟之聋者，忽如天眼顿开，疾雷破柱，直得香象渡河，华鲸夜吼，岂不快哉！（百家词题长水曾王孙道扶，庐陵乐读居士聂先晋人纂定。康熙绿荫堂本收《百名家词》共一百卷，京大藏本只三十卷八册，有曾王孙序而无聂先此序。）

摘禅家妙句以证词境，妙用直喻暗喻，亦是一篇绝妙好文。宋人词集已以禅命名，陈与义集曰《无住词》，杨无咎集曰《逃禅词》。清初纳兰性德名其集曰《饮水》，取道明禅师语"实未省自己面目，今蒙指探入处，如人饮水，冷暖自知"。曹贞吉名集曰《珂雪》，王僧孺佛事文谓天尊"焕发青莲，容与珂雪"。敦煌咒生偈"目净修广若青莲，齿白齐密由珂雪"（英伦斯坦因目五六四五），亦取释典。

厉樊榭齐天乐秋声警句："独自开门，满庭都是月。"如《指月录》中语。故谭复堂评曰："词禅。"董潮《东风齐著力》一词，有句云："石坛风静，幡影昼沈。阑角嫣然一笑，凝眸处，黛浅红深。君知否，桃花燕子，都是禅心。"凄馨秀逸，论者谓为真词禅也（《两浙词人小传》）。俞樾《采桑子》隽句："死是禅心，活是仙心，一样工夫两样心。"不死不能活，颇能道破妙处。（黄龙有四句云："死中有活，活中有死，死中常死，活中常活。"圜悟云："死水里浸杀。"）词心之通禅，与诗心之通禅，固无二致也。

一九八〇年

词　与　禅[*]

以禅说诗，人所习知；以禅论词，世犹罕道。清江顺诒《词学集成》卷七引满洲如冠九（山）为《心庵词》序云：

> "明月几时有"，词而仙者也。"吹皱一池春水"，词而禅者也。仙不易学，而禅可学矣。……是故词之为境也，空潭印月，上下一澈，屏智识也。清磬出尘，妙香远闻，参净因也。鸟鸣珠箔，群花自落，超圆觉也。

遂谓"以禅喻词，又为词家辟一途"。江氏仅举此一例。余涉猎前贤词集，所见引禅理入者，不一而足。考《碧鸡漫志》论"东坡先生非心醉于音律者，偶尔作歌，指出'向上一路'，新天下耳目，弄笔者始知自振"。"向上"语，原见《传灯录》："宝积禅师上堂示众曰：'向上一路，千圣不传，学者劳形，如猿捉影。'"严沧浪《诗辨》亦点出"工夫有向上一路"。东坡有极高明之襟抱，抒写为词，不同凡近，如宗门之极高明处，故以"向上"比况之。向来讥吴梦窗词者，喜以七宝楼台，碎拆下来不成片段为喻。按《新唐书》（一○二）《姚璹传》，奏称"弥勒成佛，七宝台须臾散坏"，语正同此。

元陆行直之《词旨》，内列"词眼"二十六则。按宋人喜言"诗眼"。

---

* 本文载于《文辙·文学史论集》（下册），台北：台湾学生书局，1991 年 11 月。收入《饶宗颐二十世纪学术文集》卷十二诗词学。

范温记山谷语云："学者先以识为主，禅家所谓正法眼藏。""直须具此眼目，方可入道。"又云："句中有眼，学者不知此妙，韵终不胜。"温据其说作《潜溪诗眼》一卷，称"识文章者，当如禅家有悟门"。有"诗眼"而后有"词眼"，溯其渊源，本与禅悟有关；惟《词旨》之"词眼"，乃谓警策字眼，所指少异矣。

董其昌以神喻画，名其居曰"画禅室"。明代文人大都喜言禅。李开先称谜语曰"诗禅"，[①] 袁宏道校李贽《枕中十书》[②] 有"文字禅"。书画家之张瑞图，其《白毫庵集》内有《禅肤篇》。曹学佺为闽中林崇孚《瓿余》序云：

> 洪江社集论渊明以酒为禅，谢灵运以诗为禅，远公皆随机而接之。

此说极新颖，具见明人嗜以禅设喻。吴赵宧光之夫人陆卿子，有《玄芝集》，宧光为之序云：

> 余志在禅，而意兴诗；妇志在诗，而意兴禅。故余堕鄙俚，妇堕组绘，二者皆非是。[③]

禅用偈语，故近俚俗，诗尚文藻，故多丽句。其述夫妇旨趣之异，实则殊途同归，假禅立论，别具妙谛。

词自明末，弥尚艳冶，与禅义尤乖违。而词家以禅取譬者，约有二义：一以求忏悔，一以求解脱。求忏悔者，消极之论，聊自慰释；求解脱者，则其造论往往有新之体会，于词境之开拓尤有功焉。

崇祯间，钱塘吴本泰名其词集曰《绮语障》。[④] 案南宋鄱阳张辑词名曰《东泽绮语债》，吴集之命名即本此。绮语者，《大乘义章》云："邪言不正，其犹绮色，从喻立称，故名绮语。"佛家引以为戒。敦煌 P·三八八七

---

① 《肉蒲团》且题曰"觉后禅"，更为谬种。
② 《大雅堂订正》。
③ 以上三种皆日本内阁文库藏。
④ 《明词综》选录其词，吴集后为禁书。

《忏悔词》，绮语为十目之一，《爰园词话》引十戒有绮语，故宋人称词曰"语业"。① 龚鼎孳于其词集有《绮忏自题》云：

> 湖上旅愁，呼春风柳七（永），凭栏欲语，时一吟《花间》（集）小令，……寻自厌悔。昔山谷以绮语被诃，针锤甚痛，要其语妙天下，无妨为大雅罪人。吾不能绮，而诡之乎忏。然则吾不当忏绮语，当忏妄语矣。

以一时艳宗，而出此语，正抒其厌悔之心。黄山谷撰《晏小山集序》云："余间作乐府，以使酒玩世。道人法秀独罪余以笔墨劝淫，于我法中当下犁舌之狱。"《冷斋夜话》卷十"鲁直悟法秀语，罢作小词"，即记此事。② 尤侗序王西樵（士禄）《炊闻词》云：

> 或谓西樵方长斋绣佛，盦写名经，不当忏此绮语耶？不也。天上无懵懂仙人，西方岂有钝根佛子？假以炊闻厄语供养如来，如来必且微笑，以教迦陵诸鸟，鹙子大弟，和以微妙之音。

语尤佻巧。乾隆间郭麐亦名其词集曰《忏馀绮语》：自序云："学道未深，幻情妄想……"盖词人固一面自言忏悔，一面仍写其绮语也。清初词人喜借禅喻词，曹秋岳有"参活句"之说。其序沈雄《古今词话》云：

> 换羽移宫，不留妙理于言外。虽极天分殊优，加人工之雅缛，究非当行种草，本色真乘也。……用写曲衷，亟参活句，生机欲跃，……意致相诡，无理入妙者，代不数人，人不数句。

诗有活法，宋人恒言之。如四明史弥宁《友林乙稿》云：

---

① 如杨炎正之《西樵语业》。
② 又《苕溪渔隐丛话》前集卷五十七"秀老"条。

诗家活法类禅机，悟处工夫谁得知？寻著这些关捩子，国风雅颂不难追。①

诗家有活法，词家亦有活法，理固无二致也。以禅譬喻词境，惟聂先之说最有可观。其《清百名家词序》云：

余不知词而知禅，请以禅喻。五祖举示佛果云："频呼小玉元无事，只要檀郎认得声。"果入室云："少年一段风流事，只许佳人独自知。"此绝妙好词也，近于丽纤。政黄牛云："解空不解离声色，似听孤猿月下啼。"此绝妙好词也，近于清寒。端师子云："我本潇湘一钓客，自东自西自南北。"此绝妙好词也，近于豪宕。洪觉范云："秋阴未破雪满山，笑指千峰欲归去。"此绝妙好词也，近于淡冶。《首楞严》曰："佛谓阿难，辟如琴瑟箜篌琵琶，虽有妙音，若非妙手，亦不能发。"今诸公之词，各以妙指而发妙音。……欲使天下之人，有目共睹，有耳共闻。尽使摸象之盲人，扣钟之聋者，忽如天眼顿开，疾雷破柱，直得香象渡河，华鲸夜吼，岂不快哉！

真是一篇佳绝之小品文。能以夸张法（atiśayokti）构想，妙用直喻（upamā）、暗喻（rūpaka），机锋四起，亦活法之善用者矣。

谭复堂于厉樊榭《齐天乐·秋声馆赋秋声》，评曰："词禅。"此词中"独自开门，满庭都是月"，如《指月录》中语，的是名句。海盐董潮《东风齐著力》词，有句云："石坛风静，旛影昼沈。阑角嫣然一笑，凝眸处，黛浅红深。君知否，桃花燕子，都是禅心。"凄馨秀逸，论者谓为真词禅也。② 此亦参活句之佳例。俞樾《采桑子》有隽句云："死是禅心，活是仙心。一样工夫两样心。"不死不能活，亦能道破妙处也。

有以禅分南、北，以喻词之有南、北二派。张其锦道光六年《梅边吹笛谱序》云：

---

① 宋刊蝴蝶装，香港某氏藏，有苍茫斋影本。
② 见《两浙词人小传》八。

南宋词有两派：一为白石，以清空为主。高、史辅之。前则有梦窗、竹山、西麓、虚斋、蒲江，后则有玉田、圣与、公谨、商隐。扫除野狐，独标正谛，犹禅之南宗也。一派为稼轩，以豪迈为主。继之者龙洲、放翁、后村，犹禅之北宗也。

董玄宰论画分南、北宗，此师其意。而以白石之清空属南宗，稼轩之豪迈为北宗，所见极新，而未必尽确。又有主融情于声色，而通乎至道者。项名达为赵秋舲《香消酒醒词》序云：

辞藻，色也；宫调，声也；选声配色，而以我咏叹其间者，情也。情与声色，去道远，而一变即可以至道。……故声色者，道之材；而情者，道之蒂也。……香与酒犹之声色，苟融情于香酒，自有不待消而消，不待醒而醒者。故知声即无声，得微妙声；色即无色，得善常色；情即无情，得普遍情。……由文字入，总持门出，生功德无量。则是词也，小乘戒之曰绮语，大乘宝之则曰道种。

其说至精，化绮语而归于至道，依大乘义，现身说法，较龚、尤辈又进一步矣。论词者又每喜以《法华》、《华严》、《楞严》取譬。田同之《西圃词话》云：

词之一道，纵横入妙，能转法华，则本来寂灭，不碍昙花。文字性灵，无非般若。频呼小玉，亦可证入圆通矣。

此以转《法华》为喻，乃袭取自高珩之《珂雪词序》也。施愚山《蠖斋诗话》誉渔洋诗如华严楼阁，弹指即现。《渔洋诗话》亦载之，用以自炫。顾贞观名其词曰《弹指》，诸洛为序，备述其说，谓：

先生尝曰：吾词独不落宋人圈帻。昔弥勒弹指，楼阁门开，善才即见百千万亿弥勒化身。先生以斯名集，殆自示其苦心孤诣，超神入化处。

按《梁书·处士传》刘歊独坐空室，一老父至门，弹指而出。歊与宝志善，作《革终论》，乃虔诚之佛徒，词人但借用其语。厉鹗词中《游西溪》名句"凭高一声弹指，天地入斜晖"，后人为建"弹指楼"。此掌故诚有足记者。弥勒弹指项即现千万化身，词有无数法门，惟智者乃获悟入处，其道亦犹是也。蒋剑人敦复渡江后为僧，法名妙喜。① 其论周保绪《六丑·赋杨花》云："声律谨严处，可谓字字从华严法界中来。"② 此并以《华严》为喻也。项名达序《香消酒醒词》亦言赵秋舲（庆熺）尝云："词学宜少不宜老，以时变者也。即变而入不变，舍《楞严》其谁与归？"则又比之《楞严》矣。

王半山和俞秀老禅思词，杨升庵著之《词品》。又举衲子填词二者。释氏词著名者，无如清释正岩《点绛唇》 "自家拍掌，唱得千山响"二句。③

宋人词集，始取名于禅。陈与义曰《无住词》，杨无咎曰《逃禅词》。清人以禅名词集者更夥。如嘉庆时大兴邵寿民（葆祺）有《情禅词》，道光间潘钟瑞有《香禅词》，龚定庵有《红禅词》。然此辈皆非方外之徒也。纳兰性德名其词曰《饮水》，自谓："如人饮水，冷暖自知。"语本之道明禅师。④ 陈维崧名其词曰《迦陵》。梵语妙音鸟曰："迦陵频迦"（Kalavinkā），《弥陀经》之极乐鸟。⑤ 先是黎遂球名其集曰《迦陵》，自序云："净域之鸟，觳而能鸣，聊以忏悔云尔。"而蒋景祁序《湖海楼词》云："夫迦陵者，西王母所使之鸟名也。其羽毛世不可得而见，其文采世不可得而知。划然啸空，声若鸾凤。神仙之与偕，而缥缈之与宅。"维崧以名其集，岂取义乎此耶？曹贞吉名词集曰《珂雪》，亦取释典。王僧孺《初夜文》谓天尊"焕发青莲，容与珂雪"。敦煌卷S·五六四五咒生偈句："目净修广若青莲，齿白齐密由珂雪。"是其例也。

---

① 见《听秋声词话》十七。

② 《芬陀利室词话》一。

③ 《雨村词话》、《铜鼓书堂词话》俱载之。正岩有《豁堂老人诗余》。

④ 答卢行者语，见《五灯会元》。性德《渌水亭杂识》四称："钟伯敬妙解《楞严》，知有根性在钱蒙叟上。"知其早契禅机，非偶然矣。纳兰拯吴汉槎于塞外，及其覆舟而没，汉槎为容若刻《大悲陀罗尼忏》，王昶《论诗绝句》记其事。

⑤ 汉人于梵译喜作省词。郭鏖频伽，即截取下半 Vinkā。伽陵则取上半之 Kala。

闺秀吴蘋香（藻）词名曰《香南雪北》，盖本潞府妙胜臻禅师答僧问："金粟如来为甚么却降释迦会里？"云："香山南，雪山北。"[①] 蒋敦复名其词曰《芬陀利室》。芬陀利，梵语 Pundarkia，白莲花也。沈寐叟名其词曰《曼陀罗室》。梵语 Mandara，天妙华，香而色清者也。凡此皆取自释氏，以名其词集，而各立胜解。王芑孙《瑶想词》有句云："不守辛苏杜撰禅，不从周柳觅蹄荃。"词家之禅，其杜撰禅之亚乎？

虽然，词人多具慧眼，吐属超脱，自非凡响。黄仲则《竹眠词》中《金缕曲》，劳濂叔手书大悲咒为赠，云可却魔障，报以此解。隽句如："论慧力，图澄堪证。""更凿险，降魔杵奋。只恐夜深惊屈宋，月明中，谁把骚魂认。"工作鬼语，妙想环生。沈寐叟《金缕曲》"健骨金刚锁"一首，贯穿内典，别开生面，如其诗之为同光体，具开埠头本领也。同时能以梵典入词而以凄婉嗟叹出之者，若陈仁先《旧月簃词》之《八声甘州》，写雷峰塔倾圮，悲凉激越。其小词如《浣溪沙·梵香》云："微淬虚空是泪痕，聊凭香篆定心魂，重帏深下易黄昏。

学道不成仍不悔，此心难冷更难温，一丝还袅博山云。"低徊悱恻，语语真挚，不涉理路，故为高绝。是能参透唐人一关，异乎翻著袜之作，徒以戏论取悦者可同日而语也。其句又如："残年心事，寂寞礼空王。"词人老去无聊，往往托情于是。朱彊村句"禅悦新耽如有会"（《浣溪沙》），正同此意。昔唐栖蟾有云："诗为儒者禅。"[②] 盖有得于禅者，具外向、内向两种：外向者，类放荡而流于狂禅；内向者，则视禅为安心立命之地，以理性情之正，尤近于儒。词亦可为儒者禅，与诗相儗，特欲缱绻蕴藉，不肯道破。难冷难温，此词心所以不同于诗心者欤！

友人陈世骧教授曩曾撰 Chinese Poetic and Zenism 一文，载 *Oriens* Vol. X，No. 1，1957。近年 R. H. Blyth 有 *Zen in English Literature and Oriental Classics* 一书（The Hokuseido Press），多援引诗句以入禅。至于倚声之道，词人每取与释典及禅语比附。陈眉公《偃曝谈余》（卷

① 参考《蕙风词话》二。
② 《弘秀集》卷十。

下）曾讥严沧浪为"杜撰禅"。词人言禅，大率类此。虽无关宏恉，然于文学批评，或可供拊掌谈助之资。顷值《清华学报》文学专号征文，爰类次平日读书剳记，强凑成篇，不遑博考，览者以词话目之可耳。

饶宗颐附记

与刘述先论"暗里诤"书[*]

述先教授吾兄道鉴：顷于《明报月刊》得读大作本年哲学会剪影，知此次开会盛况，可贺可贺！

偶然忆起去年美术史专家汪世清教授自北京来书，抄示八大山人友契释机质^①《赠八大诗偈》一首云：^②

> 梵音撇在千峰外，
> 拍手抴掌会捏怪；
> 识破乾坤暗里诤，
> 光明永镇通三界。

汪君谓"此首极费解，盼能指迷"。余覆书妄为解说云：

梵音撇开在千山之外，则不必借梵音而能直指心源，识破天地之秘。惟大画家能捏怪、振奇者，可造此境界，故拍手、抴掌^③以称赞之。

"乾坤暗里诤"数字极紧要。诤者，《说文·言部》："和说（悦）而诤也。"最为确诂。"洙泗之间，訚訚如也"，《论语·乡党》："与上大夫言，訚訚如也。"孔训："訚訚，中正貌。"诤以今语解释之，即在争论中取得

---

* 本文载于《固庵文录》，台北：新文丰出版公司，1989 年 9 月。收入《饶宗颐二十世纪学术文集》卷十四文录、诗词。

① 字季彬，江西南昌人，著有《广陵三山草》。

② 此诗从未发表，汪君从朱观所辑《国朝诗正》卷六钞出。

③ 《哀江南赋》序："陆士衡闻而抚掌，是所甘心。"抚即抴也。

和悦、和谐。天地间之奥妙处，即在暗里的"阉"①如何悟得。以佛理言，从无明得到真如。以画理言，从一堆黑漆漆的墨团中，可开拓新意境，则永得光明，而常操胜算矣。此即八大山人之成就也。

汪君颇以为然。今次哲学会以和谐与争斗为主题，从争论取得和谐，大家正在追求"暗里阉"，与会者相信都是能"识破乾坤暗里阉"的人。此一诗偈，寥寥数言，已为点破。艺与道，固相通也。讨论的语言可以撇开，此诗偈本身，亦是禅家"捏怪"之一例，故不避累赘，再为录出，以供识者的拍手拊掌，兄可一笑置之。

宗颐（选堂）合十

一九八五年五月十五日

---

① 似可借用"辩证的统一"。

重刊曾刚父诗集跋[*]

晚清粤中诗人必数梁节庵、曾蛰庵师弟。梁诗温丽悲远，世所共识。曾诗任公推许备至，称其腴思中含，劲气潜注，晚岁所得，每造陶柳圣处，可谓知言。公丁易代之交，抚己深怀，履运增慨，其遭际正与陶公同符；及躬耕杨漕，不啻归园田居矣。夙耽禅悦，故能因情而尽性。今读《静中花下纳凉》诸作，一归性境之真。其论《桃花源记》，谓直是性境现量。其诗云："相逢便问今何世，始觉陶潜是恨人。"实前贤所未道，足见其于陶公所得者深。钟记室品陶言："每观其文，想其人德。"窃谓读公诗亦当以此义求之。夫其夐出尘表，若清飙厉翩，劲气生襟，造境之高，又岂并时才俊所可企及耶？公诗向有手写定本，没后遐庵丈为印行，惜印本不多。比者韩君穗轩斥资重刊，以广其传，有足多者。以余与公谊属同州，属为一言。予生也晚，未获奉手，然每诵公诗，如接謦欬，往往中夜徊皇，不能自已；重感韩君之意，爰为推论如此，以念世之读公诗者。抑公之志悬诸日月，照在天壤，何劳后生妄赞一辞。其所不能已于言者，亦以区区私淑之心，而识小之旨，想为贤者之所乐许云。癸巳嘉平后学潮安饶宗颐敬跋。

---

　　* 本文载于《固庵文录》，台北：新文丰出版公司，1989 年 9 月。收入《饶宗颐二十世纪学术文集》卷十四文录、诗词。

186

詹无庵诗序[*]

钟竟陵尝谓：真诗者精神之所为。察其幽情单绪，孤行静寄于纷扰之中；复以虚怀定力，独往冥游于寥廓之外；如访者之几于一逢，入者之欣于一至。盖诗之不可强作，自非炉锤功深，何能臻独造之境；而又不可不作，以情非得已，不能不宣泄之以诉之冥漠。是故为诗者，不望得人之知，而解人又焉易得？真诗之难求如此，亦犹弋者之幸于一获。

知诗之难，得非如庄生所谓空谷足音，不几于旷世而一逢也耶！无庵之于诗，气骨道而情性复。搴太华曾云之峻，不足以方其缥缈之思；吸两颢沆瀣之英，不足以喻其高骞之操。近世之为诗者，隐秀瘦折者有之，沉博瑰伟者有之，举足以震骇心目。若夫具才力而不逞才力，擅翰藻而不侈翰藻。涤烦襟以抽哀思，澡清魄而发幽响，如野云之孤飞，独鹤之宵唳，追之无踪，觅之无声，非夫绝伦轶群，超埃坷而高举者，孰能究其神旨至于斯极者乎？无庵挂瓢滇海，凄吟武溪，居山林之牢，值濒洞之际。晚岁所作，如书之一波三折，遒峭峻絜，至今诵之，低徊悱恻，弥怆平生于畴日。而伯慧世兄承其先志，亟欲谋刊遗集。去岁执手汉皋，惓惓无已；今夏相见扶桑，得快披览。叹真诗之未绝，又喜其行世之有日也，用不辞固陋，妄为扬榷。若其窈然以深，廓然以远，世之工此道者，自能识之，毋待余之烦言矣。

庚申五月，饶宗颐拜序，时客京都三缘寺

---

　　* 本文载于《固庵文录》，台北：新文丰出版公司，1989 年 9 月。收入《饶宗颐二十世纪学术文集》卷十四文录、诗词。

回回纪事诗序[*]

诗中必有胆，无胆不能奇，不足为惊人语也。诗中必有识，无识不能高，不足以摈犹人语也。诗而无胆无识，必其人之呢訾栗斯，逐世俗啼笑，而失其所以为人者存也。苟能不徇于人，则不亏于己，是之谓天全。

庄生有言，毋以人灭天。天乎，天乎，本具于我，曷曾假物以自见？又曷曾不假物以不自见？而诗者，最足假以襮吾天者，肝胆器识，于是乎在。夫然后独来独往，始能为天地间必不可无之文，虽欲废之而不能也。丘拉因先生为诗自西洋人入，浸淫唐宋明清诸家，疏源凿流，言必己出。乱定以后，记其向所涉历者为绝句，累数百首，神明变化，光怪莫测，新旧交响，酸咸从心，澄之不清，挹之无竭，定庵《己亥杂诗》而后，此最为震眩者矣。夫时有升降，法不相沿，不强苟同，何病逞异，要在能全吾天，示人以真面目而已。今展先生诗，诚能充其胆识，发为光焰，以高明率真自见。抑其所造，往往不在故为惊人与不肯犹人者？斯尤不可及已。

---

* 本文载于《固庵文录》，台北：新文丰出版公司，1989 年 9 月。收入《饶宗颐二十世纪学术文集》卷十四文录、诗词。

《菁庐诗存》题辞[*]

  余始识菁庐于弱冠之年。维时胡尘涨天，风云黯惨。君避居龟湖，旋逭播湘桂，度大娄山而西入蜀。余则于桂林陷落后，飘泊西南天地之间。入大籐峡出鬼门关，滞居北流，临勾漏之洞。凡所经历，诚如韩公所云："山哀浦思，鸟兽叫音。""泊砂倚石，有遌无舍。"今重读君诗，情景仿佛。欲不慨平生于畴昔，而无怆悢悒愤之心，得乎？君非专意于诗，不肯为掐擢胃肾之作；而佳章逸响，时时遘之。余尤喜其黄山纪游诸篇，其诗心之浩然、畅然，深有得于山川之助。尝云："自看胸次泯哀乐，只觉吟诗事已多。"视吟诗直是赘语，是君之鸣，又何假于诗！呜呼！亦可以见其人矣。

一九八五年

---

 * 本文选自《澄心论萃》，上海：上海文艺出版社，1996 年 7 月。

189

书 画 通 议

临汝彩陶之鹭鱼画与青海之舞人图案[*]

远古陶器上的彩绘，最为人所瞩目的，无如 1978 年 11 月在河南临汝县阎村发现的仰韶文化大河村类型的彩陶缸（图 1）。上面绘一长嘴鸟口衔一鱼，其侧站着一带柄石斧，画面高 37 公分，宽 44 公分，占全缸面积的一半。

鸟由白色彩绘而成，眼则用墨笔勾勒。鱼和石斧都先以墨勾出轮廓，然后填上白色。画中对象一动一静，布置、呼应，笔

图 1　河南临汝出土鹭鱼石斧
　　　陶缸图

墨色彩兼备。说者称其富有六法中"应物写形"的意味。全图只用棕与白两种颜色而绘于浅橙色的陶缸上，效果特佳，白羽与银鳞，相映成趣，可称神品。[①]

这件在绘画史上有珍贵价值的原始写绘高度技巧的作品，得到一般美术通史和通俗读物[②]的普遍介绍，大家已耳熟能详。到底这一具有简拙古朴之美的绘画主题，是在表现什么呢？自来即有许多不同的说法：有人认为这是鹳鱼，可能表示它是古代欢兜族人的遗物，似乎理由不太充分。

我们看石斧的柄上写着×的符号，这个符号，西安半坡、姜寨、青海

---

　　*　本文选自《饶宗颐二十世纪学术文集》卷十三艺术（上）。

　　①　参《中原文物》1981，张绍如《原始艺术的瑰宝——记鹳鱼石斧图》；又同杂志 1982，郑杰祥《鹳鱼石斧新论》二文。

　　②　如《岁月河山》一类书籍。

柳湾的陶器上刻画符号都有×形，青海半山类型陶瓷更在器物的口沿有时连续绘上若干个×号。这个记号不特见于吾国西北古代遗物。其实是人类从远古以来表示"富有"的一个标记。西亚两河流域的 Hassnna 文化（公元前5800）的彩陶罐下腹部连写两个×的符号。据说在 Anatolia 地区，即以×与＋表示富庶，至今尚然。[1] 这幅图画，石器代表生产工具，鸟口里含鱼表示渔猎多所采获，写上×号应是同样说明"富有"的意思。正为当日丰盛生活的反映。有人欲把该石斧说成石钺的"戉"字，[2] 似乎尚很难言。

汉代画像石有双鸟含鱼像。[3] 汉人以得鱼为利，如今之以鱼表"有余"。因此，图中的长嘴鸟未必是鹳，它原是白色，很可能是鹭。汉铜洗花纹屡见鹭鹚衔鱼图案，铜鼓上花纹亦有之。汉代习以朱鹭为鼓上的装饰，汉铙歌有朱鹭，其辞云：

朱鹭，鱼为鸟。（路訾邪），鹭何食？

鹭本是吃鱼的，现在鸟（呜，呕也）出来，它要吃什么呢？把鹭口衔鱼作为绘画的题材，从这一幅图，可远溯到新石器时代。《谭苑醍醐》："汉初有朱鹭之瑞，故以鹭形饰鼓，又以朱鹭为鼓吹曲也。"汉时以朱色的鹭为祥瑞，用意又深一层了。

1973年青海大通县孙家寨出土马家类型三八四号墓有成组带辫发五个舞人携手图样的陶盆，现陈列于北京历史博物馆。每个人还在背后系有尾饰，金维诺引证葛天氏之乐，三人掺牛足，投足以歌八阕来加以解释，复取云南晋宁石寨山出土的西汉铜舞俑，亦饰有兽尾作证。余考滇地古有尾濮，《太平御览》七九一引《永昌郡传》："尾濮尾若龟形，长三四寸。"又引《扶南土俗传》言："蒲罗中人人皆有尾，长五六寸。……"蒲罗盖尾濮之地名。盖自皇古以来青海羌人与滇之濮人都喜爱尾饰，均有实物作证。至于图绘成组舞人携手平列作为图案，西亚的彩陶亦有相同的画面。在 Halaf 的遗物（图2，公元前5200）竟有若干舞人腰下系尾，而手拉手

---

[1] Symbol of fertility，见 James Mellaart：*Earliest Civiligations of the Near East*，124页。

[2] 董楚平《吴越文化新探》，20页。

[3] 江苏东海县梨水库出土。

193

平列表现舞姿。稍后的 Ubaid 时代（图 3，公元前 4400—前 3800）陶器上仍保留这舞人画面。[①]

图 2 Halaf 遗物

图 3 Ubaid 彩陶

合以＋符号在西亚流行的普遍看来，新石器时代东西亚之间有些共同性存在，这些问题正等待我们去作进一步的探索。

---

① 参看邓聪《舞人纹彩陶盆考》。

长沙楚帛画山鬼图跋[*]

　　长沙近郊陈家大山周塚出土帛画，[①] 旷世瑰宝。惟所绘神女杂以夔凤，义不易明。顷思《九歌·山鬼》篇，其鬼乃女神。故其词曰："既含睇兮又宜笑，子慕予兮善窈窕。"山鬼者，果为何物？洪兴祖引《庄子·则阳》"山有夔"，及《淮南子·氾论训》"山出枭阳"以说之。谓楚人所祠，或即此类。按《淮南》原文以"枭阳"、"罔象"、"毕方"并举，咸是怪物。高诱注："枭羊，山精也。"《上林赋》："追怪物，出宇宙。射游枭，栎蜚遽。"又《羽猎赋》："睨枭阳。"《文选》注谓即狒狒。"蜚遽"一作"飞虡"，《集解》引郭璞云："飞虡，鹿头龙身神兽。"长沙所出木雕鹿角龙身神座，[②] 殆即飞虡之象。《甘泉赋》："属堪舆以壁垒兮，梢夔魖而抶猨狂。"鲁语："木石之怪曰夔蝄蛃。"韦注："或云：夔一足。越人谓之山缲，或作猱，富阳有之。人面猴身，能言。"枭羊一说为狒狒，与此山猱略相似。则山精之枭阳，与山之夔，原一物之分化。而此帛画所图之夔，即山精明矣。[③]《礼记·祭法》言："山林川谷丘陵，能出云，为风雨，见怪物，皆曰神。有天下者祭百神。"《周礼·大宗伯》："以貍沈祭山林川泽。"祭之

---

　　* 本文节选自《楚绘画四论》一文。收入《饶宗颐二十世纪学术文集》卷十三艺术（上）。

　　① 是图为 1949 年 2 月在长沙东南郊五里陈家大山楚墓发现。高约 30 公分，宽约 20 公分。蔡季襄有《晚周画家的报告》未发表。

　　② 鹿角龙身神座，参看梅原末治《传长沙出土之木雕怪神像》（宝云二十一号）及杨宽文（《文物周刊》13 期）。世但称为怪神像，不知即"飞虡"之像。

　　③《说文》："夔，贪兽也；一曰母猴。"又"夔，神魖也，如龙一足"分为二字。韦昭以夔为山猱，人面猴身，或谓即误"夔"作"夔"。按山猱亦作山魈，《广韵》称为独足鬼。章太炎《文始》谓鬼即"夔"字，引申为死人神灵之称，如是山鬼即山夔矣。

者，所以祈福而禳灾。《九歌》之河伯山鬼，即祀山林川泽之神物也。

往读《九歌·山鬼》篇，以为《九歌》乃南楚之祀神之曲。作者既自托于山鬼，幽篁蔽天，冥冥昼晦，宜为狰狞可怖之状；而乃披萝带荔，以缠绵婀娜之情出之，深不可解。或援高唐瑶姬以明山神为女子。[①] 则又苦于乏证。今展斯图，果为窈窕佚女，前有夔龙，山之精也；凤凰在侧，将以为媒也（即《离骚》"凤凰即受诒"之意）。神人相恋相杂之情，于焉可睹。《九歌》所祀之鬼，乃为神女，斯其明征；则是图者，目为山鬼之图，无不可矣。

图之出土也，据云叠折而庪于陶敦中，以之随葬，自取厌胜之意。古者入圹，方相氏以戈击四隅，驱方良（见《周礼·方相氏》）。后之明器，亦作为"穷奇"之类，以逐恶鬼。"方相"、"方良"本为一名。寖假方相遂为逐鬼之怪神，方良更为被逐之恶物。夔本"神魖，如龙一足"（《说文》语）"鬼之神者也"（段玉裁说）。古人倚以逐鬼，故殷、周彝器，多作为夔纹。"铸鼎象物，使民知神奸，入山林川泽，禁御不若，以逐魑魅魍魉。"（《左传》宣三年语）故后世目夔为山精，此夔所以为山鬼也。以夔驱鬼（此即以毒攻毒之意），至图之缯帛，用之于墓葬，亦犹方相之入圹逐鬼辟邪也。惟楚人之山鬼，乃为女神，故兼绘窈窕佚女；合以凤鸟，则或取郊禖之意。盖以彩凤迎祥祉，以夔魖逐魑魅，祈禳兼施，意自明耳。[②]

近世长沙出土遗物夥颐，可与《楚辞》印证；若此帛画，即其一例，无异《九歌·山鬼》之具体说明。而夔魖猖狂之态，凤凰翱翔之状，人鬼飘忽，令人与战国楚巫精神恍若相接。信乎发覆阐幽，莫尚于此矣。与其乞灵于其他材料，以说《九歌》；曷取长沙遗物以寻证之，不更直接而可据也耶！

后记

上文作于 1954 年，其时原物初发现，摹本未能准确。最近，熊传新

---

① 觯山鬼为女子者，近人游国恩《论九歌山川之神》（载《读骚论微初集》）、孙作云《九歌山鬼考》，姜亮夫《九歌解题》主张并同。

② 《潜夫论·浮侈》篇："或裁好绘，作为疏头，令工采画，雇人书祝，虚饰巧言，欲邀多福。"《御览》二十三引《风俗通》："夏至，著五彩辟兵。"可见古用缯帛以辟邪。

重行处理（图4），看清楚画中之兽，头部无角，躯体两侧各有足，尾端非下垂而作卷曲状。故断其是龙而不是夔。因而主张龙凤乃示引魂升天，而视图中之巫女为墓主人，惟苦无直接证据。又图中女子立于半弯月状物之上。此弯月状为何？殊难确指。有人以牵合长沙子弹库所出另一御龙舟帛画，谓此弯月状即"舟"（萧兵说）似亦未惬。余仍同意熊氏说以指大地，实为丘陵之状，所谓"表独立兮山之上"者，故余视此图中巫女与屈原《山鬼》所描写之窈窕佚女，有其相关之处，前说尚可以存参。

图4　长沙楚帛画山鬼图

夔龙纹见于铜器者，原貌非全是一足，故韦昭云："或云：夔一足。""或云"者，备一说而已。今细察纵是多足，亦未碍其为夔龙也。验楚墓出土漆棺，大抵以龙、凤为主要图案，其最为瑰奇伟丽者，无如包山墓彩绘漆棺，整个画幅达四平方公尺以上，共有十八组对称图案，"将龙纹交于凤纹之下，宛如凤翔云中，龙潜水底，八方蛟龙腾跃，黄首白嘴，鳞甲金光灿烂；凤鸟则敷以黄色，分布成组，上下相对，整幅祥龙瑞凤，富丽堂皇"。[1]可见漆棺每以龙凤为图案，二者并象征吉祥，此图以女巫立于坡陀之上为主角，夔龙、威凤只是配景，亦可视作图案，不必如一般目之为斗争之主题也。

山鬼之名，秦始皇曾称说之，谓"山鬼固不过知一岁事也"。[2]鲍照《芜城赋》云："木魅山鬼。"山鬼本通指山间之精灵，《五藏山经》所载诸山之神各有其名号。《抱朴子·登涉上》云："山无大小，皆有神灵。"张衡《南都赋》："惮夔龙兮怖蛟螭。"《文选》李善注引《鲁语》"木石之怪曰夔魍魉"以说之。墓葬棺椁以及入墓厌胜之缯帛彩画，所以画写夔龙鸾凤，意在辟邪邀福，未必希图升仙，故此合掌虔诚之巫女，以山鬼当之，自较宓妃之说更有理据。

从绘画技术言，此帧全用线条勾勒人物与动物，韶秀清劲，此时期线条所表现的骨法用笔，已有高度造诣，生动之笔触成为画面主要元素。具

---

① 《中国文物报》1987年12月25日。

② 《始皇本纪》三十六年。

见绘画者如何工于控制毛笔，大有后世所称"高古游丝描"之手法，流露出轻茜雅丽之快感。巫女作侧面形象，细腰，裙裾曳地，平涂上深沉颜色，和简峭之衣褶成强烈对比，使造型更为立体化，并以渲染方式表现量感，足见绘画技巧之高。是帧实为先秦唯一出土之仕女图，对于人物画为极重要之可靠史料，艺术价值之高，较之神话学研究，远远过之。其题旨究竟何所指，惟恍惟惚，不必作太多推测，或者可免于"刻舟求剑"之讥诮乎！

《天问》与图画[*]

　　《天问》旧有图,《吴都赋》刘逵注云:"《天问》篇曰:'乌有石林?'此本南方楚图画,而原难问之。"刘说似即本诸王逸。《天问》壁画,向来解释者,大都取资武梁祠石刻,及《鲁灵光殿赋》一段,作为佐证。由《天问》所发问一连串的问题,推知屈子所见壁画乃是历史画。《汉书·成帝纪》应劭注画室"堂画九子母"。《天问》本依图画而作,汉人原有此说。今看《天问》中有"夫焉取九子"一语,知古时壁上绘此像,应劭犹及见之。近年楚墓所出信阳楚瑟及长沙漆奁上的绘画,只反映楚人生活的断片。尚未发现此类壁画图绘。按《益州名画录》卷五云:

> 　《益州学馆记》云:(汉)献帝兴平元年(194),陈留高眹为益州太守,更葺成都王堂石室,东别创一室。自周公礼殿,其壁上图画上古盘古李老等神,及历代帝王之像。梁上又画仲尼七十二弟子,三皇以来名臣耆旧云。西晋太康中(280—289)益州刺史张收笔。古有益州学堂图,今已别重妆,无旧迹矣。

　　《旧唐书·经籍志》有《益州文翁学堂图》一卷,《隋书·经籍志》杂传类有《蜀文翁学堂像题记》二卷,知当时除图像外尚有题记。《全蜀艺文志》卷四十八元时费著《成都周公礼殿圣贤图考》略记其端倪。在宋初

---

　　[*] 本文节选自《〈楚辞〉与古西南夷之故事画》一文。收入《饶宗颐二十世纪学术文集》卷十三艺术(上)。

黄休复撰《名画录》的时候，这些图绘已经因重妆而遭毁灭了。《太平御览·礼仪部》引任豫《益州记》称：文翁学堂在大城南，昔经火灾，蜀郡太守高胜修复缮立，皆图画圣贤古人之像。《元和郡县志》文翁学堂条引李膺《蜀记》云：其上悉图古之圣贤，梁上则刻文宣及七十弟子，齐永明刘瑱更图焉。刘瑱彭城人，画嫔嫱推为第一。文翁学堂的壁画，经过许多次的增修：自文翁以后，计有后汉献帝时的高朕，西晋太康中的张收，南齐的刘瑱几个时期的添绘。

巴蜀亦是楚所辖的地方。屈子所见先王祠庙的壁画，详细已不可知。惟据益州学馆所传汉代壁画的记载，可以推想楚地祠庙的壁画，应该有相同的情形。益州壁画，自上古以至历代帝皇名臣耆旧，都有画像，《天问》起自邃古，历代帝皇贤圣都在呵问之列。王逸说："屈原仰其图画，因书其壁呵而问之。……楚人哀惜屈原，因共论述，故其文义不次序。"这是说屈原将呵问的辞句，写于壁上，后人加以编集，遂亦有所增益。这样说法，是没有什么根据的。壁画上的题句，像武梁祠的文字，乃是图画的说明。谓屈原作《天问》，从壁画获得写作的灵感，很是合理；若说他见了壁画，便拿起笔来，随便题句，后人加以编集，遂成《天问》一篇，似乎不甚可能。

至于文义不次序的问题，我疑心壁画排列人物先后，本来便不是十分有系统。试看曹植的《画赞》所保存的古史人物故事，次序有如下列：

庖牺／女娲／神农／黄帝／黄帝三鼎／少昊／颛顼／帝喾／帝尧／巢父／许由池主／姜嫄简狄／帝舜／夏禹／禹治水／禹渡河／禹妻／殷汤／汤祷／桑林／卞随／周文王／文王赤雀／武王／成王／周公／田开疆／公孙接／古冶子／汉高帝／商山四皓／文帝／景帝／汉武帝／班婕妤。

这样安排，约略只有年代先后。入画的人物，亦没有一定的准则。曹植的《画赞》是因袭自汉明帝。《历代名画记》载汉明帝画《宫图》五十卷，第一起自庖牺，正和曹文相同。《天问》所见壁画上的人物故事，情形亦是如此，故被人认为不甚有次序。

楚国对人物画像，很早已盛行。《九章·抽思》云："望三五以为像兮。"又《橘颂》云："行比伯夷，置以为像兮。"可见屈原时候，三后、五伯及伯夷等，都已有了图像。《招魂》云："像设君室，静闲安些。"楚俗于招魂时亦置像。马王堆墓绘老妇像，可以为证。《殷本纪》伊尹对汤言素王及九主之事，裴骃《集解》引刘向《别录》云：

> 九主者，有法君、专君、授君、劳君、等君、寄君、破君、国君、三岁社君，凡九品，图画其形。

九主帛书残帙，近日已在长沙马王堆三号墓发现。等君作半君，破君作破邦之主，三岁社君作灭社之主（《文物》，1974年十一期）。殷代已有画缋，当时必已有绘画技术。但伊尹是否将九主理论表现于绘画，殊属难言。后来董逌《广川画跋》有《九主图》可以推想古必有图（《佩文斋》四之九十），刘向这一说，向来不甚为人所信，徐孚远谓"向所载九主，是战国时人语，酷似韩非"。即其一例。按《汉书·艺文志》有伊尹二十七篇，列于小说家，道家别有伊尹五十一篇。关于伊尹的传说，或出于此，亦未可知。九主所以图画其形，应是战国以来借图画以存鉴戒的习惯。《天问》之作，原亦从这一观念出发。曹植《画赞》序云：

> 观画者见三皇五帝，莫不仰戴，见三季异主，莫不悲惋，见篡臣贼嗣，莫不切齿，见高节妙士，莫不忘食。……是知存乎鉴戒者，图画也。

可见图和史的作用，同是施于劝戒的。张彦远撰《历代名画记》，特别转钞这一段话于《叙画源流》章，又称："蜀郡学堂，义存劝戒之道。"楚先王祠庙的壁画，当然是同一意义。李德裕在《重写益州王长史真记》云：

> 然楚国祠庙，鲁王宫室，暨北邦文翁旧馆，皆图历代卿相，粲然可观。[1]

---

① 见《李卫公集》。

亦以文翁石室与楚祠庙，相提并论。其实蜀文化应该是楚人的遗风。屈原所见的先王祠庙，究在南郢何处，无法确定。苏轼《屈原庙赋》云："浮扁舟以适楚兮，过屈原之遗宫。览江上之重山兮，曰惟子之故乡。伊昔放逐兮，渡江涛而南迁。去家千里兮，生无所归而死无以为坟。"东坡所经的屈原庙是在夔州，俗传秭归县北百余里有屈原故宅。东汉南阳亦有屈原庙，延笃死后，乡里图其形于屈原之庙。（见《后汉书·延笃传》，笃为南阳犨〔在鲁山县〕人）。屈原行踪所至，后人为之立庙，亦有图绘贤士遗像，悬于庙中。夔州有屈原庙，则谓成都石室之绘画，乃受到楚祠庙图像之影响，正是不刊之事实。因为绘画和宫庙的营建，自来即结下不可分开的关系。

一九七二年

202

楚帛书之书法艺术[*]

　　胡小石《齐吉金表》论金文字体有四派，"其三为齐派，其四为楚派，两者皆出于殷。用笔纤劲而多长。结体则多纵势。所异者：齐书宽博，其季也，笔尚率直而流为精严；楚书流丽，其季也，笔多冤屈而流为奇诡"。又其《古文变迁论》称："古文有方笔圆笔，圆笔大抵温厚圆转，或取纵势，或取横势。齐楚二派，各极其变。宣厉以来，始盛圆笔，略当于许氏所谓大篆；小篆则为秦书。"胡氏二文，作于一九三三、三四之间。其时古器物出土为数甚少，且多限于铜器铭文，粗作观察，所论不免于偏，未能尽符事实。今楚地出土钟磬竹简帛书，文字资料之丰富，为旷古所未有。其实楚人书法，纵势横势，无不具备。曾侯乙墓钟铭字体作长方形而盘曲奇诡，蔡侯钟更加瘦长，奇古益甚，皆取纵势。若信阳、望山竹简，则较为整饬，结构扁平，唯横画多欹斜，则取横势。纵势近篆，而横势近隶，此其大较也。

　　楚帛书为整篇长文，共有九百余字。汉初长沙马王堆帛书《相马经》长文可与媲美。《相马经》结体细长，波磔极度夸张，如急之作**急**，见之作**见**，开汉简之先路。帛书则行款整齐，行与行之间，字与字之间，疏隔距离，颇为匀称，具见出于苦心经营，构成笔阵。颗颗明珠，行行朗玉，颇异写经之绵密；但疏朗有致，分段处以□号开之。战国时长篇钞写形制，规模可见。

---

　　* 本文载于《楚帛书》，香港：中华书局香港分局，1987 年 9 月。收入《饶宗颐二十世纪学术文集》卷十三艺术（上）。

帛书结体，在篆、隶之间，形体为古文，而行笔则开隶势，所有横笔，微带波挑，收笔往往稍下垂，信阳竹简亦然。汉代篆书仍存此法，如袁安碑五字作🐚，袁敞碑二字作ㄱ，开母庙石阙一字作ㄱ，少室石阙三字作ㄱ，皆可溯其来历，实为楚风，特汉篆更加夸张耳。

帛书横画起笔，多先作一纵点，然后接写横笔。此法在吴天发神谶碑亦擅用之。如凸（上）丁（下）等字皆是。帛书通篇以此取态，起笔重而住垂缩，横画故意不平不直，而挺劲秀峻。从放大十二倍之真迹照片中，倍见结体运笔之美妙精绝，令人神观飞越，恍与荆楚书家如获亲炙，呼吸相通。不似汉刻、唐拓，非出自手笔，徒有雾里看花之感，所可同日而语。

张怀瓘《六体书论》称："隶书程邈所造，字皆真正，故曰真书。"按分隶之兴，非自秦始，此特指秦隶耳。今观楚帛书已全作隶势，结体扁衡，而分势开张，刻意波发，实开后汉中郎分法之先河，孰谓隶书始于程邈哉？惟帛书用圆笔而不用方，以圆笔而取横势，体隶而笔篆也；若吴天玺碑则作方笔，以方笔而取纵势，体篆而笔近隶也。此为二者之异趣。至于行笔之起讫，则有其共通之处。姚鼐跋夏承碑，谓"隶书有三种，一为未有波磔者，一为波磔兴而未有悬针体，一为晋以来师法羲献有悬针、垂露之别者"。楚帛书用笔浑圆，无所谓悬针，而起讫重轻，藏锋抽颖，风力危峭，于此可悟隶势写法之所祖。

胡小石论八分占极长时间，"隶书既成，增加波磔，以增华饰，则为八分"。又云："今人作书，亦能避去撇捺之笔，在唐，虞褚齐名，虞书内抆，分势少；褚书外拓，分势多。"楚帛书亦倾向于外拓，分势特多，具有褚之神理，体为古文，其实即当日之真书，真书由八分变来，亦带波挑，由帛书可追寻分势之所始，足为书史提供崭新资料，况出于写本真迹，不更可宝贵也耶?!

关于《平复帖》[*]

《平复帖》原出宋驸马都尉李玮（娶宋仁宗兖国公主）家藏，为《晋贤十四帖》中之一种，米芾《书史》称其从王贻永购得，贻永即五代显宦王溥的孙子。原物装成一大卷，中有开元印及王涯、太平公主的藏印。（《历代名画记》三叙古今公私印记内有"故人宰相王涯印"。）它的收藏历史，可以追溯到唐代。至于宋以后流传的经过，王世襄已有专文，作过极详细的考证。^①

《宣和书谱》考定书者是陆机，谓其"作于晋武帝初年，前右军兰亭燕集叙大约百余岁。……此恰当属最古"。然泰始初，机方髫龄之年（泰始元年，即265年，机才五岁），时吴尚未灭，其说殊不可信。董其昌谓其"书最奇古，惜剥蚀太甚，不入俗子之眼，而笔法圆浑，正如大羹玄酒"。又称："或云平复乃张芝书。"张丑《铭心籍诗》第二首云："平复往来属伯英，陆机题品岂真评。"是明人尚有不同的看法，认其属张芝手笔。然自宣和以后，鉴赏家大都依米芾之说，定为陆机所书，已无异议。

陆机能章草，无奈"以宏才掩迹"（梁庾肩吾《书品》）其书名为文学所掩。此帖用秃笔书写，苍劲郁勃，恐是四十前后所书（机卒年四十三岁）。纸本，共八十四字。全文向来无人能够通读，近时启功先生才把全文给以释出。^② 我怀疑犹有若干字，仍待审定。其起句云：

---

* 本文选自《饶宗颐二十世纪学术文集》卷十三艺术（上）。

① 见1957年第一期《文物参考资料》，又载姜亮夫《陆平原年谱》、《陆机书法》。

② 见《启功丛稿·平复帖》说并释文（26～30页）。（日文本载《出版ダィヅェスト》，东京，1990年4月11日。）

205

彦先羸瘵，恐难平复，往属初病，虑不止此。

彦先是谁？启老说是贺循，他所执的理由是，因《晋书》循传说及他多病的详情，故可知是贺循。但我们细读贺传，其中有云，"陈敏之乱……循辞以脚疾，手不制笔，又服食寒食散，露发祖身，示不可用。"又"（元）帝承制……循称疾，（王）敦逼不得已、乃舆疾至。……循羸疾不堪拜谒"。这些事情都在太安二年（303）冬，陆机被害之后。（《晋书·惠帝纪》，是年冬十月戊申斩陆机于建春门。）后者且是渡江以后的事，故不能拿来作证据。

与陆机同时有三个人别字叫"彦先"，一是全彦先（见《文选》卷二十四李善注），一是山阴人贺循，一是吴人顾荣。后者二人本传在《晋书》同见于一卷（卷六十八），顾彦先（荣）和机、云兄弟是同乡，且同时入洛，时人号曰三俊（世说赏誉、识鉴刘注引《文士传》），陆与顾时时给人称道、连在一起。像张华说陆"龙跃云津"、顾"凤鸣朝阳"之类称赏之词。顾荣纵酒酣畅，曾对张翰说："惟酒可以忘忧，但无如作病何耳。"（《晋书·本传》）他常常饮酒成病，齐王冏时，他"终日昏酣，不综府事"。我以为《平复帖》里的彦先，如果说是指陆机同乡老友顾荣，似乎亦可讲得通呢！

此帖自唐、宋以来，被公认为晋室法书的瑰宝，又是晋初品评人物的生动史料，帖中"威仪详跱，举动成观，自躯体之美也"诸句，令人仿佛如诵读《世说新语》，多么可爱！原物向来秘藏于内府及私家手里，今得二玄社精印问世，显现于大家之前，比起三希堂之宝，有过之而无不及，学术价值之高，可想而知，故乐为推介如此。

一九八九年十一月

敦煌白画之特色[*]

敦煌石窟壁画之特色榷而论之，计有数端：

（一）图画与图案之不分；（二）白画与彩绘之间插；（三）画样与雕刻塑像之合一；（四）没骨与色晕凹凸之混用。以上四事为宋以前绘画之特殊传统。

所谓图画与图案不分者，盖重视图面之对称性及完整性如同图案，石棺上刻镂之图绘，可以见之。隋唐墓室壁画上之侍者伎人，已成为公式化，形态是人物，而作用却等于图案。即以故事画之变相而论，经变有一定之内容，形之图绘，即成定型图样，可随时依样为之。北宋寺院于变相佛像皆藏有位置小本或副本小样，为重临模仿之用。敦煌之木笔《普门品》册子，亦即小本之一种，由僧徒保存，以备作壁画时之参考者。壁画占有巨大空间，变相不得不形成复杂而综合之画面，于是遂与图案相配搭，由于千篇一律，而图面本身亦构成一种图案，此其特色者一。

在五色缤纷之画幅中，有时间插数笔纯白描，如莫高二四九窟之奔兽及猪群，榆林窟之对立山羊，特别生动而突出，真万绿丛中一点白也。昔张彦远《论画》，"若知有疏密二体，方可议乎画"。壁画堆砌巧密，偶有一二处白描出现，在构图上可补救之，而使密中有疏、实中有虚，不啻活笔。此类之画，可称为"片段凸出"，如从敦煌画片中披沙拣金，往往见宝，汇而观之，亦至佳之画范也，此其特色者二。

---

* 本文节选自《敦煌白画》一文，刊于《敦煌白画》，巴黎：法国远东学院考古学专刊，1978年。收入《饶宗颐二十世纪学术文集》卷八敦煌学（上）。

自佛像雕塑之事兴，对绘画颇有帮助。如隋唐士女之造型，类作长身躯，裙裾阔如圆筒式，实以俑状入画。敦煌武德间画，有幽州总管府题名之供养人及永泰公主墓壁之侍女，骤视几疑是北魏之女俑，故此时期雕塑绘三者之交互影响者至深。再以骨法用笔言，或似屈铁，或如吐丝，时带石刻之意味。元氏墓石棺孝子传图之刻画树石屋宇，线条之美，正可反映当日绘事之精，故知画样亦随雕塑工夫而进步，此其特色者三。

白画或白描为不敷彩之画，原只是画稿而已。方薰以水墨画即白描，人或非之。以水墨画虽不设色，仍具五色六彩，而白画仅具简单轮廓，不能与后期发展之多彩多姿水墨画相提并论。唐以前亦取浓朱勾勒，六法中，有色而无墨，墨之地位尚未提高，观六朝佛窟遗迹与白画相伴者，实为色而非墨，盖是时以色即是墨也，其用色正如后人之用墨。墨分五彩，而色则绚烂缤纷不可纪极，必悟色即是墨之理，则对色之运用，可有更高度之发展。是敦煌画所以予我人以极大之启发，此其特色者四。

以上四事，实为水墨画以前图绘之优良技巧，在今日仍有发扬光大之必要者也。

纯粹白描不免于单调，白画之独立运用，不如与颜色画配合运用，更为凸出生动。前者宋元人白描作品已加以发展，后者惟有从新疆甘肃各石窟壁画方能体会得到。此一传统几乎无人问津，徒有没骨山之名，而没骨之用，乃缩小而发展为花鸟，求之形似一路，洵为可惜，我人对于白画在敦煌画史上所认识者如此，故知白画不得徒以画样目之。

善画之人处处可生灵感，天下事物无不可为入画之资，若从画史之远处高处追寻，则敦煌画样足以启发我人深长思者，亦良多矣，又岂仅上列四端而已哉。

一九七二年

208

郑虔书画[*]

郑虔见张彦远《历代名画记》卷九，称其"高士也"。虔之学长于地理，著有《天宝军防录》，见《崇文总目》地理类。又著《胡本草》，故杜甫《八哀诗》挽之，有"药纂西域名，兵流指诸掌"之句。其画迹在宋宣和御府著录者有八件。属于山水者有《峻岭溪桥图》。吴其贞《书画记》有三幅：为宫苑楼台图、山庄图、渊明图。其书法则《金石萃编》七九收其开元廿三年华岳题名六行，隶书，共三十四字，已不可句读。惟苏联列宁格勒东方学院藏西域文献列一〇八三九号为郑虔残札，存十一行半，书法甚佳，吉光片羽，殊为可珍。兹摘录七行如下：

 昨日于一处见公镌碑□殊为　精妙又知造代国公主碑若　事了得
同东行要何可言虔　于江外制三碑兼自书二在　常州一在湖州便同舟
往大　镌亦是济耳必当定决也　郑虔白
　陈博士（下略。据法京吴其昱君录出）

陈博士不知何人。代国公主有碑见《金石萃编》七八。公主乃睿宗第四女，下嫁郑万钧。唐人书迹存者殊稀，望有好事者能继《石头记》之后从苏京影回此一残札，为书史增一新墨迹。

一九八七年

---

* 本文节选自《〈历代名画记〉札迻》一文，刊于香港《大公报·艺林》，1987年。收入《饶宗颐二十世纪学术文集》卷十三艺术（上）。

张璪画技[*]

张璪字文通，贬官武陵郡司马，移忠州司马。其松石在唐时极为人所爱好。朱景玄称其"以手握双管，一时齐下，一为生枝，一为枯枝，气傲烟霞，势凌风雨"。毕宏"异其唯用秃毫，或以手摸绢素"。后人怀疑其为指画之滥觞。张彦远《历代名画记》言："璪以宗党常在其家，故家多璪画，曾画有八幅山水幛，在长安平原里。"又记李约好其画幛，"已练成衣里，惟得两幅，双柏（松）一石在焉，因作《绘练记》述张画意极尽"。惜不载其文。惟《全唐文》卷六九〇，蜀人太常寺协律郎符载有文二篇，言及张画，甚为有趣。

一为《江陵府陟屺寺云上人院壁张璪员外画双松赞》略云："根如蹲虬，枝若交戟。离披惨淡，寒起素壁。"

一为《江陵陆侍御宅宴集观张员外画松石图》略云："是时座客声闻士凡二十四人，在其左右皆岑立注视而观之。员外居中，箕坐鼓气，神机始发，其骇人也，若流电激空，惊飙戾天，摧挫斡掣，伪霍瞥刊，毫飞墨喷，捽掌如裂。离合惝恍，忽生怪状。及其终也，则松鳞、皴石、巉岩、水湛湛，云窈眇，投笔而起，为之四顾，若雷雨之澄霁，见万物之情性。"描写文通当众挥毫之情状，栩栩如生。彼能写急画，毫飞墨喷，最堪注意者为"捽掌"之动作，捽者，《类篇》云："推也，""捽，擦行。"即用掌推擦于绢之上，当如今人之作指画兼以掌泼墨扫之，比用笔更为泼辣。符

　　* 本文节选自《〈历代名画记〉札逐》一文，刊于香港《大公报·艺林》，1987年。收入《饶宗颐二十世纪学术文集》卷十三艺术（上）。

文十分重要，可以想见文通作画功力之深，写松石具有特技。唐代山水壁画似以松石为骨干，双松尤为常见题材，毕宏、张璪、刘整等皆然。张璪之松石今已无存，宋人犹及见之。米芾《画史》载："钱藻藏璪松一株，下有流水，硐松上有八分诗一首。"可见梅道人之硐松及长题远有所本。《唐画断》记昭国坊"庾敬休宅壁，王维图山水兼题记之，当时之妙"。知长题在唐时已有此先例，非至元人始作俑也。

一九八七年

211

张彦远论画分疏密二体 *

  中国人谈学艺很喜欢用二分法，刘知几论史标二体，张彦远论画亦然。张氏云："若知画有疏、密二体，方可议乎画。"（《历代名画记》卷二《论顾陆张吴用笔》）他在讨论四家画风时，悟到书、画的用笔相同，直截了当地指出用笔的重要性，可谓一针见血。他进而畅论吴画："众皆密于盼际，我则离披其点画；众皆谨于象似，我则脱落其凡俗。"此即道子所以值得被尊重为画圣的原因，后代所谓工笔意笔之分，以及倪迂所云"逸笔草草，不求形似"等理论，无不导源于此。顾、陆之神，在于笔迹周密，而张、吴之妙，则虽笔不周而意周。如果意周，所表现的事物，即使只是寥寥数笔，已能具体而微，意能周，在行笔反欲不周。他说："笔绕一二，像已应焉，离披点画，时见缺落。"追求"缺落"之美，从不完整处见其完整，是要能"笔画离披"。如惊飙之卷沙，疾风之扫叶，使其笔墨狼藉，警策的行笔，可以令人心折骨惊，才是最高境界，张大风的"行条理于乱头粗服之中"，乱头粗服，即是笔不周，神理具足，则意周矣。"笔才一二而像已应"，是很不容易做到的，唐人的画可见到的太少，真正能办到从酣畅的笔墨写出极疏的意境，只有八大才是突破者、证道者，才是张说的忠实实践者，自非笔力能扛鼎，谈何容易！从张彦远的理论，不管密也好、疏也好，必须从"用笔"方面着力，这是中国画的特色，书与画同源的道理，张彦远发挥得十分透彻，可见书法的训练，自然是中国画

---

  * 本文刊于香港《明报月刊》，1986年，后载于《画颔——国画史论集》，台北：台北时报文化出版公司，1993年。收入《饶宗颐二十世纪学术文集》卷十三艺术（上）。

造型的基本工夫，以笔的线条作为表现的主体，这一点是不能否定的。

笔迹周密和点画离披，好像是不同的两面，真实正是相反相成，从作画的工夫上言，必先能密而后求疏，密是疏的基础，在构图上论，疏、密随心，因境而异，疏密本无定则，有时可以极密亦可以极疏，密中有疏，同样地亦可以疏中见密，语云："宋人千岩万壑，无一笔不减，倪迂疏林瘦石，无一笔不繁。"于繁中见简，在简处现繁，便是这个道理。实际上画面的安排，完全出于画家运笔的习惯，每个画家到了相当造诣，他各有掌握自己与众不同的手法和驱役这特殊的手法去摹写造化各种事物的出神入化的伎俩。他的特别风格的形成，即由此奠定，外界宇宙的客观形象，只是画材而已，如何支配画材去表现得活泼生动、出奇制胜，以至惊心动魄，全靠主观部分酝酿出来的不同手法，这个主观部分是个人的宇宙，包括画家的个性、学养、心灵活动等等的总和。作为画家自身构成他的突出而与人差异不同的成因，可说是画中的"我"，"我"的追求和"我"的表现在笔墨交融之下去进行创作，疏与密的处理，视乎性格与熏习而决定，疏密的本身该是没有轩轾，但表现的手法因人而异，还是有差别的，个人宇宙的酝酿、形成，在潜发艺术心灵上应该随时下疏凿的工夫，好像掘井，才有"中得心源"的可能性。这是非常重要的，许多人只懂做"外师造化"一类写生旅行的工作，纵有收获，只是表面而已。疏与密的问题在张彦远心目中好像尚有高下之分，他似乎认为密易而疏难，当然，这是初地的工夫，到了化境的时候，疏密可以随心，它只是画的整体表现出来的差异，极密与极疏都可以各尽其胜，不必强为区别优劣，无须把它们去比附南、北宗，更和文人画与非文人画没有绝对的关系。

近时的画风，由于喜欢追求现实的缘故，有时不免过于求密，画面堆砌，往往和图案设计配合得太紧凑，对于线的表现尚未做到理想的地步，密而行笔不能紧劲联结，全无笔意可观，徒见躯壳之美，而乏象外之趣，笔太周而意反缺然，正如钱选所说"愈工愈远"，其关捩何在？如何去补救它？是很值得我们去寻思和体验的。

一九八六年

213

画　笺　说*

《韩非子·外储说左上》云：

> 客有为周君画笑者，三年而成，君观之，与髹笑者同状，周君大
> 怒。画笑者曰："筑十版之墙，凿八尺之牖，而以日始出之时，加之
> 其上而观。"周君为之，望见其状，尽成龙、蛇、禽兽、马车，万物
> 之状备具，周君大悦。

客所画的笑。以读作箧为宜。《说文匚部》："匧，械臧也，从匚，夹
声，箧，匧或从竹。"笑是策的重文（如《类篇》五上竹部）。箧乃匧的或
体。《韩非子》的笑可能即匧的异构。他说到"与髹笑者同状"。箧训缄
藏，"髹箧"当是漆奁一类之属。近年湖北有大量战国楚文物出土，如
1986 年荆州市纪南城的包山大冢所见漆奁上的一幅以人物车马为主体的写
实性组画，长六十余厘米，图中有人物二十六，工笔重彩，笔力凝重，其
中三车骏马并辔竞驰，有垂柳数株，随风摇曳，雁字横空，有人命之曰
《金秋郊游图》（见 1987 年 5 月 22 日《湖北日报》刘彬徽报告）。这是战国
楚国绘画表现于漆笑上的剧迹。韩非时代，写画技巧，更为精进，像陕西
咸阳秦代宫殿的壁画上的《车马出行图》（长廊东壁第四幅），与《仪仗
图》，除平涂之外，还表现类似渲染的手法，在在足以证明韩非所言漆笑
绘彩技巧之可信。中国画法到战国末期已大有可观了。

---

* 本文节选自《楚绘画四论》一文。收入《饶宗颐二十世纪学术文集》卷十三艺术（上）。

随县曾侯乙墓出土一件漆簋上面图绘龙虎与二十八宿，信阳长台关出土漆瑟上的乐舞场面，有跪地吹笙，撞钟击鼓，抚弦按瑟，婆娑起舞诸动作。长沙颜家岭三五号墓出土漆奁上所绘狩猎形状，长沙黄土岭楚墓出土漆奁上之生动舞姿，凡此皆近期新获之漆器图绘，均已脍炙人口。

漆器上之图绘方法，大抵有三，一为线描，先用毛笔蘸色漆以单线勾勒，在有漆地的器物上摹绘各种各样的图案或动物人物，江陵雨台山楚墓及曾侯乙墓所出可为代表。二为平涂，或以单色线条先钩抽象轮廓，再加涂颜色，像纪南城的石磬上面彩绘的凤鸟纹。或先在器物上涂绘物象，然后以单线勾勒轮廓使其显著，亦有用笔蘸漆色勾画，如信阳长台关所出漆器，这一方法有如绘画以颜色写成，另一是以毛笔蘸金银粉描绘，即所谓描金或金髹，随县曾侯乙墓出土的外棺上诸纹饰则以朱夹金色来勾勒纹样。形形色色各尽其妙。三曰针刺，在髹好漆面之上，不用笔描绘，而以金属针类工具依草样加以刻画，纤细如发，巧夺天工，长沙所出漆奁，不少用此法刻镂凤鹿云气纹，工艺尤臻绝伦，是为楚土漆笈之高级成就。又有施用针刺方法于丝织品之上者，如江陵马山一号墓的绣品，系先用浅墨或朱绛色绘出图样，绣工再用针加以精绣，构图既更精练，线条尤为美观。故知髹绘中的针刺手法尤为楚人之特色。

浙江河姆渡遗物已有"漆"器出土，南方自昔即擅于髹漆，楚人更加以发扬，故漆器之美，冠绝古今。髹笈一事赖韩非记其大略，有待专家作更深入之研究。

一九六八年

215

论书十要*

（一）书要"重"、"拙"、"大"，庶免轻佻、妩媚、纤巧之病。倚声尚然，何况锋颖之美，其可忽乎哉！

（二）主"留"，即行笔要停滀、迂徐。又须变熟为生，忌俗、忌滑。

（三）学书历程，须由上而下。不从先秦、汉、魏植基，则莫由浑厚。所谓"水之积也不厚，则扶大舟也无力"。二王、二爨，可相资为用，入手最宜。若从唐人起步，则始终如矮人观场矣。

（四）险中求平。学书先求平直，复追险绝，最后人书俱老，再归平正。

（五）书丹之法，在于抵壁，书者能执笔题壁作字，则任何榜书可运诸掌。

（六）于古人书，不仅手摹，又当心追。故宜细读、深思。须看整幅气派，笔阵呼应。于碑板要观全拓成幅，当于别妍蚩上着力；至于辨点画、定真伪，乃考证家之务，书家不必沾沾于是。

（七）书道如琴理，行笔譬诸按弦，要能入木三分。轻重、疾徐、转折、起伏之间，正如吟猱、进退、往复之节奏，宜于此仔细体会。

（八）明代后期书风丕变，行草变化多辟新境，殊为卓绝，不可以其时代近而蔑视之。倘能揣摩功深，于行书定大有裨益。新出土秦汉简帛诸书，奇古悉如椎画，且皆是笔墨原状，无碑刻断烂、臃肿之失，最堪师

---

* 本文刊于《书谱》，广州：广东人民出版社，1987年6月，后载于《固庵文录》，台北：新文丰出版公司，1989年9月。收入《饶宗颐二十世纪学术文集》卷十三艺术（上）。该文是饶宗颐重要的书学理论。

法。触类旁通，无数新蹊径，正待吾人之开拓也。

（九）书道与画通，贵以线条挥写，淋漓痛快。笔欲饱，其锋方能开展，然后肆焉，可以纵意所如，故以羊毫为长。

（十）作书运腕行笔，与气功无殊。精神所至，真如飘风涌泉，人天凑泊。尺幅之内，将磅礴万物而为一，其真乐不啻逍遥游，何可交臂失之。

一九六五年

墨竹与书法[*]

向言墨竹肇自唐明皇，未知何本。惟写墨竹至于文同，实蔚为主流，后人因有《文湖州竹派》一书之作。明人目"墨竹"为独立一派。祁承㸁于其《题萧照画后》云："古称画家，须布尺帛于颓垣，注目视之，久久自成峰峦岩壑草木云霞之状，景会意先，笔游象外，落手著楮，尺幅淋漓，乃知兔起鹘落，不独墨竹为然也。"（《淡生堂集》卷九）其说至精。元代赵柯写竹大家，皆宗文同。赵以书法入竹，虞伯生跋赵子昂墨竹言："黄山谷云：文湖州写竹，用笔甚妙而作书乃不逮。（按《丹渊集》家诚之《跋》称见文同之行草篆隶，须见于飞白，东坡为作《飞白赞》。足见其非不工书，但不逮画耳。）以画法作书，则孰能御之？吴兴乃以书法写竹，故望而知其非他人所能及者云。"（《学古录》卷十一）又题子昂墨竹云："古来篆籀法已绝。"（同集卷二）子昂以书入画，以篆籀作竹，以飞白法写石（图5），以辟一境。文同不能以画法入书，山谷深致惋惜。山谷之书，康南海以为于宋人中最为变化无端。称其以篆法

图 5　赵孟頫枯木竹石轴

---

　　* 本文刊于台北《故宫季刊》8 卷 1 期，1974 年。收入《饶宗颐二十世纪学术文集》卷十三艺术（上）。

218

为行楷，目之曰行篆。① 予亦甚惜山谷倘以书法作画，则亦孰能御之，肯让东坡专美于前乎？子昂之竹，盖变文湖州之森严锋利为疏简、为拙重。再以书法喻之。唐以来，书之变其途有二：

（1）主瘦　丰神劲拔，以行书胜，太宗倡之。极美于虞、欧、褚。

（2）主肥　古拙凝重，以分书胜，玄宗倡之。大成于颜、苏（灵芝）、徐（浩）。②

前者运以锐笔，后者行以钝笔，学焉各得其性分所近。宋元人写竹，疑亦不出此涂辙。试就墨竹，区为二型：

（一）瘦型锐笔：

文　同 ── 王庭筠 ── 王淡游 ── 李　衎 ── 李士行
　　　　　　　　　　　　　　　　 高克恭
　　　　 顾　安 ── 夏景昶
　　　　 柯九思 ── 王　绂 ── 文徵明

（二）肥型钝笔：

赵孟頫 ── 吴　镇 ── 姚　绶 ── 唐　寅

元人画竹，尽态极妍。李衎森严，吴镇凝重，顾安以摇曳取姿，倪瓒以疏简别裁。森严者多仰叶，摇曳多俯叶，此其大较也。子昂变以钝笔，以篆籀飞白之法入画，一洗剑拔弩张之气。邢侗称其能于至和处见笔，至密处见墨。比较文苏之异同，指出子昂之特点，其说云：

> 湖州之竹，真而不妙。彭城之竹，妙而不真。（颐按此袭元高克恭语。见王逢《梧溪集》卷五题高尚书诗序引高写竹自题。）湖州疏疏密密，彭城不密而疏。二君真气凛凛，是以笔底劲多和少，森然剑戟。琐囵猗傩，无有也，子昂此幅，于至和处见笔，至密处见墨，未尝不劲，未尝不疏。③

---

① 《广艺舟双楫》论书绝句云：山谷行书与篆通。

② 米芾云：开元以来，缘明皇字体肥俗，始有徐浩以合君所好。山谷称浩书如"怒猊抉石，渴骥奔泉"。

③ 《来禽馆集》二十一题子昂画家藏石刻。

故知墨竹，文同以后，至子昂为一大变，得书法之助，自有瑶台缓步之态。后之别开生面者，如徐渭，以狂草入画，其叶全俯。金农以漆书入画，其叶全仰。胥从书法体会得来。善变必有所悟入，悟入而用力不深，则不易奏功。故历来之崭新脱颖者，必为不世出之异才，殊不易观。若徐渭者，妙处诚不从人间得来，周栎园欲生断此老之腕，惜其墨竹传世之不多也。①

李霖灿先生撰《中国墨竹之断代研究》，本文详其所略，而略其所详，读者幸参阅焉。宗颐附记。

一九七三年三月十九日，史语所讨论会讲稿

---

① 周亮工《题青藤花卉卷》云："此卷命想著笔，皆不从人间得，汤临川见《四声猿》，欲生拔此老之舌；栎下生见此卷，欲生断此老之腕。"语见《赖古堂集》二十八。

诗意与词意[*]

——以词入画

　　文学作品以 Theme 为内在主要条件。用古诗作画的题材的，称曰"诗意"，起源甚早（韩诗、毛诗皆有图）。汉末刘褒画云汉图、北风图。相传嵇（康）、阮（咸）有十九首诗图。至用"诗意"二字，施于画上的，似以阎立德的沈约"湖雁诗意图"为最早（见《宣和画谱》）。五代时，能作枯木断崖云崦烟岫之态的成都杜楷有"秋日并州路诗意图"见《图画见闻志》。故宫画目中，明人作品以诗意为题的，不一而足。董其昌"霜林秋思"（图 6），自题："玄宰写唐人诗意"（《故宫目》五，462 页）。孙枝画杜甫"诗意"（图 7）（同上目五，470 页）。文嘉、文伯仁、李流芳，都有极精的诗意图册。石涛的"东坡诗意图"，以画配诗，相得益彰，尤为出名的剧迹。

图 6　明董其昌霜林秋思轴

　　以词作为画的题材的，称曰"词意"。其事宋人已有之，楼钥《攻媿集》卷七十称孙浩然的"一带江山如画，风物向秋潇洒"一词。王诜尝画此《离亭燕》词意，作"江秋晚图"。此词他处作李昇，一作李升（《全宋词》，111 页）。"词意"二字，始见于此。后来画家用"词意"二字作画材的，有沈周"渔家傲词意图"、"柳梢青词意图"（《式古》卷二五）。清钱

　　[*]　本文节选自《词与画——论艺术的换位问题》一文，刊于台北《故宫季刊》8 卷 3 期，1973年。收入《饶宗颐二十世纪学术文集》卷十三艺术（上）。

载写墨兰题云："玉田词意"（图 8，《故宫目》五，569 页）。清余集有"落花人独立，微雨燕双飞词意轴"（《瓯钵》，三，一五）。

图 7　明孙枝画杜甫诗意轴　　　　图 8　清钱载写玉田词意轴

还有以词刻入版画的，亦有用"词意"一名。像万历时刊本之《诗馀画谱》，一名《草堂诗馀意》，[①] 亦以"意"字作书名标题。

明人善画古人词意，如董玄宰画太白词"平林漠漠烟如织，寒山一带伤心碧"（《大观录》一九）及写宋人词册王半山词十一首（《续梨》六），都是重要的例子。

---

① 　此书万历四十年，黄冕仲跋。《版刻图录》PL 六八二收苏轼《水龙吟》咏笛一幅。

以词题画 *

张志和《渔歌子》，为词中最早期作品。据朱景玄《唐朝名画录》称："张志和依渔歌五首，乃为卷轴，随句赋象。"《图绘宝鉴》谓"颜鲁公以《渔歌》五首赠之，张乃随句赋象，人物舟船烟波风月，皆依其文写之，曲尽其妙"。故李调元《诸家藏画簿》收有张志和"渔父图"（《函海》本七）。五代卫贤作品，郭若虚记"张文懿家有其春江钓叟图，上有李后主书渔父词二首"（《图画见闻志》）。是李煜亦曾作《渔父词》题画。宋道诚《释氏要览》卷下法曲子云："南方禅人，作渔父拨棹子唱道之词，皆此遗风也。"盖尤盛行于缁流。至元至正十二年吴镇写"渔父图"及题词《渔歌子》十六阕，遂集以渔父为题一类词画之大成。《大观录》七称："吴仲圭仿荆浩渔父卷，水墨轻清，写景空旷，十六词行书秀劲。"此

图 9　元盛懋画松溪泛月轴

卷现在美国。元盛懋"松溪泛月图"（图 9）有姚绶题《渔歌子》二词，如"只钓鲈鱼不钓名"，亦是名句（《故宫》五，230 页）。明人编词集，若崇

---

* 本文节选自《词与画——论艺术的换位问题》一文，刊于台北《故宫季刊》8 卷 3 期，1973年。收入《饶宗颐二十世纪学术文集》卷十三艺术（上）。

祯间，潘游龙的《古今诗馀醉》竟将"渔父"列为词中之一类项目。

把一词题在画卷上，北宋时最有名的，要算米友仁的《白雪》。他有序云："余戏为潇湘写，千变万化不可名，神奇之趣，非古今画家者流也。惟是京口翟伯寿余生平至交，昨豪夺余自秘着色袖卷。……以《白雪》词寄之，世所谓《念奴娇》也。"（《全宋词》一三一）此卷收入《画苑掇英》，亦见《铁网珊瑚》画品著录。又宋无名氏的"玉楼春思图"上有小楷书鱼游春水词，极婉丽可诵。辽宁博物馆藏。[①]

金人以词题画，像故宫藏明昌名士武元直的水墨画赤壁图（图10），有正大五年赵秉文草书和东坡词题句，健笔纵横，为该图生色不少（图11）。

图10　金武元直赤壁图跋（一）

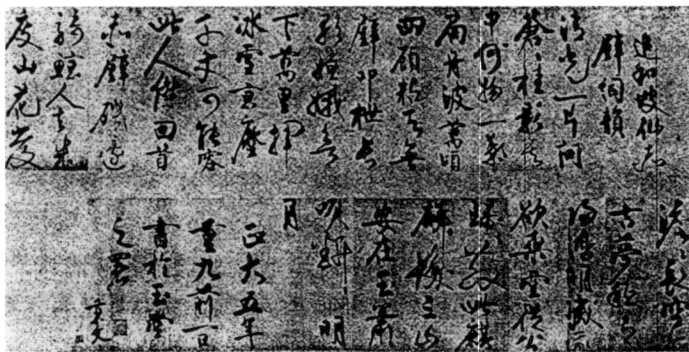

图11　金武元直赤壁图跋（二）

① 　《文物》1964（3），《两宋名画册说明》。

224

元人取古今词题画的，试举二例：一是王蒙于至正二十五年为卢士桓作听雨楼图卷，已有倪瓒、张雨许多人的题句，及洪武二年僧道衍跋，而韩山人奕又替他钞上蒋捷一词，即有名的"少年听雨歌楼上，银烛昏罗帐。壮年听雨客舟中，天阔云低，断雁叫西风。而今听雨僧庐下，鬓已星星也。悲欢离合总无情，一任空阶点滴到天明"。后为跋云：

> 右竹山先生所赋之词，今偶获观此卷，因举是词□诚甫，俾书卷末。夫听雨一也，而词中所云不同如此，盖同者耳也，不同者心也。心之所发情也，情之遇于景接于物，其感有不同耳。诚甫中年人，有楼听雨，吾意其在与僧庐之下者同其情，诚甫乃曰：吾听雨，吾知在吾之楼而已。遂书。竹山姓蒋名捷，字胜欲，义兴人。卷中诸先辈之词之腔，《虞美人》也。韩奕。

借用蒋捷一词，词扣紧"听雨"楼名，题跋寥寥数十字，却成为一篇很隽永的小品文。① 另一例亦是王蒙绘的《林泉读书图》，有自跋云：

> 余观《邵氏闻见录》，宋南渡后，汴京故老呼妓于废圃中饮，歌太白《秦楼月》一阕，座中皆悲感莫能仰视，良由此词乃北方怀古，故遗老易垂泣也。予亦尝填《忆秦娥》一阕，以道南方怀古之意："花如雪。东风夜扫苏堤月。苏堤月。香消南国，几回圆缺。钱塘江上潮声歇，江边杨柳谁攀折。谁攀折。西陵渡口，古今离别。"自太白倡此曲之后，继踵者甚众，不过花间月下男女悲欢之情。就中能道者，惟有"花蹊侧：秦楼夜访金钗客。江梅风韵，海棠颜色。尊前醉倒君休惜，不成去后空相忆。山长水远，几时来得"。自完颜莅中土，其歌曲皆滛哇喋燮之音，能歌此《忆秦娥》者甚少，有能歌者求余画，故为画此词之意。王蒙。

（以上二则并据史语所藏怡寄斋钞本《大观录》，缺"谁攀折"三字，据《浮山集》补之。）这一画跋中保存了一首很悲壮的汴京故老《花蹊侧》

---

① 《"中央图书馆"馆刊》已刊行《韩山人诗集》。

225

的佚词，和他自己所谱的《花如雪》的新作，均不是寻常的陈腔滥调，十分珍贵。这幅《林泉读书图》在明季却辗转到了岭南，方以智在隆武戊子冬于东日堂中见过此图，并临成长卷，既重录王蒙跋语，并加题识，见《浮山集》，现已不知流落何许。[①]

词人生活与画卷[*]

　　元明以来画卷题句的风气越来越流行，李士行的"江乡秋晚"卷题句，有二十八人之多。可见元人已是如此。词人风流倜傥，亦喜欢此一套玩意。

　　以编《词苑丛谈》一书著名的吴江徐釚（电发），他有一幅"枫江渔父图"，渔父比他自己的浪迹江湖。前面张尚瑗序，题咏诗词，就占了一卷（见《穰梨续》一五）。釚有《枫江渔父题词》（题徐菊庄编），内诗余三十五首（内阁文库有其书）。毛西河题枫江渔父小像云："家近垂虹亭子。""釚工画，李武曾题其墨松云：'虹亭笔墨无不好，以诗掩画谁能知。'渔洋亦尝题其画蟹。"（《雪桥诗话》）

　　清初号称词坛青兕的陈其年，亦有一幅紫云出洛图，为他所嬖爱的徐郎九青而作，图是陈鹄所写的。卷中题咏，自张纲孙、孙枝蔚、王士禛、龚贤以下共七十六人，《穰梨》卷四十全卷即录此图题咏。吴綮序云"九青图者，阳羡陈其年先生为徐郎所画小照也。徐郎名紫云，为如皋冒辟疆歌儿"。当日词人，不少就过着这样荒唐的生活。画与诗词有时亦成为极无聊的点缀品。

　　王渔洋司李扬州时作《浣溪沙》，一时和者甚众，有图记其事，曩于京都神田鬯盦家中见之。

---

　　* 本文节选自《词与画——论艺术的换位问题》一文，刊于台北《故宫季刊》8 卷 3 期，1973年。收入《饶宗颐二十世纪学术文集》卷十三艺术（上）。

我们又看故宫藏文徵明的江南春图轴（图 12），坡陀芳树，远岸桃柳，把江南风物，用多么柔媚的笔调表现出来。南齐柳恽有《江南曲》云："汀洲采白苹，日落江南春。"江南春三字出此。文氏以八分书自题"江南春"三字。又有题记云："嘉靖丁未春二月徵明画，并书追和云林先生词二首。"他追和的词，在倪云林诗集中，列于七言古，只有《江南曲》一首，即"春风颠，春雨急，清泪泓泓江水湿，落花辞枝悔何及"。后面转韵"柳花入水化绿萍，江波摇荡心怔营"一首。并没有上面押笋字的一首。倪集附录乐府亦无之。这是乐府体，明人都把它看成词。最初追和倪词的是沈石田。"中央图书馆"有明钞本《江南春词》一册，为姚宫詹希孟旧藏，有清名藏书家黄丕烈约两篇题跋。此书嘉靖十八年有袁表（邦正）刻本。明钞本录前后和《江南春》的，共三十九人。起沈周而讫于王问，尚缺二十人的词，乃是不全本。开卷云："《江南春》三首，瓒录上求元举先生元用文学克用徵君教之。"[①] 祝枝山和词题记称："按其音调，乃是两章，而题作三首，岂误书耶？"石由对倪迁此词，特别感兴趣，一和再和。文徵明亦然。钞本中载文徵明跋云：

图 12　明文徵明江南春轴

　　徵明往岁同诸公和《江南春》，咸苦韵险。而石田先生骋奇抉异，凡再四和。其卒也韵益穷而思益奇，时年已八十余，而才情不衰，一时诸公为之敛手。今先生下世二十年，而徵明亦既老矣。因永之相示，展诵再三，拾其遗余，亦两和之，非敢争能于先生，亦聊以致死生存殁之感尔。嘉靖庚寅仲秋文徵明记。

文氏于二十年后又再追和此词，我们欣贺文氏这幅江南春图，应该和

---

① 元举见倪集卷二《画竹诗》"吾友王翁字元举"。元用亦见集同卷题王元用秋水轩。

这册《江南春》词集一起吟咏，才能了解当日文人活动的背景。集中和词的人物，多半是吴门书画名家，石田、枝山、衡山三人之外，唐寅、王宠、王谷祥、文嘉、文伯仁、文彭皆在其列，可谓极一时之盛。于此可见明人书画文艺生活的一斑，前辈的流风余韵，何等令人追慕！

作江南春图的，文徵明外，嘉靖辛卯，居节复画一幅，篆书江南春（图13），亦和这二首词，《石渠宝笈》三编著录。今存"故宫博物院"（《书画录》卷五，408页）。居节和词，为钞本《江南春词》所不载。

图13 明居节江南
春轴

229

黄大痴二三事[*]

（一）大痴之痴。有人以虎头痴说之，只说得"痴"字而不及"大"。余考真谛译《金七十论》有偈云：

说暗有八分，痴八大痴十。

解之云：

大痴十者，有五惟喜乐为相，是诸天尘，是五尘与五大相应。……此十尘中，梵及人兽等生执着缚，谓离此外无别胜尘，因此执着不平等智及解说法，皆执着尘，不求解脱，故名大痴。（《大正》册五五，页一二五六）

是大痴乃指三毒之痴，谓执着之甚者，非如长康三痴之痴绝也。痴翁主三教堂，道、释二者兼通。彼另有《仙馆偐金图》，元人题记马斯、杨重英诗句之外，至正壬辰莫昌识语云："大痴翁天趣高远，笔力苍老，时辈中号为卓绝。……凡□郡豪门，禅林、道域，览历殆遍，故所□者广，所蓄者富，一举笔则胸中磊魂者盈于缣素不能自已也。"幅上翁方纲七古云："大痴本是学佛人，虞山山寺住兼旬，偐金亦是佛偈语，信笔所触来

———————

* 本文载于《画领——国画史论集》，台北：台北时报文化出版公司，1993年。收入《饶宗颐二十世纪学术文集》卷十三艺术（上）。

天真。"可见痴翁时用释家内典故实，不能纯以道教徒目之也。

（二）《富春山居图》之最早临本为沈周，现藏天津私人（1985 年第二期《紫禁城杂志》介绍），沈氏自跋书尾纸有云："此卷尝为余所藏，因请题于人，遂为其子乾没，其子后不能有，书以售之，余贫又不能为直以复之，徒系于思耳。即其思之不忘，乃以意貌之，物远失真，临纸惘然。成化丁未（二十三年）中秋日（年六十一岁）沈周识。"卷后有姚绶、吴宽等跋。据许忠陵研究，沈周此临本结尾自作改动，不同于无用师本，似是另有所本。可见《富春山居图》在弘治以前，除无用师本外，还流传有其他本子。又称现存无用师本卷后沈周跋乃从另件手卷移过来，非原来之题跋（北京《故宫博物院院刊》1987 年 2 月）。

1986 年 11 月，我于八大山人讨论会完毕后，在江西博物馆库房看画，见明画一大捆，乃群公为况氏作之《秋江送别图卷》，其中诗画累累共数十家，内有杜琼、王越辈之作，应是成化间物。其后系山水一长卷，开首即为无用师写之《富春山图》之末段，稍后为该图中间松亭泛舟之一段，显系临摹子久之作。可见当成化沈石田题跋之前，子久此图久已流传，似当时未装池，分为若干纸幅，故临摹者昧其前后，任意倒置。此一新知，可为初期是图流传经过，添一公案。

（三）《西清砚谱》卷十四收黄公望藏砚一方，端溪旧坑石。右侧刻"痴庵"二字，别无他语。乾隆御题诗一首，定为黄公望砚。明上元史忠亦号痴翁，以痴庵即大痴似尚乏证。

（四）《剩山图》，现藏浙江博物馆，余屡过杭州，三度索观，若有夙缘。图之四周，吴湖帆钤印七八方，几无隙地，与乾隆之题富春山子明卷，同一可恨。去岁十一月余在昆明博物馆库房，获观大痴另一绢本雪景山水，上题"至正九年正月□士贤画，二十五日题，大痴道人时年八十有一"。钤"黄子久氏"方印一。无收藏印记。此轴与《九峰雪霁图》为班惟志彦功所作者适为同年同月之作，士贤未详何人。惟此兼记"二十五日"。吴其贞《书画记》卷六曾加以著录，称之为《剡中访戴图》，云"观于金陵李升之家"。九峰在松江，《富春山居图》自记时地为"至正十年庚寅歜节（端午）于云间夏氏知止堂"。云间亦即松江，盖至正九、十年冬夏之间，大痴在松江居留甚久也。《剩山图》之名原出吴其贞所定（《书画记》卷三），彼于顺治九年壬辰夏得此尺五六寸烬余之物，至康熙七年戊

231

申归于王建宾师臣。今此物尚无恙，余何幸，得多次摩挲，又于七十二岁高龄，获睹此《剡溪图》于滇池，与吴其贞因缘可相伯仲，故附记之，以志我眼福。

一九八九年三月记

八大绘画构图与临济曹洞法门[*]

八大山人绘画构图的奇崛而缜密，已成为一般写意画家追求的对象。李苦禅曾说，他"一生最佩服八大的章法"。其"意境空阔"，"绘物配景，全不自画中成之，而从画外出之"。又云："在构图的疏密安排方面，八大乃大疏之中有小密，大密之中有小疏。"其"严谨则不只体现在画面总的气势和分章布白中，至如一点一划也作到位置得当，动势有序"。苦禅一生致力八大笔墨，工力深至，故有一针见血之论。但他谈八大章法说："究其渊源，当是南宋马、夏遗范。"则似乎还未能探得骊珠，击中要害。八大自少深契禅机，早得正法于耕庵，而耕庵为曹洞宗博山元来的嫡裔，故八大于临济、洞山之奥旨，了然于胸。观黄安平所绘个山小像。八大自题有一则云："生在曹洞临济有，穿过临济曹洞有。洞曹临济两俱非，嬴嬴然若丧家之狗。遂识得此人么？罗汉道底？""道底"也者，意思是指"说甚么"？多说已是太过饶舌了，待来痛打一顿呢。（黄檗对大愚语）八大对临济、曹洞都参过。禅门掌故中，有人问定上座，"如何是禅河深处？须穷到底！"八大在署名个山时期，久已濡呴于禅河深处。我想他把临济的宾主句、曹洞的五位义这些妙谛，尽量用于写画上，所以在构图布局，能够别开生面。

这是怎样讲呢？先谈宾主，（镇州）义玄示众：

* 本文节选自《八大山人画说》一文，刊于《故宫文物月刊》97 期，八大山人专辑下。收入《饶宗颐二十世纪学术文集》卷十三艺术（下）。

参学之人，大须子细。如宾主相见，便有言论往来，或应物现形，或全体作用。……如有真正学人，便喝先拈出一个胶盆子。善知识不辨是"境"，便上他"境"上作模作样；便被学人又喝，前人不肯放下，此是膏肓之病，不堪医治。——唤作"宾"看"主"。

或是善知识，不拈出物，只随学人问处即夺，抵死不肯放。——此是"主"看"宾"。

或有学人应一个清净境，出善知识前，知识辨得是境，把得挑向坑里。学人言：大好善知识。知识即云：咄哉？不识好恶。学人便礼拜。——此唤作"主"看"主"。

或有学人，披枷带锁，出善知识前，知识更与安一重枷锁，学人欢喜，彼、此不辨。——唤作"宾"看"宾"。

义玄这四种方式，目的是在"辨魔拣异"，使人能知邪正。在境上装模作样，不肯放下的是以宾作主，其病最深；虽不拈出物，但仍放不下的是以主作宾；已能辨得什么是境，放得下，但不辨好与坏的，是从主中认主；最下的是既放不下身着枷锁，再加上一重枷锁，这是宾上加宾。临济的宾主分别，历然明白，所以义玄说："未容拟议主宾分。"是不许强作拟议来分别主宾的！

至于曹洞五位，据曹山本寂禅师之说，要旨如下：

正位——空界本来无物。（"无中有路隔尘埃"）

偏位——即色界，有万象形。

正中偏——背理就事。（如"三更初夜月明前"）

偏中正——舍事入理。（"休更迷头犹认影"）

兼（带）中正——冥应众缘，不坠诸有。（"两刃交锋不须避"）

若以君臣作譬，则君为正位，臣为偏位，臣向君是偏中正，君视臣是正中偏，君臣道合是兼带。

综观二者所说，万种万般不离这个真理"不二"的法门。临济宾主句为消极义，曹洞五位是积极义。要在破除装模作样，免滞于境，泯色、空之界，以达到事理合一。个山从这一理路悟入来作画，便有一番解脱俗缚，尤以布局更表现得超脱迥绝、与众不同。他的构图法，有时周边写满而在中间留空白，有时相反地中间实而四周虚。有时偏于左或右而一边全

234

作空白，有时上虚下实，上方只写寥寥数笔柳条，下面作繁柯怪石栖禽，为其重心所在：有时上方浓密而下疏澹，上以浓墨写竹叶，下方芭蕉浅设色，为强烈之对比。他又最擅为呼应之术，巨幅直轴，鱼鸟上下相对相依时，必俯仰照顾，神态自足，宛如宾主相见，无不尽欢。

画册页、扇面，往往偏于一角，空处则以题句补足之，或上面浓叶繁柯陂石栖鸟，其下全留虚白。或上方偏隅处怪石嶙峋，下方留空缀以游鱼三两。他总是喜欢侧重一边，强调重心在左右或上下，以不平衡处见平衡，恰是符合偏中正，正中偏，及正中兼带的原理。

我认为个山采用禅理作为构图的不二法门，有四个要点：一是以虚实浓淡表现空、色异相之辨；二是以左右、疏密显呈偏正变化之美，来安顿整幅画的重心；三是从上下、前后呼应以尽画中兼带之妙；四是以笔墨之轻重、繁简，作开阖排奡之势，构成"境"和"人"的互相渗透。最紧要是兼中正，务使冥会众缘，使整幅画浑然一体，这是最高造诣的境界。他的友契南昌释机质赠八大诗偈云："梵音撒在千峰外，拍手拊掌会捏怪，识破乾坤暗里阇。光明永镇通三界。"阇字是吃紧语。《论语·乡党》孔注："阇阇，中正貌。"《说文》训阇为"和悦而诤"，表示在争论中取得和谐。乾坤的奥妙即在暗里的阇，从黑漆的墨团中拓开画的新境界（参拙作《固庵文录》页三三八），从偏正中取得和谐，从宾主获得调协，非于禅理深造自得，不易获有这样的成果，我故谓八大的构图法不是一般画人所循的途径，而是出自教外别传，这并非穿凿附会，而是顺理成章的。

个山早年题画的诗句，尚有些"食古不化"，摭用禅典而令人感觉生硬，徘徊于临济语录之间，仍是未敢"抛向坑里"而"抵死不肯放"的，像故宫传綮写生册："屎天屎床无所说。"（临济定上座对雪峰说："若不是这个老汉，趯杀这尿床儿子。"）临济曾对洛浦交谈，浦说："与么则万种千般也。"师曰："厮屎见解。"我说个山用"屎天屎床"的句儿，岂是怕人说他不懂"厮屎见解"的道理么？陈文希所藏《个山杂册》题句有云："欲把问西飞，鹦鹉秦州陇。"这二句一向未明。后来我看《五灯会元》十一，"临济法嗣、虎溪庵主"条云：

师曰："得恁么无宾主？"曰："犹要第二喝在。"师便喝。有僧问："和尚何处人事（氏）？"师曰："陇西人。"曰："承闻陇西出鹦

235

鹉，是否？"师曰："是。"曰："和尚莫不是否？"师便作鹦鹉声。僧曰："好个鹦鹉。"师便打。

方知"鹦鹉秦州陇"句本事即出此，这些地方，具见个山熟悉禅典"穿过临济"的深度。

上面引临济说："或有学人应一个清净境。"他常常说："佛者心清净是；法者心光明是；道者处处无碍净光是。"佛心是一片清净，一幅画莫重要于能写出一个清净境。我们看八大题句，时时不忘这个"净"字，如：

> 净云四三里，秋高为森爽。
>
> 微云点缀之，天月偶然净。
>
> 写此工部"深红净绮罗"时也。

他论画主"净"，正因为净是作画的第一谛。

八大用"驴"字署名，近人考证，引起许多误会，我已经有所辨正，记得临济义玄临终时说：

> "谁知吾正法眼藏，向这瞎驴边灭却。"言讫而逝。

义玄自称曰"瞎驴"。他向驴边入灭，完成他的"自我涅槃"。驴的含义，深远可见。八大以驴自许，处处不忘临济教义，这亦是一个不能否认的例证。

一九九一年

236

明人眼中"画士"与"士画"流品之分野^{*}

顾凝远《画引》论列明代画人姓氏，以董其昌崛起云间，特别目之为"中兴间气"。其余画家，分为以下若干名目：

（一）士大夫名家宗匠（如沈、文、唐）；

（二）文士名家（如陈道复、陆治、徐渭）；

（三）画名家（周臣四人）；

（四）今文士名家（李流芳、钟惺五人）。

画名家大概是指以画为专业，非"文士"者流。所谓"文士名家"，即文人而兼擅绘画者，而钟惺亦在被称述之列。

清初周亮工最喜欢搜集同时人画品，所作《读画录》，月旦人物，独具只眼（亮工卒于康熙十一年，此书殆于康熙十二年，由其子在浚编集而成）。故宫博物院藏周亮工《集名家山水册》，见《石渠三编》著录。所收画迹其中有石溪，而无石涛、八大，可见在周亮工集画时期，此二位画僧尚未成名，不为人注意。又该册中有龚贤题记，论清初画坛云：

> 今日画家以江南为盛；江南十四郡，以首郡为盛。郡中著名者且
> 数十辈，但能吮笔者，奚啻千人？然名流复有二派，有三品：曰能

———————————

* 本文节选自《明季文人与绘画》一文，载于《画颔——国画史论集》，台北：台北时报文化出版公司，1993 年。收入《饶宗颐二十世纪学术文集》卷十三艺术（上）。

品、曰神品、曰逸品。能品为上，余无论焉。神品者，能品中之莫可测识者也。神品在能品之上，而逸品又在神品之上，逸品殆不可言语形容矣。是以能品、神品为一派，曰正派；逸品为别派。能品称画师，神品为画祖。逸品散圣，无位可居，反不得不谓之画士。今赏鉴家，见高超笔墨，则曰有士气。而凡夫俗子，于称扬之词，寓讥讽之意，亦曰此士大夫画耳。明乎画非士大夫事，而士大夫非画家者流，不知阎立本乃李唐宰相，王维亦尚书右丞，何尝非士大夫耶？若定以高超笔墨为士大夫画，而倪、黄、董、巨，亦可尝在搢绅列耶？自吾论之，能品不得非逸品，犹之乎别派不可少正派也。使世皆别派，是国中惟高僧羽流，而无衣冠文物也。使画止能品，是王斗、颜斶，皆可役而为皂隶；巢父、许由，皆可驱而为牧圉耳。金陵画家，能品最伙，而神品、逸品，亦各有数人。然逸品则首推二溪：曰石溪、曰青溪。石溪，残道人也；青溪，程侍郎也，皆寓公。残道人画，粗服乱头，如王孟津书法。程侍郎画，冰肌玉骨，如董华亭书法。百年来论书法，则王董二公应不让；若论画笔，则今日两溪，又奚肯多让乎哉！

龚氏又论：

画有六法，此南齐谢恭（赫）之言。自余论之，有四要而无六法耳。一曰笔，二曰墨，三曰丘壑，四曰气韵。笔法宜老，墨气宜润，丘壑宜稳，三者得而气韵在其中矣。笔法欲秀而老，若徒老而不秀，枯矣。墨言润，明其非湿也。丘壑者，位置之总名；安置宜安，然必奇而安，不奇无贵于安；安而不奇，庸手也；奇而不安，生手也。今有作家、士大夫家二派：作家画安而不奇，士大夫画，奇而不安；与其号为庸手，何若生手之为高乎？倘能愈老愈秀，愈秀愈润，愈润愈奇，愈奇愈安，此画之上品，由于天姿高而功力深也。宜其中有诗意，有文理，有道气。噫！岂小技哉！余不能画而能谈，安得与酷好者谈三年而未竟也，当今岂无其人耶？因纪此而请与相见。（《虚齐名画续录》卷三龚半千《山水册》）

此二篇为极重要文字。其论逸品极严，清初入选者只二溪而已，不若后来《桐阴论画》，动辄誉人为逸品也。又减六法为四法，以位置居四者之一；可见今人论画，喜言构图，在龚氏眼中，极不重要，因尚有笔、墨与气韵三条件，绝不能忽视也。且构图位置，不在求安，而在求奇。安而不奇是庸手，作家画是也；奇而不安是生手，士大夫画是也。与其取庸手，不如生手之为高，奇与安二者之间，安不如奇。惟士大夫画始能出奇翻新，作家不易办到，是无异谓"画士"不如"士画"。

又其论四法之关联性：笔欲老而墨欲润，丘壑欲稳而奇，三者得则气韵自生。故气韵乃一综合体，离开笔与墨无所谓气韵，故非笔与墨无以表现气韵。笔与墨初为二途，然笔、墨交融之后，即在画面呈显气韵矣。故笔欲老，愈老而愈秀，秀即笔之有神有力处，不秀则疲恭乏神采，不老则稚弱无气概，何能出奇？秀而且润，则笔与墨交会。由秀而生润，益见笔之高妙及墨之光彩：加之构图之奇而且稳，"气韵"自然迥绝。画之上品，舍此何求？八个"愈"字，充分说明四法之相生相养。故龚氏四法之说，窃以为视谢赫尤中肯綮也。

龚氏区别清初画人有三品两派之说：能品、神品为正派，逸品为别派。能品称画师，神品为画祖，逸品则为散圣。于逸品推许二溪（石溪、青溪）；能品、神品为画士，逸品则为士画。是说方亨咸（邵村）有进一步之讨论，其与周亮工论画云：

> 半千"画士"、"士画"之论详矣，确不可易。觉谢赫《画品》犹有漏焉。但伸逸品于神品之上，似尚未当。盖神也者，心手两忘，笔墨俱化，气韵规矩，皆不可端倪，仁者见仁，知者见知，所谓一而不可知之谓神也。逸者轶也，轶于寻常范围之外，如天马行空，不事羁络为也。亦自有堂构窈窱，禅家所谓教外别传，又曰别峰相见者也。神品是如来地位，能则辟支二乘果。如兵法，神品是孙、吴，能则习斗声严之程不识，逸则解鞍纵卧之李将军；能之至始神，神非一端可执也。是神品在能与逸之上，不可概论，况可抑之哉！半千之所谓神者，抑能事之纯熟者乎？总之，绘事，清事也，韵事也。胸中无几卷书，笔下有一点尘，便穷年累岁，刻划镂研，终一匠作，了何用乎？此真赏者所以有雅俗之辨也。岂士人之画，尽逸品哉？（《读画录》卷二）

239

邵村训神为笔墨俱化，训逸为轶于寻常范围之外，而以士人之画，不尽为逸品。又主神品宜在能品、逸品之上，与半千以逸品居能、神之上，大异其趣。此由于对"神"字解释之不同，故品次亦复不同。

方以智则分画笔有匠笔、文笔二途，而皆未合中道。其言曰：

> 世之目匠笔者，以其为法所碍，其目文笔者，则又为无碍所碍；此中关捩子，原须一一透过，然后青山白云，得大自在。（《读画录》卷三《张尔唯传》）

匠笔为法所围，文笔又以法不大具足为其所累。明季画人对此二者间之轩轾，持论各有不同，而其轻"匠"重"文"，则所见一致，因画人多为文士故也。

石涛于康熙甲戌（三十三年，1694）秋为鸣六写枯树册题记云：

> 此道从入者，不是家珍，而以名振一时，得不难哉！高古之如白秃、青溪、道山诸君辈，清逸之如梅壑、渐江二老；干瘦之如垢道人；淋漓奇古之如南昌八大山人；豪放之如梅瞿山、雪坪子，皆一代之解人也。吾独不解此意，故其空空洞洞、木木默默之如此，问讯鸣六先生，予之评订，其旨若斯，具眼者得不绝倒乎？

此册现藏美国洛杉矶（Los Angeles）。（图见 *The Painting of Tao-chi*，p. 108. 安那堡印）石涛品题之同时画家，白秃指石溪，青溪为程正揆，道山即陈舒（见《读画录》：舒自松江移居金陵），风格属于高古；查士标（梅壑）、渐江，妙在清逸；程邃（垢道人）长于干笔，八大特色在淋漓奇古；梅清（瞿山）、梅庚（雪坪子），则以豪放见长。石涛所标揭者，仅此数子，可以代表其一种看法。石涛此文，作于康熙卅三年，与龚贤之为周栎园（亮工）题记作于康熙十年，盖迟廿载，应属后期之论，此时已不复较量画士与士画之分别矣。

一九八三年

240

明人诗格与画风之对应关系[*]

明季画人，几乎无不能诗，而真诗人之工画者，更难指数。诗写情性，由于性分有殊，因习乖异，故诗之为状，亦复各具面目。性由天定，习因人力；人之才气，本乎情性，至于学习则出乎陶染。风力有刚柔之分，体式由研习而得。括而论之，不外先天之性，与后天之习二者而已。诗格之形成如此，画风亦何独不然？故画格之表现，与其诗格之风范，每每有相应之处；无他，由于性分、嗜好倾向之相同故耳。

此时之画家，不能一一论述，兹就至乐楼藏品中之画家，大约区为三大类论之：

（一）为才人之画：作画不专，而才气横溢，偶有着笔，爽气逼人；或构图奇特，毫无轻媚习气，如杨龙友、张大风、黄向坚、傅山、查继佐之俦是也。

（二）为能手之画：术有专攻，工力深至。虽体貌各殊，而为真正画家之画，陈洪绶、蓝瑛、萧云从、顾符稹、文点之俦是也。

（三）为缁流之画：禅机所触，不求甚似，发乎性灵，以成自家鼻孔。无可。担当、髡残、渐江、石涛、八大之伦是也。

由于学有浅深，习复相异，丘壑殊观，笔墨异采，综其画格，可有

* 本文载于《澄心论萃》，上海：上海文艺出版社，1996 年。收入《饶宗颐二十世纪学术文集》卷十三艺术（上）。

241

八体：

一曰繁缛：峰岭纵横，解衣磅礴，吴彬、龚贤是也。

二曰疏简：萧寥数笔，断绝尘襟，程嘉燧、八大是也。

三曰干渴：干皴渴擦，神理自足，程邃、戴本孝是也。

四曰湿润：风雨不来，青障犹湿，查士标、笪重光是也。

五曰秾丽：工致精绝，六法全备，蓝瑛、王鉴是也。

六曰闲澹：扫除蹊径，独出幽异，邵僧弥、沈颢是也。

七曰圆劲：行草中锋，别有真趣，邹之麟、程正揆是也。

八曰险侧：不立队伍，无坚不摧，黄道周、倪元璐是也。

　　刘勰《文心雕龙》论文分八体（《体性篇》），兹略仿其意，非谓画风止尽于此八种，亦非谓每一画人仅各独具一体，兹但从大略言之。明季画人之成就，石涛花样，最为繁出，其他多各握其一端（extreme），而发挥尽致，大都不喜中庸之道，而危侧趣诡，故能标新格。

　　试观各家之诗，正可因画风而窥其体性，沿根讨叶，求其会通。李流芳之画，"略加点染，灵旷欲绝"（《庚子消夏记》）。而诗亦"信笔输写，天真烂然"（《列朝诗集》）。钟惺诗幽深孤峭，画亦如之。李日华小诗跌宕风流，画亦仗诗以发其妙，钱牧斋谓其"诗以画寿，非以画掩"。二者相得而益彰。徐枋画用笔整饬，诗亦仿佛，绝无恣肆。渐江画极枯瘦，寒石生螽，诗偈亦如香雪，沁人肺肝。傅山诗字，脱尽羁缚，不可响迩，其画亦如狂士。八大诗如谜语，画亦时寓寄托，有同谐谑。故知画人之诗，与其画正沆瀣一气，各由天资，摹体成性。诗与画互为表里，举一可以反三，不遑缕举。

一九八八年

242

从明画论书风与画笔的关联性[*]

　　六法中以"骨法用笔"为最基本条件；国画的特色是由笔、墨产生气韵。笔为骨、墨与色为血肉。潘天寿认为"画事以笔取气、以墨取韵"，是很对的。但主要还是以行笔的线条为主，线条的厚重、轻倩、刚健、婉丽，形成不同的风姿，此即所谓"线条美"，事实上因各人的性格和书法训练而异途发展，形成多彩多姿各具不同的表现，从笔的本质上看来，画笔和画风二者往往保存着对应关系。可以说画家在书法上的训练，他的爱好、取舍方向，配合个性，造成行笔的习惯，以此决定他的画笔的特色。许多人都知道书、画同源，但行笔的工夫及其形成的过程，在画面上的运用诸问题，很需要进一步加以探讨和分析的。

　　明代上承元人遗绪，书与画的结合，比宋代又推进一步。赵孟頫已提出"石如飞白木如籀"的写法，倪迂折带皴，以侧笔取姿，王蒙杂树简直是以草法入画（指《青卞隐居图》），这些是众所周知的例子。线条美在画面所扮演的主角地位，逐渐为人所重视，到了明代发挥更为淋漓尽致，"笔墨"的条件作为中国画的核心，明人在这方面的成就，是不能抹杀的。

　　不少画家亦兼为书家，如文、沈以至晚期的董其昌、八大山人，都是双轨并进而有高度的成就。有的原为大书家，余事作画，像王铎、张瑞图、傅山之流，画亦卓然可观。至于画家而工书者更比比皆是。明代大画家无不讲究"用笔"。唐六如论画云："工画如楷书，写意如草圣，不过执

　　* 本文载于《画颂——国画史论集》，台北：台北时报文化出版公司，1993年。收入《饶宗颐二十世纪学术文集》卷十三艺术（上）。

笔转腕灵妙耳。世之善书者多善画，由其转腕用笔之不滞也。"可谓知言！董其昌在《画禅室随笔》卷一论用笔即有十八则，虽然论书，移以论画，许多道理，正自相通的。

下面略举一些重要及较少被人注意的画家，从他的书法造诣可以看出他们画笔所由形成的根柢。

王　绂　山人工写竹。自言："画竹之法，干如篆，枝如草，叶如真，节如隶。"（《六如画谱》）全用书法来譬喻画。

刘　珏　其七言草书（《古代书画图目》二·〇三一七）遒劲流转，画笔亦如之，涩中带润、柔中呈健。

姚　绶　行草书运笔浑圆、干湿兼施（如《古代书画图目》二·〇三二五、三二六）。山水、竹石学吴镇，行笔路数至相近。

史　忠　重用水墨，奇恣荒率（如《古代书画图目》二·〇四一三、四一四），信是如醉如痴，书、画行笔正一致。

郭　诩　人物豪纵（如《古代书画图目》二·〇四四〇）。人称其"寄我清狂"，自题句用笔，重浊浑涵，一如其画。

陈　淳　白阳书画皆从米海岳来。行书痛快淋漓，笔飞墨舞。写雨景亦水墨酣畅，满纸氤氲。

沈（周）　文（徵明）　文、沈书皆学山谷，同归而实殊途。沈得黄骨、文得黄态，而文兼工小楷、隶体。秀整而古意盎然，苍拙不及沈而妍丽过之，文之狂草可追怀素，故写兰竹尤洒落不羁，为沈所不及。观二公书画合符相用之方，于斯道可思过半。

唐　寅　行书近鸥波，韶秀取媚。王弇州谓"其书软熟"。又称其"行笔极秀润缜密而有韵度，惟小弱耳"。故其山水虽师法李唐，而化险为夷，骨力未能凝重，得其幽邃而乏其峻峭，亦以行笔近赵故耳。

徐　霖　行书浏离顿挫，画笔亦如是。与杜堇合作长卷，兰石及双钩竹，纯出天真，神品之尤，全以书法作画，异乎常轨。

莫是龙　王世贞称其"小楷精工，过于婉媚，行草有豪迈之态"。如山居杂赋，洵是神来之笔。画之行笔，自非拘守绳墨者可比。

邹之麟　观其为张灵织女图题字，疏宕有奇气，学大痴富春长卷，亦

244

极疏简，同一笔法。

由上举各家观之，画笔与书法正是同一鼻孔出气，处处可悟两者关联处之深。

自董华亭以禅理论艺，取《楞严经》"八还"之义，主张师法前人，贵在能会，而神与之离，如哪吒之拆骨还父。"还"的意义，非常紧要。八大画笔从董而来，晚期可谓拆骨已尽，深契"八还"，而自辟户牖，前无古人（他的印章有"八还"一号，即取自董说，人少知之）。若石涛《画语录》开宗明义，由"一画"说起，自能得源头活水，"一"以生二、生三，以至生出万般形态。执一以驭万，故所得在"用繁"，观北京故宫博物院所藏《搜尽奇峰打稿》卷，可谓茂密之极；而《万点恶墨》卷，亦以繁见长。可谓有悟于"一即一切"之旨。八大则反是，他注重还原，所得在"用简"，牢宠万类，而归于一，可谓有合于"一切即一"之旨。故知石涛是小乘僧，八大则大乘（摩诃衍）禅师矣。

画家湛深于书道者，明其与画理相通之处，自可左右逢源。惟此须从实践中体会而来。不能迅速立致。艺人致力，须经三熏三沐，何止"八还"，而造境浅深，宛如"十地"。明代各家，深有悟于书、画行笔一揆之理，故造诣往往突过前人。此一关捩，至为紧要。故粗为阐述，以当嚆引，望诸位专家有以是正之。

一九八八年

245

关于《青天歌》作者[*]

  苏州博物馆藏有一九六六年在曹澄墓中出土的题徐渭书《青天歌》长卷，共七十四行。《艺苑掇英》曾分二期影印问世（一九七八年第一、二期）。后来又编印成专册。春夏之交，我在瑞士，外国友人已手执《掇英》一本，对这笔意奔放的青藤法书，大加赞赏，我心中很高兴新出的资料，能迅速得到传播。

  这首《青天歌》究竟是谁所作的呢？《掇英》首期有简单的说明，好像认为出自徐渭之手（反严嵩斗争），但没有提供证据。其实这首歌是元代长春真人丘处机所作。他所著的《磻溪集》卷三已收录这篇，共为八首，在先天吟之前，原来应该是联章体讲修道的长诗，分为八解（正统《道藏》友字号上，第七九七册）。丘处机的著述很多，以《长春真人西游记》最为有名。《磻溪集》是他在该地修道持炼时所作的诗词。磻溪在陕西宝鸡东南，相传太公钓于此，得遇文王。丘处机是从金世宗大定十四年（宋孝宗淳熙元年，一一七四）秋九月，随马丹阳游秦，西入磻溪苦修，至大定二十年，才由磻溪迁居龙门山。那时候他是二十八岁到三十二岁，前后居磻溪六年。《金莲正宗》一书说他"乞食于磻溪，一蓑一笠，寒暑不变"。可见他当日刻苦的情况，《磻溪集》中有《无俗念》词十三首，和《青天歌》同样是这一时期的作品，可说是他的少作。他活到八十岁，他应成吉思汗西游，旅居撒马尔干在雪山讲道时已是七十五岁高龄。后来居

  * 本文刊于《香港美术家》第十一期，香港：香港美术家出版社，1979 年 12 月。收入《饶宗颐二十世纪学术文集》卷十三艺术（上）。

燕京的大天长观，一二二七年五月奉旨改天长观为长春宫，这时才有长春的名号，但是年九月他就病逝了。

他成名以后，这篇《青天歌》便给道教徒视为修炼学道的不二法门的作品；元时自号混然子的王玠（字道渊）为道诗作注释，加以附会，便说是歌演音三十二句，乃按《度人经》三十二天运化之道。他说："青天者，指人性而言也；浮云者，推人杂念而言也。此二句是修行人一个提纲。"（按指开头青天莫起浮云障，云青天起遮万象二句。）又说结句"得来惊觉浮生梦，昼夜清音满洞天"是"总结一篇首尾之妙，所谓得来者，得来真道，永证金刚不坏之身，觉浮生一切有为之法如梦幻耳"。是否符合丘真人的原意，尚不得而知。王玠的《青天歌》注释，明代非常通行，除收入正统《道藏》之外

图 14　徐渭草书《青天歌》卷的款书

（成字号下，刊第六十册），阎鹤洲编的《道书全集》，其中《玄宗内典》，《青天歌注》是最末的一种（有万历辛卯十九年的积秀堂刊本），明人高时明编的《一化元宗》书中亦收丘处机的《青天歌注释》一卷，可见流传之广。

这卷行草《青天歌》，笔势奔放，波澜起伏，字体忽大忽小，一气呵成。初看时很能给人很大的刺激和吸引力，但一经仔细观察，便会觉得他的行笔放而不能收，结体险而不能正，既无含蓄，又多败笔，颇使人怀疑。最近徐邦达先生就提出问题来，认为它是赝品。他认为此卷不能匀称，怪形甚多，徐渭自负其书法为第一，不应失步到此田地。他的看法是很有见地的。此卷出曹澄墓中，曹是乾隆间人，此卷在清时入土，写成必在明时。徐先生怀疑书者原不知何人，或未及署款，给后人补上徐渭的伪款和伪印。《青天歌》是元以来全真教派道士们所传诵的，写者可能是道士之辈，嫁名于徐渭，似乎不无理由。这些真伪问题，尚待进一步之探讨。只是《青天歌》的原作者，不是徐渭而是元代长春真人丘处机，而且是他的少作，这一点是应该澄清的。

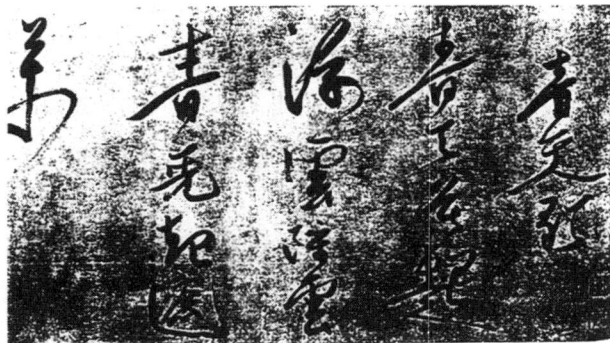

图 15　徐渭草书《青天歌》卷之一

图 16　徐渭草书《青天歌》卷之二

《粤画萃珍》序[*]

  粤画于国史中，非如吴蜀之大家辈出，蔚为承先启后之主流；有之，自晚清两居三高之岭南画派始。明时巨匠推林以善，其水墨翎毛鹰隼丛木，开后来青藤八大一路，泼墨写意，沾溉至今。永乐间，颜宗官福建，善山水，林良赏其天趣，传世惟一长卷，陂陀树石，仍沿郭河阳画法，此元代流行风尚；然粤人问涂于此，不多觐也。

  明清易代之际，人才最盛，遗老如薛剑公之竹石忠贞册，播誉艺林，高望公山水之作尤精，朱竹垞论画诗所称为"岭南高俨歔黄佽"者也。至若陶苦子振采于寒塘，张铁桥奋辉于吴楚，并陶铸风月，追纵骥骁，不知老至，各擅胜场。维持缁流，工画者多：白水镜与石涛友善，诗亦幽异，时称三绝；天然和尚及门中今碗以古澹胜，其画存者得一便面而已；又有今诒者，有山水斗方见于郑邑侯册，《画徵录》未载，可补其缺。入清而后，黎简民、谢澧浦风格高峻，疏宕野逸，令人有出尘之想。余独喜黎诗，含商吮徵，谓工力之深，疑在画之上，以诗之高夐，得之于画，一致之理，固同归也。向于瑞士见半千名迹层峦幽涧，下有罗天池题跋长文。六湖与黎、谢及张墨池，在当日号称粤东四家，宜其鉴古功深，巨眼若烛，惜画迹不多见。稍后二苏如苍头突起，长春以刻镂之法入画，笔尤超绝，枕琴效瘿瓢，不免规随之习，非其匹矣。梁于渭时饶奇趣，博雅多方，其人实邃于金石之学，《麟枕簿》稿本犹存，曩尝见之。当谋之有力

---

  * 本文载于《粤画萃珍》，香港：香港中文大学文物馆，1986 年。收入《饶宗颐二十世纪学术文集》卷十四文录、诗词。

者为之刊布，以其戛戛独造在此，而不在丹青也。粤人能画者不可偻指，俱详汪《略》。中大文物馆藏品数亦近千，著录已备。此戋戋者，以小幅为主，非谓撷其精英，能尽粤画之全；然枯毫残墨，吉光片羽，亦足使人忘味于遗韵，眩精于末光。编者耳目所限，斟酌未安，徒挹清芬，但敬桑梓；涉海登山，倘逢良宝，惟有期诸异日而已！

《悲庵印谱》序[*]

　　赵悲庵篆刻法书，辑录成帙，非复一次矣。其流芬余响，久已沾溉域外，将芬近见告，拟挦其印章百七十事，书联卅五帧，重沏为集，用广其传。悲庵作篆，起笔崭绝，结势而不藏锋，此取方为圆也。作楷则舍道密而取宽绰，横扁作态，此以隶为行也。其摹印则力于印外求印，驭繁于简，位奇于安。冯孟亭称："汉隶融而唐隶凝。"悲庵治印，融而能凝，茹涵于秦汉者深矣。悲庵于学无所不窥，自言不薄辞章，不右宋，不左汉，其书（江湜）伏敔堂诗后，述其学术次第详矣。其言曰："其行事求经不得，比史不得，寻之小说家且不得；其言论非皇古，非輓近，儒无是；入之佛，佛无是；问之道，道无是；推而远之，至于域外，如夷说耶稣新旧诏希腊腊顶书仍无是。四千三百年中事，日积日出，不可思议其可心得。余得傲发叔者有此。"此悲庵为学之总蕲向也。以之治书治印，无不如是；故治印则求之印之外，治书则求之书之外，治一切学则求之一切学之外，于书于印，何曾数数然。此悲庵所以振奇而独绝也。其印与书之美，世早有定评，何庸再赞一辞。因摭其论学吃紧语，以为金石书法家之棒喝，质之悲庵于地下，谅无间然也夫！

一九七七年

---

　　* 本文载于《固庵文录》，台北：新文丰出版公司，1989 年 9 月。收入《饶宗颐二十世纪学术文集》卷十三艺术（上）。

251

题任伯年《纨扇集锦册》*

　　近贤宝绘，平生惟山阴任氏之作，披览独多。忆十二岁时，从金陵杨寿枏先生学山水，其尊人筱亭翁，亦山水名家，最昵于任氏，酬赠至富。杨家藏任画，无虑百十数，皆供余恣意临写。其后余客星洲，友人陈之初藏任画，一时无两，均得纵观饱玩；岭海之间，自清季与沪渎商旅往来，故任画最为易得。顷者源君则捡出此册属题，册集任氏不同年纨扇，为张石园旧物，累钤"钱镜塘鉴藏"印，起同治八年己巳，迄光绪十九年癸巳。任氏卒于光绪丙申，得年仅五十六，此册几囊括其不同时期作品，足为研讨之资。戊子己丑花卉、水墨离披，最为习见。其中临罗聘写冬心睡相，一望而知为少作。丙子一帧，亦少年之制，工细妍丽，尤见功力之深，早岁已成熟如此，其为人倾倒，非偶然也。余幼从杨师学，久而病其霸悍而弃之。频年重理绘事，临池无间，益有所悟，重获睹此册，回忆童稚之事，枨触今昔，垂老无成，而余年将七十矣。因源君之促，觊缕书此归之。

一九八四年

---

　　* 本文载于《任伯年扇面画册》，上海：上海古籍书店，1983年。后载于《固庵文录》，台北：新文丰出版公司，1989年9月。收入《饶宗颐二十世纪学术文集》卷十四文录、诗词。

《若海书画集》题辞[*]

画以造境，非写实也。世以写生为尚，依实状而作画，与摄影何异？是何贵乎有画？故画中之山水，乃心灵所重构，取之于物，而冶之以心，必有浩气逸致行于其间，而后始能"迁想妙得"。艺之极挚，在乎移情宁性，挈静之境，尤其难得焉。老氏云："致虚极，守静笃。"求其有契于是者盖寡。若海曩从吾友彭君袭明游，写雪景尤工，陶公句云："在目皓已絜。"庶几近之。偶作汉隶，含蓄劲婉，余以为过于行草。间尝语若海："书画不能不违俗，必去甜去霸。"若海颇匙余言，若海将刊其书画集，属弁其端，因书芜见以质之。

一九八一年

---

* 本文载于《陈若海书画集》，香港，1992年4月。陈若海，名深、号伯子。1927年生于广东潮州。现任香港元朗书法篆刻学会永远顾问。

题简琴斋书展*

以书道论甲骨,与史学轨辙迥殊,当洹滨出土之日,识字未多。而书家治玺家竞于卜辞取材,集联集诗之事尤盛。以今日观之,字之辨认,庸有可商,以美术论,则涂径大启,若矗丛之辟,信有足多者焉。写契文者,或以篆法入,如罗雪堂,其失也滞;或变以金文,如金息侯,其失也肆。叶葭渔参以楷隶,端详可观,而乏刀法奇趣。简琴翁浸淫汉简有年,移其诀以入契;逋峭多味,玩其所书,譬诵宛陵之诗,嚼橄榄而逾甘。间运以钢笔以写便面,踌躇满志,恍如奏刀,骎然中桑林之舞。翁于近世书林,可谓异军突起者矣。翁曩以书设帐海峤,门人至今推扬益力,沐其教于不坠。十余年前,曾以遗作展出,不揣固陋,既为文以介之。顷者,刘少旅君复以所藏翁书重展于大会堂,远道属题数言,因略论契文与书道相涉之处,以见翁之成就,足为来学津梁,盖有不可磨没者在。

一九七二年

---

* 本文选自《饶宗颐二十世纪学术文集》卷十三艺术(上)。

《梦香先生遗集》引 [*]

　　梦香先生谢世之三年，门生故旧始于箧衍丛残中掇拾得诗、联语、书、画若干事，将欲付梨枣，以垂永念。先生平日殊无意于诗，随作随弃。早岁耽书法，穿穴磨礲浸灌既深，晚乃移书入画，所造更为超脱迥绝。案上无一册书，而冥思孤往，上下求索，通倪之极，略形骸、外天地。虽其句云"生涯依旧画书诗"，实则此三绝者，先生偶染于手，已早绝之于心。无文字而随缘以著文字。纸上写到处，仅可见者；其纸上写不到处，乃真不可见；尤不易到处，则付之冥漠。此一字一句，早是画蛇添足，何足为先生重耶？先生寝无床，喜蜷屈卧醉翁椅上，终日在呵欠吐纳中，一生离于梦者仅十之二三。查伊璜谓"画是醒时作梦"，尚有一画字横梗胸中。若先生之作画，则已不知是书、是画、是梦、是醒？醒后入梦，而不知其梦，先生何有于画？又何有于醒？在先生其自喻适志者欤？浸假且并忘其志矣。故此册之裒集，聊存先生之梦于方一；若谓此而可以尽先生，则非能真知先生者之所敢知也。丁巳冬晚学饶宗颐。

一九七七年

---

　　* 本文载于《固庵文录》，台北：新文丰出版公司，1989 年 9 月。收入《饶宗颐二十世纪学术文集》卷十四文录、诗词。蔡梦香（1889—1972 年），广东潮州人，善诗文、书画，是著名书画家。

跋刘海粟山水画册[*]

山谷中年后，作书大进。自评元祐间字云："用笔不知禽纵，故字中无笔；字中有笔，如禅字句中有眼。"文衡山持此，品其《伏波神祠卷》，甚为中的。余谓画中有笔，理亦同然。故画以笔为主，墨次之，形构斯其下矣。

沾沾于形似构图者，见与儿童邻，乌足道哉。善用墨者，无如董华亭，而侧媚不振。若行笔如金刚杵，从心所欲，须人书俱老。甚矣画人之不可无年也。海粟先生始以西法倡导，一时披靡从风。然三十年来，尽弃其曩之所习，浸淫于宋元，心摹力追，不懈而及于古。今年近八十矣，世方追逐新面目，而翁游心冥漠，所谓鹔雕已翔于寥廓，而罗者犹视乎薮泽，何识度相去之远耶。今观此册，寥寥数纸，下笔尽屋漏痕虫蚀木。以渴笔写懵懂山，浑厚处视董又进一境。顷得潘受先生为题句，刘画以肆，而潘书以闲。刚柔相生，信足为来学楷则。颖南宝此，欲为梓行，征言于余，爰书所见于末。

甲寅端午选堂

---

* 本文载于《海粟大师山水小景》，新加坡，1975年。后载于《固庵文录》，台北：新文丰出版公司，1989年9月。收入《饶宗颐二十世纪学术文集》卷十四文录、诗词。刘海粟（1896年3月16日—1994年8月7日），原名槃，字季芳，号海翁。江苏省常州人。画家、美术教育家。

镜斋山水画册引[*]

　　余以琴交文镜徐翁。翁善鼓琴，虽目不能视，犹手自施絃，摩挲不倦。一日，余过翁紫泥山馆，翁出新制爨桐数事，弹之铿然，如闻太古之音，深为叹绝。会大雷雨，翁留客馔，且曰：我所以飨宾者，不止口耳之娱，当更有以饫君眼者。因出向日所缋水墨山水小帧十六，寸楮之内，居然万里之势。

　　其一水一石一树一木，笔画爽豁，如毛发可擢数；而气韵飞动，坐人于深山巨壑朝晖夕霭之间。譆！技盖至此乎！余语翁以至小无内之心，写至大无外之境，非天下至明者，孰能办此。然翁终以丧其明，岂天于倜傥神奇之士，故偃蹇之，使不能尽其才耶？抑使游乎形骸之外，免于物累，以全其天耶？吾闻游心乎德之和，如鉴止水，唯止能止众止。琴者，禁也。先止其心，守其宗以理万物，故琴为众艺之源。翁理操之余，发为声诗，自然高妙，虽不复作画，而处处皆画；不复泼墨，而处处是墨。琴曲有神化引，翁殆得契于神化者欤。今披此径寸之图，翛然神往，寥寥十数纸，虽不足以尽翁胸中之所蕴，然龙不现全形，乃有以见其神奇。则此区区，悬诸天壤间，已郁为奇观，翁亦可以踌躇满志矣。因题其端云尔。

　　* 本文载于《固庵文录》，台北：新文丰出版公司，1989 年 9 月。收入《饶宗颐二十世纪学术文集》卷十四文录、诗词。徐文镜（1895—1975）：别署镜斋，台州椒江海门百口井人。著名书画篆刻家、古文字学家、浙派古琴大师。

萧立声画册小引[*]

人物画盛于唐，宋后日渐式微，山水画起而代之。然贯休、李公麟、李唐、梁楷皆能独标一格，迈越前代，吴生簞菜条笔法，今不可睹；而敦煌石窟经变，流出国外，名迹甚夥。近岁西安唐墓壁画，叠有出土，或轻如游丝，宜利其笔，或重如山岳，弥厚其势；其迟而隽，远而罔失，足以取资而用宏，尤前人之所未睹者也。

若大英博物院设色巨像，笔势雄浑，海涵地负，足以辟易万夫；晚近人物画家能免脂粉气者盖寡，视此何异霄壤。故人物画前途尚大有崭新涂辙可循，是在善为之而已。萧君立声，擅写佛像，以篆势入画，间用大泼墨，当其下笔，如风雨骤至，顷刻成巨构，见者叹异。梁楷坦腹仙人，仅为尺幅，君扩充为寻丈，气力充沛，而图写罗汉，状其作止语默，卓诡变幻，极可喜可愕之能事，所以警发人者，足叹观止。夫画途亦良多变，以君炉锤之深，齐一变以至于鲁，吾又乌能测其所至哉？君既裒十年来画稿，择其尤者纂以成册，谨陈数言，以为读君画者告焉。

丙辰春选堂

＊ 本文载于《萧立声画集》，香港：香港中文大学艺术系，1977 年。后载于《固庵文录》，台北：新文丰出版公司，1989 年 9 月。收入《饶宗颐二十世纪学术文集》卷十四文录、诗词。萧立声时为香港大学艺术系主任。

题吴在炎指画展[*]

　　以指作画，未知起于何时。舍笔用指，直去易以就难。盖以笔蘸墨，可以点点染染，浓淡随意，挥洒自如，而指不能也。满人若高其佩辈，从指下讨消息，而简易若不经意，以臂使指，浑无形迹可寻，习惯既成，涂抹立就，看似难而实又易。吴君在炎，久以指画名世，展出遍寰宇，早有定评，无待余之扬搉。

　　当其兴到运指，为工笔花鸟，敷彩纷披，意匠经营中，变简为繁，写茂松丛树珊枝翠箨，体物之精，细入毛发，时时不止用指而兼用甲焉，观者以为不可及。夫运指难，以指为工笔，则难之又难，而君不殚烦如是，为人之所不为。语云："指穷于为薪。"及出君指上，则有无穷变化，可谓难能者矣。抑庄生有言："以指喻指之非指，不若以非指喻指之非指也。"君诚能自忘其指，于无笔墨处著力，不贪多，不爱好，图难于其易，不工而自工，若康昆仑之于琵琶，十年不亲乐器，然后无入而不自得，指云乎哉！因君属题数言，为论作画难易之义，质之于君，勿笑余之饶舌也。

辛亥选堂

---

　　* 本文载于《固庵文录》，台北：新文丰出版公司，1989 年 9 月。收入《饶宗颐二十世纪学术文集》卷十四文录、诗词。吴在炎（1911—2001），福建南安人，原名吴再炎，指画大师。

附记

张彦远《历代名画记》卷十《张璪传》称：毕宏"异其唯用秃毫，或以手摸绢素"。又卷一《论画山水树石》条云："树石之状，妙于韦鹠，穷于张通（原注张璪也）。通能用紫毫秃锋，以掌摸色，中遗巧饰，外若混成。"一则曰"以手摸绢素"，一则曰"以掌摸色"，不言用指行笔，疑通以秃毫施线条，然后用手掌设色，横扫于绢素上，使其沉重，故能混成。惟绢素挥洒可以如意，纸本则不易矣，故璪非专恃指以作画者。余对爱宾之语，解释如此，未知当否，愿以质诸高明。清人方薰《山静居画论》下云："指头作画，起于唐张璪，璪作画或用退笔，或以手摸绢而成。"所据资料即从彦远而来，非别有其他根据也。

悼西川宁先生[*]

二十余年前，我从日本书道的权威杂志《书品》、《书道全集》和《二玄社书迹名品丛刊》中，认识到西川宁先生，衷心向往已久；一直到一九八〇年八月，才有机缘和他见面。

从他法书特出风格，笔势驰骋，凌厉无前，我长期以来的想象中，他必定是一位可用铜琶铁板来唱《大江东去》的英杰；可是接触之后，才发觉他乃是恂恂儒者，"神姿高彻，如瑶林琼树"，有如《世说》中的人物。使我内心更加敬佩。

西川先生两代工书，可说是书道世家，和中国书史上"二王"的情况一样。历年以来，在扶桑书法领导层中，西川一门的涵盖性和影响力，已发挥极大的作用。尤其是收藏之精且富，和研究成果的卓越，一时无与伦比。我深觉很有幸地能够有一度在他家里欣赏过一些瑰宝。唐本《说文》，至今犹回旋在我的脑海中，永久不会忘记。至于清代丁敬身、邓石如以至赵撝叔各家的精品，遽数之不能终其物，更不用多说了。

西川先生的法书，有口皆碑，不待我来揄扬。令我最惊讶的是西川先生所写的"古文"，用字的恰当，行笔的遒劲，可当得起"雅健"二字，非深于"义法"者，不易辨别。他赠给我的文集一册（西川宁辑录《完白山人诗文》并附跋文），我始终视同拱璧，每每向人称道。他似乎对龙泓山人的文章特别爱好，在篆刻以外，还吸收了一些做文章的手法。今天的

---

* 本文系悼念日本著名书法家、汉学家、书法理论家西川宁先生，该文刊于日文本刊《西川宁著作集》第一卷附录《月报》，1991 年 5 月。收入《饶宗颐二十世纪学术文集》卷十三艺术（上）。

汉学界能够执笔写一篇唐家八家式的文章，已不易见到，像先生的造诣，真是凤毛麟角！西川先生书学的深邃，考证的渊博，偶尔用汉文写一些题跋文字，无不是精心结撰，所以我要特别加以推荐。记得同朋舍要我为《神田先生全集》写一篇文章，我曾经指出他的成就，即在能打破 philology 与 Fine Art 二者间的隔碍，西川和神田有长期的合作，互相影响，彼此对汉学之湛深，把学术与艺术打成一片，他们是同一类型的。

二玄社把西川先生的著作，辑成十册，作总结性的整理，无疑地这是笔书道界的遗产，同时亦是人类艺术领域的重要文化财富，逐渐刊布，意义的重大，大家有目共睹，不需要我来多所饶舌的！

最近中国和日本有两颗书坛巨星的陨落，是不可补偿的损失。上海王蘧常教授接近九十高龄，亦于前些日子捐馆舍，我和王先生以前都尝在无锡国专任教，有一点校友私谊，我不及等待复旦大学给我寄来讣文，即刻去电致唁。西川先生去世的消息，刚从林宏作兄来信方才晓得，现在执笔写这一篇文字，回忆前尘，不胜人琴之戚。谨在此一并表示我对西川先生的及门和知交们致亲切慰唁之忱。

一九八七年十一月于香港

262

陈语山篆刻原钤题辞[*]

陈语翁近集平生所治印若干方，汇为印谱，不以余为不知书，命为喤引。翁始习西洋画，心摹手追，故规抚秦汉，悉中法程，而同时侪辈，如吴子复、冯康侯皆娴习苍雅，以作书之法，入于篆刻。

君于汉隶用力至深，古瘦逋峭，通于缪篆，故能驱刀如笔，视石若楮，似拔山劲铁，嶙峋可喜。观其书若印，亦如接其人焉。五十年来，翁治印，一以白文为宗，于边款尤所专擅，力主沈厚安详。尝自镌印曰：不立异以为高，以是治艺，其宗旨尤有得于淳正也。余读张惠言为胡柏坡印谱序谓："隶书者，隶人习之，摹印，刻符，殳书，皆其工世习之。后世文人学士为之者，非能如工之专于其事。故远不逮古。"近世古器日出，益知殷人之于玉、于甲、于骨皆能尽锲刻之能事。若周原出土契文，有笔画纤细，须放大镜五倍方能目睹者。是刻符诸艺，向有专工，故巧妙若是，其法久绝，后世传习者，泰山毫芒而已；而印人每轻出己意，欲不谬于古人，得乎？翁治印也，久笃志于古，守艭而不稍逾越，故敢以此意奉质，还乞有以教之。

丁巳饶选堂

---

* 本文 1977 年作于香港。收入《饶宗颐二十世纪学术文集》卷十三艺术（上）。

诗画通义*

一、神思章

盈天地之间，皆画材也。"粉本不在画中而在天地法师画册》）。天下有大美而不言，能言之者，非画即诗。画人资之以作画，诗人得之以成诗；出于沉思翰藻谓之诗，出于气韵骨法谓之画。

扬雄云："言，心声也；书，心画也。"宋杨简因为《心画赋》，谓"砚者，天池也；墨者，玄云也；笔者，龙也；乘龙者，不知其为何神也！"（《赋汇补遗》十三）龙之升于天也，乘玄云，行天池，乘龙者实为之驱，养其神明，化其神奇，以成大美，始能以美利利天下。惟神奇斯能去臭腐而极变化。神而明之，存乎其人而已。

诗者，言语之至精者也；画者，形象之至美者也。昔人譬之饮馔，谓米如文，而酒如诗。以画论之，寺壁变相，如赋、如大曲，味之满汉筵席也；山林远景，如绝句、如小令，酒之竹叶、茅台也。诗为适口之杜康，画乃游目之烈裔（见王子年《拾遗记》）。画家师造化于外，得心源于里。诗家吟咏，舒状物色，窥情风景之上，钻貌草木之中，目既往还，心亦吐纳，与画亦何以异乎？

---

* 本文载于《饶宗颐教授从事艺术、学术活动五十周年纪念——七十大寿书画展》，香港中华文化促进中心印发，1986 年。后载于《固庵文录》，台北：新文丰出版公司，1989 年 9 月。收入《饶宗颐二十世纪学术文集》卷十四文录、诗词。

二、图诗章

神话者，文艺之母也。皇古之时，诗画胥取材于此，中外无不皆然。谓神话即诗，可也；谓神话即画，亦无不可也。自楚先生之庙，以至蜀郡祠堂，鲁殿灵光，画彩仙灵，图写禽兽，载在典册。近年新获汉画，北至蒙古，西极酒泉，东自沂南，南讫长沙，托之丹青，千态万汇，无不事各缪形，随色赋状。而画中有赞，谓之"图诗"，汲冢所出，王俭所录，俱其明征。赞为韵语，与诗同流。后世题画有诗，其昉于此乎？赞之结集，肇于谢庄，寖由小流，蔚成大国。

三、气韵章

六法，其一曰气韵生动。韵本声律之事。刘勰云："同声相应谓之韵是也。"嵇康《琴赋》："改韵易调，奇音乃发。"改韵可得奇音，迅笔乃出异彩。文之韵，亦犹乐之韵也。魏晋以来，品藻人物，辄曰思韵，曰风韵。既取之喻画，亦举以论文。萧伯玉云："文之致在气韵，无韵则死。"其在于诗，则曰神韵，陆时雍《诗镜》揭其义，渔洋益张大之。诗中神韵，亦如画之气韵，皆取象于人。乏韵则死。诗之与画，固无二致也。

荆浩《画山水赋》云："凡画山水，意在笔先。"方以智则云："画在法中，意在笔外。"戴本孝为丹臣作《象外意中图卷》，皆以意为之。晋庚子嵩作《意赋》，成，自谓"正在有意无意之间"。笪重光《画筌》言："笔有中锋、侧锋之异用，更有着意、无意之相成。"夫疾、徐、轻、重，得心应手，熟则巧生，巧后反拙，工拙双忘，自成高逸。山川以浑厚成其气象，林峦以交割表其清致，离法而法存，外象而象备。

意在笔先，词家亦每言之。陈廷焯论词之沉郁，谓"沉郁者，意在笔先，神余言外"。画理亦然。《四友斋笔记》论用笔得失云："凡气韵本乎游心，神采生于用笔，意在笔先，笔用意内，笔尽意在，象应神全。夫内自定然后神闲意定，神闲意定，则思不竭，而神不困也。"无论"意在笔先"，抑"意在笔外"，须游心于无际，而气韵自足。论词者如此，语之于画，何独不然乎？顾恺之之论摹写也，曰："重宜陈其迹，各以全其想。

265

譬如画山，迹利则想动，伤其所以巍矣。"是故虽重其迹，必须全其想；为山而伤其巍，则失其所以为山，想之不全，而神已亏矣。若夫神闲意定，则想全而迹得；非意在笔先，心游象外，安能资之深，"取之左右逢其源"之乐如是乎？

四、禅关章

董香光自署曰画禅室，画道之通禅，由来尚矣。担当云："画中无禅，惟画通禅，将谓将谓，不然不然。"是则然、疑且作；必也断然、疑，无然而无不然，无谓而无不谓，则超诸方便成十方矣。不离当念，十方遍照，以之入画与诗，自逢住处。山谷写真自赞，自道与摩诘之异云："既不能诗成无色之画，画出无声之诗。"无色之画，无声之诗，殆所谓禅画者乎？其答罗茂衡句："春草肥牛脱鼻绳，菇蒲野鸭还飞去。"直是一帧活生生之禅画。夫画心之必如禅心者，厥初收拾此心，如牛拴绳，及其驯也，绳子已用不着，便如野鸭海阔天空。画初由法入，终须离法。法而后能，变而后大。黄龙之教云："但有纤疑在，不到无学，安能七纵八横，天回地转哉？"八大、石涛，俱到无学境地。墨之倾泼，势等崩云；笔入虚无，色同青霭。死灰能活，枯木皆春，此非七纵八横而何？都是禅机，了无差别矣。叶（梦得）石林，以禅喻诗，一为随波逐浪句，二为截断众流句，三为涵盖乾坤句。波漂菰米，露冷莲房，施之于画，亦涵盖气象。于雪↑①时或遘之。徐寅云："诗者，儒中之禅也。"此以诗思入禅关。画为无声之诗，然则画又安能离禅乎哉？

五、度势章

江淹《云山赞序》云："壁上有杂画，皆作山水好势。仙者五六，云气生焉。"六朝山水，不可得睹，意者如顾恺之《云台山记》所述："丹崖临涧，赫巘隆崇，有险绝之势者耶。"观女史箴图上山峰一段，可想见其仿佛。王船山论诗谓："以意为主，势次之。势者，意中之神理也。惟谢

---

① 此处疑有误。

康乐为能取势、宛转屈伸，以求尽其意。意已尽则止，殆无剩语。夭矫连蜷，烟云缭绕，乃真龙非画龙也。"诗中之意如龙，犹作画之主题也。屈申夭矫，益之云烟缭绕，则所以助长其势。山水画之作，烟云变灭，亦取其"好势"耳。故王麓台谓画须有气势（《两窗随笔》），唐岱亦主画宜得势（《绘事发微》）。刘彦和称："文变殊术，要宜因情立体，即体成势。"深乎文者，循奇正以随变，酌刚柔而著功。盖画势之成，与诗同体，倒墨骋翰，标韵凝采，理正同符。至乃书品亦重体势，中郎之于篆、隶二势，一比黍稷之垂颠，一譬星云之布阵，泱莽无极，庭燎飞烟，画也何以异是。苍润生笺，冰丝缘露，然后可以睹墨心惊，披图目炫矣！

六、伫兴章

　　诗、画相关之说，邹一桂亦言之，谓"绘事之寄兴，与诗人相表里"（《小山画谱》下）。王昱称未作画前，当先养兴（《东庄临画》）。此亦如作诗须先伫兴也。宋大樽云："不伫兴而就，皆迹适工于俄顷者，此俄顷亦非敢觊也，而工者莫知其所以然。"（《茗香诗论》）唐人评诗，喜言"兴寄"、"兴象"。（《河岳英灵集》评陶翰诗云："既多兴象，复备风骨。"又评孟浩然诗云："无论兴象，兼复故实。"）《续诗品·精思》云："文不加点，兴到语耳。""人居屋中，我来天外。"此如列子御风，无待而至。作画亦莫不然，故佳构非可常有，当由神来，偶得而已。

　　恽格云："诗意须极飘渺，有一唱三叹之音，方能感人；然则不能感人之音，非诗也。书法画理皆然。"（蒋元煦辑《瓯香馆上补遗画跋》）此借诗以论画，理俱圆通。诗意缥缈，有如仙乐；不能感人，不得谓之真诗。然则不能动人之画，乌得谓之真画耶？

267

与彭袭明论画书[*]

袭翁道席：惠翰敬悉，俚句荷欣赏甚喜。以诗养画，此不能画者之遁词，亦犹画者之不能诗，而目题句为蛇足，同一可笑。画中无境之境，直同帝之悬解，"若有真宰，而特不得其朕"。无朕之美，可谓敻绝，然岂俗士所能了然！

弟于意可悟到，而力不从心，终不敢躐等也。唐以前高绘，若顾虎头《女史箴图》中之峻岭，只有轮廓，而坚峭如银钩铁画，信轶群绝伦。曩在英京，此卷摩挲再四。在美得见敦煌石窟照片五千张，北魏狩猎一段，最为惊心动魄；黑白交错，设色之美，可窥唐以前金碧山水之规模。八大山水，自董入手，去繁就简，是真能变者，若渗以汉唐，便成自家面目，然陶铸炉锤，刚柔兼济，圣域固可希，惟待金丹九转，始奏肤功，谈何容易。媚俗之念，切宜捐弃，一艺之成，求之在我；我有所立，人必趋之。毕加索即能把握此点，往往杜门数月，敢蹈洪荒蚕丛之奇境，遂尽创辟崭新之能事。作品一出，而天下震骇。画道变化无方，良由才大足以振奇而不顾流俗，永不求悦于人，而敢以己折人，此其所以独绝也。王微短命，画为文掩，往年曾考索其生平甚悉，载在拙作《六朝文论摭佚》中。六朝人画，赖张爱宾记载一二，皆沦劫灰，可为浩叹。书覆，敬问起居不具。

———————

* 本文载于《固庵文录》，台北：新文丰出版公司，1989 年 9 月。收入《饶宗颐二十世纪学术文集》卷十四文录、诗词。

268

书法艺术的形象性与韵律性[*]

汉字是方块字，它的构成基本条件，离不了方、圆、平、直。可说全靠几根线条纵、横交错的排比，造成了书法的字阵，给人以各种各样的美感。古人对于书法，每每用行兵和舞蹈来作比方，如卫夫人的笔阵图，又如张旭看剑器舞而悟到为草字的要诀，这是人所习知的。

书法理论家一早就指出："若平直相似，状如算字，上下方整，前后齐平，便不是'书'，但得其点画尔。"① 这种有如算子排列的书法，只能作点、画看待，根本不成书。可见书必成阵，才有行列可言，才有它的空间美。字阵的形成，主要有二桩事：一是字与字间安排的宾主行列的形式问题，这是静态；一是字与字间下笔的先后衔接和疾、徐、断、续、聚、散的节奏问题，这是动态。前者可说是形象上的处理，后者很像音乐演奏时结构上的旋律的表现。这二者即是本文所欲讨论的书法艺术的形象性和韵律性。

书法艺术的形象

书法生于线条。文字的诞生，出自笔画交错的形态。许慎《说文解字》云："文，遣（错）画也。"正是确诂。皇古的时候，古陶器上刻画的符号像半坡时期遗物的记号，即由线条的纵横有条理地略加交叠而成。宋

    * 本文刊于《明报月刊》（第 25 卷第 7 期，总第 295 期），香港：香港明报有限公司，1990 年 7 月，同时发表英文版。收入《饶宗颐二十世纪学术文集》卷十三艺术（上）。
    ① 《全晋文》引相传王羲之语。

代郑樵著《一字成文图》，他所指出的在文字发生次第的规律，拿它来观察远古符号笔画积叠、平分排列等情状，可以得到一点初步的理解。半坡符号的笔画有肥瘠轻重之分，仔细寻其条理，已有笔势可观，可以说是书法的萌芽，以后甲骨文字完全出于刻画，正是同样的形象。

书法形构在美学上的处理，已有人做过极详细的分析，宗白华先生论书法结构，依据相传欧阳询的结体三十六法来研究，非常烦琐。我觉得这样过分详细而破碎的分析，反令人不易掌握到要点。汉字每个字的基本笔画，有所谓"永字八法"。《墨池编》载王羲之书论言执笔之法："下墨点画，芟波屈曲。真、草皆须尽一身之力而送之。""若作横画，必须隐隐然可畏；若作鳖锋，如长风忽起，蓬勃一家。……若作抽针，如万岁枯藤；若作屈曲，如武人劲弩觔节；若作波，如崩浪雷奔；若作钩，如山将崶崶然。"所有点、画、波、钩、点针、屈曲都是力的表现，和他在《题笔阵图后》所说的"每作一波常三过波笔，每作一点如高峰压石"完全一样，必用全力以赴之。笔力所至，要给人以奇险峻拔的感觉。单字的形态，大抵可分三式：

（1）停匀式：外形四面均匀，布置谨严，晋、唐一般正书多此类。

（2）开张式：中宫敛结，长笔向四面展开，如辐射式的结构。郑道昭《云山》诗，以及黄庭坚书体属之。

（3）欹侧式：局部夸张，以相承式相应的歪斜姿态取势。马王堆遣册的悬针、汉简的波发多此类，《瘗鹤铭》的结体属之。

大书法家的高度挥洒技巧，多喜欢采取后者二式，以形成他的奇姿，因为"前后齐平，便不是书"，不齐整的美，成为书家的形式逻辑。

这里牵涉到中西美学上审美观点的差异。西方注重"焦点透视"，使视线集中于一个定点。音乐的节拍点和图画一样，亦是由一个定点形成声音在纵横间的数的定量关系，意味着具有立体结构的几何空间的对称轴或对称点。中国美术包括图画音乐，似乎都以"散点透视"为主，打破空间距离的对称核心，以无限的空间在线条的活动上表现活生生而充满气韵的生命力，在不齐整之美的笔画中建立和谐的秩序。绘画与音乐异轨同奔，形成低昂跌宕以及庄严雄伟的各种式样的线条美。特别书法在运笔上的提、顿、疾、徐等手法加上浓淡干湿诸墨彩，表现在线条运行的旋律，更令人感受到散点的空间美上的无限愉悦。

以线条为主体的书法艺术，便是这样地建立它的散点透视，以不齐整而打破焦点的审美观，使书家摒弃算子式的呆板序列去寻求纵横驰骤、奔走龙蛇的笔势；否则过于齐整板滞，便成为"奴书"了。

在不齐整中建立和谐关系，三十六法之中，"相管领"与"应接"二法最为紧要。"管领"好像是连串累珠，使之不散；"应接"好像是宾朋杂坐，而彼此间的精神能交相照顾。这样在不相等的距离不平衡的位置的字列笔阵之中，反能产生高度稳重的骨格和筋脉相连的感觉。米芾说"字要骨格，内须裹筋，筋须藏肉，秀润生，布置稳"。布置稳便骨格能立，秀润生则神采自足，书法艺术的形象性即是建立在此之上。

书法艺术的韵律

我说书法有韵律，大家也许很惊讶，也许会说这不是颠倒知觉，以耳代目？便是像所谓"感觉移挪"，有如前人说"耳中见色，眼里闻声"[1] 的故意错觉。其实不然。当代不少美学家久已指出音乐是线型的艺术，又习惯把书法的原理拿来说明中国音乐的特性，特别喜欢取古琴的音腔节奏来作比况，试看附图所示琴曲《关山月》的韵律有如线条之进行，可以明白书法与古琴都同样可用线条的韵律来寻求它的"美"所以形成的道理。由这一图表看来，我们既可用"目"来听琴，则何妨以耳来看字？

已有人说过："音乐是流动的书法，书法是生命的音乐，可以代表中国传统音乐的象征。因为书法是以其独特的线性艺术与中国音乐一样构成它独特的时空观。"我们看笔阵的构成，有时正如"常山之蛇"，救首救尾，自有它的韵律、节奏。西人说："建筑是冰封住了的音乐。"我们不妨说：书法——尤其是行书、草书，是冰解冻后的长流、瀑布型的音乐。

书法艺术的韵律性要从整幅字阵的结合情形去理解，方能获知此中消息。字阵的韵律性是以"行"为基本单位。行以直行之纵线为主，因汉字是下行的，字句从上而下看，即在长卷百数十字整比成篇，亦以纵行为主体。行的离合、分布，全赖"气"以连贯之，谓之"行气"。能行气于其间，无论字体如何歪斜敧侧，大小不伦，以至草隶兼施，都能得到上下一

---

[1] 《罗湖野录》。

贯（unity）。如《裴将军诗》，因其气往还能圆融具足也。书法家兼诗人何绍基之论诗，主张"气要圆"。他说："气何以圆？直起直落可也，旁起旁落可也，千回万折可也，一戛即止可也，气贯其中则圆。"①

书法艺术的行气，和诗同样有上面所述之妙处。

书法布阵的分行，多主不整齐，它要"参差"正所以取得"天趣"之美，天趣即纯任"自然"而不尚人为。以后始趋于整齐，加以人工化。我们看从殷代甲骨与铜器上的铭刻数十字，以至战国中期的楚帛书的九百字，其行气多不太齐整。字与字之间，另有一种位置组合的规律。看似散漫，但神气左右前后互为呼应。正如星斗丽天，而疏密布置，错综成文，变化无方，久看而益觉其美。古代的书法字阵，似乎以纵行、横行不分为美，我所谓书法的"不整齐"的逻辑，在这时期的字迹最能获得充分证明。

行气与空间美的形成，最要依靠"布白"的安排。汉字结体以形声字为最多，每个单字构成的基本要素是"偏旁"的系列，偏旁有上下左右之分，故字的结体可随部位加以变换，偏旁能拆散而愈觉其凝聚。王铎行草书所以引人入胜，除他的下笔驰纵，干、湿兼用、神采恣肆令人生怖之外，而尤善于变更偏旁位置，字之结体有兔起鹘落之感，正以其上下相配，特有取于不平均，长条数尺，文字只二三行，而大小疏密对映成趣，此固由于行气之充沛，而"布白"之妙亦其主要原因。

一纸一幅之间，字与字之关系非常微妙，著字处为笔墨，无字处为空白，空白处有它的空间位置，其重要性不在有字的笔墨之下，有字处固重要，无字处亦一样重要，能在无字处下工夫，即能够体会到"布白"之美。长条每每书写二行或两行半，每行的起点可以齐整，但最终点必须参差不齐，以免呆板。布白功夫即从无字处的布置来处理它的空间美。玺印是书法布阵发展的另一途径，虽仅寥寥数字的结合，布白更须讲究，和书法的原理同出一辙，这里不欲细论。

空间美由行气所构成，行气要先看每行之中，字与字的距离，次看行与行间之距离。有一要点：字密则行要疏。如果字与行间都是密或都是疏，便不懂疏密之美，不能曲尽字的异势了。疏密与文字书写时用笔的轻

---

① 《东洲草堂文钞》卷五《与汪菊士论诗》。

重疾徐正形成旋律之美，有如音乐变化起伏的节奏。西方音乐以大幅度的和声构成许多层次，可以有若干个八度。中国音乐如古琴是以曲调为主的单音音乐（monophonic music），在结构上可以有数段不同音色而实际主要是同音位的反复演奏，故难为大开大阖的表现。惟有书法艺术由于书写空间有很自由的舒展，可供书者尽量发挥。它不是只有"阶前盈尺之地"，写者大可以"扬眉吐气"，以"激昂青云"的心态去抒发他的性灵与书写技巧。古代的摩崖刻石和后代的长卷，空间可以不受限制，容许书写者尽情而畅快地作大幅度的笔阵，进行他的多层次的线条之美的结合，笔触的多样变化，气力的充分表现，构成它的韵律，不啻是视觉的交响乐。特别是长卷，纸在空间上的无限，正好投入书写者精神的无限。这是中国艺术上空间美的最特色之处，可以代表中国文化博大处而不可限量的核心部分。

我们看《好大王碑》的整幅原刻本，只有纵行，奇趣横生，字与字间之欹侧顾盼，书者真能控制空间，使全石都在他的笔力笼罩之下，足以辟易万夫。又如北齐泰山经石峪的《金刚经》，字大已无法形容，气势的超迈，加上笔画有如凝铸，不可摇撼，而淋漓狼藉，绝无谨愿之态，洵为古今绝作。至于历代书法长卷的剧迹极多，如怀素自序，写到最后，忽然大叫数声，突出数行几个特大的字，如骏马脱缰，戛然而止，真是不可思议！黄山谷的《伏波神祠》诗卷，诗写完了以后，复尽兴加上跋语，一写便廿八行，每行三字四字五字二字不等，尽量表现不整齐之美，而叩其韵律，都是非常合拍子，而成为特异的节奏。明代书法在这方面尤有新突破，像王铎他每每用极湿之墨写起，连蜷不断地写下去，一直写到墨已枯竭了不能再写而后止，在一笔继续、如游龙变幻百出之下造成它的气势磅礴，用极端干与湿的对比，去打破平板的局面，笔法之外，而且突出了墨法，令人惊心动魄。他已不仅把书法看作音乐，简直是参用舞蹈的方法来处理书艺了。

结　语

历来书评家都喜欢滥用一些比喻，好像"龙跳天门、虎卧凤阙"之类，却逃不过米芾的嘲讽。他说："是何等语：或遣词求工，去法逾远。"

评论者大做其文章，和书法本身了不相干。这种情形正像古琴书中大谈指法，比"擘"、"托"是"风惊鹤舞势"一类之陈腔滥调，同样可笑。

米芾指出看书者要"入人"。"入人"是说赏鉴者应当对作品的书者有所了解，要有深入的认识。评者有入木（三分）的能力，其评论才有"入人"的效果，否则只是隔靴搔痒！这是"知人"的事。其实，要紧的还是书者本身，我想借米氏之言，下一转语，来论书者的成就的问题。我说：在知者方面，要能"入人"，在书者方面，却要能"人入"。"人入"然后"笔入"。笔能入纸，他的笔路才与人不同，摸出他自己的道路，书中有我，是为"人入"，这样的"人入"，方才构成独到的"笔入"，人的品格，便在纸上活现了；书的能事，至此乃可告成功。

以《梅庵琴谱·关山月》一曲为例，图中线条示其旋律之运行，其左数字表示简谱音高。

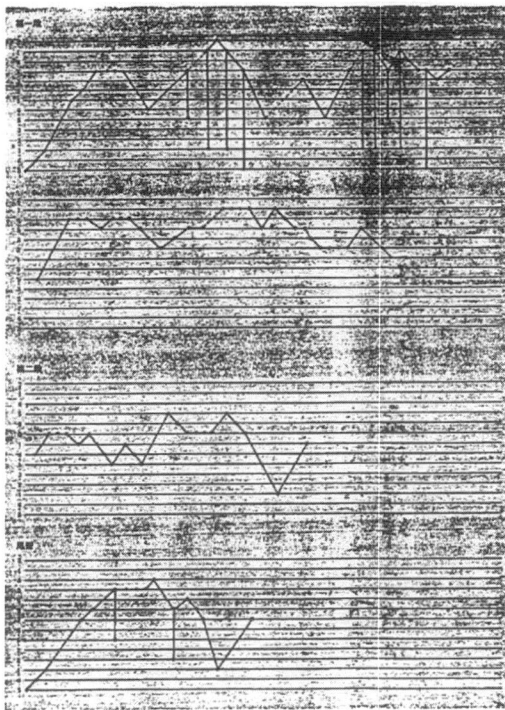

图 17

诗 赋 撷 珠

咏优昙花诗

异域有奇卉，植兹园池旁。
夜来孤月明，吐蕊白如霜。
香气生寒水，素影含虚光。
如何一夕凋，殂谢亦可伤。
岂伊冰玉质，无意狎群芳。
遂尔离尘垢，冥然返太苍。

太苍安可穷，天道邈无极。
衰荣理则常，幻化终难测。
千载未足修，转瞬讵为逼。
达人解其会，保此恒安息。
浊醪且自陶，聊以永兹夕。

276

秋　怀

万缕秋光付野烟，
不从野望始茫然。
神京梦里劳西顾，
念乱心如下濑船。

哀 桂 林

狠石怒不平，平地每孤峙。
谅哉石湖言，瑶簪差相似。
久无肠可断，负此峰头利。
乡心苦邅迴，日夕望漓水。
飒飒东来骑，奔狼兼突豕。
回首嶒峨地，血泪夹清沘。
魂散孰为招，愁烟非故垒。
人事有逆曳，丧元知谁子。
徒言山河固，我欲问吴起。

瑶人宅中陪瑞征丈饮酒

冬日诚可爱，生事靠围炉。
瑶俗悭卖酒，先生频捋须。
薯蓣久充肠，旬日远庖厨。
闻有落花生，其脂可医癯。
招呼二三子，盍簪入市屠。
得酒出望外，虽薄酌须臾。
一饮足去冰，再饮颜胜朱。
酒债寻常有，兹焉那可无。
平居思九子，志节较区区。
亦复嗤二曲，土室署病夫。
丈夫贵特立，坦荡养真吾。
当知乐处乐，焉问觚不觚。
大道在稊稗，乾坤入酒壶。
请归问瑶妇，痛饮莫踌躇。

中秋后五日，过文塘与赵文柄，同宿李氏山楼

岂是寻常作客时，灯窗谈笑慰驱驰。

跨鞍食麦人逾健，带郭横山此一奇。

又见寒塘收好月，待将旧梦入新诗。

几年浪走空皮骨，不为迷阳始说疲。

岭祖村夜宿

此身忽落瘴烟里，以豕为兄蚊为子。
拟从林表探青冥，却怕门前聒黄耳。
如梯稻垄与云齐，千山万壑鹧鸪啼。
松滩咽处露微月，似道此间即穷发。
身世飘飘何足嗟，猲獠相将亦是家。
须倾人鲊瓮头酒，宛在胡孙愁上走。①
前度桃花开也无，② 攀藤我欲讯星斗。

---

① 人鲊瓮在夔州，胡孙愁亦峡中地名。
② 相传岭祖村山上有桃树，实大如柑，味如蜜，见《永安州志》。

卅四年元旦值无锡国专二十四周年校庆，石渠置醴瑶山精舍，酒后赋呈座上诸公

我似赢牛鞭不动，尚欲与公偕入瓮。

薄酒浇胸如泻水，一饮百杯嫌未痛。

江海相逢值元日，觥筹手挥兼目送。

穷山华筵岂易得，此乐要当天下共。

太湖三万六千顷，伊昔曾开白鹿洞。

崔巍瑶岭播迁来，最高寒处能呵冻。

师友呻吟各一方，二十四年真一梦。

我行叠嶂叹观止，如吞八九于云曹。

群公坚苦餐藜藿，要为国家树梁栋。

平时蟠胸有万卷，可与山灵一披讽。

潢潦终当归巨浸，蛮荆自昔生屈宋。

西溪一脉此传薪，南荒万象足抟控。

汀洲鸿雁渐安集，风雪纸窗余半缝。

倾壶但愿长周旋，破眼梅花春欲纵。

梦　归

频年惟梦以为归，梦绕故山日几围。
雀噪妻孥惊我在，鸿飞城郭觉今非。
天留世弃同无妄，海立山颓岂式微。
剩有茫茫游子意，八千里外念庭闱。

兵后同文炳柏荣黄牛山临眺

避兵惟爱酒中藏，小憩椒丘当坐忘。
埋雾峰峦犹虎踞，追风木叶尚鹰扬。
剧怜拱手归秦虏，失笑行歌类楚狂。
剩有晴岚堪媚客，牛山风物亦清凉。

别徐梵澄·次东坡送沈达赴岭南韵

海角何来参寥子，黄帽青袍了生死。
知我明朝将远行，携酒欲为消块垒。
宿昔读君所译书，君名如雷久阗耳。
相逢憔悴在江潭，无屋牵舟烟波里。
罗胸百卷奥义书，下视桓惠蚊虻矣。
嗜欲已尽心涅槃，槁木死灰差相似。
劝我何必事远游，中夏相悬数万里。
我言雪山犹可陟，理胜胸无计忧喜。
赠诗掷地金石声，浮名过实余深耻。
凭君更乞竹数竿①，便从寂灭追无始。

---

① 君能写竹。

涵碧楼夜宿

方丈蓬莱在眼前，
回波漾碧浩无边。
东流白日西流月，
扶我珠楼自在眠。

自疏铃铎（Sorrento）遵地中海南岸策蹇晚行（四首之一）

唾月推烟百里抛，
征车独自念劳劳。
天风吹发泠然善，
容我孤篷钓六鳌。

富兰克福歌德旧居·用东坡迁居韵

小我焉足存，众色分纤丽。
著眼不妨高，内美事非细。
瞩目无穷期，繁华瞬即逝。
持尔向上心，帝所终安憩。
生命在守一，无劳太早计。
春兰自终古，清风时拂砌。
青山环里门，白日照云髻。
不祭神常在，委躯轻蝉蜕。
我来自东海，再拜荐蕉荔。
天地眷长勤，生生阅尘世。
但期两心通，俯仰去来际。
洗耳听钟鸣，去垢如赶蚋。

读尼采《萨天师语录》（三首选一）

彼岸倘可期，悠悠即长路。

崩崖当我前，悬车哪可度？

我手方高攀，我眼须下顾。

两途俱可愕，捷径终窘步。

跻险岂不艰，倾坠者无数。

深渊谅可惧，峻岭非所怖。

谁能更于此，磨勘得妙悟①。

① 尼采云："可怕的不是高峰，而是悬崖。"

地中海晚眺，Nice 作·用始宁别墅韵

一望青未了，方知物不迁。
沙际远分星，栏外足忘年。
沧海波不兴，抱蜀意弥坚。
小立不易方，自得静者便。
翔鸥下千万，浩荡没前山。
去者入微渺，来者自洄沿。
夕阳譬回甘，余味正缠绵。
放眼任张弛，清影落漪涟。
丧我要无功，观海须造颠。
六龙骛不息，万化纷周旋。
力命休相争，海若久忘言。

中峤杂咏（三十六首选二）

垂柳摇丝陌上新，近溪已见十分春。
了无哀乐缠胸次，野旷天寒不见人。

古柯异石乱交加，石自痴顽枝自斜。
人外忽惊春数点，隔篱灿烂有苹花。①

---

① 咏苹果树 Pommier。

选堂晚兴

高楼俯大荒，浮云任变化。
隐几万卷书，亦足藏天下。
茗搜文字肠，洁宫守智舍①。
浩歌送北风，俛焉俟来者。

天坠故不忧，四十心未动。
极目寒波外，九州纷总总。
且酌杯深浅，莫问鼎轻重。
有人夜持山，案上长供奉。

---

① 《管子》："心者智之舍也。"

292

偶作示诸生（二首选一）

更试为君唱，云山韶濩音。
芳洲搴杜若，幽涧浴胎禽。
万古不磨意，中流自在心。
天风吹海雨，欲鼓伯牙琴。

Le Trayas 晚兴（四首选一）

谁把青山尽变红，
飞鸿正掠夕阳空。
薄寒催暝月初出，
槛外云飞不碍风。

和阮公咏怀诗（八十二首选五）

第二首

去帆如飞鸟，颉颃随风翔。
光风泛蕙芷，市远味自香。
临流赋新诗，结习不能忘。
欲掬不停波，浣彼将腐肠。
无尽此江山，曲处隐兰房。
烟波浩无际，杲杲日正阳。
海角早得春，羁旅有何伤。

第十二首

穷冬龙战野，告我阴疑阳。
譬彼夜篝灯，面暗背生光。
一阳终可复，所戒在履霜。
啼鴂屡先鸣，百草行不芳。
芙蓉攘作衣，薜荔缀为裳。

295

何方许轻举，霞佩共翱翔。
不尔侣鱼虾，江湖永相忘。

第十七首

浮生邈山河，负手待来者。
世短聚百忧，意多类走马。
百虫莫予和，率彼来旷野。
九天在其上，万川尽归下。
皓月照千山，余怀渺难写。

第三十首

日月去不息，浮云终日行。
云水各异态，往往不知名。
无名天地初，畴能识物情。
云水终不言，报以万壑声。
此水合天地，一往归苍冥。
仙人屦楼居，其下郁佳城。
日月之所照，百卉复滋荣。
荣枯理则常，譬如影随形。
且看水穷处，又拥晚云生。

第五十五首

江上看云起，云起定何之。
云从北山来，于役未有期。
山云夜夜飞，起我江海思。
山川几更新，雨云又一时。
寄语北山云，毋为北风欺。

连夕寒雨，溪涨数尺，满地黄流，和义山三首（选一）

无端天鼓浪和风，初月未生露井东①。
别意可堪洲渚隔，离心直共海潮通。
他乡土室虚生白，故国霜林欲变红。
半晌阴晴难逆料，不劳膏沐感飞蓬。

---

① 回俗见月始许进食。

能取岬在穷海尽处，灯塔下远眺，
重雾不散，莫辨远近

冒寒来此看浮沤，漠漠长空一海鸥。
决眥能临飞鸟背，扫氛须仗大刀头。
山围地角终难尽，水到天涯更自由。
便欲登临望乡国，白云隔岸是神州。

小　龙　湫

欲洗人间万斛愁，
振衣漱石小龙湫。
峻流不为岩阿曲，
犹挟风雷占上游。

涛　沸　湖

割海分成壑百溮，
北滨带雨湿花茫。
我来自恨先秋到，
只见芦蒿不见枫。

题画绝句·题一鹏山水

摇落江山万里遥，
何人此处泛兰桡。
断崖空自悬千尺，
隔水林风我欲招。

睡　起

心花开到落梅前，
清梦深藏五百年。
蝴蝶何曾迷远近，
眼中历历是山川。

龙西镇和锲翁

荡上青鞋踏紫泥，
随阳去雁任东西。
奇峰处处如刀剪，
割出春云与嶂齐。

蝶　恋　花

以纸花清供戏赋

人间无复埋花处。为怕花残，莫买真花去。静对琼枝相尔汝。胆瓶觌面成宾主。

词客生生花里住。裁剪冰绡、留写伤春句。紫蝶黄蜂浑不与。任他日日闲风雨。

浣 溪 沙

充和观余作画，赠诗并贶胭脂以点霜林，赋此奉报。

摇落方知宋玉悲。秋风坠叶满林扉。胭脂合与点斜晖。
流梦渌波声细细，牵衣红树话依依。教人翻信是春归。
向夕群山袖上云。萧疏亭树映湖漘。倪家笔法与谁论。
落雁遥沙如旧识，倚楼长笛最先闻。蒹葭寒水且逡巡。

玉楼春（其中之一）

　　浮生未合江南住。桃梗任飘留梦处。回头十载霎时情，合眼一天芳草路。

　　烟棂撼雪飞无数。帘苇漾风摇翠暮。有愁此际转无愁，独卧珠帏听坠絮。

虞美人（其中之一）

盈盈独倚栏干遍。酒薄香生面。鸭头春水绿盈门。一到言愁天亦欲黄昏。

牵情恁地劳飞絮。寄泪凭谁语。谢桥波荡月如云。自踏扬花来觅倚楼人。

菩 萨 蛮

带愁眉萼阑干曲。春风吹上裙腰绿。去水木兰舟。分愁压翠楼。
黄衫催马发。楼下花如雪。花雪莫分看。昨宵风雨寒。

鹧 鸪 天

和 忼 烈

筋力犹堪陟上层。虚堂一雨得秋清。天边千漵绵绵白，槛外群山历历青。

蝼蚁饱，草虫鸣。山居画里且逃名。西风嫁晚开何益，冷蕊殷勤为葺楹。

木兰花令

挽周一良

数日前，任继愈老邀君与季老及余共饭，君以疾悭一晤，不意竟成永诀。张玉田悼王碧山谓"长歌之哀，过于痛哭"，寄此以抒余悲。

北图新约悲疏阔，遽报山颓添哽咽。初逢忆似梦中人，四十五年真电抹①。

知音何处今难觅，不信芳菲从此歇。相贻一卷永别离，泪坠燕山湖底月。

---

① 1956 年始识君于巴黎，把臂论交。

高 阳 台

雨湿芜城，鸦翻遥浦，倦游远客惊心。千里兵尘，野风腥入罗衾。玉箫难续繁华梦，倚危亭、迢递层阴。雁讯沉。叶警征魂，风起骚吟。

江山如此故交渺，又楼高天迥，节往秋深。平楚寒烟，尽多乡思枫林。铜驼荆棘知何世，舞吴钩、岂独伤今。意难任。霜落萧晨，休去登临。

此弱冠抗战时羁旅念乱之篇，友人录示，聊存少作之一斑云，选堂识。

凤凰台上忆吹箫

杜鹃谢后有寄

雨急还收，云开仍闭，春阴只在高楼。望星星鸿没，梦渺神州。休谱湘南怨曲，怕风起、落叶成秋。清明近、夕阳芳草，一样风流。

江头。新蒲细柳，傍水面残花，泪点难收。况杜鹃血泫，红上帘钩。波外美人何处，黯关山、千里凝眸。清钟动、层涛孤峤，落雁遥舟。

满 江 红

读昌谷诗

日上三竿，休报道先生睡足。偶坠向、文章劫里，碧缃盈束。年少空教箫化泪，蹉跎早是髀生肉。但徘徊、眸子射霜风，看新局。

兰欲笑，鸡可卜。琴已瘦，肠仍曲。遍人间、坐阅山丘华屋。喝月曾惊群绿走，飞香羞入丛红宿。少待有、紫帐热春云，杨花扑。

念 奴 娇

覆舟山，印尼最高火山也，用半塘韵。

危栏百转、对苍崖万丈，风满罗袖。试抚当年盘古顶，真见烛龙嘘阜。薄海沧桑，漫山烟雨，折戟沉沙久。岩浆喷处，巨灵时作狮吼。

只见古木萧条，断杈横地，遮遏行人走。苍狗寒云多幻化，长共夕阳厮守。野雾苍茫，阵鸦乱舞，衣薄还须酒。世间犹热，火云烧出高岫。

315

念 奴 娇

万县舟中中秋不见月，江面尽黑，因赋。用张孝祥韵。

峡云迢递，洗中秋，雨洗群山无色。光怪鬼门刚过了，倍觉浮生如叶。勘破天人，同归茫漠，黑夜心澄澈。月华安在。妙境更谁共说。

只惜羁旅年年，高寒玉宇，冷浸千堆雪。雾锁长川猿散尽，渺渺修途空阔。万县非遥，重山已通，暂作舟中客。江流日夜，今宵休问河夕。

湘　月

Lucerne mille 长木桥建于一一〇八年，桥上古藻绘瑰丽可观，
雨夕流连，有感而作。

湖山迎面，只烟笼一角，顿成凄丽。回首诸峰和梦失，梦里苍茫何世。廿四桥边，半隄青草，秀茁春前地。冥冥月冷，消魂别有滋味。

才见鸂鶒一双，绵绵细雨，两两眠沙际。楚水湘云何处是，飘荡吾生如寄。翦雪为诗，揉春作酒，可了平生事。寂寞池馆，高花尽吐香未。

暗　香

Zurich（苏黎世）隐士客馆湖畔天鹅，和白石。

　　湖溽月色。照冰心一片，谁来吹笛。挂眼千林，青翠经霜不堪摘。谢客频惊节往，休负却、江山画笔。且共赏，槛外沧洲，寒气压床席。

　　乡国。苦岑寂。念叠巘来时，雪满山积。露枝泫泣，梦里江关空遥忆。只结念、霄汉上，双鹜起、水同天碧。纵写得尺缣也，难为换得。

贺 新 郎

立颖从余等自 Lugano 入意大利，初无此计划也。沿途茂林丛莽，风物毕异。夜宿 Bedero valcuvia 村峰顶，旅舍名 Le ruota，厥意为轮。时值复活节之夕，戏赋，用刘克庄韵。

何必由斯路。算无端、天意安排，任他分付。回首两崖修竹翠，断壁王尊可驭。更添得、山如卧虎。已判两间分表里，漫驱车、谈笑追夸父。齐一变，至于鲁。

众峰罗列如蹲兔。试凭高、齐州几点，谁人知否。喜见村民宵秉烛，信是人间净土。问抟土、何年能做。我谓女娲休胆怯，趁新生、重与造夫妇。轮又转，逐尘去。

念 奴 娇

七里濑严子钓台，与曹锦炎、何琳仪等同登，
历七百馀级始造其颠。次坡老韵。

垂纶千尺，问高处钓得，沧浪何物。拨棹禅僧吟赏了，静扫芦花面壁。浩渺长空，迷离去浪，万古风兼雪。地灵川媚，来游都是人杰。

微径不闻渔歌，急滩寒日，助我幽情发。漠漠寥天山雨滴，满眼烟云明灭。林木有情，岩阿如昔，几辈尝晞发。扬帆归去，倚栏还拾江月。

320

念 奴 娇

沈寐叟言通元嘉山水一关，自有解脱月在。
语出《华严行愿品》，窃取其意。

万峰如睡，看人世污染，竟成何物。幸有灵犀堪照彻，静对图书满壁。石不能言，花非解语，惆怅东栏雪。江山呈秀，待论书海英杰。

细说画里阳秋，心源了悟，兴自清秋发。想象荒烟榛莽处，妙笔飞鸿明灭。骑省纵横，文通破墨，冥契通穷发。好山好水，胸中解脱寒月。

观　云　赋*
——并序

　　既作《观云图》，未遑题句，潘虚之责以别纸补题。鹤未断而续凫，花刚移而接木，诗心久塞，未能应也。忽睹陈简斋为觉心《画山水赋》，恍然有悟，爰次其韵为赋曰：

　　以画代简，以梦通禅。山增懵懂，水极人天。谁付无文之印，且属常臞之仙。意开遮以自在，气恍惚而出山。方飞扬乎六合，忽收敛于半间（贝清江有《半间云记》）。山南山北，乍吐乍吞。升如蒸馏，出似军屯。蔽亏户牖，被覆冈峦。排之不易，揽之良难。以道观之，于意自安。亘万古而无所住，顾尝未交乎一言。初默然于朝澈，视飞鸟之破烟。譬犯雪山，如巢绝壁。野马絪缊，周旋四侧。叩帝阍之浩浩，去人寰之喷喷。接前境之非真，悟来者之皆实。说法由假，忘言惟臆。看表里之山河，岂顷刻所尝历。谓云之为吾耶？则随合前开，来往而靡一相识；谓吾之非云耶？则何故迷离惝恍，留此似是而非之迹。虚之闻而不言，颔其持之有故。隔千里兮一笑，袖浮云兮梦中以去。

　　* 本文载于《固庵文录》，台北：新文丰出版公司，1989 年 9 月。收入《饶宗颐二十世纪学术文集》卷十四文录、诗词。

斗　室　赋 *

何烽燧之连延兮，悼百姓之震惧。纷湖海其汹沸兮，逢否塞而播迁。愿轻举而无因兮，独迫厄其谁告。从二生以抱道兮，胡为乎莅此琼岛。非食玉英于瑶圃兮，虽信美为谁妩。偭鲂鱼之赪尾兮，惜未迩乎父母。魂迁迁其畴依兮，聊偃息于兹土。室小既不堪容膝兮，非泉明所能适。寻伯通而难接兮，乞庑下而不得。缅伯鸾之逸躅兮，志菲菲以升降。招国殇于八埏兮，宁独哀夫江南。思夫古之立国兮，羌每制于戎虏。岂北强而南爽兮，曾无以喻其故。惟循环之既极兮，寓淘汰于自然，化毡乡而为淳俗兮，世或鲜留意焉。繄始屯而终亨兮，固凡物之极则。生忧患而死安乐兮，亮今古之所共悉。彼越人之教训兮，卒十载而沼吴。信内荏而弸其外兮，自颠覆而有余。悟殷鉴之不远兮，将奚为而不怿。望巨波之滉瀁兮，怅何人与抗迹。泪徂秋而徕春兮，吾焉长此而为客。伤洙泗之敝屣兮，从几遽以嬉游。缵佚狐之余绪兮，明吾道乎春秋。求鲁连于海隅兮，幸神明之与休。绕斗室以回皇兮，结长悲乎万里。相览观于四极兮，果惟此容吾可止。怀瑾瑜而履信兮，服儒服于终身。觊中兴之目睹兮，又何怨夫为迍播之民。

乱曰：一枝之上，巢父安兮，自得之场，足盘桓兮。独守仄陋，尚前贤兮。纫彼秋兰，斯独全兮。

---

* 本文载于《固庵文录》，台北：新文丰出版公司，1989 年 9 月。收入《饶宗颐二十世纪学术文集》卷十四文录、诗词。

囚城赋*

——并序

蠖居蒙山，危城坐困。妖氛未豁，澒溷交离。丘壑草木，皆狴牢也。感柳子厚有《囚山》之赋，故反其意作是篇。其辞曰：

惟重阴之凝沍兮，岂一阳之已微。饥毛食而寒裸跣兮，民昏垫而安归。风腾波涌更相骀藉兮，争臾曳以避虏。憎短狐之伺景兮，益雄虺以齐斧。岁峥嵘而愁暮兮，非终风而曀霾。纷霅霅以淫雨兮，蔽山林之畏隹。集榛棘于堂隍兮，戏麕鼯于阛阓。莽黄埃于四野兮，兽狂顾而人立。天降酷嗟无常兮，无为愊忆而纷纭。羌山懑而海怼兮，何犬戎之足吞。"非豕吾为牢兮，非兕吾为柙"。怪柳侯之谰言兮，会斩蓬蒿而去攓搔。吁嗟乎，日月可以韬晦兮，苍穹可以颓圮。肝脑可以涂地兮，金铁可以销毁。惟天地之劲气兮，历鸿蒙而终始。踽踽凉凉兮，孰得而陵夷之。鼓之以雷霆兮，震万类而齐之。予独立缥缈兮，愿守此以终古。从邹子于黍谷兮，待吹暖乎荒土。听鸣笛之愤怒兮，知此志之不可以侮。倘天漏之可补兮，又何幽昧之足惧也！

---

* 本文载于《固庵文录》，台北：新文丰出版公司，1989 年 9 月。收入《饶宗颐二十世纪学术文集》卷十四文录、诗词。

琴　台　铭[*]

余过汉阳，薄暮，登琴台，蔓草未除，丰碑若揭，下有诸可宝镌象。其廨舍间，黄彭年、杨守敬所立诸碑皆在。道光六年，宋湘《狂草诗》云："万古高山，千秋流水，壁上题诗吾去矣。"想见兴酣落笔，俨欲搥碎黄鹤楼而踢倒鹦鹉洲也。琴台者，向传钟期听伯牙鼓琴于是。《魏世家》："秦昭王问左右，中旗凭琴以对。"中旗，韩非《说难》作"钟期"，事在秦昭四十一年。期虽事业，而旧是楚人也。湖北枝江出编钟一，铭曰："秦王卑命，为竞重。王之定，救秦戎。"铸钟而曰"秦"必在白起破郢之后，岂秦昭之所铸耶？时钟期已入秦久矣。楚伶人有钟仪，乐尹有钟建。高诱注《吕览》："钟子期夜闻击磬者而悲。"云："钟，姓也。"余谓诸乐人皆姓钟，何其巧合；钟即《周官》之钟师，以职为氏，犹瞽瞍之瞽为掌乐者耳。连类考之，以为容甫张目，并为铭曰：

> 谁斲雅琴？天下至悲；出塞龙翔，在阴鹤飞。或操或畅，繁促高徽；涓子叙心，壶林息机。崇丘在望，水月生扉；春风拂岸，吹柳成围。芜阶昔径，余响依稀。滔滔江汉，二子安归？赏心纵遥，终古无违。

---

　　[*] 本文载于《固庵文录》，台北：新文丰出版公司，1989 年 9 月。收入《饶宗颐二十世纪学术文集》卷十四文录、诗词。

汨罗吊屈子文[*]

　　去君之恒干，以就无垠兮，蹑彭咸于激流。格荼叶以清商兮，^① 叩巫咸乎久湫。余此心之不朽兮，与元气而为侔。亘千载犹号屈潭兮，^② 莫怨浩荡之灵修。拜忠洁之庙祀兮，^③ 共昭灵为列侯。^④ 岂大夫死亦为水神兮，与湖水共悠悠。惟公之魂无不在兮，何必求乎故宇。觅天地之正气兮，惟夫子之高举。^⑤ 采白菅以为席兮，荐秬米以为糈。云蔼蔼而比飔兮，霰冥冥其兼雨。虽遗迹之非昔兮，企前贤以踵武。欸骚台之悲风兮，镇徘徊而不能去。

---

　　* 本文载于《固庵文录》，台北：新文丰出版公司，1989 年 9 月。收入《饶宗颐二十世纪学术文集》卷十四文录、诗词。

　　① 明桑悦《思玄集》卷三《吊屈原文》注云："荼，腐烂也。叶将残闻奏清商之曲则落。"
　　② 《水经·湘水注》："汨水又西为屈潭，即汨罗渊也。屈原怀沙自沉于此。故渊潭以屈为名。"
　　③ 宋张孝祥《于湖集》云："金沙堆庙有曰忠洁侯者，屈大夫也。感之赋诗，其句云：'那知屈大夫，亦作主水神。……已矣无奈何，质之云中君。'"《于湖集》有《金沙堆》一赋一辞。
　　④ 唐哀帝《封屈原敕》云："宜封为昭灵侯。"
　　⑤ 《远游》云："内惟省以端操兮，求正气之所由。"

常熟吊柳蘼芜文*

惟冬初之凄厉兮，忽临睨乎吴中。陟虞山之渐渐兮，俯尚湖之沨沨。抚东涧之坏碣兮，邻拂水之闷宫。畴信三尺之朽壤兮，埋四海之文宗。赖履园之好事兮，摹苏字标其遗踪。讳其名而羞与为伍兮，更谁哀其遇之穷。方南都之弃守兮，初劝死有河东。既遍告于所亲兮，怀沙不惜其从容。顾虞渊而旁皇兮，徒探手于寒淙。曰"冷极其奈何"兮，竟赍志而违衷。

应死而不死兮，固千载之所恫。思绛云之一火兮，岂文武之道终。追河山之失计兮，徒慕海上之长风。虽网罗之弥天兮，仍尽橐以付江东。竭罗汉之五百兮，仅一军以临戎。楸枰三局谁共揣摩兮，哀中兴之俄空。至今诵《秋兴》之前后兮，伤今昔之穷通。惟夫人之绸缪兮，无救乎家变之相攻。竟一死以殉之兮，有重于泰山之崇。凛惊风之陨叶兮，信芳草之薶英雄。诉吾愤懑而献吊兮，泣斜日于寒虫。

一九八〇年余自苏州来游虞山。虞山者，《越绝书·吴地传》云"巫咸所出，虞故神出奇怪"者也。既展"明赠宫保礼部尚书景行钱公之墓"，见其墓旁有记："公讳世扬，字偁孝，号景行，邑庠生。子谦益，孙上安，曾孙锦城俱祔葬。嘉庆廿四年七月，奚浦鹿园两支族同立石。"盖牧斋之没，祔于其父之侧，遵王时有所忌讳，不敢竖碑。至嘉庆间，方由宗族立

---

* 本文载于《固庵文录》，台北：新文丰出版公司，1989 年 9 月。收入《饶宗颐二十世纪学术文集》卷十四文录、诗词。

碣，而钱泳所立者但题曰"东涧老人墓"，旁记"集东坡先生书，尚湖渔者题"。仍有所畏忌也。翁相国同龢与牧斋为同乡，有《东涧老人墓》五律云："秋水堂安在，荒凉有墓田。孤坟我如是，[①] 独树古君迁。题碣谁摹宋，居人尚姓钱。争来问遗事，欲说转凄然。"钱氏后人之萧条，于兹可见。诗中君迁，用庾信《枯树赋》。其人谓余，常熟县城犹有河东街，以蘼芜所居得名。而其墓在拂水岩，与东涧相去数武，规模宏伟，则为陈文述官常熟令时所修，今亦倾圮矣。

牧斋《投笔集·后秋兴》之八第三首自注："姚□□有先装五百罗汉之议，内子尽橐以赀之，始成一军。"又与瞿式耜密通。瞿氏《报中兴机会疏》，述牧斋寄彼书有"楸枰三局揣摩"之语。此河东君与海上交往之证据。牧斋晚岁极艰窘，其尺牍《复林茂之》，至云："困无斗粟，天地间第一穷人，人不知也。"《致王士禛札》，却秋柳和诗之请，称"荆妇近作当家老姥，米盐琐细，十指如锥，却拜尊命"。观柳如是自缢前所书遗嘱，竟云："手无三两，立索三千金。"河东君卒，出于死之一途者以此。[②] 章珏《四当斋集》谓："牧翁应死不死，（河东）君虽被迫，不必竟出于死。"一则不必死而竟死，一则当死而不死。牧斋初惜其一死，晚且恨其迟死（《后秋兴》之十二），终腾后来无穷之谤，可慨也夫！

---

① 注"墓与河东君邻"。
② 具见周法高考证。

说势序刘海粟翁书画[*]

　　夫虚实无端，行止随分，临文体要，务使辞已尽而势有余。在昔公干已楬斯义，至刘彦和复著《定势》之篇。以为势者，循体以骋节，文之任势，势有刚柔，不必壮言忼慨，乃称势也。文固因情而成势，以言书画，理有同然。贵能翛然而往，精意入神，梦缊虫篆，势似凌云，[①] 辽落江山，居然万里。[②] 若乃鼓琴呈伎，批拂何止三十三势之殊；[③] 禅那机锋，语势乃有三十六门之别。[④]

　　时似鸣蝉之过枝，或如莲花之重累；见若眉睫之间，神游霄壤之外，泠然善矣，能事毕矣。原夫形势立义，起于管仲；势备选阵，成乎孙膑。韩非说势为胜众之资，兵家用势譬弓弩之象。[⑤] 道法相谋，兵艺同术，势之义大矣哉！法书之本，永字八法，是曰八势，随形应变，尽态极妍。而画笔所至，山川荐灵；或合或开，有形有势。[⑥] 受迟则拱揖有情，受疾则操纵得势，受变则陆离谲怪，受化则氤氲幻灭；画理笔法，其天地之质欤！其山川之饰欤！此有识者之所共喻也。刘海翁于书画之道三折其肱，既穷千势以妙通，亦喜人艺之俱老。翁曾与余书，谓《老子》有无相生，

---

　　* 本文载于《固庵文录》，台北：新文丰出版公司，1989 年 9 月。收入《饶宗颐二十世纪学术文集》卷十四文录、诗词。
　　① 蔡邕《篆势》。
　　② 《世说·言语》。
　　③ 参宋田芝翁《太古遗音》。
　　④ 《崇文总目》有释元康《中观论三十六门势疏》。
　　⑤ 见临沂竹简。
　　⑥ 石涛《画谱·笔墨章》。

难易相成，长短相形，高下相倾，音声相和，前后相随，可移作书画之法，渊哉是言！信能执斗柄而握道枢。石涛尝云："在墨海中立定精神，于混沌间放出光彩。"非翁孰可当此哉！比者良复、英伦伉俪，集翁书画四十二帧，都为一帙，而属余为序。览翁笔墨之高古，循体骋节，如蚕丛新辟，弥有会于任势之旨，因推论势与艺事相关之义，以阐翁微意，翁其笑而颔之乎！

芳洲词社启[*]

素月流晖，寄情箫管，冷香袭袂，贮兴池塘。愁入西风，敻思爱作，则有裁红刻翠，对雁燕而无心；嚼徵含宫，倚阑干而搵泪。曩者遁渚酬唱，庚子秋吟，萍聚蓉影之篇，秦淮枯柳之什。

舞咏方滋，流风逾远。顷履綦顿尽，扇发无闻，寄命沧江，抗言在昔。同人等三余有暑，六吕萦心，玉宇高寒，寻声而翻《水调》；玄霜点鬓，按谱而唱《云谣》。铅泪同倾，烟波无极；言皆有托，继乐府之补题；意或伤时，念家山之何处。凡以感物成文，写怀入律。可以惊四筵而适独坐，酌一字而谐八音。爰有芳洲词社之议，例集无乖，球钟竞畅，题襟汉上，庶踵美乎前修；长命西河，尚忘形乎尔汝。兹订某月某日为首次雅聚之期，尚乞高轩，翩然莅止。汀洲芳草，续岁寒秋水之盟；锦缆牙樯，收游雾入兰之益。是为启。

戊申春

　＊　本文载于《固庵词》，香港：1968 年。后载于《固庵文录》，台北：新文丰出版公司，1989 年 9 月。收入《饶宗颐二十世纪学术文集》卷十四文录、诗词。

仪端馆词序[*]

坡公言凡造语能自名一家，如蚕作茧，不留罅隙。余谓词尤宜然。兴物造端，要在曲隐自达而已。夫心灵之香，温于兰蕙；应感之会，通乎万里。而幽窈旷朗，抗心远俗。下可极九渊之深，上足摩曾云之峻。务使咽而复存，熨而不舍。莫词尚焉。今读文象庐小词，绮靡缘情，未易接武；佳章络绎，调感怆于融会之中，时如坡词所云"酝造一场烦恼送人来"者，得非作茧无隙之证耶？闵吾生之有涯，念茧丝之无尽。披览未终，为之三叹。

壬寅春

　＊　本文 1962 年作于香港。载于《固庵文录》，台北：新文丰出版公司，1989 年 9 月。收入《饶宗颐二十世纪学术文集》卷十四文录、诗词。

词乐丛刊序[*]

　　若夫《九歌》嗣韵，鸥飞目眩乎波涛；三代遗音，弦绝涕沾于巾屦。付江山与啼鴂，芳躅云遥；伴栏干于霎时，明珰安在。洞庭张乐，畴赓黄帝之盐，鹦鹉泊舟，愁听翠楼之弄。况复饮筵竞唱，想温岐杨柳之辞；急节回身，诵韩偓樱桃之句。至如石槽铁拨，贺老之谱无传；凤尾龙香，霓裳之曲已罢。黄云马上，难返明妃之魂；青眼尊前，亦坠江州之泪。古调随家山以撇却，新腔逐凉瓦而飒飞。林薄虚籁，鸳鸯无声；水面冷香，琵琶谁拨。王风蔓草，可胜叹哉！近岁西域搜奇，遗书间出。伊州水鼓，犹著旧曲之工尺；浣纱归云，可续醉乡之日月。于是证龙门之造像，粗定"逢掕"之文。问扶桑之管弦，略谙"火急"之义。冥行摛埴，析分刊于微茫；悬解豁通，似重昏之夜晓。至于白石自度，极山林缥缈之思；俗字旁行，惜波磔奇胲难辨。故虽梦谿、玉田，间或存乎管色；而文虎、大鹤，时复病其乖方。遂使篪笛莫审其折字之音，觱篥无征于凄凉之调。爰以暇日，稍涉记注。峭声可案，数混成旧集之残行；律字差通，绎长崎魏家之旧谱。存坠绪之一线，穷逸响于千秋。武进赵先生叔雍见而悦之。触类感物，扬攉有加；操斧伐柯，取则不远。风尘寥落，独寻弦外之知音；揽古低徊，聊博酒边之莞尔。红牙付拍，隐约其情；白云在天，依稀广乐。云缣短楮，留取心魂；覆瓿代薪，事伤旦暮。世无作者，空对红萼而何言；倘有词仙，庶拾幽兰于不坠云尔。

丙申暮春

---

　　[*] 本文刊于《香港大学中文学会刊》，香港：香港大学中文学会，1956 年。后载于《固庵文录》，台北：新文丰出版公司，1989 年 9 月。收入《饶宗颐二十世纪学术文集》卷十四文录、诗词。

散 文 馀 馥

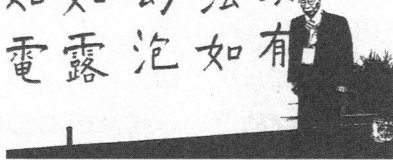

皇门静室的"小学"*

一九九三年冬十一月杪在巴黎，廿五、廿六两天尝过繁文缛节生活的片段，参加二千人场合经历连续五、六小时高头讲章的学府典礼，翌日继之以富丽堂皇官邸中授勋仪式之后，心态反觉有点失去平衡，亟须寻觅小憩来求安息。于是汪德迈（L. Vandermeersch）君提议到他三十年前曾到过而终生不能忘情的皇门静室去走一趟。

在零下二度没有风雪干扰的一天，我们掠过凡尔赛宫走向距离巴黎只有四十公里的密林里面另外一个世界。晓山寂静，万木齐暗，悄无人声，先早已下降的霜霰，吞噬了修道院屋顶的罗马瓦，覆盖上一片白色的缊袍，好像象征当年那些刻苦修行的冉森教徒（Jansenistes）舍身为尼脱离尘俗虔事上帝的贞洁。面对着四人才可合抱的古松屹立不动于习习寒风中表现"岁寒后凋"的节概，令人想起巴斯加（Blaise Pascal）当年（一六五六至五七）隐居此地为冉森教徒侃侃申辩的十八件《地方通信》（*Les Provinciales*）曾被人誉为天才作品所表现的不屈不挠的精神。此刻年律将穷，道院重门深锁。方塘冷蔓，寒水凄然，益增萧条与神秘。道院于一七一一年受法王勒令拆毁，几历沧桑，真令人充满发思古之幽情。宗教和诗糅合的魅力产生了历史上不少伟大人物，使这一座荒凉冷落的门庭成为法兰西文化温床之一。最值得称述是由那些宗教盟友法语所谓 Solitaires 建立的 Petites Ecoles，英文是 little schools，汉语谓之"小学"。这些盟友，

---

    * 本文刊于《明报月刊》（第 29 卷第 3 期，总第 339 期），香港：香港明报有限公司，1994 年 3 月。后载于《文化之旅》，沈阳：辽宁教育出版社，1998 年 3 月。收入《饶宗颐二十世纪学术文集》卷十四文录、诗词。该文是游法国皇门静室后的感想，提出了古典语文训练，在中西方都应得到充分的重视。

不必是僧侣而是追求清净寂灭而甘愿弃绝尘世来此度过隐士生活的人们。他们热心宗教及教育事业，约在一六五一年，扩充静室附近农家建筑设立这一座"小学"，他们以修辞学（rhétorique）为教材，提倡新方法（Nouvelle Methode），为青年学子锤炼古典文字（希腊、拉丁文）的基础，十年之间，人才辈出，与莫里哀齐名的大戏剧作家拉辛（Jansé Racine）即在此接受古文和诗律学（Prosodie）的训练。他为静室写过有名的《史略》，把古典语文学科称为"小学"，和中国的传统目语文为小学，包括形、音、义的智识完全一样。足见对于古典语文基础训练的重视，中外原无二致。

聪明睿智早慧的巴斯加全家都是冉森教徒，他和他的姊姊积莲（Jacque Line）在这静室栖隐，直到一六六二年身故，其有名的代表作《沉思录》（Pensées）至死还没有完成。他慨叹人生的脆弱，但有了智识，便可战胜宇宙。人在天地之中渺小得像一个不可知的斑点，亦像一根芦苇，很容易被一阵风所摧折。面对无限的宇宙，永远的岑寂给人以无限的恐惧。在无限的周遭，处处可以是中心，而何处是圆周，却煞费思量。现代大都市的人们，滥用"中心"二字，试问将以何处为立脚点？他认为人们现在所见到的东西，只不过是宇宙中的一点微尘，而欲靠科学建立秩序——希冀找到绝对的智识，这当然是一个妄想。巴氏的结论，只有上帝才能使神圣的真理嵌入人们的灵魂而取得真正的快乐，而人本身是无能为力的！

我因之联想到近时某诗人的自戕戕人，无端引起社会上一场文学舆论的争议，可笑的是有人将他比做上帝，真是何来的"无妄"的赏誉！以一个未受过正式充分精神教育和"小学"的古典语文训练的人，作起诗来不免自我过分夸诩，从而轻视一切，这种妄自尊大，不能不说是一种自我幻觉，是要不得的。我祈请爱好文学的人们，应该正视西方文化根源之所在，皇门静室的小学，尚有足供借镜的地方。人是多么脆弱而无知啊！人应该承认自己的渺小！

黄昏不让人多作留连，木杪风生送到我的耳畔低诉，我不必引起无谓的回忆和惆怅，我自无心去究问真理的是非，只感到与蒙庄同样有"逃空虚而有足音跫然"的不可思议的觉醒。在无数的古槐乱叶重叠之下而隐藏着久已消逝的蚁穴，这就是历史的见证，谁亦懒去寻访"存"与"亡"的边际；我不禁随口念出陈简斋的警句"微波喜摇人，小立待其定"，来作自我"解嘲"。

金字塔外：死与蜜糖*

我的旧朋友中有一位已经谢世的日本南画大师河野秋村先生，曾向我夸耀他以九十多岁的高龄，爬上金字塔。可是他本人居住的地方却是一间全部用竹编成的房子，真是"黄冈竹楼"的活现，记得我赠给他的诗有"出墙桃自媚，穿屋笋犹鲜"二句，完全是写实。我问他：金字塔与竹楼在艺术角度上两种不同的感受，以何者为优？他没有回答。在我看来，姑且拿山水画来作譬喻，以荆浩的深岩穹谷，来比较云林的荒村野树，我则宁愿欣赏后者。

说到金字塔，完全是死的表征，代表整个埃及文化是一部《死书》(*Book of the Dead*)，金字塔可说是死书的缩影。我亦曾经去过开罗，在渴得要死的沙漠里，不易引起拜伦式哀希腊的心情去凭吊那些七颠八倒古建筑的残骸。我只眷注着：要追问何处有神的提撕？甚么才是真正的秩序和至善（即埃及人所谓 maat）？在人心的天平上，怎样取得死神（Osirius）最后公正的审判？历史不过是一片摸不清说不尽的迷梦，只有"死"所占的漫长时间才能填补它的空白。摆在我们面前帝王谷巍峨的基塔，我很想把三千丈的白发一丝丝联结起来把它围绕一周，看看孰长孰短？值得佩服的是蜿蜒的尼罗河永远替人类负担起历史上忧患的包袱，我不愿重新砌起冥想所造成的金字塔！一切的想像，只好交给苍茫的黄昏，换取来一个不自量力的对苍天的控诉。

---

　　* 本文载于《文化之旅》，沈阳：辽宁教育出版社，1998 年 3 月。收入《饶宗颐二十世纪学术文集》卷十四文录、诗词。

《死书》原是一本天书，一部不易读懂的书。埃及人对于死后事情的关怀和研究，为人类文化掀开一新页。死，无疑是人类文明最重要的课题。死是无可避免的，亦不是渺茫的！一般认为死有如毒药，但闪族人却视死如蜜糖。死的智识的开垦与追求，曾经消耗过去他们无数诗人和宗教家的精力和脑汁。波斯诗人就写下许多的名句：

那是新鲜、愉快。死呢？它亦是一种兴奋剂，或者是糖吗？——Al—Hutuy'a 的句子。

他即把死看做蜜糖。

我徘徊于丝路上，检讨一下在沙漠的心，默诵下面的句子：在这里，一个蠢夫，用自己的鞍，骑在橐驼上。

全诗只有三行，这是八世纪阿拉伯名诗人 Al—Tinimmah 的自我嘲笑，说出大漠上旅客的心声。在日夕无常风沙的干扰之下，随时可以埋骨荒外，阿拉伯的诗亦喊出几乎怀疑自己不是一个人（You even doubt I was a man）的疑问！

这些诗似乎未见有人译出；就算译出，恐怕可能引起人们的喝倒彩，因为怕死的人实在太多！在中国，儒家撒开死而不谈，偷懒地说："未知生，焉知死。"死给完全抹煞了！庄子把死生看成一条，死只是生的一条尾巴而已。死在中国人心里没有重要的地位，终以造成过于看重现实只顾眼前极端可怕的流弊。南方人最忌讳"死"与"四"的谐音，不敢面对死的挑战。人类之中，中国是最不懂甚么是"死"的民族，连研究死的问题的勇气都没有，真是可笑？人的灵性差别之大就是如此！

我们不妨吟咏一下波斯、阿拉伯人在沙漠中的警句，也许别有一番滋味；"一水饮人分冷暖"，甘苦自知，不用我来道破。

佛教圣地：Banāras[*]

在印度做禅定工夫必有一定的场合，乃于岩壁之下凿一小窟，作为习静宁神之所。这些小窟，既黝黑又浅狭，仅可容膝，面壁兀坐，可以抖擞精神。有些是临时安置的，非常马虎。而由比丘（bhiksus）构成的僧伽（sangha），虽有他们的团体，由于出家的缘故，行乞四方，原无定所，到了雨季，不能不找个地方来安憩，即所谓"夏坐"（见《佛国记》）。在奥义书时代，印度人的生活一般分为四个阶段（梵志、家居、林居、游行），壮年为林居时期（vāna-pros-tha），入丛林中苦修，积极作禅定思维，不仅佛教徒如此，其他婆罗门和耆那教徒亦是一样的。还有一种流浪者（梵言是 Vrātya 意思是 medicant 行乞或 tramp 飘泊者），带着宗教狂热，讴唱吠陀诗篇，乐、舞并作，一面自我鞭笞，到处游历，从苦行来谋取解脱。《阿闼婆吠陀》中许多地方提到关于雅利安人这种奇诡的信仰与活动。在佛家的教训中，禅定是要到达彼岸的六波罗蜜之一；亦是瑜伽（yoga）八部的第七术可以从静坐内省进入第八段的"三昧入定"（samādhi）。

禅的学说很早就传入中国，鸠摩罗什所译的三十五部经典中，便有三种属于禅定，一为《禅经》三卷，又名《坐禅三昧经问》，最末一种为《禅法要》三卷，梁僧祐的《出三藏记》云："弘始九年闰月五日重校正。"这时虽有禅经的翻译，但习禅之风尚未成为气候，要到达摩东来，六祖崛兴，宗门方才蔚为思想的巨流。时至今日，谈禅已经成为家常便饭，日本

---

　* 本文载于《文化之旅》，沈阳：辽宁教育出版社，1998 年 3 月。收入《饶宗颐二十世纪学术文集》卷十四文录、诗词。

更为泛滥。艺坛学界一股风异常热闹，禅之被普遍采用作为人们生活的点缀品，有如中药开方之配上甘草。诗人拿禅作他断句的切玉刀，画艺家建立他的画禅室，禅被挂在人们的嘴边，真的是所谓口头禅、杜撰禅了。

记得一九六三年，我去印度旅行，从 Agra 南下到佛教圣地 Banāras，刚下飞机，步进会客室，一条光管上围绕着成千成万的蚊虫，旅舍房间都设下二三重防虫密丝网。我的天！这是二十世纪，如果回到佛陀的时代，不知是怎样的一个世界，真是不可想像。僧人是不容许杀生的，耆那教徒还要赤裸一丝不挂，他们的戒律，连蜜糖也不准吃，因为蜜就是蜂的生命。在禅窟里打坐，简直是把躯体奉献给昆虫蚊蚋的牺牲品，这样的苦行，代价之大，普通人如何受得了！由于印度吠陀经的 Tapas 宇宙理论，深入人心。Tapas 是热，为一切创生、进化的原动力，亦兼训苦行，印人的高度宗教热诚和笃信苦行的行为导源于此。加上轮回说牢不可破的信仰〔最先出现于 Brhadananyada（《奥义书》）〕为婆罗门、耆那、佛教的共同思想基础，形成后来崇拜湿婆（Siva）高度的苦行文化。人们深入森林生活，自愿受到饥饿、寒热、风雨种种的折磨，极端的自我虐待，以换取绝对的解脱，沉溺而不返；以极苦谋取极乐，不惜任何牺牲自我摧残，这种心理要求，我认为还是功利的，而不是道德的。

佛经中的婆罗奈斯（Varanasi），即是今日之 Banāras，出城外便是鹿野苑（mrgadava），我踯躅于其间，心情无法宁静，四处草树萧条，只碰见一位黄衣和尚远来参拜，偶有二三瘦骨崚嶒的圣牛，踱来踱去。印度的佛教已极度衰微，据说仅存佛教徒数千人，不成队伍。婆罗门辈对其蔑视，尤使人深感不平。想起当年佛陀悟道布教，即与侨陈如等五人初转法轮于此。他先在摩竭陀国都会的王舍城（Rājagrha）和数论师 Alara Kalama 讨论，虔修四禅；又访 Udra-ka 参究"微细我"之说，在尼连禅河（Nauranjarā）西岸的沤楼频螺（Uruvela）小村的苦行林中，苦行六年，于毕波罗（Pippala）树下，跏趺默坐禅定思维，终于离有想、无想，获得非想、非非想（Naiva samjñānāsamjānyatara）的平等寂静境地，而成无上正觉。佛陀的时代，流行两种极端思想，顺世外道主张精神上的享乐主义，苦行派像耆那教徒、尼犍子等则寻觅极苦来换取理想的至乐，二者都不近人情，佛陀折衷以中道，所以受到人们的拥护。但佛陀本身的觉悟，仍是在苦行中磨练出来的。他的教艺所揭的苦谛、乐谛不离其宗，跳不出当日的 Tapas 理论。佛家和耆那教的苦行说，先秦时候，未入中国。即使有因缘传入，亦不易为人信奉。屈原言及"桑扈（庄子作户）赢（裸）行"，很像耆那教徒。荀子对陈仲、史鳝及忍辱宋钘的抨击，可见苦行说深不为人所容。况儒家提倡身体发肤受之父母不敢毁伤，列为孝道，和印度苦行家的摧残身躯，正背道而驰。苦行思想在中国无法茁长，故此，佛教要到东汉以孝为明训的时代，引述睒子供养盲父母的至孝故事的经典，方能得到人们的歌颂。吴康僧会译《六度集经》，用儒来说佛，有了儒化的佛书，佛教思想才得正式为儒士所接受。

唐天宝以后，战乱频仍，士大夫投入禅林，在精神上算是找到一点着落，儒门收拾不住，许多大文人都与佛门大打其交道，禅门从此乃有极大的变局。可是他们忽略了印度原来的禅那生活，是以苦行为基础，苦行才是禅的内涵，禅是需要实践亲证的。面壁九年，真地要盲修瞎练，不是仅说句"一口吸尽西江水"的狂言，徒作天花乱坠的斗嘴胡诌、说说笑笑，下一转语便了事。东方宗门的禅那，因移植而变质，橘变为枳，而是入世的、开放的、乐观的，和印度原典的禅那，带有浓郁的宗教狂热，极度的自我磨折，甘受肉体、精神上的宗教惩罚，然后取得彻底瞭悟和真正解脱，相去十万八千里！

敦煌石室的二八五窟便是一个禅窟，窟顶四周有三十六幅修禅图画，其中还有西魏大统四、五年的题记。中央南面小龛外，特别绘着瘦削长发的"婆薮仙"，婆薮仙过去尝做过梵王、帝释，于万千劫才作为转轮圣王。修习禅定智慧，广化众生。由于他看见龙王的女儿名曰黄头而起爱慕心，便失去他的神通与禅定法。后来深自悔责。这故事出自吴支谦译的《摩登伽经》（第四品）。大家须知，见色动妄念，虽历劫的仙人，亦会失去神通。这件事可为人们鉴戒，故禅窟把它绘成图，是有深意的。禅的目的在修行。法显翻译的书名曰《禅经修行方便》，点出"修行"二字，禅是重实践，非徒作空谈，要从苦行磨练得来。宋人谈理学，喜欢讲论，说六经有理窟。但禅窟不能单纯看成理窟，禅重修行，不尚空谈。明代王学末流，坠入狂禅，受到不少人的责难。许多心学大师窃取禅的伎俩，说出一套动人的禅理。可是对印度的实际情形，却十分隔膜。王慎中说："苦行偏节，无取于君子之教。"以儒折释，不易使人心服，徒见其对印度的苦行，没有半点了解：禅的道理，去原典越说越远。我敢请心学家们，不要轻易造论，甚至说"佛言一切行无常，意存呵毁"（熊十力语）。世尊何来有半点呵毁之心，未免厚诬古人。如果到丛林中去静坐内省一番，也许另有一点不同的体会。

维也纳钟表博物馆[*]

年前有机缘到布拉格，那时尚在铁幕笼罩之下，往返途中，必通过维也纳，这个多么令人眷恋的音乐古都。到处簇簇的森林绿叶，衬托着美丽的喷泉，正是音乐灵感孕育的温床，音乐大师莫扎特便在这样的环境下诞生。目前，作为首都的维也纳只有一百六十万人，战前亦不过二百万，还不及我们一个小县。战争更替它减少了人口包袱的负担。虽饱尝沧桑，但高度的教育水平与合理的生活方式，反而争取到"富裕"与"舒适"。我们踯躅于夏宫中，欣赏各种各样的宝藏，憧憬着那在位六十八年的约瑟法兰西斯大帝，他曾发动第一次世界大战。使人不禁发思古之幽情，要重温一下近代史。面对无数瑰丽的宫殿，幽雅的庭园，水木清华，已忘记了它原来是一个战败国。参观维也纳大学，许多对学术有重大贡献人物的石像，屹立于校园之内，保存完好，严肃庄重，绝无一般时下叫嚣所谓"现代化"的感觉，我才恍然于这种幼稚观念在古老气氛之下，已经自动地完全消失了。

踏遍街道，最感到珍贵使我流连不愿离去的地方，要算那个钟表博物馆，里面见到的是倒流的时间留下来的无数残骸。说明人类如何努力去创造历史，其结晶品只剩得几个破烂而古旧的表壳。科学的渣滓，文明的末梢，是否值得阿波罗的一盼！

随后我登上号称一百五十六米的高塔，不需要一分钟便抵达绝顶，骤

---

*本文载于《文化之旅》，沈阳：辽宁教育出版社，1998年3月。收入《饶宗颐二十世纪学术文集》卷十四文录、诗词。

雨飘风还没有这样迅速。"距离"的缩短，把整部历史活像缩地术般输入了磁碟之内，好像警告那些尚停留在局促于时间观念之下甘愿做它的俘虏，去寻找科学上荒谬的时差，辛辛苦苦所得到的只是失望与恐怖。

多次流连于教堂的古堡，墙上拖着不知岁月、像辫子一般的藤蔓，凄寂、静谧支配着每个人的命运。最使我惊愕的：据统计所知，这里是世界音乐水平最高的地方，同时亦是人类自杀率最高的所在，这些自然是出于上帝的安排！人，久已皈依于上苍，获得神的荟养了，在安静毫无干扰的神秘国度里，寂寞是他们最好的享受。可是过度的宁谧，反令人感到生命单调的可怕。"生"的意义已下降至零度，反而要求快点了此残生，美其名曰解脱。孤寂到了极点，人竟真地成为自了汉，到这样的境地，甚么是生存的意义已变成莫大的疑团。詹姆士对宗教的解释，认为人在孤寂的时候才能了解甚么是绝对（absolute），方可以超越上帝。孤寂可以激发人的宗教情绪，西方哲人冀图培养宗教果实于孤寂之中，但没有想到不堪寂寞的后果，却能产生了不可想像的反作用。

我选择维也纳来作我要写文章的题目，本想借音乐艺术的顶尖作为自我躲避的场所；竟有点像庄子所说逃空谷而闻到跫然的足音，反而引起许多逆料不到的情意结，我不愿意再继续地写下去了。

周原：从美阳到庆阳[*]

儿时诵《诗经·大雅》"周原脿脿"、"爰契我龟"等句，对先周文化发源地的岐山，心向往之，没有想到临老真的能够踏上丰、镐、鄠、杜之邦，不禁引起孔夫子"吾从周"的共鸣。看到出土的巨大板瓦，想见周人当日宫庙的巍峨壮丽；相反令人错愕的是从放大镜得窥见的那些细如蚊脚、刻画精美的龟骨刻辞和由数字组成的易卦形象，都为前人所未睹的新事物，真是"匪夷所思"！

扶风的揉谷乡法禧村的周围，曾经发现十米左右的秦、汉城堡，出土有以"邰"字作铭记的秦代铜鼎、铜温器，说明其地即邰城的遗址，《说文》邑部："邰，炎帝之后姜姓所封，周弃（后稷）外家国，右扶风釐县是也。诗曰：'有邰家室'。"按邰字汉人写作釐。又岐山的青化、孙家诸地出有戳印"美亭"的战国陶器。美亭在今法门寺所在的法门镇，即汉时的美阳县。法门寺博物馆揭幕的时候，我很幸运参与其间，因而得以认识周代的岐山和上列这些古迹的旧址。

周人开始在岐山活动，经过古公亶父、王季到文王累代的苦心经营，国势日大。《诗经》说：厥初生民，是维姜嫄。邰亭遗迹说者谓在地名姜嫄咀的一带。举世著闻的仰韶文化遗址——姜寨，本名岗寨，据称清同治以前住民皆姓姜，其上游有姜嫄祠，地名姜城堡。《水经·渭水注》云："岐水东迳姜氏城南为姜水，按《世本》炎帝长于姜水是其地。"《国语·

---

* 本文载于《文化之旅》，沈阳：辽宁教育出版社，1998 年 3 月。收入《饶宗颐二十世纪学术文集》卷十四文录、诗词。

346

周语》说："后稷之子不窋，失其官，自窜于戎狄之间。"不窋的故城在甘肃庆阳，这一带自古以来华戎杂处，周先代人名有长至四个字四个音者，有的学者认为可能不是汉语系统。庆阳自来出土春秋时代 Scythian 式兵器甚多。习见的像虎噬动物铜饰牌之类。下至晋代，此地仍为匈奴所盘据。马长寿曾统计晋建宁三年（公元三六五）泾河与洛水上游五百里地区住有匈奴四万多部族（见马氏著《碑铭所见前秦至隋初的关中部族》）。扶风姜嫄地方亦发现过书写希腊字母的银瓶（《考古》一九七六年四月），年代为西汉至东汉，想必是月支人之所传播。近年新发见，像扶风案板坪的仰韶遗址出土陶器上有印欧色目人纹样，泾阳铜器上竟贴有埃及纸草遗物残迹，在在说明自皇古以来，华戎文化交流的错杂情形，由来已久。

《穆天子传》记："赤乌氏先出自周室，大王亶父之始作西土，封其元子吴太伯于东吴，封丌（其）璧（嬖）臣季绰于舂山之虱，妻以元女，诏以玉石之刑，以为周室主。"周人经营西土还可远达舂山（昆仑）之境。孟子说"文王，西夷之人也"。事实上周文化是很早影响及于西域的。

说到庆阳地区，除了充斥匈奴文物之外，亦有殷代遗物，像西峰市董志乡野林村出土的长三十八点六厘米的玉戈，上镌"作册吾"三字，和妇好墓的卢方玉戈很相似。这显然是殷器。庆阳最重要的是出土一件穆公簋盖，有铭文四十四字，盖上饰以精美的流行于周穆王时代的相对型凤鸟纹，有人考证是穆王时物。铭文记周王从商阜（弘农商县）回到宗周。但该器出土于庆阳，庆阳是不窋故地，可能周初在此地有先周宗庙，不窋墓亦在焉〔《元和郡县志》顺化县（汉郁郅县）不窋墓在县东三里〕。

《元和郡县志》：宁州，古西戎地，夏时公刘邑焉，周为义渠戎国。今州理（治）城，即公刘邑。班彪在王莽失败后西奔，作《北征赋》有句云："乘陵岗以登降，息郇邠之邑乡。慕公刘之遗德，及《行苇》之不伤。"（《全汉赋》页二五五）这些地方正是西周祖先创业的所在和戎狄杂处艰难奋斗的遗迹。从上面这一连串出土文物看来，周人的发迹与《诗经》所记载丝毫没有不合之处。过去有学人企图推翻旧说，把周初的地名通通搬至山西，亦曾引起不少不同意见的争论，面对出土许多文物，不知要如何解释。经验告诉我们，过于轻视文献记录，轻易立论，地下的证人会在你不知不觉之中自动地跑出来给以缄默的回应和不言而喻的嘲笑。

秭归：屈原故里[*]

静静的长江，依然摆出迂回曲折的阵势；后浪推前浪不停地呐喊，仿佛在对未来人们将要对她进行"整容"的措施提出抗议。完全逆料不到的是中秋节晚上的江面一片漆黑，月儿躲起来不肯露脸，像是蕴藏着某些沉重的心事。

轻舟刚渡过秋气萧森的巫峡，尚未到达西陵峡，便停下来，前面正是秭归的码头。此际月黑风高，我们一面瞧着黯黯的江水，扚参历井似地拾级而登，跑了个把小时，才看到"屈大夫故里"的石碑，旁边又有"香溪王昭君故里"碑，不同时代人物的石刻，不知何故给人安放在一起，真是巧妙的安排。

这里真的是屈大夫的故里吗？记得有人曾向题匾的郭老提出三项质询加以否定。我们不妨考查这一说的来历。《水经注·江水》说道：

> 秭归县东北数十里有屈原旧田宅，虽畦堰糜漫，犹保"屈田"之称也。县北一百二十六里有屈原故宅，累石为屋基，名其地曰乐平里。宅之东北六十里，有女嬃庙，捣衣石犹存。故《宜都记》曰："秭归盖楚子熊绎之始国，而屈原之乡里也。"原田宅于今具存，指谓此也。

＊ 本文载于《文化之旅》，沈阳：辽宁教育出版社，1998 年 3 月。收入《饶宗颐二十世纪学术文集》卷十四文录、诗词。

所记十分确凿，袁山松是晋时宜都的地方官，所著《宜都山川记》经郦道元引述保存下这一段可贵的记载，他是柳宗元以前最有成就的山水游记作家，以擅写"挽歌"著名，他与桓玄来往讨论"啸"的美学意义的书札，在当时播为美谈（文见《艺文类聚》卷十九）。他又说道："屈原有贤姊，闻原放逐亦来归，喻令自宽全，乡人冀其见从，因名曰秭归，即《离骚》所谓'女嬃婵媛以詈余'也。"照他所说，秭归一名取义于阿姐回归，却招来了郦道元的反驳，认为"恐非名县的本旨"。

现在考之殷代卜辞，屡见"伐归"的记录，归是地名，即古代的归子国。这些可以证明汉末经学家宋忠（衷）"归即夔"之说的可信性。归子国殷代已存在，则山松"来归"之说，自然属于无稽。但秭归之为屈子故里，晋时尚存有许多遗迹，这一说事实应该溯源于晋代，绝不是后来的杜撰。

此地向来有不少楚国先王的陵墓。唐初魏王李泰的《括地志》说：熊绎墓在秭归县（贺次君辑本），宋陆游《剑南诗稿》："归州光孝寺后有楚冢，近岁或发之，得宝玉剑佩之类。"早已有人盗掘。近年于秭归东七点五华里的鲢鱼山遗址掘出大量文物，包括新石器时代大溪文化的陶器，商代遗物以及西周至战国的遗址，在西陵峡附近发现且近百处，因此，考古家认为商人兵力自应及于三峡口夔子国地方，归为殷代方国是可能的事。虽然熊绎的丹阳正确所在尚有许多不同说法，但春秋时候，夔子熊挚由于不祀祝融和鬻熊而为楚所灭（见《左传》僖公二十六年），从秭归地区出土兵器之多，可为佐证。"生长明妃"的香溪镇，亦出了一把越王州勾剑。归子国西境远及于巫山县，近时在三峡探测，楚文化最西可至云阳的李家坝，这是考古最新的结论。

谈到大溪文化，除了花样丰富的彩陶纹样和形形色色的陶器之外，以距今约六千年的杨家湾新石器时代大量出土共一百七十余种刻画在陶器上的符号，最令人瞩目，揭开了原始文字的序幕。

杨家湾遗址位于西陵峡的南面宜昌县三斗坪村，北临长江，南依黄牛岩峰。袁山松描写此处风景："南岸重岭叠起，如人负刀牵牛。此岩既高，加以江湍纡回，虽途迳信宿，犹望见此物。"故有"三朝三暮，黄牛如故"之叹。杨家湾遗址达六千平方米，文化层厚达三米以上，乃有这样重要的刻画符号出现，为文字起源提供新的篇章。我很幸运，翌日能够在宜昌博物馆接触这批实物，亲手摩挲，眼福不浅。有的与纺轮花纹很接近，有的记号似崧浦、吴城，可说是远古夔越先人遗下的手迹。这些记号比殷墟文字早二千年，而且出于长江中游，足见文字起源的多元化，堪与山东丁公村各地相媲美，弯曲、迅疾的笔势，似乎在表演出古文明的节拍，有些很熟悉，有些很陌生，还有待于深入的探索。

我在秭归城游览，时间甚暂。可惜天色已晚，大家再没有勇气到屈原庙去走一趟。回到舟中，我写了一首七律：

月黑能来问水滨，当年战伐迹犹新。
尝从骚赋开天地，尚有丰碑动鬼神。
江汉寂寥云漠漠，女嬃婷直话申申。
大溪文字仓沮业，点缀河山在比邻。

目前三峡工程正在积极进行之中，已引起许多抢救与保护文物的呼吁。据说工程完成以后，水位将上升一百七十五米，作为屈原故里的秭归，地面及附近一切古迹，将全部淹没。万一屈子魂兮归来，临睨故乡，不知作何感想！人为的沧海桑田，恐怕无法制止女嬃婵媛的眼泪和解去她绵绵无尽的惆怅。

关圣与盐[*]

我于一九八一年参加太原古文字学讨论会，接着于山西各地作漫长一个月的旅行，跑了许多地方，给我印象特别深刻的是在解县瞻仰关帝庙。该庙规模宏伟，一座古庙几乎等于一个城池，周围古柏苍翠，主殿名崇宁殿，高三十米，树立蟠龙柱子共廿六根，真是"海涵地负"，气象万千。他出生地的常平村去运城南二十五公里，那里又有关帝祖祠，亦有崇宁殿和娘娘殿，祀关夫人胡氏及其祖先。

我在运城住过一夜，记得年轻时暗诵洪亮吉《出关与毕侍郎（沅）笺》写他展视好友黄仲则殡于此地，句云："朝发蒲阪，夕宿盐池，阴云蔽亏，时雨凌厉。"我于盐池参观碑刻的时候，天气阴霾无精打采，寒风习习飘客衣，不免与稚存有异代萧条的同样惆怅与郁结。一九九三年十月号《明报月刊》忼烈兄大谈关羽。我的另一外国朋友俄罗斯的李福清（B. Riftin），他专门研究关公传说，写了不少文章，我问他有无到过解县？他说没有。其实关公起家全靠显威灵于其家乡的盐池，现在让我试作一点补充。

运城在宋代是一个重要产盐区，其时和安邑同属解州管辖，著名的"解盐"即产于此。《宋史·食货志》说："天下之赋，盐利居半。""引池而成者曰颗盐，解州解县安邑两池，宋真宗乾兴初，计岁入二十三万缗。"一九八七年，在安徽宿县出土一方宋苗正伦墓志，其中有一句话说："仁

———————

　　* 本文载于《关公传说与三国演义》，台北：汉忠文化事业公司，1997 年。载于《文化之旅》，沈阳：辽宁教育出版社，1998 年 3 月。收入《饶宗颐二十世纪学术文集》卷十四文录、诗词。

宗朝，三司荐公监解州安邑县之盐池，盐利富饶，号为天下最。"（影本见安徽《文物研究》第五辑）可见解盐出产量的丰富。

关公自汉季至隋，被人冷落了许多年。到文帝开皇十二年十二月，忽然与天台智者大师拉上关系。时智者在荆州当阳的玉泉山准备建寺，他在大树下入定，乃有具王者威仪的美髯公和一位秀发青年出现于面前，愿意驱役鬼神，助他立庙来护持佛法，七日以后，师出定，居然巍峨焕丽的栋宇亦落成了。南宋僧人志磐在《佛祖统记》卷六有绘声绘影、离奇怪诞的描写（《大正藏》四十九册页一八三），这即是《三国演义》中"玉泉山显圣"故事的由来。

宋徽宗政和中，关公又表演一出活剧，和蚩尤发生大战。关汉卿笔下的关羽，由于同宗大剧作家的捧场，他的名字更加"不胫而走"。明人杂剧中有《关云长大破蚩尤》，已收入脉望馆抄校本《古今杂剧》中。剧的开头出台角色有范仲淹及吕夷简，查范氏死于绍圣时，编剧的人不管年代先后，随便调兵遣将，是有问题的。这是徽宗政和时期的故事，当日由于解盐败课，朝廷没有盐可登，皇帝道君询问第三十代天师张继先——他是在崇宁四年被加号曰靖虚真人的。张天师答道：这缘于蚩尤神暴为祟。道君问："谁能胜之？"他说："我已委派值日关帅驱风雨剪除蚩尤去矣！"已而州报：大风偃木，盐池恢复如初。后人因此而撰写这一杂剧。王世贞在《弇州续稿》记其事，加以考证，谓"《黄帝经》序曰：'黄帝杀蚩尤，其血化为卤，今之解池是也，蚩尤之主盐池，盖数千年'"。其时因长洲画家尤求特为绘画《关将军四事图》，故撰此文来表扬这画作的特色。解县又有一座"三结义庙"，万历二十四年建。明杂剧中别有《刘关张桃园三结义》，第一折即说道："……常将武艺频习练，喜看春秋左传书。某姓关，名羽，……乃蒲州解良人也。"关公是在万历四十二年被封为"三界伏魔大帝"，所谓魔即指盐池之蚩尤。"大破蚩尤"杂剧后面有万历四十三年清常道人题记，正在被封为帝君之后。如果没有盐池一役，关公的地位就不会如是崇高。他终于回复了盐池的经济价值，使国家的税收，可以维持原状，打这一场仗，主要的关键就是为着盐的争取，盐的价值为他塑造出"协天护国"的美号，这样说明关圣之所以为圣。神是人为的！同时亦是功利的！

关公在宋时封王，嘉靖十年称汉寿亭侯，万历十八年才加封"协天护

352

国忠义帝",敕解州庙名英烈。四十二年十月,乃有"关圣帝君"之号。他步步高升,由王进而称帝,由于明廷崇信道教,故有此尊号。但他初时在玉泉山驱役鬼神建庙,却是与佛教结缘的。总结来说,他死后一派好运,先后取得佛教、道教的双重渲染,扶摇直上。可见一位能够给人作为崇拜对象的神明,亦要经过无数层累造成的历史步骤,纵使升迁亦不是那么简单!

玉泉山，关陵[*]

近时因湖北博物馆的邀请，与利荣森先生等由重庆，沿长江而下同游三峡，经宜昌至荆州、武昌。饱览峡中各个不同的风景点和文物古迹，使我真正享受了一次"文化之旅"。

在当阳县途中，地方观光机构特别强调长坂一处，即《三国演义》赵云救阿斗的地方。考《水经·沮水注》却说："长坂即张翼德横矛处。"但现在当地可看到的只有清末、民国两碑，分明是后人制造出来的古迹，没有甚么看头。倒是玉泉山的古刹，没有受到现代无谓的粉饰，草树畅茂、水木清华，作为历史上知名度极高的大丛林，还保存它的本来面目，清静寂谧，更足令人流连忘返。

玉泉山亦因《三国演义》渲染关公显圣所在而喧嚷于世，妇孺皆知。民间传说谓：山侧涓涓的珠玉泉，不是因为"水怀珠而川媚"，而是相传看作关公流出的眼泪，竟成为他显圣的见证。令人瞩目的是山下清代学者阮元的隶书石刻"最先显圣之地"几个大字。又小注云："玉泉显圣见唐人碑文。嘉庆二十三年阮元敬题。"另一石刻云："关云长显圣处。万历丙辰，当阳知县今升建崇府同知李一阳。"丙辰是万历四十四年（一六一六），关公已受封帝号，这位卸任的地方官立石，竟直呼其字，真是无礼之至！显圣之事，其实远在罗贯中之前，乃出于佛家记录，一般人所未知。宋咸淳间，志磐撰《佛祖统纪》卷三十九《法运通塞志》言："隋开

* 本文载于《关公传说与三国演义》，台北：汉忠文化事业公司，1997年。载于《文化之旅》，沈阳：辽宁教育出版社，1998年3月。收入《饶宗颐二十世纪学术文集》卷十四文录、诗词。

皇十二年十二月，智者禅师至荆州玉泉山安禅七日，感关王父子神力，开基造寺，乞授五戒，师入居玉泉，道俗禀戒听讲五千人。"同书卷六《智者本传》记载尤为详尽。智者即智颛，被列为东土九祖的第四位祖师。智者门人、著名的天台大师灌顶，著有其师《别传》，文载《大正藏》史传二，则略而不及关羽此事；志磐自称"取玉泉碑以补其阙"，阮元谓出唐碑文，即指此也。

与玉泉寺相去不远有关陵，俗传为关公葬身处。今核其实，后园有碑云："汉寿亭侯墓，敕守巡荆西道邓、王题，万历丙子夏日立。"丙子是万历四年（一五七六），其墓题名原是"汉寿亭侯"。记得我在南澳看到的万历十一年南澳副总兵于嵩所立关庙，亦见潮州府海防同知何敦复撰碑《汉寿亭侯祠记》，文中记戚继光戡定吴平之前，夜梦赪面美髯伟丈夫相助，故立祠以祀之。是时关公仍称汉寿亭侯，要到万历十八年方才加封协天护国忠义帝号。关陵本称汉寿亭侯墓，立于万历丙子，其时关公尚未升帝座，竟称之为关陵，应是后来清人隆祀后所加上的尊称。关陵入门有神道碑，乃道光时官方所立，官衔稠叠，并书清世诸帝逐次加封等号，可见关陵一名很不符合明万历立墓时的背景，原是不妥当的。关公被擒的地方据说是章乡。《水经·漳水注》："东迳临沮县之漳乡南，潘璋禽关羽于此。"《通鉴》六十八云："吴马忠获羽及其子平于章乡，斩之。"（标点本页二一七〇）其地所在，年远代湮，不易确指。洛阳的关林，欲和孔林比肩，代表文、武两种不同观念，还有道理。当阳的汉寿亭侯墓（衣冠冢），升级而名曰陵，不免有点过分。现时"关陵"之称，其实出于史误。许多古迹往往由"史误"累积歪曲而造成，不易澄清，已是司空见惯之事！

智者大师是隋代天台宗开宗的龙象，其本山原在浙江天台山的国清寺，今存有隋梅一株。其后智者再在荆州创立玉泉寺，大堂前面至今屹立着大业时铸成的巨铁镬，上镌："隋大业十一年岁次己亥十一月十八日，当阳县治李慧达建造镬一口，用铁今秤三千，永充玉泉道场供养。"隋镬和隋梅，异地可相媲美。玉泉寺的宝物除此之外，又有题"宝轮王观音摩诃萨"石刻线绘，传闻吴道子笔，无从稽考。璎珞衣褶，线条极为高古，当出唐代高手则无问题，可惜没有好好保护，损坏地方甚多。还有北宋郝氏铸造的铁塔，规模宏伟，现正拆下来修理。上述三者合称为玉泉三宝，这么重要富有历史性的丛林，现仅有僧众二十人，比之志磐所记智者大师开基时，道场四众就有五千人，今昔衰盛，何其寥落至是！唐代大通禅师神秀墓正在附近，神秀于仪凤中始隶玉泉，后别起楞伽孤峰创度门寺，神龙二年示寂。今读大手笔中书令张说所制碑文，记当时在龙华寺设大会八千人，度二十七人，幡花百辇，香云千里。唐时沙门被王者之礼敬，古所未有，胡适于神会独情有所钟，编著《神会和尚遗集》，可惜他未能到当阳瞻仰玉泉林麓的化域。我又向当地文物界建议，应该将玉泉寺与国清寺联结一起，发扬《法华经》的义谛，扶桑僧人自然会来此参拜，光是创价学会一派，便有无数信徒前来观光，何患香火之不盛哉！

这次旅行，可写的题目甚多，未遑下笔。日前忽接俄罗斯李福清教授自台湾来信，告知他正在编写关帝文献目录，令我联想起玉泉山和关陵，因草此文，写出我观察所得的一些看法，他旅华时足迹遍及南北，惟未知曾到过当阳否？

新加坡五虎祠[*]

——谈到关学在四裔

　　今日的新加坡，经济蓬勃，为现代化十分成功的国家，居四小龙之首。回溯开埠以前，筚路蓝缕以启山林。一八一九年莱佛士（Raffles）最初登陆，据说由台山人曹亚志（一作珠）冒险带路，英人酬以加冷河（Kalang River）畔丛林之地，曹氏在该处建祠，号曰曹家馆。另该河峨嵝地区的 Lavender 街，有一座小庙，俗称社公庙，亦名五虎祠，里面奉祀约百多位神主，神龛祭坛分为五列，柱上刻写"志明义士"、"待明义士"、"候明义士"等字样。在庙宇之前，站着绿叶成荫的大树，复有石马，香炉两旁杂祀诸神像，有关公、伯公及大圣、包公、观音，很像古代所谓丛祠，故被称为社公庙。这庙的历史向来无人注意，扶桑友人田仲一成研究，认为奉祀诸义士的秘密会社，为义兴公司的前身。星洲档案馆庄钦永仔细考察，利用档案及碑铭材料，考出其中神主义士，像许戊芝，代理过绿野亭首事，张族昌、余增涌是茶阳会馆副理，林亚泰是潮郡义兴首领，想不到这座社公庙对移民史关系这么重大。古藤蛛网还悬挂着先代拓殖者辛酸的泪痕与血迹；可惜经过频年城市绿化的洗礼，这古庙在坡面的历史上的重要性，久已给人忘记了。

　　这庙中所有神主都标识义士的徽号，庙祀以关公为首。关公在海外的秘密会社成为忠义的表征，似乎和满洲人有点渊源。

　　满人入关，继承明代的祀典，对关公崇祀益隆。在未入关以前，《三

---

　　* 本文刊于《明报月刊》1993 年 12 月。载于《文化之旅》，沈阳：辽宁教育出版社，1998 年 3 月。收入《饶宗颐二十世纪学术文集》卷十四文录、诗词。

国演义》一书已由达海译成满文。〔《清史列传》卷四："达海……奉（太祖）命译明会典及三略（在天聪以前）……六年三月，详定国书字体，六月卒。时方译通鉴、六韬、孟子、三国志、大乘经，未竣而卒。"〕其时小说和兵书都是满人翻译的对象，《三国演义》的英雄事略，亦是满人学习作战的参考凭藉。顺治入关以后，对关公更加重视：

顺治二年乙酉五月甲午遣官祭关帝君。（《实录》卷一六）三年复祭。（《实录》卷二六）

九年，于解州关圣庙敕封忠义神武关圣大帝。（《山西通志》卷一六七祠庙）

清人似乎利用关圣忠义勇敢牺牲的精神来鼓励军队加强"巴图鲁"的战斗力量。历代对关帝都加上封号，康熙五十七年十月书"义炳乾坤"匾，悬于解州庙殿内。乾隆三十三年加封灵佑；嘉庆十八年加封仁勇；道光八年加封威显；咸丰二年加封护国。可见有清一代对关圣的隆典。

满洲人家供奉神板（在正室西墙高处），所供之神是关圣、马神、观音大士三神，但空其位（见《道咸以来朝野杂记》）。坤宁宫中每日朝夕分祭之神，朝祭有三：（一）释迦牟尼、（二）观世音菩萨、（三）关圣帝君（孟森《明清史论丛》页五一四），其《邺河（叶赫）伊拉里氏跳神典礼》跳大神所祭者即为关帝（见《启功丛稿》页一七七）。满人把关公与佛祖、观音并列。北京雍和宫（喇嘛庙）其中亦有关帝殿。由于自万历以来关公已被公认为伏魔圣君，故特别被重视，道教佛教都和关公拉上关系，道教经典里，居然有《关圣帝君本传年谱》收入《道藏辑要》之中。

时代愈后，捏造的传说越多，越来越复杂，关汉卿决没有想到他所突出的关羽，足迹竟能遍及海内外，连新疆、蒙古亦有关帝圣迹出现。西方学人近时引出关公热来，有人筹措一笔基金欲专为关公庙宇作调查工作，华人足迹所及之地，几乎无不有关帝庙。我看过李福清写的《关公传说与关帝崇拜》一文所述，其传播之广，令人吃惊，关学在四裔，逐渐为人所注意，已有点像"红学"了，真是一门无中生有的学问。

新加坡五虎祠的"义士"观念，自然亦是受到关公的影响，所以，我在此再作一点补充。

358

由 Orchid 说到兰 *

新加坡最吸引人的植物，莫如 orchid 了。人们赐予她以嘉名，呼为胡姬；从这个称号看来，好像把美人的名用之于香草。可是胡姬花的特点，以色而不以香；和中国人所爱好的兰，号为"王者香"，似乎是两样不同的风格。记得庞德（Ezra Pound）的诗句有云：

Drifted...drifted Precipitate，Asking time to be rid of...Of his bewilderment；to designate His new-found orchid. ...①

这诗最后一行，提出要 new-found 的 orchid. 在甚么地方才可找到如庞德所说新的兰花呢？我想不如向古人的园地中去寻觅，这样使我联想起中国古代的兰。

中国的兰花，自古以来，即被歌颂着。屈大夫说过："春兰兮秋菊，长无绝兮终古。"琴操有《猗兰》，相传孔子过隐谷之中，见芗兰独茂，与众草为伍，伤其如贤者之不逢时，故作此操。梁末，会稽人丘公明，隐于九嶷山，妙工楚词，对幽兰一曲，尤为精绝。《碣石调·幽兰》一谱，即由他流传下来，旧写本现藏日本。② 绘画史上兰的名作，要算宋季郑所绘的兰，现存于大阪。寥寥数笔，不着地坡。充分表现他的民族意识。昭明

　　* 本文载于《文化之旅》，沈阳：辽宁教育出版社，1998 年 3 月。收入《饶宗颐二十世纪学术文集》卷十四文录、诗词。
　　①　Mauberley Ⅱ，E. *Pound Selected Poems*，P. 168.
　　②　碣石幽兰，另有《古逸丛书》本，《琴学集成》本。

太子云"兰之生谷，虽无人而犹芳"（《陶渊明集序》），拿兰来譬喻陶潜清高的人格。画家写兰，有时象征孤芳自赏的心情，金寿门题郑板桥的墨兰诗云："苦被春风勾引出，和葱和蒜卖街头。"暗示士不遇的感喟，这是很被人传诵的名句。

以兰花入画，未知起于何时。南宋初邓椿的画继（卷三），说到他本人曾于李骥家中，见过米芾一幅夜游颍昌西湖所作的画，"乃梅松兰菊，相因于一纸之上，交柯互叶，而不相乱"，"实旷代之奇作"。这是以兰入画的较早记录，应是一般所谓"四君子画"的前驱。（后人言四君子，取"竹"以代"松"。）南宋后期的杨无咎（补之）、赵孟坚（子固），画兰都是能手。赵氏写有兰谱卷，说道：

> 愚向学补之笔法，数载后，承友人携至花光兰蕙各一本，并藏之久矣。每临窗挥写，日不暇食。然蕙一干七八头，兰一木一花，有秋兰亦类蕙五七花者。[①]

如其所言，墨兰的画法，可追溯至北宋的花光和尚。花光即以写墨梅著名的仲仁。[②] 他和黄山谷是极好的朋友。山谷集中有花光为其作梅七言排律。花光把兰与蕙分为二种，似乎和山谷的见解不无关系。山谷写过"兰说"一篇，文云：

> 兰生深山丛薄之中，不为无人而不芳。含香体洁，平居与萧艾同生而不殊，清风过之，其香蔼然，在室满室，在堂满堂，所谓含章以时发者也。然兰蕙之才德不同，兰似君子，蕙似士夫，概山林中，十蕙而一兰也。……至其发华，一干一华而香有余者兰，一干五七华而香不足者蕙也。[③]

分别一干而一华者兰，一干而五七花者为蕙，与赵子固所述花光的兰

---

① 赵氏兰谱。载《南画大成》。清王概《芥子园画谱》二集中青在堂画兰浅说画法源流一节谓画墨兰自郑所南赵彝斋。故宫博物院藏明周天球墨兰卷，画兰花分十段，题识最多。

② 仲仁，会稽人。住衡州花光山，以墨晕作梅，见夏文彦《图绘宝鉴》卷三。

③ 山谷兰说，洪兴祖《楚辞补注》引之。

蕙，如出一辙。

《离骚》言"滋兰九畹，树蕙百亩"；司马相如《子虚赋》曰"蕙圃衡兰"，将兰蕙分开。蕙是薰草，为唇形植物。颜师古注谓："兰即泽兰"，乃属菊科。诗溱洧："士与女，方秉蕳兮。"蕳即是兰。[①] 楚辞的兰，注家多以泽兰说之，如谢翱的楚辞芳草谱，[②] 即其一例。山谷兰说亦引楚辞为证，朱子独非之，著其说于楚辞辨证，略谓：

> 本草所言之兰，虽未之识，然亦云似泽兰，今处处有之。蕙则自为零陵香，尤不难识。其与人家所种，叶类茅而花有两种如黄说者，皆不相似。……其非古人所指甚明，但不知自何时而误耳。[③]

诗经的兰，楚辞的兰，都指泽兰，乃属于菊科之兰草，即 Hemp Agrimony，[④] 其香在茎叶，故可纫而佩之，今之春兰，香在花而不能佩。山谷所指及花光所写之兰，则是春兰，原属兰科，二者釐然大有分别。

兰的地位，被人抬高，和屈原似有深切关系，宋人开始写兰，亦与宋时楚辞学的发展不无因缘，吴仁杰著《离骚草木疏》一书，即隐寓薰莸异臭之旨。[⑤] 仁杰为淳熙进士，朱子之门人。[⑥] 朱子注离骚，同属此时，二人的用心略同。惟仁杰书仍采山谷之说，对于兰之为泽兰异于春兰，仍未能深辨。

兰谱之书，《群芳谱》所引，不一而足，此外王寅《兰谱论》写叶之法，须合刚柔，陈迻墨兰谱，旧说有凤眼螳肚诸名色，文人墨戏，宁拘成法。[⑦] 清季许鼐龢著《兰蕙同心录》，举常州屠氏（用宁）有《兰蕙经》，余姚黄氏有《兰蕙谱》等书，余皆未见过。许氏之书，详其品目，皆属春兰。又备述种兰养花经验，更为难得，惟题曰《楚骚遗韵》，仍蹈前人之

---

① 详陆文郁《诗草木今释》64"蕳"条。
② 谢翱书有《香丛书》本。
③ 《楚辞辨证》据影宋端平本。
④ 参 *The Pictorial Encyclopedia of Plants，and Flowers* 图 527。
⑤ 参知不足斋本，鲍廷博跋及拙作《楚辞书录》。
⑥ 见《宋元学案》卷六九。
⑦ 余绍宋《画法要录》二编卷九。

习。① 自花光和尚以后，画家写春兰，而题以离骚纫兰和香草，把兰科的春兰与菊科的泽兰，误混在一起。可谓不辨菽麦。如果有人图绘星洲的 Orchid 而题上滋兰九畹一类诗句，岂不笑破肚皮。春兰之认作泽兰，习俗积非，至今不改，虽有朱子纠正于前，李时珍指摘于后，至吴其濬亦把这一问题，交代得很清楚。② 可是写兰的人仍然不去理会，岂非艺术与求真二事完全脱节，这是需要再行澄清一下。写兰和写竹，已成为中国画的一个重要传统，大家已惯写春兰，在艺术本身自有它的独立价值，可是题句，似乎不妨加以斟酌呢。

---

① 《兰蕙同心录》一书，光绪十七年景写本，新加坡大学中文图书馆藏。
② 《植物名实图考》卷二十五及长编卷十一之"芳草"兰草条。

谢客与驴唇书[*]

    雁荡、武夷、丹霞是同一类型的名山。武夷以清邃胜，雁荡以奇伟胜，丹霞与之相比，已是小巫见大巫了。我和雁荡山结过两度游屐因缘，首次是从天台来乐清，第二次则从温州再探大龙湫。今之温州本汉会稽东部，晋太宁中于此置永嘉郡（《元和郡县志》）。由于谢灵运而著名，故东坡句云："能使山川似永嘉"。谢灵运的名字和永嘉是分不开的。谢灵运于刘宋永明三年出任永嘉太守（他有《永初三年七月十六日到郡初发都》一诗记其事）。肆情于山水，他期望"资此永幽栖"，果然留下了许多好诗和胜迹，温州城内的谢公宅、江心亭即因为他的警句："池塘生春草"、"孤屿媚中川"而来的。他的祖居始宁墅在会稽（绍兴），他复喜欢和高僧辈历游崿、嵊名山，在浙东都有他的足迹（昙隆就是其中一位，见他写的《昙隆法师诔》），他究心佛乘，《辨宗论》便是他最有代表性的名作。

    谢客的学问是朝多方面发展的，长期以来成为汉学研究的一个重点题目。一九九一年十一月，温州市举办"谢灵运与山水文学国际研讨会"，我在发言中指出谢客的学识最特出的是他对梵典梵文的认识与学习精神。他的著作有一篇叫做《十四音训叙》，讨论梵语字母的文章，本已失传，幸得日僧安然在《悉昙藏》一书中几处引用宋国谢灵运的零碎说话，可窥见一斑，有趣的是他谈及佉楼书。他说：

---

    * 本文载于《文化之旅》，沈阳：辽宁教育出版社，1998 年 3 月。收入《饶宗颐二十世纪学术文集》卷五宗教学。

……胡书者，梵书道俗共用之也。……胡字谓之佉楼凿，佉楼凿者，是佉楼仙人抄梵文以备要用。譬如此仓、雅、说、字，随用广狭也。……

佉楼凿是梵语 Kharosthi 的汉译，原由 Khara（驴）与 Ostha（唇）二字组成——毛驴的嘴唇。（变为阴性语尾 ī），它是古代印度一位仙人的名字。印度经典最早谈到 Kharosthi 这个名字是三世纪的 Lalitavistara 一书，汉译称为《普曜经》。《佛本行集经》卷十一说佛为太子时和他老师的对话，言及六十四种文字中的"梵天所说之书、佉卢虱吒书"，是经有隋时译本《那堀多译》，在佉卢虱吒书下面注云"隋言驴唇"。梵天所说的书即是指 Brāhmī 文，现称婆罗谜文。梵书右行，而佉楼书则是左行。梵书是印度河流域早期通行的文字；驴唇书事实上是属于闪族语系阿拉美文（Aramaic）系统，所以左行，和波斯、阿拉伯文一样。它是贵霜王国流行的一种文字，创始于波斯统治下的犍陀罗。公元二至四世纪，新疆境内尼雅、楼兰、和阗等地都曾使用过这种文字。近时中日合作在尼雅遗址发现墨书佉楼文木简三十片，即为明证。

把 Kharo 译作佉楼，现在看来，应以谢灵运为最先，以后梁僧祐（《出三藏记集》、唐吉藏《百论疏》、玄应《一切经音义》）等都沿用着。谢灵运何以懂得梵文？据说是得自慧叡。《高僧传》说"叡师曾行蜀之西界"，后"游历诸国，乃至南天竺，音译诂训，殊方异文，无不……晓……俄又入关，往什公（鸠摩罗什）咨禀。后适京师，止乌衣巷"。安然引谢灵运云："诸经胡字，前后讲说……故就叡公是正二国音义。"这证明慧叡南来居住于乌衣巷，谢即从他问业。可见谢公的梵文知识是有渊源的！《普曜经》在三国蜀时有译本，现已失传，只有"隋译"，慧叡到过蜀地，很可能亦见到蜀译本。西方学者研究驴唇书的人很多，大都采用唐时僧人的著作像《法苑珠林》之类，《珠林》资料的来源，以前我在印度曾著文讨论（参看拙著《梵学集》页三八〇）。国人专门研究佉卢文的有林梅村氏，翻读他的新书《沙海古卷》，他在导论中说道："我国旅行家、僧人、翻译家的著述译述中，留下不少有关佉卢文的记载，最早提到这种文字的是梁僧佑（按应作祐）《出三藏记集》的《胡汉译经音义同异记》。"他没有注意到谢灵运之说，故认梁僧祐为最早，那是不对的。

记得熊十力书中非常反对人学习梵语，我则认为多懂一点他国语文，自然比不懂的好。以谢公的地位，尚有余暇向僧人请教，研究一点西域语文，进而加以论述，这种求知精神很值得后人的尊敬。从世界关于驴唇书的记录来看，印度的《普曜经》之外，就现存资料而论，谢灵运是中国人中谈及驴唇书的第一人，又是第一个懂梵文的中国诗人，光这一件事就很了不起，是值得加以表扬的。

《诗品》记谢公幼时名曰客儿。以前我在香港古玩铺见过青瓷杆底部褜书"客儿"二字，该物尝在广东文物展览会展出，或即谢客遗物。原物现不知下落。

温州因谢客而著闻的事情很多，温州杂剧、书会的历史尤为举世所瞩目。温州城北瓯江中一个小岛，上有禅寺，因谢诗而名为中川寺，元时称江心寺。早在至元二十八年（一二九一），已曾演出有名的《祖杰戏文》，情节震动一时。祖杰即是江心寺的僧人，他的故事详见周密的《癸辛杂识》和刘壎写的《义犬传》，这可能即是宋元间所谓"九山书会"在当日上演的名剧，后来演变成为昆剧的《对金牌》。由于江心寺一名取自谢诗故附带提及，以供谈助。

武夷山忆柳永 *

　　武夷山是横亘赣闽两省的"屋脊"山脉，纵横五百里。萧子开的《建安记》说："武夷山高五百仞。岩石悉红紫二色，望之若朝霞。"他引用陈时顾野王的话："谓之地仙之宅。"末云："半岩有悬棺数千。"见宋本《太平御览》地部（卷四十七）不免有点夸大。据实地调查，九曲溪的三曲四曲为现存悬棺集中之处。武夷地区近年曾有一批船棺出土，成为该地吸引游人瞩目的新事物，说明武夷是古代东南绵延到长江一带悬棺葬文化分布的重要区域。《陈书》野王传云："年十二，随父（烜）之建安，撰《建安地记》二篇。"他年轻时候，亲到武夷游览，言之凿凿。

　　先代地志已注意到悬棺的重要性，为今日人类学家导夫先路。

　　武夷山因武夷君而命名，武夷山君，始见于《史记》：《封禅书》中说当日"用干鱼祭祀"，故有人给它别名为"汉祀山"。流行南朝的地券，广东出土很多亦称作武夷王〔像宋元嘉十九年（四四二）地券，上面记着："地下二千石、安都丞、武夷王。"参看《广东出土晋至唐文物》图五八〕。后代的地券，或称为"地主武夷王"，可见顾野王谓武夷君为"地仙"一说之有来历，地仙与地主，正可互证。

　　以上把"武夷"名称的历史说了一番。我游武夷到崇安，知道朱熹父亲朱松的墓在中峰寺之后，中峰山是武夷山群之一，"一峰奇秀，特出众山之表"。亦名寂历山，因松诗句"乡关落日苍茫外，尊酒寒花寂历中"

　　* 本文载于《文化之旅》，沈阳：辽宁教育出版社，1998 年 3 月。收入《饶宗颐二十世纪学术文集》卷十四文录、诗词。

而得名。（见何乔远《闽书》）中峰寺即在山麓。唐景福元年（八九二）建。寺在今崇安县东三十里的上梅里，这是柳永的故乡。柳永一生留下来的诗只剩三首，有七律咏中峰寺，句云："猿偷晓果升松去，竹逗清流入槛来。"这诗可能是他少年时在崇安所作的。他的词集里面，《巫山一段云》五首，中有"六六真游洞，三三物外天"、"几回山脚弄云涛"几句，有人怀疑是咏武夷山，但很难确定，因为五首是联章为颂寿之作，言及"萧氏贤夫妇"不知是谁人？又句云："一曲云谣为寿。"使我联想到敦煌石室所出的唐季五代初年写本的《云谣集》一书。

柳永词集叫做《乐章集》，其中长调最多，有的词牌，像凤归云、内家娇、倾杯乐等等，都见于《云谣集》。以前冒鹤亭翁曾将柳词与《云谣集》合校，说明相同的地方，他断言《云谣集》应在柳词之后，为北宋之物。是说曾引起许多的非议，虽然不确，但二者之间关系如何却很值得研究，我怀疑柳永可能看到《云谣集》的。他在太常令任内，必定见到许多曲谱、舞谱之类，所以在北宋词坛到他手上突然有大量的长调词牌出现。以《天中记》一书著名的明代确山（朗陵）陈耀文，从《西游记》作者吴承恩的另一著作《花草新编》再加以补充扩大，辑成《花草粹编》一书，共十二卷，收词三千二百八十多首，其中柳永的长调，还有许多新材料，有待专家去整理研究。（吴熊和据《花草粹编》的早梅芳下注上孙资政，考出望海潮所赠人物是杭州孙沔，不是孙何，即其一例。）柳永在北宋词史上实占有极重要的承先启后的地位。晚近词学界研究柳永大有其人，重点大都放在他的生平事迹的考证，已有许多创获，友人罗忼烈兄著《话柳永》一书，可以作一总结。

崇安柳氏于南唐北宋之间是一大望族。柳永原名三变，他的大哥、二哥为柳三复、三接，三接亦曾官太常博士（见胡宿《文恭集》卷十五《柳三接可太常博士制》）。兄弟三人皆工文艺，时号柳氏三绝。柳词在当日影响尤大，远及西夏、高丽，人所共悉。在北方金人统治下，头梳三髻的全真教主王重阳，活动于陕西、山东一带，他写出讲修炼大量的倚声的新作，自言"乐章集，看无时歇"，"词中味，与道相谒。一句分明便悟彻。耆卿言曲。杨柳岸、晓风残月"。（"解佩令"其序云："爱看柳词，遂成。"）可见柳词的吸引力。宋仁宗所"深斥的浮艳虚薄之文"，被王灼讥为"浅近卑俗"，"声态可憎"的柳词，在"修行超越""逸性摅灵"的苦行道教宗主的"活用"之下，竟成为证道的慧光仙格。文艺欣赏由于主观不同角度，其差距真是不可以道里计的。

柳永家于崇安，其先人迁到崇安定居的柳崇，是他的祖父，家于金鹅峰下。人称为建溪处士，建溪一名崇溪，我从江西来建溪，流连久之。何乔远《闽书·英旧志》有柳永小传，引欧阳凯赞之曰："锦为耆卿肠，花为耆卿骨。名章隽语，笙簧间发。"又王元泽云："赖有《乐章》传乐府，落落骊珠照今古。"此二家评语，向未见人引述。用锦来喻他的词藻，以花来比他的词心，恰如其分。感于近十余年来，词人被作为学术界的讨论对象，以李清照、辛稼轩最为热烈，而柳三变则无人过问，似乎应该加以提倡，方才公道，故敢著文为作不平之鸣。

朱子晚岁与考亭[*]

我以前游武夷，是从江西经崇安入山的，最后到了建阳，大雨滂沱中，在"考亭"石牌坊下踯躅流连很久。宋理宗亲笔书"考亭书院"横额四字犹存；题额前后有嘉靖十年及"分巡建宁道佥事仙居张俭立"字样，说明是明代重修。考亭在建阳西三桂里玉枕山麓，旧时书院楼宇已荡然无存。现仅剩田地一片，犹令人低徊留之不愿离去，有它特殊的吸引力。

朱子自十四岁奉母由尤溪来居"五夫里"，五夫里在今崇安县，现尚有鹅卵石铺成"朱子巷"。武夷去五夫里约八十公里，随时可以游憩。淳熙十年（一一八三）朱子开始建武夷精舍于此，作《武夷棹歌》十首以赞咏之，后来有陈普者为之注，流播甚远，日本且有刊本（见《佚存丛书》）。考亭原是南唐时侍御黄子棱所建以望其亲之墓，故有此名。（周亮工《闽小记》自称宿麻沙，见朱氏家谱载有此说。）朱子父亲韦斋甚爱其地，谓"考亭溪山清邃，可以卜居"。朱子乃于绍熙三年（一一九二）六月迁居于建阳是地，所以成其父之志。并名新居为紫阳书堂，内建清邃阁，以祀先圣，兼以思亲。清邃二字有极深的寓意："天得一以清"（老子），"清"言品格之高；"旧学商量加邃密"，"邃"指功力之深。"清"是极高明尊德性的事，"邃"是尽精微道问学的事，朱子之学，兼有两者，故这二字无异即"夫子自道"。

建阳书坊的刻版事业十分发达，所谓"建宁麻沙，号为图书之府"

---

* 本文载于《文化之旅》，沈阳：辽宁教育出版社，1998 年 3 月。收入《饶宗颐二十世纪学术文集》卷四经术、礼乐。

（祝穆《方舆胜览》）。麻沙镇离建阳不过卅公里，刻本向以"麻沙本"著称，当日是南方一出版中心。嘉靖《建阳县志》中的《书坊书目》开列书名三百八十二种，朱子的著作即占一相当数字。朱子讲学之外，亦兼营印务，由其子埜和门人林用中（择之）负责。出版有《武夷精舍小学》，很像教科书之类。对于朱子刊书的事业，张栻却颇为反对。及卜居建阳以后，他仍不断经营，他的著作、讲义，很快便可以印行。大部头的书像《通鉴纲目》达五十九卷，闽北很早就有印本。朱子卒于宁宗庆元六年（一二〇〇）三月初九日。在此以前一年，他在建阳印刻他最后一次修订的《四书集注》，其弟子王晋辅又在广南印行他的文集。朱子晚年虽然饱受政治上的挫折打击，但学问上的成就与出版事业很能相配合，由于移住建阳，实际上取得很大的方便。有人说他有感于赵汝愚罢相的事而著《楚辞集注》，我认为此书应在一一九三年他任潭州荆湖南路安抚使时便已着手。（赵希弁云："公之加意此书，则作牧于楚之后也。"其说甚是。）《楚辞集注》成稿，朱子即商量以小竹纸草印一本（见《文集》六四《答巩仲至书》），想必交建阳书坊付刊。但现在所知《楚辞集注》要到朱子死后，嘉定壬申（一二一二）才有刻本（原题曰《悔翁集注》，北京图书馆藏）。

朱子居考亭，在落职罢祠以后，喜欢着野服。江西人张世南在《游宦纪闻》中记朱子有《客位榜》一文，称"近缘久病，艰于动作，诎伸俯仰皆不自由，辄以野服从事，然而上衣下裳，大带方履，比之凉衫，自不为简"。又说"荥阳吕公（今按：指吕夷简）尝言京洛致仕，与人相接，皆以闲居野服为礼"。说明他这样着野服是依照吕氏的榜样。此事少有人谈及，使我联想到朱子易簀，正在庆元党禁白热化的时候，他的反对党京镗、谢深甫方荣擢左右相，施康年更上疏严厉攻击伪学，加以阻吓，谓"四方伪徒聚于信上，送伪师朱熹之葬"。当时连追悼会都无法举行，《宋史》说门生故旧至无送葬者。至今剩下来朱子朋友完整的哀挽文字，只有辛弃疾《感皇恩》一首短词而已。词云："案上数编书，非庄即老。会说忘言始知道。万言千句，不自能忘堪笑。今朝梅雨霁，青天好。一壑一丘，轻衫短帽，白发多时故人少，子云何在？应有《玄经》遗草。江河流日夜，何时了。"加上的小题云："读庄子，闻朱晦庵即世。"词中"轻衫短帽"即指客位榜的野服。把闻故友的噩耗和读庄之事拉在一起，虽然结句"江河流日夜"隐含着"客心悲未央"的心情，还是以轻松的语调出之，化悲悼为强自宽解，这样措词，可能是为了避免投入伪学的漩涡。朱子曾高度赞美庄子为才高。又引《庖丁解牛》里面"依乎天理"一句说明"理"之得名以此。他对庄子似很有心得。稼轩将庄和朱并提亦有道理。他和朱子《武夷棹歌》尝说过"山中有客帝王师"，后来也正式实现了。但他心目中的朱熹始终不过是像草《太玄经》的扬雄，只侧重他的著述立言功绩；没有想到过了一些时候，韩侂胄失败连头颅也送到金人那里。朱子得到了平反，理宗时朱子还从祀文庙，度宗时赐朱子婺源故居名"文公阙里"，朱子高高跻上圣人的地位。稼轩如果想及当日陈亮在离开考亭之后随他在带湖游览写出的朱、辛二人画像赞，作过地位相等而性格不同强烈的对比，历史愈后，评价竟如此悬殊，不知他作何感想！世态的炎凉，政治的残酷，历史对人不可思议的揶揄，还有甚么话可说呢！

吐鲁番：丢了头颅的廿廿（菩萨）[*]

一到吐鲁番，躲在葡萄架下，虽然外面的火焰山，吹起的热风，高至摄氏四十多度，但在蒽蒨清润的绿色庇荫之中，人们浮瓜沉李，灵府还保持一点清凉。唐代是以"战骨埋荒外"的代价，换取输入汉家的葡萄，现在，一般老百姓都已习惯了灌溉自己的家园，来享受沙漠中寸土的绿洲别有一番滋味的美丽境界。

高高悬挂在博物馆惹人注目的是从唐墓中取出原本用来盖棺的伏羲女娲交尾之图，共数十事。记起《化胡经》的句子说道："阴阳相对共相随，众生享气各自为。""势数灭尽一时亏，洪水滔天到月支，选擢选民留伏羲。"西域的古代社会亦有像《圣经》一样的洪水时代，伏羲女娲是人类的祖先，好像亚当、夏娃，汉土的故事居然远播至大西北，殊觉有趣。穿过几个墓地，看了一些出土的唐画，人物工丽，色彩斑斓，真是"武昌之扁青，蜀郡之铅华，林邑昆仑之黄（雌黄）……炼煎并为重采，郁而用之"。张彦远的话，并非过言。

跨越莽莽万重冈峦起伏的山脊，太阳有点害怕黄沙，眯眼疲倦地躲起来，绯红顿时变成黑暗，正如大卫的诗篇微讽上帝以此黑暗为藏身之所。"天"犹如此，人何以堪！拖着慵懒不前的蹒跚步伐进入附近的石窟，见到随处的塑像，差不多头颅尽被砍去，只剩下不完整的躯体，使人惊心动魄。敦煌文书里面《菩萨蛮》有时写作"廿廿曧"，仏（佛）家经典，写

---

　　* 本文刊于《明报月刊》1993 年 9 月。后载于《文化之旅》，沈阳：辽宁教育出版社，1998 年 3 月。收入《饶宗颐二十世纪学术文集》卷十四文录、诗词。

经的人每每偷懒把菩萨写成简体字的卄卄，触目皆是，他们似乎特别强调菩萨的头部。可怜一转手到回教的怀抱，便多么残忍地把头颅砍去，这是宗教狭隘的表现。从吐鲁番以西库车各地石窟所有佛教的塑像没有不遭受这一同样的命运。回教的信条对他教是不能容忍的。《可兰经》不是说过："须知真主是仇视不信道的人们的。"

许多年前，我开始跟印度友人学习梵文，诵婆罗门经典，他严肃地告诉我："你们秦始皇帝的焚书坑儒，全是小儿科，我们经过天方势力的洗礼，所有印度教、佛教、耆那教的僧侣、经典，统统被杀光烧掉。幸亏印度古先读书习惯是不问意义，只要干脆背得滚瓜烂熟，学者肯花去三十六年时光，默诵了四吠陀经，后来才得重新背出记录下来。"我说："蒙古人原先是决定打印度的，一二二一年，成吉思汗屯兵东印度的铁门关，有独角兽出现，耶律楚材进言：'此兽名角端是（憎）恶杀（戮）之象，愿承天心宥此数国人命'，元祖遂班师（见元史《太祖纪》及《楚材神道碑》）。楚材的《柳溪诗》因有'角端呈瑞移御营'之句。向使无此神兽，印度恐怕早划入蒙元的版图，未必有天方的浩劫，历史亦要重写了。孰得？孰失？有谁能辨之者？"

中国人以宽容立国，老子"容乃公"的精神，在统治者的脑袋里往往起了极大的作用。李唐时候，儒、道、释三教可以在朝廷之上用互相调侃的口吻，喜剧式地同时进行对话，这在回教世界里是绝无可能的事。相形之下，韩愈的"人其人，火其书"，心胸反见得狭隘。北魏崔浩对佛教排拒，他得到的是被槛车溺口的报应，无怪佛教徒的史传，把它大书特书，来大事渲染了。

人类历史在不同信仰不能相容之下互相残杀，至今时的科学文明还是如此。掀开希伯来的历史，长时间简直是一部宗教相斫史。人类由于不同的信仰，丢却了无数的头颅，连佛祖的头颅亦保不住，泥菩萨过江，确是事实，面对这种情形，真令人打个寒噤！

南澳：台海与大陆间的跳板[*]

  从汕头市乘小艇向东行约三小时即抵达南澳，这是一个蕞尔小岛，面积只有一百零六平方公里，在历史上却对东南沿海地区起了重大的桥梁作用。眼见逝川白浪滔滔，不知淘尽几多英雄人物。被浓雾锁闭着的危峰果老山，俯瞰汪洋无际的碧海，猎屿、青屿环抱有如襟带，镇慑云、深两澳的交界，横跨南北的雄镇关，气势雄伟，不问而知是历来兵家必争的形胜地。远在郑和下西洋时候，南澳的名字已登上航海针路的记录（见黄省曾《西洋朝贡录》）。屹立雄镇上的石城为明时海寇许朝光所造，嗣后吴平、林道乾出没外洋，都窃据其地，故福建巡抚刘尧诲奏请"为闽、粤两省久安之计，必先治南澳，领水兵三千人专守，兼领漳、潮二府兵事"。于是遂有南澳镇副总兵之设，肇始于万历四年（一五七六）。当日即物色曾供职于卫所而富有海防经验的人物来充任。首任副总兵是北直昌黎人白翰纪，由雷州卫指挥升任；第二位是晏继芳，来自漳州卫，饶平风吹岭上有他的摩崖"闽广达观"四个大字；第四任是倡修《南澳志》有名的于嵩，他由杭州卫指挥来此，深澳的碑廊，尚保存有他在万历十一年立的《南澳镇城汉寿亭侯祠记》碑文，这时关公尚是侯爵，还没有升上帝座。深澳又有规模宏大的郑芝龙坊，芝龙于崇祯十三年十二月莅澳任总兵，十七年升为福建都督，以后即由他的部将陈豹接任，陈于康熙元年降清。陈豹前后镇守南澳，与金门、厦门首尾为犄角之势，奉晚明正朔历二十余年之久。

---

  * 本文刊于《潮学研究·3》，汕头：汕头大学出版社，1995 年 3 月。载于《文化之旅》，沈阳：辽宁教育出版社，1998 年 3 月。收入《饶宗颐二十世纪学术文集》卷九潮学（下）。

在明、清易代之际，沿海军事部署全在他控制之下。郑成功出师北上，是以南澳为基地，作为跳板。请看下面几桩重要的大事：

顺治三年忠孝伯行驸马都尉事郑成功莅南澳，收集士卒数千人。

顺治十一年（明永历八年）监国鲁王自金门移跸南澳，越年幸金门。

顺治十五年延平王郑成功会师浙海，鲁王在南澳。

顺治十六年郑成功全师北指，张煌言抵瓜州，成功攻镇江，克之。迁鲁王于澎湖。

康熙元年（永历十六年）三月，陈豹降清。杨金木起为镇将，数月去之。郑成功部吴陞，挂观武将军印，旋由杜辉继任南澳总兵。

康熙二年十一月，清总兵吴六奇招降杜辉，授以清广东水师提督。

康熙二十二年施琅入台湾，郑氏亡。

陈豹被迫降清，据说起于郑成功的猜忌，南澳长官相继叛去，郑氏自戕其臂助，终告失败。吴六奇《忠孝堂文集》载有招抚南澳杜（辉）吴（陞）两镇文书多篇，他委实花了不少"统战"工夫。当日潮州方面六奇任饶平镇总兵，康熙六年去世。他的儿子启丰嗣职。另一儿子启镇两度出任黄冈协镇，在柘林的雷震关上有康熙十九年巨石刻碑"启镇招抚各岛伪镇官兵人民数万在此登岸"的记录，字大如斗，令人触目惊心。可见吴六奇一家在当地举足轻重，影响之大，近年大埔湖寮出土《六奇墓志》更可说明这一事实。

满清入关，统治能力本来非常薄弱，对沿海施行"迁界"政策，更是怯懦无能的表现，受害区域北起山东，南迄江、浙、闽、广，"片板不许下水，粒货不许越疆"，生民涂炭，庐舍为墟。由顺治十二年至康熙二十三年，先后五次颁布海禁苛令，历时二十九年之久。整个海岸线变成"荒原废垅"，真是无可补偿的损失。

荷兰人于天启二年（一六二二）已占领澎湖，立足于台湾共四十年，开辟了闽南和海上商业路线。由于迁界的自我封锁，对外完全隔绝，造成中国对西方认识的阻碍与误解，拖缓了海外贸易和资本主义的抬头。

我游南澳，参观"海防史博物馆"陈列的展品，馆方介绍我看一幅有关南澳总镇府署金漆贝雕画屏风的放成十六英寸彩色照片，整个屏风宽六米，高三米，上面绘制三面环海的南澳镇城内当日的主要建筑和郑芝龙坊贵丁街的仪仗队，亭阁中官兵饮宴、乐坊演唱景象，镂金着色，光彩夺目。屏风背面书写康熙三十八年孟夏曾华盖撰写的麟翁周镇台寿序，文长一千二百字。是时海宇敉定，南澳镇总兵是直隶龙门人周鸿昇。为庆祝他的六十寿辰，故制造这幅屏风，表扬他的军功劳绩，撰文者曾华盖是海阳人，康熙九年庚戌进士（不是武进士），著有《鸿迹猿声集》等，广东图书馆藏有其书。

这类的屏风制作，在十八世纪非常盛行，欧洲人称之为印度科罗曼多（Coromandel）式。荷兰东印度公司惯于经营这些漆屏运往欧洲，印尼的万丹（Buntan）即其贸易站。当时徽州、福州都出有名的雕刻家（荷兰国家博物馆藏中国款彩的《汉宫春晓》六曲屏风，即其著名之一件，详周功鑫所著论文，见台北故宫博物院出版《中国艺术文物讨论会论文集》下册），这是十七世纪以来中外交流习见的工艺品。赠送屏风颂寿的风气，清代非常流行，我们看《红楼梦》贾母八十大寿，亲朋即馈以十六架围屏祝寿。这一南澳周鸿昇总兵祝寿屏风照片，原由法国工程师雅克·马兰德君所赠，南澳当局要我托人向其商量转让，他没有同意。其实，法京博物馆尚有同类的屏风多件，不是十分稀奇的东西。南澳孤悬海外，由于陈豹扼守其地，没有受到清人"迁界"的破坏，这屏风镂刻当日该镇关隘、街道、庙宇、各种风物形形色色的现状，清初繁荣景象，可见一斑。

记得抗战胜利之翌年，我回汕头主持修志工作，在揭阳黄岐山发现一些新石器时代遗物。我后来携带陶片到台北帝国大学，和日本考古家金关丈夫、国分直一两教授交流探讨，那时陈奇禄兄还是学生。日人未完全撤退，值魏道明当政，草山仍是一片荒凉，百废待举。我又在南方资料馆搜集有关资料，顺便到屏东南部的潮州郡调查，方才知道该地住民全部都说客家话，不懂潮语。后来于新竹县图书馆见到一本日文书名曰《呜呼忠义亭》，是记述为清室殉职的客属人物，然后了解施琅入台，继而助清兵平定朱一贵的多是客属人，而说潮语、从郑成功，来自海阳、潮阳、饶平的人们在清代后期几乎全被视为反动而归于淘汰。

我在南澳听说近时有数万台湾人士来此寻根，明末镇总兵于嵩所建的关公庙，粉饰一新，香火顿时复旺盛起来。郑成功据台时，借南澳为跳板，进兵江南，潮人随他迁台的甚多，想不到几百年后彼此间历史关系的葛藤仍未切断，宗族伦理观念之深入人心，正是中华文化的特色。回想我为研究历史初次去台旅行至今将近半个世纪，时序的推移，许多年轻后辈逐渐据上高位，衰病的故交相继凋殂，不是"生存华屋处，零落归山丘"，而是旧日的山上大起了华屋。"人事有代谢，往来成古今"，转瞬即逝的历史事事，还值得回头一顾。

本年八月，"海上丝绸之路"研讨会，将在南澳举行，来函邀请参加，不能分身前往，因草此文，聊当芹献。

狮子林与天如和尚[*]

苏州以园林甲天下，狮子林之名尤著。狮子林位于潘儒巷内，东靠园林路，为元至正二年（一三四二）天如禅师惟则所建，竹树怪石，俱可入画。天如俗姓谭氏，吉之永新人。居松江之九峰。此寺名曰狮子林者，记其学渊源于普应国师中峰天目明本，中峰为临济第十九世，居西天目之师子岩。中峰师法杭州高峰原妙，两峰之学，至天如更为发扬光大。天如著《楞严经会解》十卷及语录、剩语等，论建既多，宗门之"化机局段为之一变"（《姑苏志》语）。

清顾嗣立辑《元诗选》，取材自天如门人善遇所编《狮子林别录》，称"倪高士元镇每过师子林，爱其萧爽，为之绘图。徐幼文复图之为十二景。高季迪诸人题咏相继"。云林绘之狮子林脍炙人口，当日作图又有多人。王世贞《书文徵仲补天如狮子林卷》云："天如尝有十六绝句赞胜诗。嗣善遇辈一分为十二景。而洪武初，王彝、高启、谢徽、张适、王行皆游，有绝句。前是朱提举泽民图之，徐布政贲图之，倪山人瓒今赵善章复图之。……文徵仲重貌其胜，书王彝、高启之作，归之主僧超然。"盖为狮子林作图，始于朱德润，下至文徵明皆图之，足见狮子林诸胜，对第一流画家吸引力之大。又陆深跋云："徐幼文入髠十二段，段有题名，犹损其一。后有姚少师广孝跋尾。"幼文之画明时已有缺损，惟分为十二景。自天如和尚为狮子林即景十四首，其徒以十二景请徐贲作图，其后王行、姚

* 本文载于《文化之旅》，沈阳：辽宁教育出版社，1998 年 3 月。收入《饶宗颐二十世纪学术文集》卷五宗教学。

广孝皆有狮子林十二咏。当日翰墨之流多所题赞，张翥有五古一篇，郑元佑赋五古，倪瓒作五律，道衍复有三十韵，凡此之作皆载于周永年之《吴都法乘》卷二十一《憩息篇》。明中叶圆已零落不堪。文徵明复为补卷，沈周亦有狮子林一律，其句云："拢摠未来并已过，捱排昨日与今朝。"挦撦玄言，禅机满纸，吴门画家，熏沐于天如遗教者深矣。

香港北山堂藏有天如和尚手书《普说》一长卷，字大逾寸，长篇巨制，笔势开张，浑穆沉厚，足以辟易万夫，堪种剧迹。前题："至元七年辛巳岁正月八日立，平江慧应禅寺众请普说。"此文已收入善遇所编《天如语录》卷之二，见《续藏经》第一二二册（香港影印本）。卷末一段文字及开端数句，语录删去。其文如下：

> ……余因慧庆方丈若愚和尚率众劝请，不容推避，引起一段葛藤，狼藉不少。大概曲为初机，一期方便，如虫衔木，偶尔成文，亦何当有实言实句实义者哉。若愚乃折纸为梵夹，覆命写出，又有所不容推避者。既谈于口，复书于手；虽非要誉，亦孔之丑，是岁二月初三庐陵惟则寓幻住庵书。

辛巳即元顺帝至正元年（一三四一），正月尚未改元，故仍称至正年号。其书此纸时寓幻住庵。幻住庵在苏州阊门外，中峰明本师居此，撰有《幻住庵记》（宋濂亦有《重建幻住庵记》），至慧庆寺，《天如语录》中有《吴郡慧庆禅寺记》，可见其概。

此《普说》卷后题识累累，记之如下：

一、倪长玗（明浩和尚）跋，略云丁酉三月九日（万历二十五年）于慧庆寺见此卷。又记天启间此卷由寺僧持乞蓼洲周家题跋，周为魏珰缇骑捕去，此卷弃乱楮中，家人见有红光，失而复得，俨有神物呵护，亦云奇矣。

二、万历初王穉登赞。

三、崇祯元年文震孟题赞。

四、崇祯辛未（四年）刘锡玄跋。

五、西空道人朱鹭跋。

六、崇祯丙子（九年）陈继儒题。

379

七、崇祯癸未（十六年）洗松道者周永年赞。

八、乾隆五十年玉蓼庵（法名际川）题。

九、乾隆己酉十一月钱大昕观款。（下略）

此卷又有袁廷梼印，清时曾经袁氏收藏。至今完好，纸墨如新。陈眉公先见倪云林图及文徵明著色卷楷书诗，后获睹天如此手迹，称其真是"狮子一鸣，百兽脑俱裂"。为之惊叹！周永年跋，赞赏其"以笔为棒，点画为喝"。"亦手亦口，以苍蝇声，敌狮子吼"。我尝取原卷为诸生讲说，截断众流，直指心性，恍如置身狮子林中，与天如师精神相接，而教室浑成禅堂矣。阅元刊本《天如剩语》，记释迦降诞之日，师拈丈示众曰："顶门有一窍，露堂堂无所覆藏，脚根下有一机，活泼泼无所滞碍。"一针见血。师之学以禅入净土，承中峰之净土百八偈，返约著为《或问》，言"净土不离本心，与西来意曾何差别，特被机之异而已"（参《郑元佑至正壬辰序》）。其发于书艺，亦以机运行，思路笔路，湛然无二，笔笔深入腠理，坚不可拔，彼以侧媚取态者，见师之书，自应惕然，羞愧无地！

禅家之学，影响及于艺事，自元以来，已深入诗流画伯之心坎。八大取"八还"为号，向疑其得力于思翁《画禅室》，实则祝允明记《梦中伽陀》，早已溯及楞严八还之句。乃知吴门名家，久契禅机。周永年题此卷在甲申明亡之前一岁，永年毕生精力，瘁于《吴都法乘》一书，余曾循览一遍，凡与天如和尚有关文字，无不网罗于斯！书中卷二十五《敬佛篇》记朱鹭事，采自钱牧斋、张世伟所述。朱鹭题天如此卷云："元季多能书人。此册中字，劲铁骨子，较赵承旨十倍胜，诚足宝赏。观者往往赞不容口，乃至以字掩文，放过一片婆心吃紧警切意，所谓拾皮毛而吐髓脑者更可闵！"今世道与艺分途，几如南辕北辙，诵鹭此语，可发深省！鹭字白民，吴江人，尝参云楼宏，工写竹。北山堂藏有鹭竹一帧，潇洒出尘，禅机流露。晚岁居华山莲花峰下，修念佛三昧，自号西空居士，年八十。鹭题天如此卷署年七十九，则在其卒前一岁也。

北山堂藏天如此卷，书艺价值至高，朱鹭以为胜于赵松雪，自非阿其所好，爰为著文推介，以公同好，并申论天如师之师子林，及其对明吴门画家之影响，为谈艺者进一解云。

图 18　利氏北山堂藏朱鹭画

381

《我的释尊观》序[*]

　　这是一本用对话体写出来的引人入胜的好书，我相信任何人读后对于释尊生活一定能获得深刻的印象和充分的了解。

　　释尊是人类精神世界中遍照十方、有无量光辉的明灯，向来为广大人们所歌颂。本书具有特殊的可读性，它点铁成金，把那些枯燥的佛教术语化成趣味的故事，出之以深入浅出的文学语言，带着强烈的感染力，这是最成功的地方；读者自然可以体会到。今次要我为中译本写几句话，本来不敢造次妄说，由于我曾经在印度生活过一段时间，释尊说法的鹿野苑又是我展谒流连忘返的地方，所以我才敢不自量力来饶舌。

　　印度是一个酷热的国家，新德里周遭的气温经常在摄氏四十度以上。在这充满热力的环境下，古代思想家把"热"看成宇宙的原动力。所谓Tapas 一字即由热引申为苦行，在《吠陀经》里面，Tapas 已经成为自然恒律（rta）和真理（satya）的代词。印度人的生活目标是在追求未来，甚至来世的合理安顿。这和中国人的注重现实完全背道而驰。中国人讲孝道——身体发肤受之父母，不敢毁伤；印度人则对躯体十分轻视，甚至认为是不洁的赘疣，成为灵魂的桎梏。干脆说一句：身躯根本阻碍了灵魂的解脱（moksa）。印度的 Brata 规定要修持净行，须在烈日之下四周烧起热火，这样方算是真正的苦行，这种苦行行为至今还流行着。因为 Tapas 是天经地义的真理，印度教与耆那教徒无不遵守不渝。释尊在尼连河林中苦

　　* 本文载于《我的释尊观》（中译本），香港：三联书店，1995 年 1 月。载于《文化之旅》，沈阳：辽宁教育出版社，1998 年 3 月。收入《饶宗颐二十世纪学术文集》卷五宗教学。

行十年，后来于 pippalā 树下顿悟其非，毅然放弃苦行，另行寻找他的不走极端的中道，这样无异对印度的传统提出挑战，是一桩极难做到的了不起的创举。他在修持的过程中，虽然悟到正法正念，但已体力枯竭，万死一生之际，有人劝他改修事火法，必获大果报，他决然加以拒绝，直说这是魔法。他讲众生平等，面对牢不可破的种姓问题（时至今日印人就业还须填报何种阶级），释尊撇开当它根本不存在，放弃王子之尊走到民众中去，因而得到广大群众的爱戴。他标揭中道的大纛，扬弃印度人走向极端的思想逻辑。初转法轮时候说缘起论，指出"苦"的根源乃由于人们沉溺于无明之中，要灭尽无明，就可解除十二因缘互相关联的锁链，而取得大自在。缘起说是释尊大澈悟后得到的真理，中国西北早期传入的佛教遗物，还保存有用婆罗谜文字写刻的《缘起经》幢残石，这是非常难得的！

我时常说：如果有人要把印度传统的苦行思想传入中国来播种，恐怕不易为人接受。我们看墨子"以自苦为极，日夜不自休"，在汉代以后久已成为绝响。但佛教传来反而深入人心，我认为一方面是因缘时会，恰巧东汉时提倡孝道，康僧会著《六度集经》，处处灌输孝顺观念，不但没有被人排拒，反而引导人们的起信，像睒子的故事，连陈思王曹植且为他作颂呢！

印度原始苦行思想导源于火（agni），汉人思想基质似是导源于水，《道德经》言"水善利万物而不争"，儒家讲融洽，孔子面对时间之流，有"逝者如斯"之叹，法家谓"下令如流水之行"，货殖家讲"平准"，"水"字正训为准。释尊抛弃事火之法以求正果，中国佛家厌恶火宅，追求清凉，中古时代作为国际佛教中心的五台山竟有清凉山的别名。中、印两种文化从基质上看十分悬殊，本来难以沟通，深赖佛道的中道，乃有其不谋而合之处，所以东来之后发展为大乘，取得更加宏扬光大的硕果，殊非偶然所致。

作为一个爱好佛学，追求大圆镜智的学人和具大悲愿、修习净行的菩萨信徒，决不会忽略这一本精约明白、宣扬佛法的著作，它平淡澄澈，没有枝叶藻饰的言词，处处唤醒人们内在灵魂，它所蕴涵炽热救苦难的心肠，不愧为一篇《佛所行赞》的缩影。

韩文译本《殷代贞卜人物通考》序[*]

韩国孙叡彻先生自一九八七年起，受大宇财团之托，着手翻译拙著《殷代贞卜人物通考》。此书共一千三百页，编录洹水甲骨刻辞原文，多古文奇字，故先生用力将近十稔。至于排印，因刻字困难，前后铸版亦历三年之久，全书三巨册，近时已杀青，行即问世，诚盛事也。来书索序其端。先生出身台湾大学，尝及友人金祥恒教授之门，专攻殷契之学，潜研日久，其骑译功深，自不待论。

拙书刊行于一九五九年，当日剞劂几费两载之力，艰苦与君相同。耗资之巨，赖哈佛燕京社相助，卒底于成。在三十年前契学资料未如今日之初步结集，欲缀缉以成书，其难倍蓰。况《小屯》甲乙刊行伊始，释文未具，创通考释，譬凿混沌，复乏实物，可资勘校，褴缕之劳，勉力以赴，宜其勿精。以贞人胪列，事属草创，全面著录，引端竟委。虽搜罗力求其备，而周浃自所未遑。而论者比之马骕，视为殷代《绎史》，则非所敢当也。

先生以拙作会通经义，考索礼制，情有独钟，扬搉著论。而类族辨物，穷流极远。从容讲肆，多士响臻。既勉十舍之劳，不薄刍荛之陋，成此伟构，以贻后贤，斯诚起我颛蒙，旷代相感者矣。

余自退休而后，稍涉猎近东语文历史，乃知楔形文天地之广大，寻绎之深，进展之速，契学非其比伦。自一二大师凋谢，继起者多趋骛乎简帛

---

    * 韩文《殷代贞卜人物通考》，孙叡彻译，1996 年出版。载于《文化之旅》，沈阳：辽宁教育出版社，1998 年 3 月。收入《饶宗颐二十世纪学术文集》卷二甲骨（下）。

玺币新史料，视龟、骨如鸡肋，问津日寡。今先生崛起邻邦，肯抛十年心力，为此"不讨好"之业。想箕子之艰贞，发潜幽于白日。王符有言，浮侈之极，"一棺之重，非大车不能挽，东至乐浪，西至敦煌，万里之中，相竞用之"。曩日厚葬之物，即今时出土之资。地不爱宝，知也无涯。携手洹滨，还俟君子。丙子春日饶宗颐序。

从对立角度谈六朝文学发展的路向[*]

魏晋南北朝是一个复杂混乱的时代，也是一个承先启后的时代；从三国的鼎立，到南北朝的对峙，又是一个对立的时代。除了是政治的对立，还有思想的对立和文字的对立。思想的对立，主要表现在庙堂和山林的对立；换言之，在野的想出来做官，做官的却想退隐。文字的对立，即是胡与汉的对立。这样的对立，贯串了整个时代；而文学的发展，便在这对立情况之中，有着各种各样的表现。

魏晋南北朝文学的最大发展，是"集部"的形成和推进。集是收集的意思，除了汇集个人的作品，还把别人的作品收集累积。过去是没有这样的"集"的名目，汉人是把思想性、政治性或各种的文章组织成集，是属于"子部"的。魏晋南北朝以来的集就不同了，这种搜集的工夫，我们把他叫做 collective work。除了个人自己搜集以外，还有奉诏编集的，例如裴松之注《三国志》，据《宋书·裴松之传》记载，是宋文帝命裴松之采三国异同作注。裴松之于是"奉旨寻详，务在周悉"，"鸠集传记，增广异闻"。这个时代，王家和私家都纷纷从事辑集的工作，集的发展就成为南北朝文学的特征。

我认为魏晋南北朝文学如此的多姿多采，文字上胡汉的对立亦是一个重大关键。所谓"胡"，在汉代是指匈奴，魏晋以后，已不止是匈奴了。这时代的胡语，印欧语系，连带伊朗语系也包括在内了。从敦煌经卷中的

---

    * 本文载于《文化之旅》，沈阳：辽宁教育出版社，1998 年 3 月。收入《饶宗颐二十世纪学术文集》卷十一文学。

佛教经典，可以帮助我们理解当时的胡语究竟是甚么样的。在胡、汉对立中，历史上有一件事，是大家都未曾注意的，就是汉灵帝时，中国开始盛行胡化。《后汉书·五行志》说"灵帝好胡服、胡帐、胡床、胡坐、胡饭、胡空侯、胡笛、胡舞，京都贵戚皆竞为之"。这个所谓胡者，事实也不单是指印度的。在语言文字的胡汉对立当中，首先面对的是翻译的问题。关于内典的翻译，梁朝僧祐（《文心雕龙》作者刘勰的老师）《出三藏记集》，收释道安《大品般若经序》，文中提到"五失本三不易"的说法，就是讨论佛经的翻译问题。在胡汉的翻译中，胡人曾有很大的推动力；其中最有成效的，我认为不是鸠摩罗什，而是更早期的支谦和康僧会二人。支谦是月支人，其父于汉灵帝时归化中国。他"十三学胡书，备通六国语"（《祐录·支谦传》）。在孙权黄武元年（二二二）开始翻译佛经，至孙亮建兴中（二五二至二五三）共译了四十九部之多，他的译文非常优美。至于康僧会，"其先康居人，世居天竺，其父因商贾移于交阯。十余岁出家"（《祐录·康僧会传》）。他在孙权赤乌十年（二四七）来到建业，并开始翻译佛经的工作。他译的《六度集经》，文字好得很。康僧会是以文言来翻译的，文字水平极高，其风格又与支谦不同。我认为做翻译的人，应该先通一种文字，再通别种，这样的翻译才好。我们看钱锺书的翻译文字非常好，我就说是他的中文好，中文比英文好，所以他翻译法文、德文都是那么好。因此，翻译之功，支谦、康僧会二人当在鸠摩罗什之上。有了翻译以后，对文学视野的拓展，起了很大的推动力。

在胡汉对立的问题上，骈文也有很密切的关系。骈文的前身，就是骈字。清雍正时编了一部《骈字类篇》，他在序文解释骈字的意思，"比事属辞，盖骈文义也"。六朝时代，骈字的发展特别多，像《世说新语》中就有不少骈字，《文学篇》举一个例子来说："桓玄下都，羊孚时为兖州别驾，从京来诣门笺云：'自顷世故睽离，心事沦蕰，明公启晨光于积晦，澄百流以一源。'"其中睽离、沦蕰，都是骈字。有人统计《世说新语》里头的骈字有一千五百四十一个，还不包括常用名词；《楞严经》里的骈字有四千二百个。到了谢灵运时代，他的诗文真是骈字满眼了。我觉得骈字的发展，是骈文发展的基础；而佛经的翻译，给我们有很大的推动。很多佛经的序文，差不多有百分之六、七十，是用骈文写成的。这可反映骈文与佛教关系的密切了。这也是我在胡汉对立问题上的一点看法。

在"集"的方面，除了为个人著作、他人著作，以至某种文体编集之外，更有"别传"和"方志"的收集。魏晋以来写别传的风气很流行。虽然别传带有小说的色彩，但又可在正史传记以外提供另外的资料；在文献学上的价值是重要的。刘孝标注《世说新语》，就把当时的别传收集起来。根据宋人高似孙《纬略》统计，刘孝标的注中收录别传一百六十八家，数量是惊人的，所以他的注特别出名，就是因为他保存了这么多的原始资料。这种方法当然是学裴松之注《三国志》的。至于方志的收集，则有《水经注》。今天研究《水经注》的不在地理方面，因为地理也不一定准确。郦道元是北方人，未到过南方，所以广东、云南的水道，都有错误之处。然而，史称"道元好学，历览奇书"（《北史·郦范传》）。故《水经注》征引的方志很多，给后人提供不少宝贵的文献资料。例如今天发现的南越王墓并不是尉佗的墓，而是他的孙子赵眜的墓，据《水经注》所引裴渊《广州记》谓"城北有尉佗墓，墓后有大冈，谓之马鞍冈"。及王氏《交广春秋》谓"佗之葬也，因山为坟，其垅茔可谓奢大"。从这些地方志的叙述中，可知尉佗墓之大。《水经注》在这些小地方也讲得非常清楚，文字亦很优美。《水经注》的可贵地方，就是郦道元搜集地方志的结果。

此外，类书的编集也对六朝文字起了推动作用。魏晋以来，讲究用典；而典故不能全放在脑袋里头，要靠翻书的。类书始于曹丕的《皇览》，据《隋书·经籍志》，《皇览》有一百二十卷，现已散佚。后人辑有《冢墓记》及其他片段共二十余条资料；在我看来，它不甚像后来的类书。当时负责编撰的有韦诞、刘劭、桓范、缪袭和王象等五人，其中最主要的是秘书监王象。六朝时代，从类书的编撰也可以反映出南北的对立。大家都知道，梁武帝学问很好，亦雅好文学，但心胸却不广。他的弟弟萧秀也"精意术学，搜集经记"（《梁书·安成康王秀传》），曾招刘孝标编一部类书名曰《类苑》，共一百二十卷。孝标曾在梁武帝的图书馆看过书，后来因策锦被疏用典故事开罪了武帝，武帝没给他任何升迁的机会。武帝亦因这部《类苑》，诏徐勉举学士入华林，花八年的时间，编了七百卷的《华林遍略》。目的就是要超过他的弟弟，不让萧秀占先。

这是南朝的事。后来《华林遍略》传到北朝去，当日开始传到扬州，贾人以为奇货。值高洋领中术监，集书手多人一日一夜写毕。退其本，曰："不需也。"这是很有名的故事。后来祖珽听从阳休之的计策，把《华林遍略》改造，补充一些材料，特别是补入了《十六国春秋》——这书是萧方等于二十二岁时写成的，后来散佚了很是可惜！祖珽的辑补成为《玄洲苑御览》，后来改名为《圣寿堂御览》，后又更名为《修文殿御览》，因为北齐大同有七个修文殿。《御览》的名称就由北而来，后来北宋的《太平御览》命名便是仿此。敦煌鸣沙山石窟发现一写本，伯希和列目P.2526号，存有乌部鹤类四十六条、鸿类十八条、黄鹄类十五条、雉类四条，合共八十三条资料。罗振玉肯定就是《修文殿御览》，订名为《修文殿御览残卷》，收入于《鸣沙石室佚书》中；吾乡潮阳郑氏刻《龙溪精舍丛书》，据罗氏影本刻入，亦依题为《修文殿御览》。但是，洪业却加反对（见《所谓〈修文殿御览〉者》，《燕京学报》十二期），他认为《修文殿御览》主要是征引《十六国春秋》，而残卷第七十七条不引《十六国春秋》而引《赵书》，内有小注，断定残卷并非《修文殿御览》，而是《华林遍略》。现在暂且不管残卷究属何书，类书的编撰，正好反映了梁武兄弟间的对抗，南北的对立。编辑类书工作的竞争，这说明类书在撰文运用事类的重要性，也对六朝文学起了很大的作用。

此外，我们读颜之推《观我生赋》，其中他自己的注语说他负责编撰《修文殿御览》的。据《北齐书·文苑·颜之推传》曰："之推撰《观我生赋》，自注曰：'齐武平中，署文林馆侍诏者，仆射阳休之、祖孝征以下三十余人。之推专掌其撰《修文殿御览》、《续文章流别》等，皆诣进贤门奏之。'。"说到颜之推，大家都熟知他的《颜氏家训》，原来他也编类书、编文集的。有趣的是，南朝有昭明太子编《文选》，北朝也继挚虞《文章流别》，来一个《续文章流别》。从文集的编撰，也反映到南北对立的层面上来。

说到编集之事，六朝时除了各种文体都有集外，连声音材料也有集。最早是吕静《韵集》，他是《字林》的作者吕忱的弟弟。可惜此书已佚。据《魏书·江式传》："吕忱弟静，放故左校令李登《声类》之法，作《韵集》五卷，宫、商、角、徵、羽各为一篇。"吕静此书，开后世韵书的先河。

集的作用，是把资料集中在一起，以供学习研究。这时期的作者，一方面做文章，一方面亦做文章的收集和研究。我说文学应包括两部分，文是文篇，学是学术。编集就是文与学两方面的结合，以学术来促进文学。

因此，把文章收集，加以整理研究，是有助文体推波助澜的功用。《文心雕龙》一书就是个好例子。上半部讲文体，当时每种文体都有集，赋有赋集、诗有诗集，而《文章流别》其书还存在于世，刘勰分析文章文体时很是方便，因有很多已集中起来的材料可供使用。甚至当时仍流传着某类文体的总集，集内序文的文学理论，都可以给他应用。可惜这些集差不多统统散佚了，我们今天也无从核对。但是可以肯定地说，《文心雕龙》中的文体理论部分是大量利用了六朝以来各类总集的材料的。从这里可以看出，某一类别总集的编撰，对文学理论发展大有帮助的地方。

《文心雕龙》下半部的很多文学观念，内容太多，不能赘述。不过，说到文学观念，有一事应该提出。我觉得《世说新语·文学篇》很重要，虽然篇幅很小，但提出很多重要的文学概念。姚鼐所说的"神、理、气、味"，《文学篇》几乎都有提到。其中最多的是"理"字，有胜理、名理、精理、义理、本理、唱理、性理，又有理源、理窟等，不下七、八处之多。言"神"，则有阮籍《劝进文》"时人以为神笔"；言"气"，则有王逸少"本自有一往隽气"，张凭"负其才气"，刘伶著《酒德颂》，"意气所寄"；至于"味"，则谓"庄子《逍遥篇》，旧是难处，诸名贤所可钻味，而不能拔理于郭、向之外。支道林在白马寺中，将冯太常共语，因及《逍遥》，支卓然标新理于二家之表，立异义于众贤之外，皆是诸名贤寻味之所不得。后遂用支理"。谈《逍遥游》却有"钻味"、"寻味"。由此可见，单从《文学篇》已可得到如此重要的文学概念。当时那些论"文学"者，一半是和尚，一半是玄学家。因此，我有一个奇怪的想法，魏晋时代是个"先理学时代"。今天称宋学为理学，并不很对，应该添一个"先理学时代"的魏晋。大家都把魏晋学术说成"玄学"，而漏掉了"理"；以为只是说"玄"而不谈"理"，这是不正确的。理有宇宙之理、天地之理、人生之理、文学之理；这一时代理是常常说到的，不是宋代的人才懂得说理学。所以，与其说魏晋是"玄学时代"，不如说是"先理学时代"，更为恰当。

一直以来，大家对魏晋时代的谈理都不大重视；因为谈理的大多数是和尚。这正好说明佛教入中国以来，对思想界、文学界产生的影响力。南北朝时代，南北对立、胡汉对立，种种的对立冲击，把文学变得五光十色、光怪陆离了。但总的来说，魏晋时代的文章风格是"清远夐绝"的，

390

齐梁以后，就变为"繁缛典丽"了。虽然大家都不甚注意"清远夐绝"，只有章太炎提出魏晋玄远的说法。文章之所以"清远"，原因是用以谈"玄"。《世说新语·文学篇》就提到"荀粲谈尚玄远"，又谓"支（道林）初作，改辙远之；不觉人其玄中"。由于入于玄中就不觉风致清远。魏晋以来，无论是辩论的文章，论才性的文章，大抵形成"清远"的风格，开后来散文一路。魏晋时代的文章，最好是以郭象《庄子注》为代表，郭《注》的文章好极了，是可以背诵的，允为"清远"的文风的典型。齐梁以后则是骈文了，大家都熟知的，我也不必讲了。

我今天从对立的角度来讲魏晋南北朝文学，由于文献不足之缘故，其中很多的论点和材料都是零零碎碎的。我感到最可惜的是中国人历代战争打仗事情太多，文献材料不能保留下来，归于澌灭。现在我们要讲的东西很多，却苦于没有材料。举例来说，梁朝时代，刘宋几个君主都有文集，到了隋代很多已失去了。在《隋书·经籍志》里集部所著录的书，今天几乎全都散佚了。我们是世界上最能毁坏自己文献的民族，别的国家是没有这样自我抛弃的。就连阿剌伯人都不会这样，我们在外国可随处见到阿剌伯人的写本，可远追溯到文艺复兴以前的时代；中国人却甚么书都没有了，现在就只靠敦煌出土的一些零星的资料，非常可惜，也是我们最大的不幸。我们要研究魏晋南北朝时代，就必须从其他地方，辛苦地把资料钩索出来重新整理，才可以弄清问题。但是，还有一点要提出来的，是佛经并无太大的损失，历代的佛经大致能够保留下来；虽然佛经并不是太多人有兴趣去看，但是在佛经中寻找新的研究材料，是很重要的，也希望大家多多注意和努力。

明非亡于武器之后人*
——《明史论集》序

有明居于异族蒙元满清之中间，为汉人自己所建立最后之一个帝国，后此帝制遂告瓦解，于历史上有其独特重要性，兴亡之故，极耐人之寻味焉。

太祖既有天下，惩元政之苛，着意整顿吏治，观《大诰》诸措施，绵密周至，与秦法何异？又以出身关系，知宗教大有助于治平，绝不掉以轻心。其解老也，视五千言为寡人之注脚，闻千古注书之新局。楚坚书中论明祖对三教合一之追求，与张天师一脉世家何以独盛之故，原始要终，言之有物，语多可取。

明室因海寇为祸，虽重海禁，然东西来往，实未断绝，先期则有郑和之下西洋，末造则有传教士之东来，观《格致草》《地纬》（熊明遇著，合称《函宇通》，前者言天，后者言地。）之传译天学、舆图，即其一例。而几何原本与奇器之迻译刊布，足见西方科学之传入，不绝如缕，此类中外交流之佚事，近世学人类能道之。崇祯元年（一六二六）第一部《奇器图说》，经武位中刻于扬州，关西王征为之序。其时辽东告警，朝野皆注视克敌制胜之神威大炮，由澳门购入，不久遂有登州之变，孙元化论斩。楚坚论西洋大炮由传教士之引进，为明（后）金两代兴亡之关键，洵为笃论。其时明廷非不谙科学武器之重要与战术之革新，奈债于人事，既得利器，而人谋不臧，反以资敌。明之亡，非亡于器之后人，而亡于人之败

———————————

　* 本文载于《明代人物史事论析》，南昌：江西高校出版社，1996年。后载于《文化之旅》，沈阳：辽宁教育出版社，1998年3月。收入《饶宗颐二十世纪学术文集》卷十四文录、诗词。

事，为可慨也。

明以科举取士，历朝仍以词华相尚，治史者绝少，无由究治乱之原，视宋室局于一隅而史家辈出，故士人识见不逮前代远甚。赖理学之教泽，被及闾巷，以明史列传二百二十卷观之，风节著者十之五，视东京尤有过之。然仅以德殉身，无救于乱亡，此诚硁硁消极性之德，而非积极性之日新盛德，至为可惜，读史者要不可不知。

楚坚治史，能从大体着墨，虽极意绸缪于史料之撷拾，排比敷陈，深得其条贯，往往抉发隐微，出为独到之论，有足多者。记沈乙庵《论读明史》，谓一史有一史之体例，钦定明史即以王俨山之史稿为本，史稿凡例即明史凡例之本。明史由张廷玉主其事，其人谨愿，其书亦谨饬为众史之冠。记曩岁曾登天一阁，司馆事者以万氏《明史稿》本相示，匆匆无暇细读，甚愿好学深思之士，能合万、王史稿，窥其体例同异，以验乙庵之说，楚坚继此有作，倘亦一措意于此乎？

乙亥中秋日

393

一眼与双眼[*]

　　古代东罗马的萨珊王朝，有人说过："除了用双眼观察一切的中国人和仅以一只眼来观察的希腊人之外，其他的所有民族都是瞎子。"（见法儒阿里·玛札海里所著的《丝绸之路》，耿升译本页三二九，据称这一说法源自摩尼教徒。）萨珊唐代称为拂菻，与华交往历史悠久，一直到明太祖登基后的第四年，还有《谕拂菻王》一檄文，交由该国捏古伦亲自带往，谕知中国已经改易朝代，改元曰洪武（《明实录》卷六七，见《全明文》卷二十）。当时东罗马似乎特别称赞中国的物质文明，能够观象制器，不像希腊人只有理论而已。中国的造纸术、火药、瓷器等等向西方的传播，正可说明这一事实。

　　使用双眼可以观其全体，使用一只眼则长于概括，简单地说是全象与抽象的区别。前者照顾到全面的事实，后者注意事实的某些特征，加以概括性的说明。这是中国人使用的思想方法，与西方人的差别，一言以蔽之：即在双眼和一眼之分。中国人是十分务实的民族，其传统的思想方法，所重在"事"，认为理寓于事，不随便离事而言理；希腊人则不然，统事于理，喜欢做出抽象理论，企图拿来证明一切的事实。毕竟人还是两只眼睛的动物，上帝是给人们的双眼，而不是给一只眼的！我参加过不少外国汉学家的小型讨论会，发现他们讨论汉学上的历史问题，每每方才认识几桩事实，即喜欢企图建立一套理论拿来作全面的解释，有时不免"屈

　　* 本文载于《传统文化与现代化》（创刊三周年纪念特辑），北京：中华书局，1996 年。载于《文化之旅》，沈阳：辽宁教育出版社，1998 年 3 月。收入《饶宗颐二十世纪学术文集》卷十四文录、诗词。

事以就理"。而中国人对自己的历史认识，似太过于注意一些零碎的事实，不敢轻易去作概括性的系统理论，好像胆识有点不够。

中国历史上的学人不太热心追求纯粹理性的抽象理论。他们不太喜欢去造论，并不是没有这种能力，而是惯用双眼，来照顾事实。而不敢使用一眼，以免抹杀事实，用佛家的语言来说是要做到"事理无碍"、"事事无碍"，能否真正做到还值得研究。

东罗马人对古代中国的评价，是出于有深度的由衷而恰当的了解，不是歪曲和阿谀。今天我们研究传统与现代关系这一课题，主要贵在于知彼知己的原则下，做出认真和深入的探索，然后方有建设性的结论。过去那些过度的、无谓的、自我夸张和任意的自我贬抑的各种言论，实际是出于不正确的认识与一时爱、憎的情绪，都是不必要的。

用一眼与双眼，作为希腊和中国的区分，事实亦是东西文化的主要分歧点。季羡林先生对波斯人这几句话，近日尝有过简单的介绍。本人特别作上列一点补充。二者之间，孰得孰失？必有能辨之者，希望大家注意，再作进一步的讨论。

章太炎对印度的向往与认识[*]

　　港大将举行章黄学术讨论会，要我参加。欲正式提出论文，又苦无时间，我想关于章、黄对现代革命启蒙思想和他们在声韵和国故学各方面的贡献，必有许多佳作；所以我选定这个不为人所重视的题目来谈谈。

　　太炎先生在佛学的造诣，特别对瑜伽师地论研索的深度，从他的名著《齐物论释》，可以获得了解。他尝自诩他这部著作是"一字千金"（《自述学术次第》），缪篆为此书增加注释，稿本达二十五册，洋洋大观，花去很大的精力。我个人对章氏的景佩，特别是他对印度学术的正视与向往的精神。在后来发现的刘师培一封秘密与端午桥的私人信件透露着："（太炎）今拟往印度为僧，兼求中土未译之经，惟经费拮据，未克骤行。"望其"助以薄款"，"以彼苦身励行"盼能"成人之美"。（一九三四年十一月二十六日《大公报·史地周刊》第七号，又《洪业论学集》页一三三）此事终于不果行，故太炎始终没有到过印度。《太炎文录》的别录卷第二，最少有八篇正面谈到印度文化政制各方面的问题。在《印度人论国粹》一文中说："国所以立，在民族之自觉。""人无自觉，即为他人陵轹；民族无自觉，即为他民族陵轹。"惟有对自己文化的了解与自尊，才有自觉可言。又一篇论中印联合之法，"宜以两国文化相互灌输"。又答铁铮书，畅论中国德教要点在"依自不依他"、"佛学与王学虽殊形，若以楞伽五乘分教之说归之，自可铸镕为一"；他说"世无孔子，即佛教亦不得盛行"，以明

　　* 本文载于《文化之旅》，沈阳：辽宁教育出版社，1998 年 3 月。收入《饶宗颐二十世纪学术文集》卷十四文录、诗词。

儒、释相倚相容之理，甚有见地，由于儒、释都是无神论者，都是注重依自不依他，真是一针见血之论。但真正的印度本土文化是有神论的；佛教在印度虽经阿育王及 Kaniska 王两代的提倡，自从佛教与商羯罗辩论失败之后，佛教徒在印度，遂一蹶不振。一九六三年我在印度 poona 研究婆罗门经典，曾于南印度旅行到建志补罗（Kamehipuram）即达摩航海港口，其地现林立者皆婆罗门名刹，惟存佛陀一小石像在督察署中（见拙作《佛国集》），祇园遗教，零落至此，可为浩叹！印度人性格，一方面非常自大，一方面因为古典 Tapas 思想的注入牢不可破，各派无不以自苦为极，非人所堪。要把中、印两国文化互相灌输，谈何容易！章氏只从佛学出发，可惜没有亲临印度；假如尝试过印度人的生活，他必定另有一番不同的体会。

一向和佛教被看成姊妹教的耆那教，是公元前四七七年与释迦约略同时的 Mahavina（大雄）所创立，我国佛殿往往称为大雄宝殿，似乎把他和佛祖混在一起，耆那教经典亦无人翻译，不免有隔阂之感。章氏在日本时，自号曰"末底"，法云的《翻译名义集》说："末底，秦言慧。"末底即梵话的 mati，耆那教说智有念智、闻智、直观智、他心智、完全智五种，念智即是 mati，章氏不薄外道，故亦有取于此。佛学巨匠杨仁山有代人答日本末底书二通，讥讽他习佛不喜净土、密宗，而不排外道（见《等不等齐杂录》卷八），太炎与铁铮书内有反对密宗及净土之语，病其缺乏"勇猛无畏之气"，杨氏的批评即针对这一点而发。印度教自来即被佛徒排斥为外道，他们的重要经典完全无人问津，只有数论的金七十论三卷由陈时真谛译出，其余是一片空白。如果太炎真的能够在印度为僧，不知他是将皈依佛门？抑将能涉足于婆罗门的领域？如果他要真正了解印度思想本来面目，是需要进一步熟读婆罗门教的经典——即那些未经汉译的作品，我想他若在印度，他一定不满足他在日本得到的一些关于印度的智识。以他的佛学基础之深厚，经学造论之独到，和他对印度文化向往的热诚，他对印度本土文化必能加以弘扬光大，他的成就必不止此，是可以断言的。

太炎习梵语，对他研究声韵文字之学有极大帮助，如他论梵文字母有缪、姹、荼三者和汉土的知、彻、澄可相比方，对后来有很大的启发。他订定纽文三十六、韵文二十二，为注意字母之先河（见《驳中国用万国新语说》）。因为他有梵语智识，才有这种成就。苏曼殊有志著《梵文典》，想是以日人著作为依据，章氏和刘师培都为他这本书撰序，亦已分别刊出，但曼殊却交了白卷。

章氏学问，可说含弘光大，他自撰的《自述学术次第》，指出不少新途径。传人之中，能继承他梵学一路，竟寥若晨星，以我所知，只有泰县缪篆（子才）是这方面的重镇。缪篆六十岁时整理他的著作，共六十册。于《齐物论释注释》篇题中，阐明梵文之"字"平等性及"语"平等性之义，列出圆明字输四十二字，罗列众说，甚为赅备。巴黎出版《法宝义林》首册，曾加以译述。法国戴密微先生（Paul Demreville）在厦门大学讲授西洋哲学时，和缪篆过从甚密。戴氏是梵文权威烈维（S. Levy）的高足。我想缪篆的梵文智识与戴氏不无关系。他们两人曾合译《尹文子》，有照片写明"于厦门大学之兼爱楼"（见民国二十六年中山大学文学院为缪篆印行之《中国固有道德》书内页四九二背面图片）。缪氏于此书扉页背面写着："显道及邻德上中篇，经章师太炎鉴定，章于二十五年六月十四晨殂化，书此以志不忘。"缪篆是书，现不易见到，故为附记于此，以见其人之学术渊源，和早期中、法学术交流的趣事云。

潮、客之间*

第二届国际客家学研讨会开幕，主席要我说几句话，我是不敢当的。我的先代从大埔南迁来潮州，到我已是十三世，早已数典忘祖，连客家话都不会说了。所谓客家，是中国移民史上操特有的语言、与潮语系的人们并肩活动于闽、赣、粤地区的一支族群。旧时潮州府属各县除澄海县之外，没有不操客语的住民。现在由于语系不同而划分，潮、客各自发展，于是形成了潮州学和客家学的区别，但某些历史问题还需要潮、客学共同研究，因而无法弄清彼此疆界，试举两个例子略讨论之。

一、明代嘉靖三十九年（一五六〇）雄据柏嵩岭称帝的张琏，自号飞龙人主，改元造历，引起明廷三省会剿。他的归宿向来有两种说法：一是官方说他被俘获，一说他逃亡至海外三佛齐。曩年我在潮州金山顶发现《平寇碑》，内有诗句云"破虏三旬馘四雄"，注云："张琏、林朝曦等。"另在平和县亦有碑刻载张琏就擒事。惟《明史·外国传》称："万历五年商人诣旧港，见琏列肆如蕃舶长，漳、泉人多附之。"在饶平当地尚有飞龙庙碑，为清代所修建，民间祀有飞龙王爷神像。门人刘陶天著《白村集》，说据平和九峰曾昭庆家藏札记："琏失败后，从云霄港坐木船与数十人出海。"他认为张琏外逃之说尚属可信。查张琏本为上饶鸟石村人，其地属客语区域，他的同伴林朝曦就是大埔人，所以张琏问题亦是客家的历史问题。《外国传》说他逃至三佛齐，漳泉人多附之，他分明是客家，与

　＊　本文载于《文化之旅》，香港：牛津大学出版社，1997年。收入《饶宗颐二十世纪学术文集》卷十四文录、诗词。

399

漳泉不同语系，恐无可能。旧港亦名巨港，即印尼的 Palembeng，王大海的《海岛逸志》和《噶剌吧纪略》都只字未提张琏的事。《明史》此说是采用王圻的《续文献通考》，不知王说何所据，仍有待进一步研究，既知张琏原是客家人，自来谈客家人往海外拓殖的只提到罗芳柏、叶莱，从无人言及张琏，故我今为提出，希望共同再作深入研究。

二、中外交通上中国物质文明的西传，与丝绸同样居重要地位的还有樟脑，所以西方学人有"中国的樟脑与丝绸之路"的说法（见法国 Aly Mazaheri 的 *La Route de la Soie*）。阿里说道：六世纪时，樟脑作为远东作物，在萨珊王朝中占有重要的地位，产于南方的叫樟脑，北方则称之曰"潮脑"，以其出产于潮州。在台湾蕴藏有大量热带樟脑，荷兰人占领台湾的时候，充当了台湾与印尼所有樟脑和远东及欧洲交易的经纪人，而原籍福建的客家人又担任外国与土著之间的樟脑商人的角色，潮州饶平在明代出海的港口名叫樟林，为红头船往外洋的据点，樟林的名称必与此地出产樟树的缘故有关。近年樟林发现一些清代唱本，描写当年生活实况，引起学人注意，成为研究的重点，但对该地的樟树出产与贸易，则尚无人注意及之。客家人在清初从事海上贸易，操纵樟脑市场的实际活动，我怀疑荷兰国内的档案资料必保存一点记录。樟林与樟脑及其与客家人的关系，还有待我们好好去研究。

以上所述是两桩潮、客共同需要探索的有趣问题，说明潮州学与客家学有不可分割的联系性。故为拈出，希望大家加以注意。

瑜伽安心法[*]

瑜伽（Yoga）有结合、控制诸义，是来自印度的产物。Yoga 这个名词最早出现于 Teittirīya 奥义书"以瑜伽为胸"（2.4.1），可能与行气有关系。我们从瑜伽经（Yoga Sutra）和多种的奥义书像《瑜伽真性奥义书》（Yogatattva Up.，下简称 Y.U.）等重要经典，可以了解它的大概。瑜伽有用咒语（mautra）、静止（leaya）、运动（hatha）各种法门，在静坐时，定念于两眉之间的凝神动作是三摩地（samādhi）层次的起点（见 Y.U. 23—25）。在汉俗一般流行的静坐法，亦有用这种方法来教导初学入门的。

我在十几岁时已开始学习各种胸式、腹式与道、释的静坐法，作了许多尝试。一九六三年我在印度从事研究，于 Pondicherry 的法国印度学研究所工作，那时 J. Filliozot 教授曾把他的有名论文《道教与瑜伽》和我讨论一些后期道教徒习静的方式与瑜伽实际有许多类似的地方。我本人对于印度瑜伽各种健身的锻炼体操，未有深入的体验，但亲见到在印度修持瑜伽的人，他们都有很高的理想，希望通过苦行，在感觉世界之外达到另一个世界，或发展成为某种特别功能。由于修持付出的代价太大，经过长期高度的精神集中与虔诚地投入信仰之后，人的心态起了很大的变化，引出许多幻觉，所谓自我体验的"超觉"，我认为不少是相当于催眠的结果所造成。

我个人的看法是这样的：用"逆"的方法，好像行 Hatha 瑜伽的逆行

---

* 本文刊于《百姓半月刊》（第 215 期），香港百姓半月刊，1990 年 5 月。后载于《文化之旅》，沈阳：辽宁教育出版社，1998 年 3 月。收入《饶宗颐二十世纪学术文集》卷十四文录、诗词。

式（viparita Karani）或倒栽式（Sri-sasana）去作深层的精神锻炼；如果行之不得其当，有时每每相反地得到害处。所以我多年来的经验，宁愿采取道家的用"顺"的途径来安顿精神的宁静境界——即所谓"撄宁"，同样亦可收到"精神独与天地相往来"（《庄子·天下篇》）的效果。庄子一书谈到的精神修养理论，和印度瑜伽思想非常吻合。我现在不妨试谈一些用瑜伽理论结合庄子的"顺"的办法，开出一剂安心的清凉剂来，可以减轻精神压力。

庄子在讲庖丁解牛的一段故事中，指出要"依乎天理"的妙义。如何能够保持刀刃的锋利？是倘若遇有大䝁结晶骨头，切勿用刀去碰它，只要顺着牛的筋络，一切障碍，便可迎刃而解。他在《养生主》篇中又提及"缘督以为经"一句，甚么是督？根据瑜伽的理论，人体的微细身，气脉系统有七万二千条（一说是三十五万条）遍布全身。最主要的有三条即中经（Susumna）、左经（ida）及右经（Pingala），从丹田沿中经的督上通泥丸（头顶）。奥义书（Sāndilya Up.）说：中经是解脱——的道路。中经相当于庄子所说的督，在人身是多么重要啊！

今年元旦我写的一副联语中，有"神马行良驭"句子，神马二字的来历出自庄子的"以神为马，予因而乘之，岂更驾哉"？下面接着说："且夫得者，时也；失者，顺也。安时而处顺，哀乐不能入也。此古之所谓悬解也。而不能自解者，物有以结之（《大宗师》篇）。"他把人的精神譬喻为马。神的运动行止，是需要善驭的人加以控制的！

一般人都患"得"患"失"，因此而神志不宁。庄子很懂得精神上的自我控制，他能"外物"，摆脱外界事物的约束，认为"得"是时机缘遇所造成；"失"亦是理所当然，应当泰然处之。这样，在情绪上没有哀与乐各种激情的刺激，就好像倒悬的人，获得解救。庄子可以能无动于衷不为得与失所干扰，完全得力于一个"顺"字，安于时而居其顺，自能得到精神上的宁静，至于那些不能够自我控制则是外物的羁束，使他无法排除。所以庄子又提出"撄宁"一吃紧语（key word）。

他说："撄宁也者，撄而后成者也。"撄训"有所系者"（崔譔注），撄是系缚，撄而能够宁静，说在在束缚中自我获得解放。他主张修养境界能够"外物（质）"、"外生（命）"之后，所得到的精神上的愉快感受是"朝彻"（好像朝阳初升时的洞澈明白）。"见独"（体会到一个整体）然后入于

402

不死、不生的阶段；这时候，虽然接触到外界事物的纠缠、牵扰，心中仍然得到大安宁，那就叫做撄宁（《大宗师》篇）。

他复提出"心斋"一法门。他引用孔子答颜回的询问，先统一心志："无听之以耳，而听之以心，无听之以心，而听之以气。听止于耳，心止于符。气也者，虚而待物者也，惟道集虚，虚者心斋也。"他说用"气"来代替耳朵，以气统摄心灵，综括各种感觉，耳不过是众感官之一而已。这时候周身上气的流转，浑然一体，气是不可见不可闻不可接触而能随物运动的空虚气体，而神志注意力的控拖之下，整个心灵澄明一片，这便是所谓"集虚"，他接着说："虚室生白，吉祥止止；夫且不止，是之谓坐驰。夫徇耳目内通，而外于心知，鬼神将来舍，而况人乎？"当静坐于一室之内，寂光所照，辉耀四极，光之所至，故有"生白"的感觉。心中一片光明海，充满吉祥来止而不止，神与气同流，周行六合，这样便叫作"坐驰"。神马行于上下四方，了无罣碍。耳与目都与内心相通，外来的心智一一排除不生蔽障。气与神浑然一体。有人解释这样境界便是佛家所谓天耳通的能闻彼声，他心通的能知彼意。又和孔子六十而耳顺相符合（章太炎《齐物论释》）。耳顺的意思是否如此，我不敢说，但"顺"是一吃紧语，儒、道都有相同的指示。庄子安时处顺一语在《养生主》篇还重复叙述，可见庄子是十分重视的。印度人称"顺"为 anukūla。"顺其自然"自会取得哀乐不能入的异熟果（借用佛家名词）。战国时的《玉刀珌铭》上说："行气：……顺则生，逆则死。"中国养生术气功以顺为主，可以说是"顺"的瑜伽，依天理，顺自然，理得心安，行气之时，缘其督脉，上下同流。亦以顺为贵。印度人借"唵"（om）字作神秘声音以为安心的符咒，中国人只是依乎天理，顺任自然，"坐忘"中的高度精神集中寂光普照，唐代道士司马承祯的《坐忘论》谈到许多他的"见独"体会，通过行气的亲证，神与气的浑然一体，即是瑜伽之具体显示，这样收到安心的成效，自然而无毛病，我觉得比实行逆的印度瑜伽，要希望得到某种特异功能而不免"犹有蓬之心"（逍遥游语）更为妥善而易于做到。质之高明，拜望有以教我。

《神田喜一郎全集》推荐辞 *

　　近代学术，务求精深，人人各以专家鸣高；其极也，有点、线之学，而乏全体大用之效。至于今日，式微已甚，是以文、史分歧，道、艺隔阙，其间几如柄凿方圆之不相入；能一以贯之，明其义且实践之者，殊不多见。

　　神田先生，通和汉之汇，极文艺之奥，工书及诗，治古今目录校雠之学比顾千里，擅精艺事类董香光，非姝暖于一家一门之学，尽淹贯之能事，盖最能发挥"东洋学"之精神。兼之聪明寿考如姚姬传，故成就特高，在扶桑享有"东洋学第一人"之誉，岂偶然哉！今者，先生全集即将问世，读者得窥先生治学之全面，循此将以打破 Philology 与 Fine Art 二者之隔碍，使人了然于 Belles-Lettres 为何物；在方法论上足为当代学界一棒喝，在著作上是艺坛一剂特健药，同朋舍来书嘱为先生全集撰文推介，谨就平日对先生所了解者，为天下学人告，非敢为阿谀之辞也。

一九八二年

---

　　* 本文选自《澄心论萃》，上海：上海文艺出版社，1996 年 7 月。

泰国"华侨崇圣大学"祝酒会演讲辞 *

今晚的盛会所以具有划时代的意义，这是因为在泰国，以泰华社会的力量创办一所综合性大学，是前所未有的；而泰国所有的大学中能荣获泰皇陛下亲自赐名的，更是前所未有的事。然而，在郑午楼董事长的悉心策划和慨捐巨款作首倡之推动下，报德堂诸善长仁翁群起响应，慷慨捐输，共襄义举，终底于成，并荣获泰皇陛下为"华侨崇圣大学"御赐泰文校名，成为泰国教育史上的首例，其意义是十分深远的。刚才郑董事长对"崇圣"一义之阐释，已非常明了透彻，对创办"华侨崇圣大学"之宗旨与意义，也已作了详尽的说明。我现在要略作补充的是，有关"报德"与"崇圣"的释义与相互间的关系。——即是说，华侨报德善堂创办了华侨崇圣大学，充分体现了儒释观念的结合与中泰文化的交融。"德"的含义是甚么呢？根据《说文解字》，"德"字主要由二部分构成；下为心，上为直："直"又为三部分所构成，即用"十只"目来明察事物，所谓"十目烛隐为直"即由十、目、L（L即隐，表示角落），思想与行为坦荡光明，修养品格而有得于心。又据《礼记·内则》篇谓："德，善教也。"所以，假如每一个人能直心而为，多行善举，以报效国家与人民，那么社会就会变得更美好。现在，华侨报德善堂所报效的是一所综合性的大学，这对于泰国的高等教育和社会经济发展，以及加强泰国与东南亚乃至亚太区的经济文化交流，将是一个很大的贡献。

---

* 本文即《在泰皇御赐华侨崇圣大学泰文校名庆祝酒会上的演讲》，刊于泰国《中华日报》，1992 年 6 月。

对于崇圣之"圣"字，一耳加一口，下面为"壬"，其义为挺然直节，能兼听而明睿，透彻理解，正确判断。能够挺然特立而成就大事业的明智领导人，是为"圣"者。虽然明代的理学家曾将"圣"字通俗化，认为人人可以成圣，满街满巷都可以有"圣人"，那是对个人主观修养的过分强调。应该说，古今中外之堪称为"圣"者，毕竟是不易企及的。泰国是个佛教国家，佛是觉者，由自觉而觉他，以至完满的圆觉，这和大学的三纲领止于至善，意义没有什么不同。因此"崇圣"在泰国而言，可以表示对佛教的信仰和对泰皇的崇敬。另一方面，泰华社会在泰国各个领域均具有深厚的基础，泰国文化中也含有浓厚的儒家学说的成分，因此，孔圣之受到普遍尊崇，也是顺理成章的事。而儒释思想在泰国的交融，已成为泰国社会的精神支柱。当然，佛教是泰国的国教。"觉"者有菩提心，其境界在于导人同觉，共登彼岸。换言之，不但要完善自己，而且要完善他人；不但要自己幸福，而且也令他人幸福；不但要自己的子女有受教育的机会，而且要令别人的子女也享有受教育的机会……推而广之，人心向善，福泽共沾，那么整个社会就会变得更美好。郑董事长领导下的报德善堂所走的"报德"、"崇圣"的道路，就是这样的一条光明向上的大道。我衷心祝愿报德堂的善业更加发扬光大，并祝"华侨崇圣大学"在郑午楼博士的领导下，取得更大的成功！谢谢各位。

一九九二年

蒲德侯《说"火"》书后[*]

　　蒲德侯（Jean Bottéro）先生是法京西亚历史文化研究的老前辈。从 1958 年起在索邦高等实验研究院主持亚述学（Assyriologie）讲座，精研楔形文及闪族诸文字，所著《神的诞生——圣经与史学家》（Naissance de Dieu-la Bible et l'historien，1986）、《美索不达米亚：文字、理智与诸神》（Mesopotamie-l'écriture，la raison et les dieux，1987）久已风行于世。他写了许多专题论文，像上面所译的是他从西亚文献中整理出来的关于"火"的综述，另外有谈西亚的烹饪术，可谓姊妹篇，极为脍炙人口。他又探索西亚的占卜术，成《古代美索不达米亚的征兆、记号与文字》（Symptômes，signes，écritures en mésopotamie ancienne）一文长达 125 页（载于《占卜与理性》，Divination et Rationalité，1974），分析西亚僧侣显示于羊肝占卜上的语言结构及其推理作用，为十分重要的文字，可惜尚无人译出，这里谈火一文，是出于他的女公子所译，特为披露于此，以供治古代史学者的参考。

　　"火"是人类文明的火花，没有火就没有光和热，和日常生活关系最为密切，火有她的神秘性，许多民族都崇拜火，用火熏烧作为人神交通的媒介，演变为礼仪这一模式，西亚、中、印都一样有火的神明，印度称曰 agni，华曰祝融，西亚则有 Išum，Er-ra，Gir-ra 诸名。西亚在公元前 2600 年已出现火神。汉籍传说，黄帝的陶正宁封子掌火，能作五色烟（《太平御览》卷 868 火部引《列仙传》）。祝融见于夏世（《周语》：夏之兴也，融

---

　　* 本文选自《澄心论萃》，上海：上海文艺出版社，1996 年 7 月。

降于崇山），时代更早。

西亚人所用的火种以芦苇（gigi-llu）为主，已燃烧的芦苇名 gi-lil，他们所用的树木，蒲君所述有灌木、枯木、朽木，木材有像杨树（sarlatu），中国则较为复杂，由于五行说流行，配上五色和季节有五木的名目。五木见于楚帛书，古代有随季节而改变用木的习俗，五木是榆柳（春）、枣杏（夏）、桑柘（季夏）、柞楢（秋）、槐檀（冬）之异。

中国自古以来有掌火专职的官员，称曰火正，晋国史官传说，唐尧时的火正，居于商丘主祀大火，是殷人的先代。殷墟卜辞对于火的记载甚多，证明殷人确有"又于五火"的事，其时对于天象的观测已对大辰火星有充分认识，近时在河南地区考古家已证明有当日观象的遗迹。火官是主司出纳火和改火之责，一直到汉代还有火官之设。〔汉简记元康五年丙吉奏夏至先一日除隧（燧）取火。参劳榦《居延简考证》"别史官"条和陈槃《汉简识小》页 96〕。

西亚亦用火石，即黑曜石（Ka-izi-isati），中国钻燧取火（见《管子·轻重己》等书）神话人物有燧人氏（见《尸子》·《尚书大传》），西亚祭祀必烧火（supu），和殷代的尞、焚相同（参王晖《殷人火祭说》、《四川大学学报增刊》10）。最有趣的是西亚的火（Isum）被解说为烧焦了草木的土地（sconched earth）可以肥沃，代表烧的火神 Erra 和代表肥沃的地母神 mamma 可以取得恰当的结合。谚云"火不烧山地不肥"，古代益烈山泽和火耕正是这个道理。

西亚火神 Erra 似是主破坏方面，它的涵义有时亦表示饥饿和瘟疫，所以亦成为 god of plague，由于德文本 Erra 史诗的印行（P. F. Gossmann, Das Fra-Epos, Wurzbürg, 1955），有关的资料更加丰富，近人对西亚火神的研究有许多新说，详细见 J. J. M. Roferts：The Earliest Semitic Pantheon 21 及 38 两条。

国人研究西亚史事者不多，相信本文的译出，对于欲从事古代"火"的问题比较研究的人们不无点滴的助益。

一九九五年

408

忍 与 舍[*]

一颗被压力挤得透不过气的心，在不停的电话声，与无间断的对话困扰之下，得意和沮丧的心情永远纠缠不清，人已被迫得要发出像鲁迅词句所说的"不知何故兮使我神经衰弱"的疑问。难怪精神病医生其门如市了。在头痛医头的情况当中，我想提出两个字，作为一剂权宜的膏药给人们来贴一贴、试一试：一个字是"忍"，另一个字是"舍"，但不知效力怎样？

聪明的人们一定会说：这岂不是从佛门偷来的灵丹吗？我当然直认不讳。

忍也者，原是佛家六波罗蜜多之一，梵语是 Ksanti（汉译："尸提"）；舍是四无量之一，梵语称为 upeksa。六波罗蜜多是六桩法筏，可以横渡过生、老、病、死流转的大海，而到达彼岸。六波罗蜜多（梵名 paramita）第一件是檀那（梵言 dana），义是施与，施与和"舍"两者有着很密切的关系。忍是第三件，亦称为安忍，第四件是精进（梵名昆梨耶 Virya）。在持咒时，它的秘密语言亦有"忍陀罗尼"，能安住于实相者，名曰"忍陀罗尼"。（陀罗尼梵文 Dharani，义是总持，指用最简单的语言，摄集善法，使人可以诵持不懈。）忍字在佛家进修过程中特别有它的重要性，禅宗的一位祖师，名曰"弘忍"，即以忍为名。忍是要靠耐力去支持。能够忍受一切困难，才能作持久战。

现代人所说的"容忍"，在书经上却分为二件事，忍是忍受、含忍，

---

* 本文选自《澄心论萃》，上海：上海文艺出版社，1996 年 7 月。

容则能宽大能包含。特别是指领导阶层，"必有含忍乃有所成"。（参孔安国传的注释）。"小不忍即乱大谋"，这句成语，想大家都晓得的。《资治通鉴》是一部内容绝大多数属于历代宫廷、军阀，包括中央和地方的斗争相矸的史事纪录，今人读之，可能引起许多反感。我愿意介绍一段美丽而为人所乐称道的有关于"忍"的故事：

唐麟德二年（665）寿张人张公艺，九世同居，书"忍"字百余以进。齐、隋、唐皆旌表其门，高宗幸其宅，问所以能共居之故。（《通鉴》卷二〇一）这位张先生，他的家庭能维持九代同居而无发生争执，全靠一个"忍"字，相安无事，所以几个朝代的皇帝都给他褒奖。他却写下一百个"忍"字进呈，说明这即是他们成功的唯一窍门，是多么有意思的一桩事。

能忍耐自然能够持久，可以息争，可以平心静气来对付困难，心平下来则气和，矛盾亦可消除了。许多人每患于"操之过急"，是不能忍耐的毛病，"十年树木"，要把十年的工作，一二年间把它促成，往往得到"揠苗助长"的反效果。如果懂得忍的道理，忍耐持久，安详从容地来处理，断不至于失败。相反地不能安忍，则心理难以保持正常，躁急、忿怒、情绪紧张，等等心态，都纷至沓来，工作便不能规律化，难以按部就班；不免产生"出轨""躐等""争夺"……等现象。须知"欲速则不达"，惟有"安忍"，才能于事有济！

舍是佛家四无量所谓"慈无量、悲无量、喜无量"之外的另一个无量，梵文慈是 maiti，悲是 karuna，喜是 mudita，舍是 upeksa。舍的梵言亦名 Tyaga，佛法可说是"舍之又舍"的。经言："如我说法如筏喻者，法尚应舍，何况非法……"将筏作为譬喻，它便是要达到彼岸的"波罗蜜多"。佛家"舍"的哲学，有其特殊意义与理论根据，这是一般世俗人所办不到的！

行深入般若（pra jna）时，便能照见世间法一切皆空，断却烦恼。精神包袱可以抛弃了。这虽然不是世俗人可以随便做到，但能够认识了"空观"，知道"舍"的紧要，了解舍的意义，缓缓破除执著，体会到有如庄子所说的"物物而不物于物"，不为外物所束缚，在"物于物"的尘世之中，心境宁静。

在现代都市里，每个人鸡鸣而起，孳孳为利，没有休止地去追逐利益，诚如《可兰经》所说："增加财富的竞争，误了你们，直至入坟墓为止。"（第一百〇二章）一个人非到死的临头，不易觉悟到发财并不是人的真正目的，无论如何多的钱财，无法带进棺材里。所以回教的经典，警告：以积财为唯一目的的人，他必被委弃于"压碎的灾难"之下。压碎的灾难便是"火狱"，在现世是随时随地可以碰到的灾害和分分钟受到患得患失的痛苦之永无穷尽的熬煎，只有"舍"这一个字才可以给予解救，为他除去精神上的死结。

忍是等待，舍是放弃，凡事往往不能"一蹴即至"，而需要等待的，在这种情况下，要持久才能生效，许多人喜欢急于求进，徒劳而无功，所以"忍"是医治躁急的一道镇静剂。至于舍，无异等于放弃。至于"施舍"只是物权的转移，推己以及人，把己的力量，财产转给他人，是一种美德而不是一种让步，在佛家广大"舍无量"的精神看来，还是不够彻底的。

这二个字虽然是老生常谈，如果能够明白它的道理，也许对都市人的神经衰弱症有一点治疗的功效呢！

一九八八年

《季羡林传》序 *

　　山东大学蔡德贵先生撰《季羡林传》，来书要我写一篇序文，我是万不敢当，亦万不敢辞；在踌躇和耽延的交织心态之下，几个月不敢下笔。首先让我表示一点歉意。

　　从我肤浅的考虑，常见的学问家，可能有下面几种类型：一是才士型，一是辩士型，还有探险家型，或者是会计师型。才士型胜处在紧抓问题，入情入理，但易流于感情用事，接近文学家。辩士型长于辨析，鞭辟入里，每每播弄词说，有如哲学家。其他一是比较大胆，有究元决疑的缒幽疏证精神，另一则谨慎、扎实，喜欢校勘、统计，好像核数师。这几种类型有单纯的，亦有复杂的，有的一人只能属于某一类型，有时一个人亦可同时兼有其中一二者。我不欲举出何人属于哪一类型，让读者自己去思考或遴选代表人物。

　　我所认识的季先生，很难说是上面的哪一类型。他是一位笃实敦厚，人们乐于亲近的博大长者，摇起笔来却娓娓动听，光华四射。他具有褒衣博带从容不迫的齐鲁风格和涵盖气象，从来不矜奇、不炫博，脚踏实地，做起学问来，一定要"竭泽而渔"，这四个字正是表现他上下求索的精神，如果用来作为度人的金针，亦是再好没有的。

　　要能够"竭泽而渔"，必须具备许多条件：第一要有超越的语文条件，第二是多彩多姿的丰富生活经验，第三是能拥有或有机会使用的实物和图

---

　　* 本文刊于《徐州师范大学学报》第 3 期。收入《饶宗颐二十世纪学术文集》卷十四文录、诗词。

籍、各种参考资料。这样不是任何一个人可以随便做到的，而季老皆具备之；故能无一物不知，复一丝不苟，为一般人所望尘莫及。

"竭泽而渔"的方针，借《易经·坤卦》的文句来取譬：真是"括囊、无咎、无誉"，又是"厚德载物"的充分表征。多年以来，季老领导下的多种重要学术工作，既博综，又缜密，放出异彩，完全是"海涵地负"的具体表现，为中华学术的奠基工程做出人人称赏的不可磨灭的劳绩，有目共睹，不待我来多所置喙。这本传记的刊行，对于从学者的鼓舞，从而带起严正、向上的学风，一定会"不胫而走"，是可以断言的。

我和敦煌学[*]

敦煌学在我国发轫甚早。我于 1987 年写过一篇《写经别录》，指出叶昌炽在《缘督庐日记》中，他已十分关注石窟经卷发现与散出的事情，有许多重要的报道。近时荣新江兄发表《叶昌炽——敦煌学的先行者》一文，刊于伦敦 *IDP News* 1997 年第 7 期，说得更加清楚。

20 世纪 80 年代以后至今，国内敦煌研究，寖成显学，专家们迎头赶上，云蒸霞蔚，出版物包括流落海内外各地收藏品的影刊——英京、俄、法以至黑水等处经卷的整理集录，令人应接不暇，形成一股充满朝气的学术生力军。以往陈寅老慨叹敦煌研究为学术伤心史，现在确已取得主动地位，争回许多面子。此后，海外藏品，陆续影印出来，学者们不必远涉万里重洋，人人可以参加研究了。

我一向认为敦煌石窟所出的经卷文物，不过是历史上的补充资料，我的研究无暇对某一件资料作详细的描写比勘，因为已有许多目录摆在我们的面前，如英、法两大图书目录所收藏均有详细记录，无须重复工作。我喜欢运用贯通的文化史方法，利用它们作为辅助的史料，指出它在某一历史问题上关键性的意义，这是我的着眼点与人不同的地方。

张世林先生两度来函，要我写《我与敦煌学》一文，万不敢当，久久不敢下笔。我本人过去所做的敦煌研究，荣新江兄已有文评述，见于复旦大学出版的《选堂文史论苑》（265—277 页），我的重要著述和对学界的影

　＊　本文载于《学林春秋——著名学者自序集》，北京：中华书局，1998 年。收入《饶宗颐二十世纪学术文集》卷八敦煌学（上）。

响，详见该文，不必多赘。现在只谈一些值得记述的琐事，追忆我如何对敦煌资料接触的缘遇。

我最先和敦煌学结缘是因为从事《道德经》校勘的工作。1952 年我开始在香港大学中文系任教，那时候《正统道藏》还是极罕见的善本，我还记得友人贺光中兄为马来亚大学图书馆从东京购得小柳气司太批读过的《正统道藏》，价值殊昂，当时香港及海外只有两部道藏，无异秘笈。我因代唐君毅讲授中国哲学的老、庄课程，前后三载，我又研究索统写卷（有建衡年号），做过很详细的校勘工作。我和叶恭绰先生很接近，他极力提倡敦煌研究，他自言见过经卷过千件，对于索统卷他认为绝无可疑（可参看他的《矩园余墨》）。以后我能够更进一步从事《老子想尔注》的仔细探讨，实导源于此。正在这时候，日本榎一雄在伦敦拍制 Stein 搜集品的缩微胶卷，郑德坤先生方在剑桥教书，我得到友人方继仁先生的帮助，托他从英伦购得了一部，在 20 世纪 50 年代，我成为海外私人唯一拥有这部缩微胶卷的人物。我曾将向达《唐代长安与西域文明》中的伦敦读敦煌卷的初步记录核对一遍，这样使我的敦煌学知识有一点基础。我讲授《文心雕龙》亦采用英伦的唐人草书写本，提供学生参考。1962 年，香港大学《中文学会年刊》印行的《文心雕龙研究专号》最末附印这册唐写本，即该缩微影本的原貌。当时我已怀疑榎氏拍摄的由第一页至第二页中间，摄影有夺漏。1964 年我受聘法京，再至伦敦勘对原物，果有遗漏。这一本专号所复印，实际上是唐本的第一个（有缺漏的）影印本，如果要谈《文心雕龙》的版本，似乎应该提及它，方才公道。

所谓"变文"，本来是讲经文的附属品，源头出于前代陆机《文赋》"说炜晔而谲诳"的"说"，与佛家讲诵结合后，随着佛教在华的发展，逐渐形成一崭新的"文体"的变种。但从"变"这一观念加以追寻，文学有变种，艺术亦有变种，两者同时骈肩发展，和汉字的形符与声符正互相配合。文字上的形符演衍为文学上的形文，文字上的声符演衍为文学上的声文。刘勰指出的形文、声文、情文三者，形与声二文都应该从文字讲起。所谓变文，事实上应有形变之文与声变之文二者。可是讲变文的人，至今仍停留在"形"变这一方面。古乐府中仍保存"变"的名称，声变则凡唱导之事皆属之。试以表示之如下：

$$\text{变文} \begin{cases} \text{形文} \rightarrow \text{变相} \qquad\qquad \text{图像之属} \\ \text{声文} \rightarrow \text{字音节奏} \qquad \text{韵律唱腔之属} \end{cases}$$

　　我写过一篇从《经呗唱导师集》第一种《帝释天乐般遮琴歌呗》加以说明的文章。姜伯勤兄因之撰《变文的南方源头与敦煌唱导法匠》，唱导是佛经唱诵音腔的事，我所说变文的声变之文应该是这一类。大家热烈讨论形变之文的变相，只讲到"变文"的一面，对于声变之文这另一面则向来颇为冷落，甚至有误解。王小盾博士对这一点有深刻的认识，可惜不少人至今尚不能辨析清楚。南齐竟陵王萧子良在鸡笼山邸与僧人讲论的是"转读"问题，即谋求唱腔的改进，与声调完全不相干。到了唐代教坊有大量的"音声人"，音声人还可以赏赐给大臣。《酉阳杂俎》记玄宗赐给安禄山的物名单，其中即有音声人一项，《两唐书·音乐志》音声人数有数万人之多。敦煌的乐营有乐营使张怀惠（P·四六四〇）与画行、画院中的知画都料董保德（S·三九二九）相配合，一主声变的事务，一主形变（变相）的事务，两者相辅而行。变文之音声部分，还须再作深入的研究。敦煌乐舞方面，亦是我兴趣的重点，我于 1956 年初次到法京，看了 P·三八〇八号原卷，写有专文补正林谦三从照片漏列的首见乐曲的《品弄》谱字，由于我在日本大原研究过声明，又结识林谦三和水原渭江父子，对舞谱略有研究。我于 1987 年初提出研究舞谱与乐谱宜结合起来看问题，我讲敦煌琵琶谱，仔细观察法京原件及笔迹，事实是由三次不同时期不同人所书写的乐谱残纸，黏连在一起，把它作为长卷，长兴四年才写上讲经文，可以肯定琵琶谱书写在前，无法把它作为一整体来处理。叶栋当它全部视为一套大曲是错误的。我这一说已得到音乐界的承认。我主张乐、舞、唱三者应该联结为一体之说，引起席臻贯的注意，他力疾钻研乐舞，把它活现起来，因有乐舞团的组织，我忝任顾问，他二度到香港邀我参观，深获切磋之乐。1994 年 9 月 6 日我到北京，在旅馆读 *China Daily* 的文化版得悉他病危的噩耗，十分痛惜。1995 年 7 月，敦煌乐舞团随石窟展览莅港表演，我追忆他写了一首律诗云："贺老缠弦世所夸，紫檀搊拨出琵琶。新翻旧谱《胡相问》，绝塞鸣沙不见家。①孤雁忧思生羯鼓，中年哀

────────────

① 庄严所藏敦煌《浣溪沙》佚词，起句云"万里迢亭不见家，一条黄路绝鸣沙"。

乐集羌笛。潜研终以身殉古，叹息吾生信有涯。"表示我对他的哀悼。

敦煌各种艺术尤其是壁画，我是最喜欢的，由于长期旅居海外，无条件来作长期考察，无法深入研究，只得就流落海外的遗物作不够全面的局部扪索。我所从事的有画稿和书法二项。我们深感唐代绘画真迹的缺乏，所谓吴道子、王维都是后代的临本。1964年我在法京科学中心工作，我向戴密微先生提出两项研究工作，其一是敦煌画稿，后来终于写成《敦煌白画》一书，由远东学院出版。我年轻时学习过人物画像的临摹，有一点经验，我特别侧重唐代技法的探索，粉本上刺孔的画本，法京有实物可供研究，亦为指出，我方才明了到，布粉于刺孔之上留下痕迹断续的线条便于勾勒，这样叫做粉本。近日看见胡素馨（S. F. Fraser）的《敦煌的粉本和壁画之间的关系》一文（《唐研究》三期），文中在我研究的基础上归纳出粉本草稿有五种类型，计壁画、绢幡画、藻井、曼陀罗四类，绢幡画则可分临与摹二类。实则临与摹二者，临是依样而不遵照准确轮廓，摹则依样十足。这些画样，画人运用起来可以部分摹、部分临，亦不必限于幡画。

书法的研究，我在接触过Stein全部微卷之后，即加以重视，立即写一篇《敦煌写卷的书法》附上《敦煌书谱》，刊于香港大学1961年的《东方文化》第五卷。后来居法京排日到国家图书馆东方部借阅敦煌文书。先把法京收藏最早的北魏皇兴五年书写的《金光明经》和永徽年拓本的唐太宗书《温泉铭》作仔细的研究。以后遍及若干重点的经卷写本，作过不少专题研究，除作解题之外还注意到字体的花样，1980年秋后在日本京都讲学，承二玄社邀请为主编《敦煌书法丛刊》，分类影印，从1983年起，月出一册，共二十九册，前后历时三载。每一种文书都作过详细说明或考证。由于翻成日文，在国内流通不广，周绍良先生屡对作者说"各文书的说明，极深研几，应该合辑成一专书，独立出版"。至今尚无暇为之。本书又有广东人民出版社刊印本，题曰《法藏敦煌书苑菁华》共八册。

我于1963年出版《词籍考》一书，戴密微先生了解我对词学薄有研究，约我合作写《敦煌曲》，由于任老旧著《敦煌曲校录》录文多所改订，与原卷不相符，须重行勘校，我又亲至英伦检读原件，时有弋获，如《谒金门》开于阗的校录、五台山曲子的缀合等等。任老后出的《总编》和我有一些不同看法，特别对《云谣集》与唐昭宗诸作，我有若干专文进行讨论，已收入另著《敦煌曲续论》中（台湾新文丰出版公司，1995）。《昭明文选》的敦煌本，亦是我研究的专题，我首次发表敦煌本《文选》的总目和对《西京赋》的详细校记，我现在汇合吐鲁番写本另附精丽图版与详尽叙录勒成专书，将由中华书局印行。

《文选》序有"图像则赞兴"一句话，我作了详考，在《敦煌白画》里面，我有一章讨论邈真赞的原委。法京友人陈祚龙君从敦煌写本邈真赞最多的 P·三五五六（九人）、三七一八（十七人）、四六六〇（三十九人）三卷及其他录出，辑成《唐五代敦煌名人邈真赞集》一专书，开辟一新课题，继此有作，得唐耕耦、郑炳林二家。1991、1992 年间余复约项楚、姜伯勤、荣新江三君合作重新辑校，编成《敦煌邈真赞校录并研究》，方为集成之作。

所谓敦煌学，从狭义来说，本来是专指莫高窟的塑像、壁画与文书的研究，如果从广义来说，应该指敦煌地区的历史与文物的探究。汉代敦煌地区以河西四郡为中心，近年出土秦汉时期的简册为数十分丰富，尚有祁家湾的西晋十六国巨量陶瓶。又吐鲁番出土文书中有敦煌郡所领的冥安县佛经题记。所以广义的敦煌研究应该推前，不单限于莫高窟的材料。

1987 年得到香港中华文化促进中心协助，与中文大学合作举办敦煌学国际讨论会。1992 年 8 月，该中心帮助我在香港开展敦煌学研究计划，在中文大学的新亚书院成立敦煌吐鲁番研究中心，延揽国内学人莅港从事专题研究，由我主持出版研究丛刊，主编专门杂志。先时于《九州学刊》创办《敦煌学专号》，出过四五期。后来与北京中国敦煌吐鲁番学会、北京大学中古史研究中心、泰国华侨崇圣大学中国文化研究院合作，办一杂志即《敦煌吐鲁番研究》，由季羡林、饶宗颐、周一良主编，每期三十万字，至今已出版第一卷（1996）、第二卷（1997），第三卷正在排印中。此外香港敦煌吐鲁番中心复出版专题研究丛刊，由我主其事，先后出版者有八种。我提倡辑刊《补资治通鉴史料长编》，用编年方法，把新出土零散史料加以编年，使它如散钱之就串，经过数年工夫，已稍有可观。

兹将香港敦煌吐鲁番中心已出版《敦煌吐鲁番中心研究丛刊》开列如下：

（1）饶宗颐主编《敦煌琵琶谱》。

（2）饶宗颐主编《敦煌琵琶谱论文集》。

（3）饶宗颐主编，项楚、姜伯勤、荣新江合著《敦煌邈真赞校录并研究》。

（4）荣新江编著《英国图书馆藏敦煌汉文非佛教文献残卷目录（记录S·六九八一——一三六二四号)》。

（5）张涌泉著《敦煌俗字研究》。

（6）黄征著《敦煌语文丛说》。（获"董氏文史哲奖励基金"一等奖）

（7）赵和平著《敦煌本甘棠集研究》。

（8）杨铭著《吐蕃统治敦煌研究》。

（9）饶宗颐主编《敦煌学文薮》。

《补资治通鉴史料长编稿系列》，由饶宗颐主编，已出版及排印的有八种：

（1）王辉著《秦出土文献编年》。

（2）饶宗颐、李均明著《敦煌汉简编年考证》。

（3）饶宗颐、李均明著《新莽简辑证》。

（4）王素著《吐鲁番出土高昌文献编年》。

（5）王素、李方著《魏晋南北朝敦煌文献编年》。

（6）刘昭瑞著《汉魏石刻编年》。

（7）陈国灿著《吐鲁番出土唐代文献编年》。

（8）李均明著《居延汉简编年》。

其他在撰写中有下列各种：

胡平生著《楼兰文书编年》。

姜伯勤著《唐代敦煌宗教文献编年》。

荣新江、余欣著《晚唐五代宋敦煌史事编年》。

莫高窟储藏的经卷图像早已散在四方，据粗略统计有数万点之多，目前正在清查，作初步比较可靠的全盘统计。这些秘笈为吾国文化史增加不

419

少的研究新课题，同时开拓了不少新领域，为全世界学人所注目。近日欧洲方面，特别在英京已有《国际敦煌学项目通讯》（*Newsletter of The International Dunhuang Project*，缩写为 *IDP*）的刊物。我和日本藤枝晃教授被推为资深 Editor 人物之一，殊感惭愧。目前我所从事的研究工作，还有甲骨学、简帛学部分，忙不过来，只好挂名附骥，聊尽推动之责。我于上文列出的各种工作，我要衷心感谢得到国内多位年轻有为学者的支持，还希望有力者对我们鼎力充分的饮助，使我能够继续完成这一心愿。以渺小之身，逐无涯之智，工作是永远做不完的，我这一点涓滴的劳绩，微不足道，匆促写出，倍感惶悚，就到此为止，算是交卷了吧。

《华学》发刊辞[*]

中华文明是屹立大地上一个从未间断的文化综合体，尽管历尽沧桑，经过无数纷扰、割据、分与合相寻的历史波折，却始终保持她的连续性，像一条浩浩荡荡的长河滚滚奔流，至于今日，和早已沉淀在历史断层中的巴比仑、埃及、希腊等古老文化完全不一样。中国何以能够维持七八千年的绵延不断的历史文化，光这一点，已是耐人寻味而不容易解答的课题。

从洋务运动以来，国人对自己的传统文化已失去信心，外来的冲击，使得许多知识分子不惜放弃本位文化，向外追逐驰骛，久已深深动摇了国本。"知彼"的工作还没有做好，"知己"的功夫却甘自抛掷。现在，应该是返求诸己、回头是岸的时候了。

近期，国内涌起追求炎黄文化的热潮，在北京出现不少新刊物朝着这一路向，企图找回自己的文献所遗留下来的传统文化的真义。亡羊补牢，似乎尚未为晚。

我们所欲揭橥的华学趋向，有下列三个方面：一是纵的时间方面，探讨历史上重要的突出事件，寻求它的产生、衔接的先后层次，加以疏通整理。二是横的空间方面，注意不同地区的文化单元，考察其交流、传播、互相挹注的历史事实。三是在事物的交叉错综方面，找寻出它们的条理——因果关系。我一向所采用的史学方法，是重视"三点"，即掌握焦点、抓紧重点、发挥特点，尤其特别用力于关联性一层。因为唯有这样做，才

---

  * 本文刊于《华学》创刊号，饶宗颐主编，1995 年创刊，相继由广州中山大学、北京清华大学出版。

能够说明问题而取得较深入的理解。Assyrian 文法上的关系名词（Relative Pronoun）有一个"Sa"字，具有 Whom、What 等意义，我在史学是主张关联主义的，我所采用的，可说是一种"Sa"字观，有如佛家的阿字观。我愿意提出这一不成熟的方法论点，来向大家求教。

泰国华侨崇圣大学创立了"中华文化研究院"，要我来挂名负责。中山大学亦成立"中华文化研究中心"，我被聘为名誉教授兼中心的名誉主任。我和李学勤先生商妥，他代表清华大学国际汉学研究所，亦参加我们这一阵营。我想，和我在香港所服务的机构建立起三角关系，结合南北、会集东西的友好，大家协力来办这一拥有新材料、新看法的，较高层次的《华学》研究刊物，希望共同垦植这一块新辟的园地，为华夏深厚的文化根苗做一点灌溉和栽培的工作，开花结果，正待我们的努力。

一九九四年

潮州宋瓷小记[*]

谈中国陶瓷史者，每称及"广窑"，大抵指阳江所制而言。阳江窑起于南宋，至明时徙南海县石湾村。旧时所谓"广窑"，无异以阳江为代表，然广东东部与江西、福建接壤之韩江流域，设窑烧瓷，为时极早，惜乎言瓷史者多未之及。

惟程哲《窑器说》云："广东窑出潮州府，其器与饶器类。"^① 寥寥数语，无关重要。程氏书盖止论明瓷，于宋代潮窑产品，尚无所知。自 1922 年于潮安城西南羊鼻冈发现治平、熙宁时制水东瓷佛，上有荦书"潮州水东"及"匠人周明"姓名字样，潮窑始为人所乐称道。水东佛像四尊，故友罗原觉著《谈瓷别录》特记其形制，以彰其事，文载《岭南学报》。^② 余以州人，且曾撰《韩山志》，韩山即水东窑所在地，故于潮窑原委，向略究心。薄有记录，1955 年夏旅东京时，为小山富士夫教授取去，由长谷部乐尔译为日文，载于陶瓷协会出版之《陶说》二四，该文屡见学人征引。近二十余年，考古工作之蓬勃，对潮瓷发掘益多，兹就所能记忆者，参以新知，以明潮窑之历史背景，撰为小记，藉供谈宋瓷者之采览焉。

＊ 本文载于《选堂集林·史林》，香港：中华书局，1982 年。收入《饶宗颐二十世纪学术文集》卷九潮学（下）。

① 《美术丛书》初集第三辑。

② 第五卷第一期。

一、窑址之发现

韩山去潮州城东一里，一名笔架山，以唐时潮州刺史韩愈曾登览得名。韩山迤东北三四里一带山地，产瓷土极丰，其地露出流纹岩层中，长石成分特富，伴生之石英，又每结集成簇；其岩石经风化后，石英易于析出，由长石变化之纯洁磁土，采掘淘洗，极为方便。故自唐、宋时，已有开采，如黄金塘、康厝山、白岭、猴伯岭，及飞天燕之磁土，皆有名于时，至今犹有人采掘，为烧瓷之用。北宋窑址即在此一带地区。故老相传，自韩山前山仔垒村至山后，宋时有窑九十九，窑长二丈八尺五寸，夙有"百窑村"之目，潮州城厢附近，居民每于其他掘得碗罐之类。西人斐利（Malcolm F. Ferly），曾调查福建、广东古窑址，亲至笔架山采集磁片，所得甚夥，著有《中国古代窑址》（An Ancient Chinese Kiln-Site）一文，[①]称其平生在中国所见之古代窑址，以笔架山窑址为最大，残片遍布几及一英里而外，河边积土十余尺均与陶片结合。1954 年 3 月，因韩山学校建筑校舍，发现宋代窑址。经勘查结果，据称"由笔架山东南山脚，至西北涸溪塔山脚，约四五公里均属窑址，并在笔架山东约一公里多整窑址地区，发现砖砌窑口一个，宽约 1.50 公尺，砖被火烧，变成红褐色，内部砖满黏褐色釉。又在笔架山拾回各种瓷片。此古窑遗址之正式发现，在目前乃为首次"。[②]

曩者，余于《韩山志》与《潮州志》二书中，尝考查瓷土之产地及窑址所在之村落。瓷土除笔架山极为佳良之外，大埔高陂一带，距韩江之东岸约十里亦产磁土；其中以山坪、雷公坪之土质最良，故高陂制陶业异常发达。其他产地，尚有丰顺之横居山阳坑墟、饶平之九村，而惠来梅林之陶土，向亦负盛名。潮州窑址之分布甚广，而乡村之名称亦冠以陶窑之文字者亦夥，例如：

潮安县　百窑村（即水东窑）。

南窑村（现在竹蜡，离县城六里，在意溪西南）。其他桑浦

---

① 载《亚细亚杂志》，1940。
② 载《文物参考资料》，1954（4）。

山间，昔时亦有瓷窑云。

饶平县 砌窑村（宋代属于海阳县太平乡，后为宣化都大港之瓷窑村）。

澄海县 陶峯村（县北三十里处）。

丰顺县 峯前寨（距县城七十里处）。

惠来县 北溪窑山（县志载称：在县西北六十里，山名员墩，临一小涧，庵美角乡人，搭茅屋水碓，舂泥陶碗，备乡邑器用）。

大埔县 窑子里（南接大麻）。

青碗窑（西连黄坑村，为高陂、同仁两区交通之要地）。

碗窑溪（区署南边约十里）。

窑脊村（溪口附近）。

碗窑村（余粮坑附近）。

近年发现之古窑址，大抵即在上述区域之潮安县境。

二、窑名之考证

水东北宋瓷佛像座，四围有铭文。治平四年（1067）像云："潮州水东中窑甲，弟子刘扶，同妻陈氏十五娘，发心塑释迦牟尼佛，永充供养，为父刘用母李二十娘，阖家男女，乞保平安。治平四年丁未岁九月三十日造，匠人周明。"共六十三字。又熙宁三像文字略同。"水东中窑甲"一名，颇值得研究。"水东"即指韩山一带之地。韩山在潮州城东，宋时人又名东山，[①] 以靠韩江东岸，故名"水东"。余曾于韩山麓废关帝庙内，发现清顺治间潮镇总兵郝尚久所立庙碑，题额曰："溪东关帝庙碑记。"清初碑记称"溪东"，与此北宋佛像称"水东"，正相符合。"中窑甲"者，考韩山后临韩江滨一带村落，北宋时有"白瓷窑"之名。潮州城内开元寺有"潮州静乐禅院政和四年（1114）"铜钟，其上款识舍钱人姓名，中有一行云：

白瓷窑住弟子刘满、王长、慎德、邝一娘各舍钱五贯文，各祈

---

① 见王象之《舆地纪胜》。

平安。

政和为徽宗年号，后于治平。其地名曰"白瓷窑"，即因窑址所在而取名。《永乐大典》潮字号引元《三阳志》："郡以东，其他曰白瓷窑，曰水南。"明黄佐《广东通志》记庄典墓在韩山东白瓷窑，郭大鲲墓在郡城笔架山白瓷窑。庄典墓址在今韩山后，近黄金塘。合此三条，可知宋、明时所称之"白瓷窑"，正当今窑址发现之处，以其擅制白瓷，故以此为名；后人讹白为百，遂有"百窑村"之称。① 嘉靖郭春震修《潮州志》谓："海阳县东厢统五村：曰东津、水南、南窑、仙田、恶溪。"光绪《海阳县志》有地名"南窑村"，谓"即今竹蜇，距城六里之涸溪西南处"。观最近查勘宋代窑址，在笔架山至涸溪塔山麓四五里之地，竹蜇正近涸溪，旧称"南窑村"，以证"中窑甲"之名，则宋时可能就窑区所在，以划分中部及四方各村落，故有"中窑"、"南窑"之称；至"白窑村"则为其总称也。于此可见宋代潮州窑址之广，及瓷业发达之程度矣。

三、潮窑之衰落

潮窑盛于宋，周明所造佛像，技巧之精，即其明征。惟入元以后颇衰弱，制作亦大不如前。最大原因，以予推测：宋时潮窑集中于笔架山，为取磁土便利之故。笔架山地带，当宋时，许氏、刘氏两盛族住居于此，有"山前许、山后刘"之目。许氏之先，自泉州迁潮。有许申者，大中祥符初，举贤良，仕至广东转运使。孙开义，官明州观察使，广南西路兵马都监。曾孙珏，娶太宗曾孙女德安县主，一门鼎盛。山后刘氏居桃坑及东津，至今尚为巨族。刘氏之先，有曰嵩者，自唐末偕清海军节度使至广州；子颖，移居于潮。其后有曰允者，登绍圣四年（1097）进士，历知化州、桂州。允子昉、景。昉官荆湖南路转运副使，直龙图阁。景知台州、南雄二州。昉子四人，景子九人，皆显仕。造佛像之刘扶，其父名刘用，其子名刘育，泐钟之刘满，皆住百窑村，当系其族人。许、刘二氏俱宋时

---

① 近日发现窑址共数十处，余以为百窑村之"百"字，仍是约辞。

潮州巨室，当元兵来潮，韩山前后，颇遭蹂躏，居民星散。[1] 水东瓷业，或因此而中落欤？

四、潮窑在瓷史上之地位

北宋瓷器有长文者不多，有备记窑名、制造年月、供奉人及塑像匠工姓名者尤少。如此治平、熙宁佛像，实为仅见。[2] 瓷器铭文最长如余姚唐大中四年瓷壶，有铭四十三字。

潮窑出品，有北宋英宗治平四年时物，后于江西景德镇瓷仅六十余年（景德1004—1007）。胎质莹白，釉作卵青色，色制介于定窑与景德窑之间，已如是精致，则其设窑可能更早。前潘氏抱残室藏瓷杯，牙白色釉，杯身锥拱花卉，杯内有底款"宣和内府"四字篆字，据谓系潮州出品。[3] 如是，则潮窑在当时亦为进御之物。1954年，潮安北郊发现两窑址，有青黄釉碗及莲花纹圆瓦当，共三十二件，与西安大明宫所出圆瓦当相同，故可定为唐代之物。[4] 又刘景墓经于1958年由广东省博物馆加以发掘，随葬品有影青缠青花白胎青釉瓷碗，为宋潮州窑之典型制作，又圆形盖面作墨书"五谷龙"三字之陶盒，素面无花纹，胎色灰白而不釉，火候极高。[5] 小山富士夫引仁和寺本《唐本草》"白瓷屑……广州良，余皆不如"句，至欲改广州为"潮州"，[6] 以潮州之白瓷，在北宋时已有其极高之成就故也。笔架山之瓷片，亦有雕刻莲瓣之碎片，陈万里亲临其地考察，加以仔细分析，认为瓷片种类虽有青釉、黄釉等，但以白釉及影青二者为主，水东窑之产品，大致如此。[7] 潮瓷最引起人之兴趣者，为近宋龙泉型之双鱼瓷碟，一般已目为潮安产品。附图乃香港中文大学文物馆藏品，标明出自潮安，屈志仁君近日在中大举办之东南亚贸易瓷研讨会中宣读论文，亦提出龙泉与潮瓷有密切关系之见解。以予所知，此类双鱼青瓷碟，1956年曾

---

① 钞本《韩山许氏族谱》载其事甚详。
② 瓷器上刻画年月文字及匠者姓名者，晋器有之。见《桯史》"晋盆杅"条，惟不记窑名。
③ 有图，见《广东文物》第二辑。
④ 《考古》，1964（4）。
⑤ 图见《考古》，1963（9）。
⑥ 《中国陶瓷》上，36页。
⑦ 《文物参考资料》，1957（3）。

在长沙发现，① 与此完全一样。据称在湘南桂阳于1955年曾出土有二十余件，如是湖南此一批龙泉双鱼碟，可能来自潮州。② 惟查龙泉县金村出土之南宋龙泉青瓷中亦有双鱼洗，③ 则此类瓷碟，自应属于南宋。潮安城南洪厝埠出有梅子青双鱼碗碎片，究在何代？其划有皇祐及治平年号之压锤，出土地点乃在城北郊竹竿山古窑址。洪厝埠则在城南，其地原为南山寺，据嘉靖《潮州志》："南山寺即广法寺，在南厢一里，洪武间建。"④ 则洪厝埠之遗物，恐难及于北宋，潮之双鱼碟，与浙江龙泉，孰先孰后？仍待研究。潮州梅子青间有开片之冰纹，观治平四年九月佛像，冰冻开片，微近哥窑，则此种开片技巧，北宋时水东窑工，已惯用之。

唐代青釉凤头壶残片，据冯先铭云：近年于潮州韩山及广州西村窑址，屡有发现，凤头壶为吸收波斯作风之制作，泉州海上贸易，唐宋甚盛，故广东潮州亦有发现。⑤ 此类凤头壶如果为本地产品，合北郊发见之莲花纹圆瓦当二事论之，唐代潮州瓷器与外地最少已有相当交往，瓷业发轫甚早，故北宋中期，水东窑制作遂有此种成就，非偶然也。

附　徐让《陶瓷史上古潮州》（节录）

昔日曾为"御赐品"

广东陶瓷工艺，历史悠久。晋代的广东白瓷，就曾经作为帝王的"御赐品"，赏给大臣诸葛恢。晋陶渊明《搜神后记》，也有关于广东白瓷用作驱邪的记述。事虽属于志怪，亦足说明广东白瓷在晋时已很有名。去年（1954）粤东潮州地区所发现的古代陶瓷遗址——百窑村、洪厝埠、凤宪埠、竹竿山四处，对于广东的陶瓷史，提供了许多新的资料……

"龙泉窑"与"三王坝"

潮州南郊春社楼附近的洪厝埠，除了有"青釉带黄"的六朝期瓷片出

---

① 图见《文物参考资料》，1956（8）。
② 南宋初，潮州水东人刘昉官潭州安抚使，必带有潮人来湘。
③ 见朱伯谦等：《龙泉窑址发掘的主要收获》，载《文物》，1963（1），图十二。
④ 陈万里谓南山寺建于宋绍兴，未详所本。
⑤ 《文物参考资料》，1958（2）。

土之外，还有一系列釉色浓淡不一的器物，从这些器物的胎质、造型、釉色各方面，用类似式方法排列起来，它的发展是由"青釉带黄"而到"杏黄"、"草绿"，最后是"梅子青"。这类"梅子青"器物，是和现代一般人认为"龙泉"、"哥窑"之类的器物同属一种类型的。市上的这类器物，过去没有人知道究竟是何处所烧，只从釉色和器物内底的"双鱼"来判断是"龙泉"、"哥窑"器，[①] 而洪厝埠出土的"梅子青"当中，就有一块碎片，碗内底有残存突出的鱼，因为破碎的关系，只有鱼一条，原来该是"双鱼"的，这个发现，很耐人寻味，就是说：在广东方面，市上所称"龙泉"、"哥窑"，其实是潮州的产品。潮州"梅子青"和浙江"龙泉"器，细分起来，釉色和暗花虽然相同，但潮州较"龙泉"稍微闪黄；胎质则"龙泉"带白，潮州带灰；火候的坚实程度是相等的。又潮州"梅子青"间有开片（即冰冻纹），"哥窑"也有开片，"龙泉"则无开片，这也是互有异同的地方。市上的古董商，还有一种分别，是将这类古瓷中有铁色护胎釉的才叫"龙泉"，没有的则称"三王坝"，现在由洪厝埠古周的发现，说起来"三王坝"也其实是"宋潮州"。

潮州北郊两古窑

潮州市北郊窑上阜的韩江大堤工地上，发现了两个可能是北宋时代的古窑。形制是斜坡式式的；在火口里面，是一条斜坡的火栈；后为拱顶的穹窿窑室，内有气窗、烟筒。这种结构和现在广东各地的瓷窑不同，是南方烧柴的古窑特点。离窑上阜一里多的竹竿山，有厚达一公尺的制陶瓷工具的压锤、匣钵、渣饼等堆积物，其中的两个压锤，划有"皇祐二年"（1050）、"治平丁未年"（1067）等字，可以证明竹山陶瓷遗址最低限度是北宋的古窑。如从出土瓷片来看，还可能上至唐代。又竹竿山和潮州西门外八里路的凤宪埠，出土的匣钵划有吴、许、莫、蔡、张、余等陶工姓氏，这种情况，只有在福建宋代建州窑址才发现过，可能为南方古窑的特征。[②]

---

① 南宋浙江处州章氏兄弟同造窑，兄造者名"哥窑"，弟造者名"章窑"。
② 《大公报·新野》，1995。

潮人文化的传统和发扬[*]

  本年 11 月 18 日，第五届国际潮团联谊年会在澳门隆重开幕，特设专题讲座，以上列的题目要我主讲。什么是潮人文化传统？说来话长。自从苏轼在《韩公庙碑》上说："始潮人未知学，公命进士赵德为之师。"故向来一般都认为潮之有学，由韩公开始，这一点殊为不确。姑勿论东汉末三国吴时，揭阳人物已有安成长吴砀，晋时程乡人程旼，宋人称颂之曰："万古江山与姓俱。"潮州在唐代学术范畴之内，无论儒、释，均有特出魁杰之士。中唐之际，名宦谪潮者众，常衮先韩公莅潮，"兴学教士"，故明、清方志都说"潮人由衮而知学"①（郭春震及吴颖《潮州志·官师部》如是说），非始于韩。兹将代宗广德至穆宗长庆四朝有关学术大事列下：

  代宗广德二年（公元 764） 常衮与大兴善寺不空及鱼朝恩等新译出《佛顶尊胜陀罗尼念诵供养法》一卷（慧琳《一切经音义》卷三十五）。

  代宗大历初（公元 766?） 潮阳僧惠照自曹溪归，大颠与药山惟俨同师惠照于西山，后游南岳参石头（希迁）禅师。

  大历十三年（公元 778） 赵德进士授推官（《吴志》）。

---

  * 本文系饶宗颐于 1989 年 11 月 18 日在澳门举行之"第五届国际潮团联谊会"开幕式专题演讲，刊于《国际潮讯》（第 11 期），香港潮州会馆国际潮团画讯中心，1990 年。载于《饶宗颐潮汕地方史论集》，汕头：汕头大学出版社，1996 年。收入《饶宗颐二十世纪学术文集》卷九潮学（下）。

  ① 《新唐书》一五〇《常衮传》云："德宗即位，……再贬潮州刺史。建中初，杨炎辅政，起为福建观察使。始闽人未知学，衮至，为设乡校，使作为文章，亲加讲导，……由是俗一变，岁贡士与内州等。卒于官，年五十五。其后闽人春秋配享衮于学宫云。"衮卒于福建任所，其贡献在闽，于潮州任期较短，而兴学则同。

大历十四年（公元 779） 德宗即位。五月常衮贬潮州，九月十一日到州（《全唐文》常衮《潮州刺史谢上表》），兴学校，潮州由此知学。

德宗建中元年（公元 780） 五月常衮为福建观察使（梁克家《淳熙三山志》）。

德宗贞元元年（公元 785） 大颠灵山寺创地基（《郭志》）。

德宗贞元七年（公元 791） 灵山禅院落成，门人传信千余人。

宪宗元和十四年（公元 819） 韩愈贬潮州。十月愈移袁州，与大颠留衣服为别（《答孟简书》）。

穆宗长庆四年（公元 824） 大颠坐化，年九十三（《国志·仙释》）。

由上列史实看来，韩愈不是第一位在潮兴学的潮州刺史，实际应该归功于常衮。衮以丞相南迁，道经惠州而至潮，所驻山冈，后人名为丞相岭。潮州城北金山上有"初阳顶"摩崖，旧传出于常衮手笔。[①] 又潮州开元寺内有尊胜佛顶陀罗尼经幢，为广东唐时唯一的密宗石幢，题曰不空和尚译。然唐代各地经幢一般都用波利译本，如福建泉州即据波本镌刻，独潮州乃用不空译者，盖常衮于大历间与鱼朝恩及大兴善寺不空等奉诏译陀罗尼念诵轨仪，开元寺之有不空译加句本，可能由彼谪潮州时携来的。

潮地释氏，在常衮未到之前，已先有惠照禅师传曹溪的法乳，药山惟俨，与大颠共师惠照于西山。[②] 潮阳的西山在县西十里，形势巉崒，源上有砖塔，[③] 其地当即惠照之所居。相国李绅铭其石室云："曹溪实归，般若观妙。体是宗极，湛乎返照。"宋时余靖题惠照小影，有"已向南宗悟，犹于外学精，士林传字法，僧国主诗盟"之句，则其人亦擅长文学。惟俨"年十七，度大庾岭，至西岩师惠照。大历八年受具足戒于衡岳"。惟俨于贞元初还药山，韩公门人李翱时与之游，至今禅门尚传为佳话，溯其师承所自，实出于惠照。大颠创灵山禅院的年代为贞元四年（公元 788），在韩愈谪潮之前三十二年，彼深得施主洪大丁之助，大丁亦进士也。[④]

《吴志·仙释》称大颠"长庆四年，年九十有三，无疾而逝"，则元和

---

① 《海阳县志·古迹略》。
② 《景德传灯录》十四："澧州药山惟俨……姓韩氏，年十七依潮阳西山惠照禅师出家。"
③ 《郭志》。
④ 吴《府志》唐进士列三人，洪奋虬下云：洪大丁亦举进士，为灵山施主。或云：洪圭字大丁，即奋虬祖。

431

十四年愈谪潮州，年方五十有二，而颠师已臻大耋，八十八岁矣。愈《与孟简书》呼之为老僧，正符事实。泉州《祖堂集》记"侍郎令使往彼，三请皆不赴"，其风格高峻可以见之。是时内学在潮州，高僧间出，[①] 皆禅门之龙象。故论潮人学术，唐世先得禅学之薪传，继起乃为儒学，在韩公未谪潮之前。已卓然大有成就，是即潮人文化——传统之源头，儒佛交辉，尤为不争之事实。

至于如何发扬，愚见海外潮人，团结精神表现最为特色，惟传播知识，发扬学术，其热诚则远比他处为落后，可谓勇于生财，而短于散财，能聚而不善于散。释氏之学，以慈、悲、喜、舍四无量最能开拓人们的心胸，而财施、法施，对于人类社会的融和与智识思想的推进，贡献尤巨。唐代虽三教并立，而佛教诸宗的建树及教义的阐扬，使整个社会浸润于"无上圆觉"追求之中。儒家伦理更与释氏之仁道交融为一体，在朝注重密宗，在野则盛行禅悟，人们在精神上由顿悟更得到"向上"与"超越"的安顿。唐代两位在潮兴学的贬谪刺史，一则信佛，而一则辟佛。韩公到潮以后，与大颠来往，知其"实能外形骸以理自胜，不为事物侵乱"，"要自胸中无滞碍"。最少他本人在精神修养上已受到大颠的影响，是不用否认的。韩公所以"不助释氏而'排'之者"，由于不愿"舍先王之法，而从夷狄之教"，[②] 完全从狭隘的夷夏观念出发。今天站在人类文化立场，我们需要知彼、知己，不能一"排"便了事，许多历史问题，还要从多方面智识的帮助，才能获得正确的了解。我于 1963 年在印度研究婆罗门经典，方才明白中国人何以吸收佛教，无条件接受，复加以发扬光大，反而排斥原始佛教所从出的印度教为外道，是别有他的道理的。去年冬天到过唐宪宗、懿宗先后迎佛骨的"法门寺"，看见当时大兴善寺密教和尚智慧轮供奉的法器，方才知道当日韩公谏迎佛骨失败之由，及唐室对佛教迷信积重难返的社会背景。又从《佛顶陀罗尼》译本的比勘，才悟出潮州开元寺经幢之用不空加句译本，是和常衮谪潮有密切关系。凡此种种，都是近年研究所得，以前是完全不了解的。近日汕头大学人员来港，告知最近汕头大学招生，历史系与数学系没有学生修读，在生前"唯利是视"的社会风气

---

① 程乡阴那山有惭愧祖师，明理学家杨起元有《阴那山访唐僧法堂》诗。

② 《答孟简书》。

432

影响之下，人们精神处于封闭和空虚状态，很需要禅宗的清凉剂为之指出"向上"一路，加以提撕的。我们如果真的有诚意去发扬潮人的传统文化，并不是在开一轮会议作一次演讲，事同粉饰，说了便算，还要切实出具体的方案来扭转目前这种轻视理论科学的人文科学的歪风。我认为潮团在联谊之外，应该做出一些有建设性的行动，例如设置某种有计划有意义的学术性基金和奖金，来嘉励人们去寻求新的知识，继承唐代常、韩两位地方刺史"兴学"的精神，在海外培植一些人才，发展某些学术研究，这样才能使潮人传统文化有更加灿烂的成果，我想各位必会同意我的建议而努力去促其实现的。

饶宗颐学艺年表

1917 年

饶宗颐教授，字伯濂，又字选堂，号固庵，斋名梨俱室、爱宾室，8 月 9 日（农历丁巳年六月廿二日）生于广东省潮安县城（今潮州市湘桥区）。

1924 年

初从师作人物画，继习山水。

1929 年

从金陵杨栻习书画，攻山水及宋人行草，开始抵壁作大幅书画。

1930 年

练习因是子静坐法。

1932 年

续成其先人饶锷先生之《潮州艺文志》。

1935 年

任中山大学广东通志馆纂修。加入禹贡学会。

1936 年

于中山大学文科研究所语言文学专刊发表《广济桥考》。

1938 年

受聘为中山大学研究员。助王云五编定《中山大辞典》。助叶恭绰编订《全清词钞》初稿。

1939 年

助叶恭绰编定《全清词钞》。

1943 年

赴广西任无锡国学专修学校教授。成《瑶山诗草》。

1945 年

开始编纂《潮州志》。

1946 年

任广东文理学院教授。任汕头华南大学文史系教授、系主任。任《潮州志》总纂。《楚辞地理考》出版。

1947 年

被聘为广东文献馆广东文物编印委员会委员。

1948 年

被聘为广东省文献委员会委员、副主任委员。入台湾考察高雄县潮州镇。《潮州志》出版。

1949 年

移居香港。《韩江流域史前遗址及其文化》、《海南岛之石器》出版。居港后，绘画渐多。

1952—1968 年

任新亚书院教授。任香港大学中文系讲师，后为高级讲师及教授。

1954—1955 年

于日本东京大学讲授甲骨文及于日本京都大学从事甲骨学研究。

1956 年

出席巴黎国际汉学会。《楚辞书录》、《巴黎所见甲骨录》、《敦煌本老子想尔注校笺》出版。

1957 年

《战国楚简笺证》出版。

1958 年

游意大利，在贝鲁特晤高罗佩。《楚辞与词曲音乐》、《长沙出土战国缯书新释》出版。

1959 年

作《敦煌写卷之书法》附《敦煌书谱》。出版《九龙与宋季史料》、《殷代贞卜人物通考》。

1962 年

获法国法兰西学院颁授"汉学儒莲奖"。主编《文心雕龙研究专号》，首次将敦煌本《文心雕龙》印刊。

1963 年

应聘为印度蒲那班达伽东方研究所研究员。成为该所永久会员。与汪德迈同游印度中部、南部、东部，有《佛国集》记游。《词籍考》出版。

1964 年

再赴日本访学。

1965 年

于法国国立科学中心研究巴黎及伦敦所藏敦煌写卷。校勘敦煌曲子。《敦煌白画》定稿。《潮州志汇编》、《景宋本淮海居士长短句》出版。

1966 年

与戴密微教授同游瑞士，有诗《黑湖集》记游，后由戴密微译为法文。《白山集》出版。

1968—1973 年

任新加坡大学中文系首位讲座教授及系主任。

1969 年

《星马华文碑刻系年》出版。

1970—1971 年

任美国耶鲁大学研究院客座教授，《欧美亚所见甲骨录存》出版。

1970 年

《香港大学冯平山图书馆善本书录》出版。

1971 年

《敦煌曲》出版，分中法两种文字在巴黎刊行。《晞周集》出版。

1972 年

任台湾中央研究院历史语言研究所教授、法国远东学院院士。

1973—1978 年

任香港中文大学中文系讲座教授及系主任。

1974 年

首次提出"海上丝绸之路"概念。

1978 年

由香港中文大学退休后，应聘为法国高等研究院宗教部客座教授。香港中文大学艺术系主办"饶宗颐书画展"。《选堂诗词集》、《敦煌白画》、《选堂书画集》出版。

1978—1979 年

任教于法国高等实用研究院。

1979 年

游瑞士，过阿尔卑斯山入意大利，有《古村词》记游。应中山大学之邀，首次参加中国古文字研究会第二届学术年会。考察马王堆，赴汨罗吊屈原。

1980 年

于日本京都大学、九州大学、北海道大学讲学。获选为巴黎亚洲学会荣誉会员。任澳门东亚大学（后改名为澳门大学）文学院讲座教授，后于研究院创办中国文史学部，并任该部主任（1984—1988）。

8 月，日本二玄社在东京主办"饶宗颐教授个人书画展"。

10 月，在武昌参加全国语言学会后，参观国内博物馆 33 所，足迹遍及 14 个省市，历时 3 月。

1981—1988 年

任澳门东亚大学客座教授。于新加坡举办个人书画展。

1982 年

获香港大学颁授荣誉文学博士学位。被邀为国务院古籍整理小组顾问。任香港中文大学中文系及艺术系荣誉讲座教授、香港中文大学中文系荣休讲座教授。《选堂集林·史林》、《云梦秦简日书研究》（与曾宪通合著）出版。

1984 年

创办澳门东亚大学研究院中国文史部，任学部主任。应聘为"台湾中央研究院"文哲研究所咨询委员。在马来西亚太平举办个人画展。

1985 年

任香港中文大学中国文化研究所荣誉讲座教授。香港三联书店主办"饶宗颐个人书画展"。韩国东方研究所在汉城利马美术馆举办"选堂韩国书画展"。三十二尺巨幅荷花此时创作完成。《楚帛书》出版。

1986 年

香港中华文化促进中心主办"饶宗颐教授从事艺术·学术活动五十周年纪念——七十大寿书画展"。

1987 年

任香港大学中文系荣誉讲座教授。任中国敦煌研究院名誉研究员。

1989 年

《饶宗颐书画集》、《固庵文录》、《甲骨文通检》（一）出版。

1990 年

任香港博物馆名誉顾问。《中印文化关系史论集·语文篇——悉昙学绪论》、《敦煌琵琶谱》出版。

1991 年

《近东开辟史诗》、《敦煌琵琶谱论文集》出版。"饶宗颐教授书画展"在香港冯平山博物馆举行。

1992 年

于新加坡国家博物馆、香港大会堂举办个人书画展。

1993 年

由其倡议召开的"潮州学国际研讨会"在香港中文大学举行。巴黎索邦高等研究院颁授建院 125 周年以来第一个人文科学荣誉博士学位和法国文化部颁授文化艺术骑士勋章。《饶宗颐书画》、《画颔——国画史论集》、《梵学集》、《饶宗颐史学论著选》出版。

1994 年

中国美术家协会、中国书法家协会、中央美术学院、中国艺术研究院及中国画研究院于北京中国书画院联合举办"饶宗颐书画展"。《潮州艺文志》、《新加坡古事记》、《甲骨文通检》（二）出版。

1995 年

获香港岭南学院（现已改名为岭南大学）荣誉人文博士学位。潮州市"饶宗颐学术馆"落成。《甲骨文通检》（三）、（四）出版。创办的《华学》创刊号在中山大学出版。

1996 年

聘为厦门大学名誉教授。香港大学美术博物馆举办"饶宗颐八十回顾展"。"饶宗颐学术研讨会"在潮州举办。韩文版《殷代贞卜人物通考》在韩国出版。

1997 年

获香港艺术发展局颁发第一届终身成就奖。《文化之旅》出版。

1998 年

为中国社会科学院历史研究所客座研究员、香港中文大学崇基学院荣誉院务委员、香港中文大学伟伦荣誉讲座教授及台北华梵大学荣誉讲座教授。获中华文学艺术家金龙奖"当代国学大师"荣誉。《符号·初文与字母——汉字树》出版。

1999 年

获香港公开大学荣誉人文科学博士学位。聘为南京大学名誉教授、北京大学中国文明研究中心顾问、首都师范大学名誉教授。"澄心选萃——饶宗颐的艺术"在香港美术馆举办。"清凉世界——饶宗颐书画展"在澳门教科中心举办。《清晖集》、《甲骨文通检》（五）出版。

2000 年

获香港特别行政区政府颁授"大紫荆勋章"。获国家文物局及甘肃省人民政府颁发"敦煌文物保护特殊贡献奖"。

2001 年

于北京中国历史博物馆、上海、中山、深圳，澳门及潮汕地区举行巡回书画展。获选为俄罗斯国际欧亚科学院院士。

2002 年

哈佛大学举行"楚简"学术讲座。捐赠私人藏书及个人艺术品给香港大学。"学艺双携——饶宗颐书画展"在香港国际创价学会池田纪念讲堂开幕。

2003 年

香港大学饶宗颐学术馆成立并出版《古意今情》饶宗颐画路历程。《饶宗颐二十世纪学术文集》出版，全集共分 14 卷，20 册，收入著作 60 种。获香港科技大学文学荣誉博士学位，香港中文大学荣誉文学博士学位。

2004 年

获澳门大学人文科学荣誉博士学位。《全明词》出版。

2005 年

"心经简林"树立于香港大屿山昂平。《饶宗颐新出土文献论证》出版。

2006 年

获日本创价大学名誉博士学位。与澳门艺术博物馆合办"普荷天地"饶宗颐九十华诞荷花特展。与香港大学美术博物馆合办"心罗万象"饶宗颐丙戌书画展。与香港大学图书馆合办"饶宗颐教授与香港大学"展览。香港大学饶宗颐学术馆主办"光普照"。香港大学饶宗颐学术馆与康乐及文化事务署及香港公共图书馆合办"走近饶宗颐"饶宗颐教授学艺兼修展览。香港九所大学合办"学艺兼修"汉学大师饶宗颐教授 90 华诞国际学术研讨会。《饶宗颐艺术创作汇集》出版,全集共 12 册,收入书画作品约 1500 件。潮州饶宗颐学术馆重建启用。

2007 年

任点校本"二十四史"及《清史稿》修订工程学术顾问、辽宁师范大学名誉教授。

10 月,香港大学饶宗颐学术馆与创价学会饶宗颐展筹备委员会主办,于日本兵库县关西国际文化中心展览馆举行"长流不息——饶宗颐之艺术世界"展览,并出版展品图录。

11 月,《敦煌研究》刊出"绘画西北宗说",正式提出中国山水画应有"西北宗",也就是以新的线条与笔墨来表达中国西北地区的风土人情。

2008 年

"学艺兼修·汉学大师——饶宗颐教授九十华诞国际学术研讨会"论文集(全 6 册),以《华学》第九、十辑合刊形式出版。

10 月,香港大学与故宫博物院合办,香港大学饶宗颐学术馆执行,于北京故宫神武门大殿举行"陶铸古今——饶宗颐学术艺术展"展览,并出版展品图录。广州鼎宏堂美术馆举办"翰逸神飞——饶宗颐书法展"。

2009 年

中华人民共和国国务院总理温家宝聘请其为中央文史研究馆馆员。获香港艺术发展局颁发终身成就奖。

香港大学饶宗颐学术馆与澳洲塔斯马尼亚美术博物馆合办,于澳洲塔斯马尼亚美术博物馆美术厅举行"心通造化——一个学者画家眼中的寰宇景象"展览，并出版展品图录。"我与敦煌——饶宗颐敦煌学艺展"在深圳美术馆举行。中国人民大学出版社出版《饶宗颐二十世纪学术文集》简体版新书，全集共分14卷，20册。

2010 年

1 月，香港大学饶宗颐学术馆举办"普荷天地——饶宗颐荷花展"。

8 月，中央文史研究馆及敦煌研究院及香港大学饶宗颐学术馆合办，于敦煌研究院展览厅举行"莫高馀馥——饶宗颐敦煌书画艺术特展"，同时出版图录。香港特别行政区政府民政事务局及香港大学饶宗颐学术馆合办，于上海世界博览会香港馆展览区举行"香江情怀——饶宗颐作品展览"。

9 月，由中共中央党校与中央人民政府驻香港特别行政区联络办公室主办，香港大学和皇朝翰林文化传播有限公司协办，"天人互益——饶宗颐学艺展"于中共中央党校举办。

11 月，"香港敦煌之友"在香港大学美术馆举行成立仪式。"莫高馀馥——饶宗颐敦煌书画艺术特展"同时揭幕。"聚焦敦煌"（由饶教授捐画 10 幅）拍卖筹款共得 1316 万港元，全数捐给敦煌研究院用作敦煌石窟维修经费。

12 月，香港成立"饶宗颐文化馆"。惠州博物馆举办"雪堂馀韵——饶宗颐惠州书画作品展"。

2011 年

2 月，乘坐邮轮哥诗达经典号前往三亚及越南下龙湾观光写生。

4 月，"饶宗颐研究所"在广东潮州韩山师院成立。"粤东考古中心"在潮州落户揭牌。《潮州志补编》审稿付印。

5 月，获澳洲塔斯曼尼亚大学颁发名誉文学博士学位。《饶宗颐书画册页丛刊》新书首发式在深圳文博会举行。

7 月，向澳门艺术博物馆捐赠 30 件书画作品。国际天文联合会批准南京紫金山天文台发现的编号为 10017 星命名为"饶宗颐星"。

10 月，"岭南风韵——饶宗颐书画艺术特展"开幕式暨电视纪录片《饶宗颐》首播仪式在广东省博物馆新馆举行。